突发事件民意分析与决策支持

夏一雪 编著

天津大学出版社
TIANJIN UNIVERSITY PRESS

图书在版编目(CIP)数据

突发事件民意分析与决策支持 / 夏一雪编著. -- 天津 : 天津大学出版社, 2023.11

ISBN 978-7-5618-7634-3

Ⅰ. ①突… Ⅱ. ①夏… Ⅲ. ①突发事件－应急对策－研究 Ⅳ. ①D035.34

中国国家版本馆CIP数据核字(2023)第232941号

出版发行 天津大学出版社
地　　址 天津市卫津路92号天津大学内（邮编：300072）
电　　话 发行部：022-27403647
网　　址 www.tjupress.com.cn
印　　刷 北京盛通数码印刷有限公司
经　　销 全国各地新华书店
开　　本 787mm×1092mm　1/16
印　　张 18.75
字　　数 468千
版　　次 2023年11月第1版
印　　次 2023年11月第1次
定　　价 80.00元

目　　录

下篇　基于民意分析的突发事件决策支持

绪论

习近平总书记的论述，指出了通过网络倾听民意、问政于民的重要性。一方面，在网络社会中，民意表达日趋成熟和理性，其代表性、真实性以及对突发事件应急决策的影响力已超越历史上任何时期，因而及时获取真实、理性且富有决策价值的民意，有助于科学提升政府决策效能。但是当前以问卷/投票为主要方式的互联网民意调查，存在自愿式抽样、议程预设、提问倾向性、选项局限性、决策支持效用有限等方面的不足。另一方面，随着移动互联网的普及和发展，突发事件在发生后，均会形成规模或大或小的网络舆情，其在数据体量、数据模态、产生速度、复杂性、关联性等方面已经发生巨大变化，已经呈现大数据环境特征，因而，面向舆情大数据这一总体样本进行民意挖掘，能够较好地解决样本代表性和适用性等问题，具有实时呈现、动态反馈、多维度多视角等优势。

由此，如何在突发事件发生后，通过对舆情大数据的分析与研判，快速精确提炼民意观点、预测民意倾向、辅助科学决策，是极具理论价值和现实意义的研究课题。基于此，本书在舆情大数据环境下构建突发事件民意模型，开展突发事件民意量化研究，从民意主体、民意主题、民意情感 3 个方面进行民意分析研究，为线上突发事件舆情引导和线下突发事件应急管理提供决策支持。

第一节　研究概述

1. 研究思路

随着移动互联网的普及和发展，突发事件在发生后，必然产生网络舆情，而网络舆情是碎片化与非系统化的民意，因而对网络舆情进行数据分析，去粗取精、去伪存真，提炼民意、汇集民智，可为政府应对突发事件提供决策情报，为创新突发事件应急管理模式提供具有可行性的思路。

首先，网络舆情是网络主体的投影。突发事件发生后，网民、媒体、社会组织等网络主体会针对事件发布信息、陈述观点、表达态度，进而形成舆情大数据环境，因此可以说，网络舆情的本质是网络主体的思想和行为在网络上的投影。

其次，舆情大数据是挖掘民意的抓手。突发事件发生后，基于舆情大数据可以分析其中的常态和非常态信息，进而感知突发事件民意主体、民意主题及民意情感等关键信息，为政府决策提供支撑，其中常态信息包括民众诉求信息、支援信息等，非常态信息包括虚假信息、网络谣言等风险信息。

最后，应急治理是突发事件决策的关键。突发事件发生后，通过民意分析获取的诉求信息、支援信息、风险信息等，对政府决策具有重要价值，是实现突发事件由应急管理到应急治理转变的关键。

由此，本书确立了面向舆情大数据，通过民意分析进行突发事件应急治理和决策支持的总体研究思路。如图 0.1 所示。

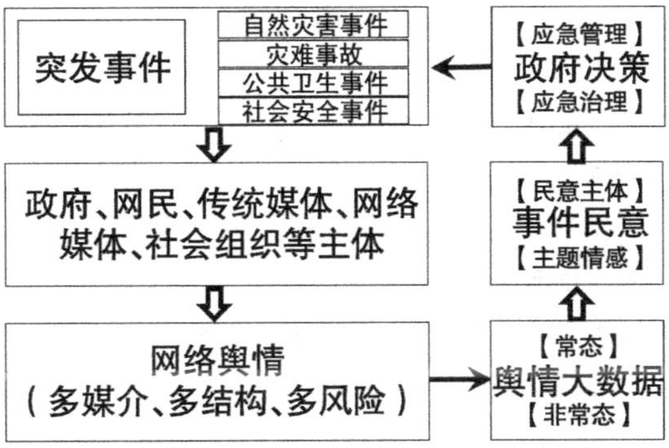

图 0.1　基于民意分析的突发事件应急治理思路

2. 研究框架

本书以舆情大数据环境下的突发事件民意为研究对象，进行民意量化及演化、民意主体、民意主题、民意情感等民意分析研究，以及基于民意分析的突发事件决策支持和突发事件应急管理决策支持研究。总体研究框架如图 0.2 所示。

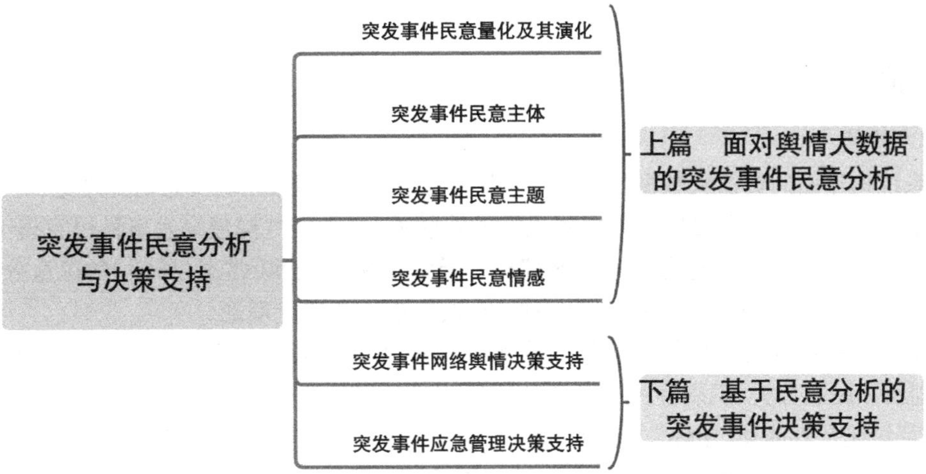

图 0.2　总体研究框架

研究内容包括两部分，上篇为面对舆情大数据的突发事件民意分析，下篇为基于民意分析的突发事件决策支持。

(1)上篇：系统、整体、全面的突发事件民意分析研究。

①系统性体现在“总-分”式的民意分析宏观框架。首先从系统的总体视角进行民意量化及演化研究，其次从系统的组成要素，即民意模型的 3 个层面——民意主体、民意主题和民意情感进行分别研究，体现系统总体和系统组成的结合。

②整体性体现在“理论分析—常态建模—异常建模”的民意分析中观框架。在民意演化、主体、主题、情感的每部分，先进行界定内涵、确定分类、识别影响因素、找寻基础规律等

理论分析研究，在此基础上，进行常态演化规律以及异常演化规律研究，从而体现每部分的分析框架在逻辑上的整体性。

③全面性体现在“常态-异常”的民意分析微观框架。首先，针对常态规律进行研究，明确民意演化、主体、主题、情感的基础机理和一般性演化规律；其次，针对演化风险、异常主体、负面言语、信息异化、网络谣言、负面情感等具有不确定性、危害性、高风险性的异常问题进行研究，体现“常态-异常”兼顾的全面性。

（2）下篇：线上线下相结合的突发事件决策支持研究。

在舆情大数据环境下，突发事件应急管理包括线上舆情引导和线下应急处置这 2 个相辅相成、不可分割的方面。按照“分析—识别—评估—治理”的思路，进行线上线下结合的突发事件决策支持研究。

①通过基于舆情大数据的民意诉求预测性识别、事件细分类识别、应急满意度评估等，提前识别民意诉求、快速确定事件细分类、动态评估应急管理工作效能，实现由线上支持线下的过程，为政府线下的应急管理工作，提供预见性、精准化、智能化的决策参考。

②通过构建面向大数据的应急管理体系和平台，建立线上线下数据融合分析与情报预警、舆情态势预测与预警、全媒体交互式信息服务与舆情引导等工作机制，实现由线下支持线上、线上线下一体化的过程，为政府线上的舆情引导工作，提供机制保障和支撑。

本书的具体研究框架如图 0.3 所示。

3. 研究价值

1）学术价值

（1）系统构建面向舆情大数据的突发事件民意量化研究体系，拓展民意研究理论。

基于民意概念，确立由舆情大数据到民意的映射关系，创新性构建突发事件民意模型，开展系统（总-分）、整体（理论分析—常态建模—异常建模）、全面（常态-异常）的民意分析研究。从量化研究方向，通过构建研究体系的方式，拓展民意研究理论。

（2）提出了一系列突发事件民意分析模型和方法，深化了对民意机理、规律等基础问题的研究，创新了民意分类、识别、评估的研究思路和方法。

从民意量化及其演化、主体、主题、情感 4 个方面，着力解决基础机理和演化规律等关键问题，综合采用多种量化研究方法，探索民意分类、识别、评估的新思路和新方法，取得了丰富扎实的建模成果，提出了科学可行的研究方法论。

2）应用价值

（1）以民意分析为基础的应急决策支持，有助于形成“全民智库”，辅助科学决策。

面向舆情大数据，通过民意分析把握民众诉求、采纳民众建议、预测民意趋势，从而使决策集聚更多的民意和民智，有助于决策者全面准确、实时动态地掌握突发事件，实现应急状态下由经验决策向分析决策的转型。

（2）系统化的民意分析模型和方法，为编制应急决策软件提供了理论基础，有助于推动突发事件应急决策实现快速精确、前瞻智能。

从民意演化、主体、主题和情感 4 个方面展开的民意分析模型和方法，全面细致地刻画了民意规律，据此编制决策算法和构建决策库，将具有较强的针对性和适用性。

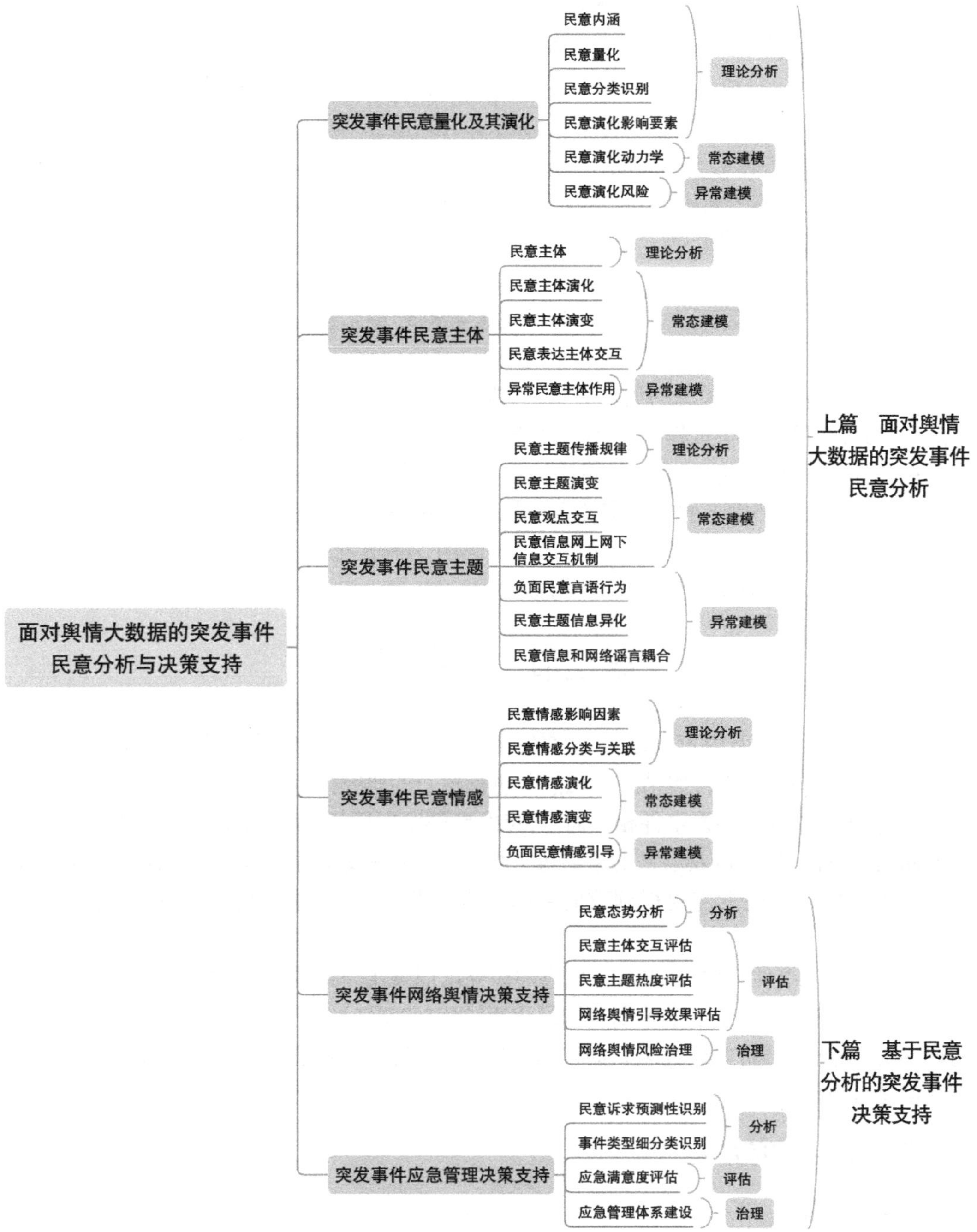

图 0.3 具体研究框架

3)创新之处

(1)从民意概念出发,提出了进行民意量化研究的新思路。

基于民意主体、民意客体、民意组成(观点和态度)的民意概念框架,建立从舆情大数据到民意的映射关系,确定了民意主体为网民,民意客体为突发事件及其相关政策,并将民意组成（观点和态度）表示为舆情大数据中的民意主题和民意情感，构建了民意={民意主体，民意主题，民意情感}的民意模型，为开展大数据环境下的民意量化研究提供了理论基础。

（2）按照“理论分析—常态建模—异常建模”的思路，进行了系统化民意建模，构建了舆情大数据环境下民意研究的新体系。

基于民意模型，确定了民意演化、民意主体、民意主题、民意情感的总体分析框架，并确定了每一部分的具体分析框架为“理论分析—常态建模—异常建模”，系统搭建起民意分析体系，并通过系统化建模开辟了民意量化研究的新领域。

（3）着眼突发事件的特殊场景，将重点放在风险预测预警预防，开展预见性、精准化、智能化的突发事件应急管理决策支持，为网络大数据环境下突发事件应急管理提供了创新路径。

①突发事件作为非常态的危机场景，其应对关键在于对常态规律下的异常进行识别和预测。因此，在民意分析过程中，将常态与异常相结合，先进行常态建模，以明确基础机理和演化规律，再进行异常建模，以开展风险识别和预测预防。

②网络大数据环境下的突发事件应急管理，其重心在于防范化解风险隐患，进行预测预警预防，因此，在决策支持过程中，通过面向预测的“分析—识别—评估”，为开展预见性、精准化、智能化的突发事件应急管理提供决策支持。

第二节 研究现状

本书研究主题涉及内容较多，包括突发事件民意、突发事件舆情、舆情大数据、突发事件决策等，其中面向突发事件舆情进行民意分析是核心的研究内容。

舆情、民意往往与突发事件相伴而生，突发事件发生后，民众往往聚焦在事件的损失、事件的起因、事件的处置以及事件的善后等方面，民众对突发事件所涉及主客体的观点、态度所反映出来的社情民意需要得到政府部门的重点关注，并能够为政府应急管理提供决策支持。

我国对突发事件舆情、突发事件民意的研究已涌现出丰硕的成果，本节运用知识可视化分析工具 CiteSpace 对中国学术期刊网络出版总库（CNKI）近 10 年来的研究文献进行全面的梳理与总结，在分析其研究现状的同时提取其研究热点、展望其发展趋势，以期为本书研究提供参考与借鉴。

1. 数据来源与研究方法

1）数据来源

通过知识可视化分析软件 CiteSpace 对我国近 10 年来突发事件舆情与民意研究进行知识图谱呈现，数据源于中国学术期刊网络出版总库（CNKI）的核心期刊及 CSSCI（中文社会科学引文索引）数据库，时间跨度为 2010—2020 年，单个时间分区长度为 1 年，检索式为“突发事件*舆情+突发事件*民意”。经过人工删选（剔除综述、会议、报告等无关数据）与数据去重（通过 CiteSpace 进行数据去重）得到有效数据 927 篇，数据的最后更新时间为 2020 年 11 月 18 日。

2)研究方法

科学知识图谱是结合文献计量法及信息可视化原理,以知识域为研究对象,显示某一科学知识发展进程与结构关系的一种图像,具有“图”和“谱”的双重性质与特征,显示了知识单元之间的交叉、互动、演化等多重复杂关系①。

CiteSpace 是基于 Java 编程语言开发的知识可视化软件,该软件可对 WOS、CNKI 等文献数据库中的发文年代、发文数量、被引情况、发文作者、发文机构、关键词等数据进行知识图谱呈现,用以揭示某一研究领域的文献信息全貌及耦合关系,并提取该研究领域的研究热点,科学地呈现其发展趋势。

2. 研究现状与共现分析

1)年度发文数量与期刊分布

年度发文情况可以直观呈现某一研究主题的研究热度及研究趋势。由图 0.4 可知,突发事件舆情与民意研究在 2010—2011 年处于一个缓慢上升的阶段,年度发文量维持在 50 篇左右; 2011—2012 年突发事件舆情与民意研究的发文数量进入快速上升期,相较于 2011 年的发文情况, 2012 年的发文数量翻了一番; 2012—2017 年突发事件舆情与民意研究的发文量进入持续平稳期,每年保持在 100 篇左右; 2017—2018 年突发事件舆情与民意研究进入衰减期,2018 年年度发文量降至 39 篇;2018—2019 年突发事件舆情与民意研究进入反弹期,2019 年的发文量达到 93 篇。2019—2020 年突发事件舆情与民意研究又进入衰减期。

图 0.4　2010—2020 年我国突发事件舆情与民意研究年度发文

通过研究文献的期刊分布情况可以了解研究主题的研究领域以及期刊分布特点。由图 0.5 可知, 2010—2020 年我国突发事件舆情与民意研究期刊分布最多的是图书与情报领域,占比为 86.94%,发文最多的期刊是《情报杂志》,占比为 45.71%,其次是《情报科学》,占比为 20.82%; 2010—2020 年我国突发事件舆情与民意研究期刊分布居第二的是公共管理领域,占比为 6.35%,发文最多的期刊是《中国行政管理》,占比为 3.27%;部分高校学报也刊登了相关文章,发文最多的高校学报是《西南民族大学学报》,占比为 3.67%。

① 刘则渊. 用科学知识图谱预测学科前沿趋势[N]. 科技日报,2015-08-09(002).

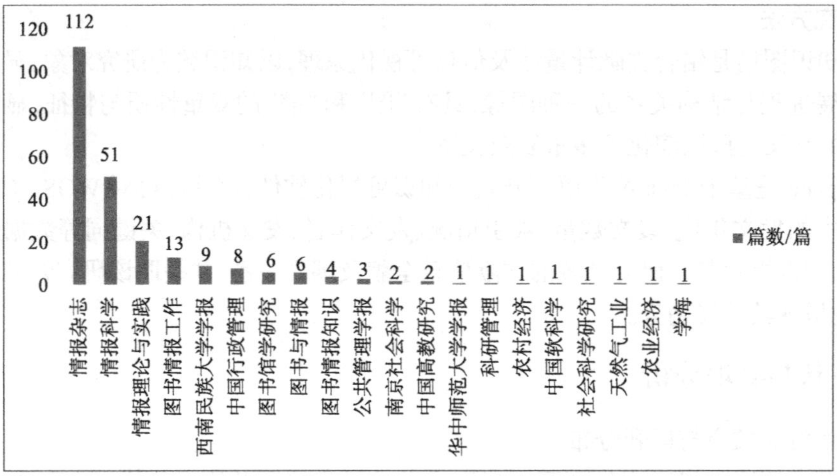

图 0.5　2010—2020 年我国突发事件舆情与民意研究发文排名前 20 期刊

2)发文作者与共现分析

研究发文作者及共现分析可以确定突发事件舆情与民意研究的核心作者、作者群以及他们之间的共被引与合作关系。普赖斯定律(Price law)是国际上公认的确定核心作者的方法,其计算公式为: $M=0.749\times\sqrt{N_{max}}$ (其中 M 为核心作者最低发文篇数, N_{max} 为发文最多作者的发文篇数)[①]。对发文的各项指标进行折算指数计算,公式为:发文量折算指数=(候选人发文量/候选人平均发文量) × 100,被引量折算指数=(候选人被引量/候选人平均被引量) × 100;最后,借鉴已有研究成果,分别对发文量指数和被引量指数赋予 0.5 的权重,则最终的综合指数计算公式为:综合指数=(发文量折算指数+被引量折算指数) × 0.5[②]。结合突发事件舆情与民意研究的统计数据,可以计算出 $M\approx10.4$,本研究的核心作者可以定为发文超过 10 篇的作者,包括中国人民警察大学的兰月新(综合指数为 35)、河南理工大学的张玉亮(综合指数为 16)、武汉大学的李纲(综合指数为 14)、华中科技大学的曾润喜(综合指数为 20)、华中科技大学的王国华(综合指数为 15)(表 0.1)。

表 0.1　2010-2020 年我国突发事件舆情与民意研究的核心作者

序号	发文作者	篇数/篇	总被引频次	综合指数
1	兰月新(中国人民警察大学)	28	1 133	35
2	张玉亮(河南理工大学)	15	415	16
3	李纲(武汉大学)	12	448	14
4	曾润喜(华中科技大学)	11	857	20
5	王国华(华中科技大学)	10	577	15

① 刘顺,胡涵锦,高玉林. 近十年来中国马克思主义研究动向——基于五种马克思主义期刊(2005—2014)的计量分析[J]. 科学社会主义,2015(4):35-43.

② 李继红,王洪江,江珊,等. 综合指数和 h 系列指数测评期刊核心作者的比较研究——以《编辑学报》为例[J]. 中国科技期刊研究,2017,28(3):266-270.

利用 CiteSpace 软件对知网中获取的 927 篇关于突发事件舆情与民意研究的文献进行作者共现分析，把节点类型（Node Types）设置成“Author”，经过可视化处理，得到 344 个节点、167 条节点连线，每个节点代表一个发文作者，节点越大，代表发文数量越多；节点连线代表作者之间的合作关系，节点连线越粗，代表作者之间的合作越密切。由图 0.6 可知突发事件舆情与民意研究形成了兰月新团队、曾润喜团队、张玉亮团队的核心作者群，但网络密度仅为 0.002 8，图谱直观感觉比较松散，且核心作者群之间联系较少，没有形成跨机构、跨区域的合作关系。

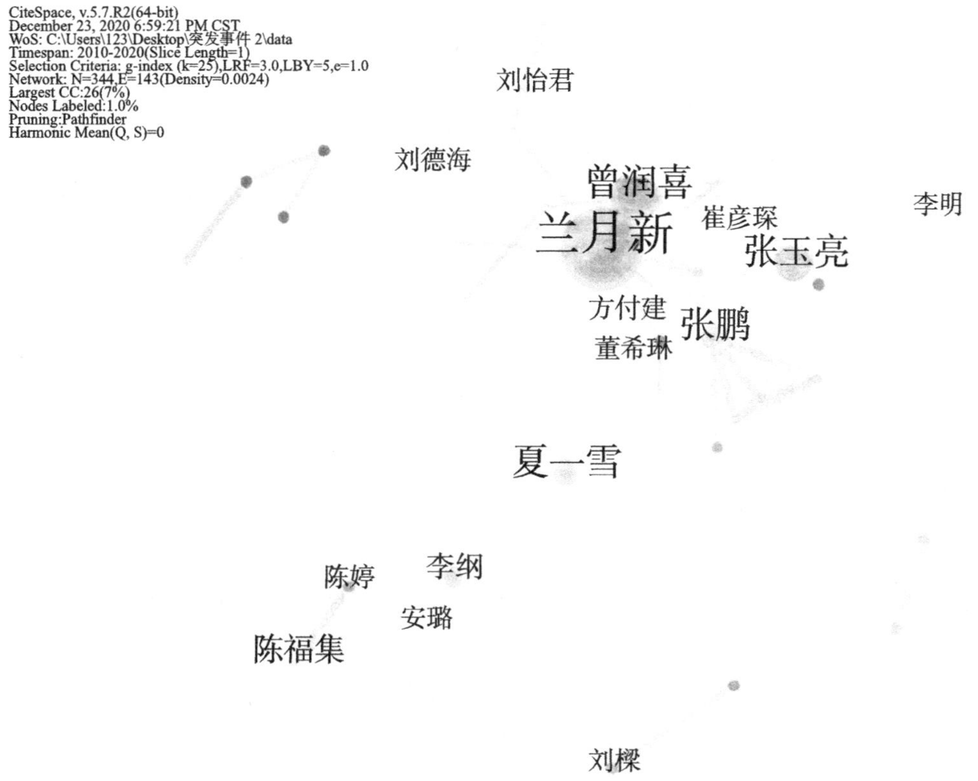

图 0.6　2010—2020 年我国突发事件舆情与民意研究作者合作共现图

3）研究机构与共现分析

将知网获取的 927 篇关于突发事件舆情与民意研究的文献数据导入 CiteSpace，把节点类型设置成“Institution”，获取排名前 10 的研究机构（表 0.2）。通过数据分析可知，突发事件舆情与民意研究排名前 10 的研究机构中管理类学院有 6 个，发文数量占到排名前 10 研究机构发文量的 55%；公安院校（2018 年中国人民武装警察部队学院更名为中国人民警察大学）有 1 个，发文数量占到排名前 10 研究机构发文量的 16%；其他（如信息资源研究中心及安全与应急管理研究中心）有 2 个，发文数量占到排名前 10 研究机构发文量的 23%；传媒院校有 1 个，发文数量占到排名前 10 研究机构发文量的 5%。可见，管理类学院无论从机构数量还是发文量来看所占比重最高。

表 0.2 2010—2020 年我国突发事件舆情与民意研究的核心机构

序号	机构	篇数/篇
1	华中科技大学公共管理学院	48
2	中国人民武装警察部队学院（中国人民警察大学）	36
3	武汉大学信息资源研究中心	34
4	南京大学信息管理学院	20
5	河南理工大学安全与应急管理研究中心	17
6	吉林大学管理学院	15
7	电子科技大学经济与管理学院	13
8	福州大学经济与管理学院	12
9	南京理工大学经济管理学院	12
10	中国传媒大学传播研究院	12

从我国突发事件舆情与民意研究研究机构合作共现图（图 0.7）中可以获知，近 10 年我国突发事件舆情与民意研究机构有 318 个节点，节点之间的连线有 107 条，网络密度为 0.002 1。经分析，图谱整体比较松散，除华中科技大学公共管理学院、中国人民武装警察部队学院、武汉大学信息资源研究中心外，其他各机构之间连线较少，没有形成联系紧密的研究机构合作网络。

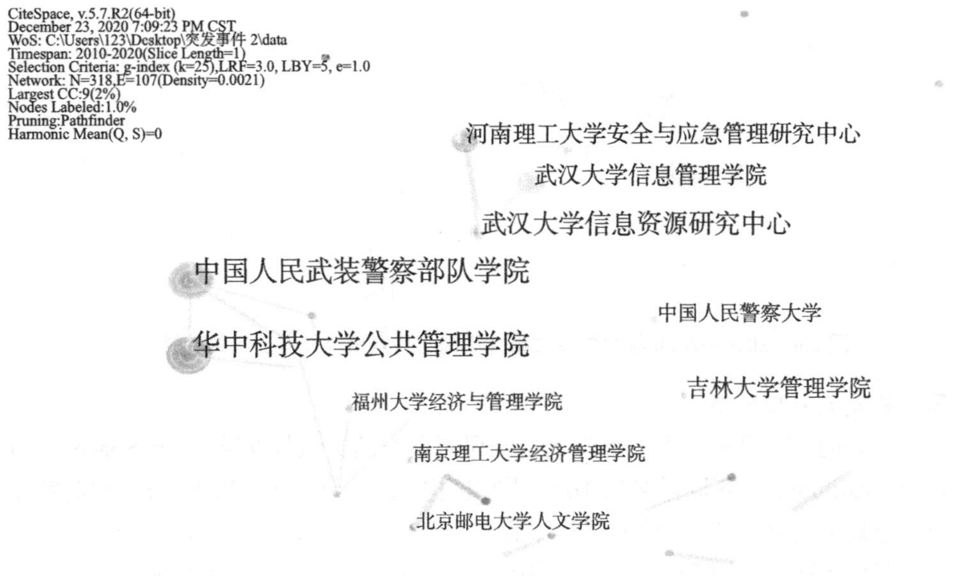

图 0.7 2010—2020 年我国突发事件舆情与民意研究研究机构合作共现图

4）关键词共现及关键词聚类

将从 CNKI 核心期刊及 CSSCI（中文社会科学引文索引）数据库中获取的 927 条数据导入 CiteSpace 软件，将时间跨度设置为 2010—2020 年，时间切片设置为 1 年，节点类型设置为“Keyword”,运行后生成图谱如图 0.8 所示。2010—2020 年我国突发事件舆情与民意研究的核心关键词见表 0.3。在图谱中,节点大小与关键词在文章出现的频率呈正相关,即节点越大,关键词出现频率越高。节点的颜色代表节点在该研究领域中出现的初始年份,节点之间的连线表示关键词之间在文章中的共现关系,连线越粗,说明关键词之间出现在同一篇文献中的可能性越大[①]。经分析图谱与数据可知,我国突发事件舆情与民意研究排名前 10 的关键词分别为:“网络舆情”“突发事件”“舆论引导”“舆情”“政务微博”“应急管理”“突发公共事件”“微博”“新媒体”“高校”。

表 0.3　2010—2020 年我国突发事件舆情与民意研究的核心关键词

序号	关键词	出现频次	中心性
1	网络舆情	311	0.60
2	突发事件	288	0.60
3	舆论引导	38	0.08
4	舆情	36	0.06
5	政务微博	33	0.11
6	应急管理	33	0.09
7	突发公共事件	33	0.06
8	微博	31	0.05
9	新媒体	28	0.09
10	高校	26	0.04

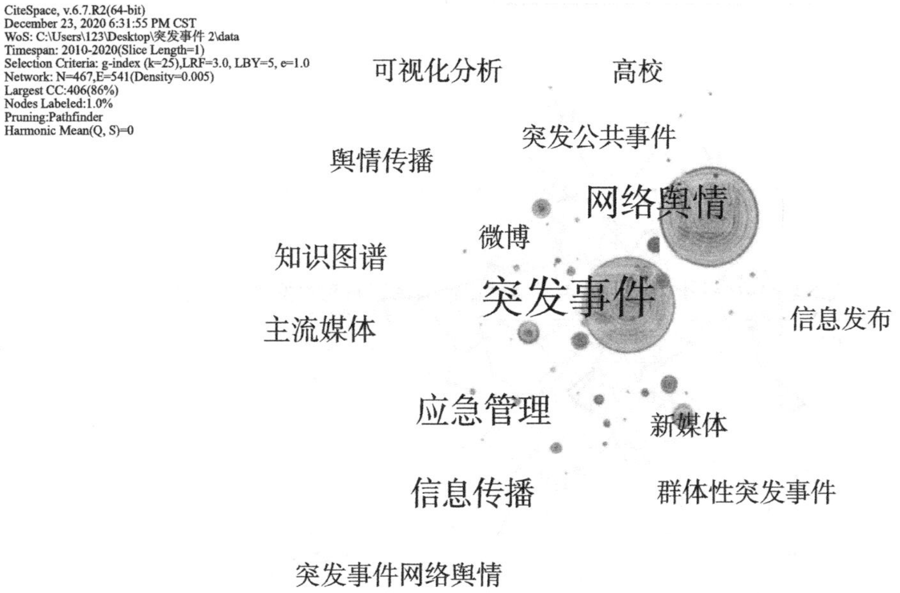

图 0.8　2010—2020 年我国突发事件舆情与民意研究关键词共现图

① 冯佳,王克非. 近十年国际语言规划和语言政策研究的 CiteSpace 分析[J]. 中国外语,2014,11(1):69-76,84,77,113.

对 2010—2020 年我国突发事件舆情与民意研究的关键词进行聚类，生成图 0.9 和表 0.4。Modularity（模块）和 Silhouette（轮廓）值是衡量网络模块化程度的两个重要指标，模块值 Modularity 用来衡量一个网络能在多大程度上被拆分成相互独立的模块，其值在 0 到 1 之间，值越接近 1，表示网络中模块越独立，通常该值需大于 0.3；平均轮廓值 Silhouette 用来评估聚类本质的不确定性，其值在-1 到 1 之间，值越接近 1，则说明模块越独立，一般该值需大于 0.5[①]。观察图 0.9 可知，共生成 467 个节点、744 条连线，网络密度为 0.006 8，聚类模块值为 0.679 6>0.3，说明聚类结构显著，聚类平均轮廓值为 0.897 5>0.5，说明聚类内部同质性较高，聚类合理。排名前 5 的聚类标签分别是“突发事件”“网络舆情”“引导机制”“群体性事件”“传播模式”“突发公共事件”。

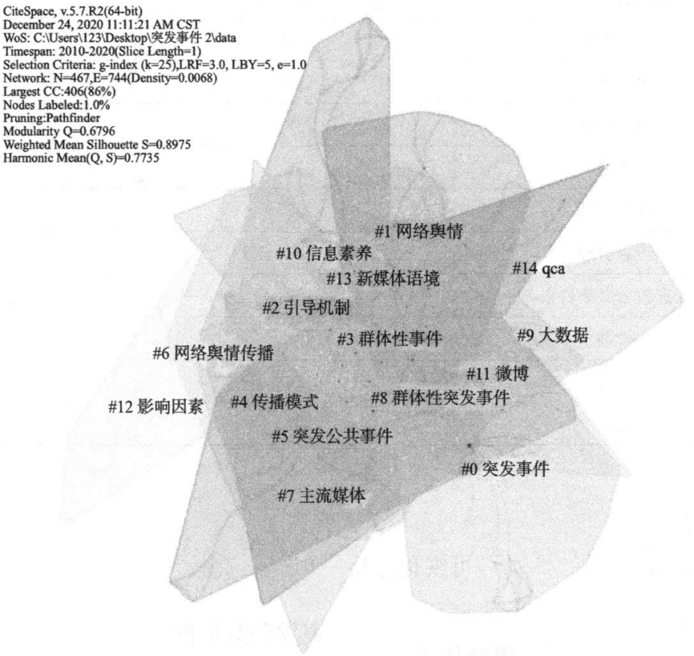

图 0.9 2010—2020 年我国突发事件舆情与民意研究关键词聚类

表 0.4 2010—2020 年我国突发事件舆情与民意研究的关键词聚类表

序号	聚类标签	聚类大小	聚类轮廓值	主要年份
0	突发事件	66	0.615	2014
1	网络舆情	59	0.786	2014
2	引导机制	40	0.783	2012
3	群体性事件	37	0.891	2015
4	传播模式	30	0.858	2015
5	突发公共事件	29	0.871	2015

① CHEN C，IBEKWE-SANJUAN F，HOU J. The structure and dynamics of cocitation clusters：a multiple-perspective cocitation analysis [J]. Journal of the American Society for Information Science and Technology，2010（61）：1386-1409.

3. 研究演进与阶段划分

分析文献的研究演进情况可以梳理研究发展脉络，对研究的发展阶段进行划分并提炼出每一个阶段的研究特征。将 927 篇关于突发事件舆情与民意研究的文献导入 CiteSpace，在 Layout 板块里选择 Timeline View 生成时间线图，图中的每一个节点代表该关键词首次出现的年份，节点的大小代表累计出现次数的多少，图中连线代表关键词之间的联系。由图 0.10 可知，2010—2012 年关键词突现的次数较多，进入一个研究的高速增长期。结合图 0.4 可以把突发事件舆情与民意研究大致划分为缓慢上升期（2010 年 1 月—2011 年 12 月）、快速上升期（2012 年 1 月—2012 年 12 月）、研究平稳期（2013 年 1 月—2017 年 12 月）、研究衰减期（2018 年 1 月—2018 年 12 月）、研究反弹期（2018 年 12 月—2019 年 1 月）。

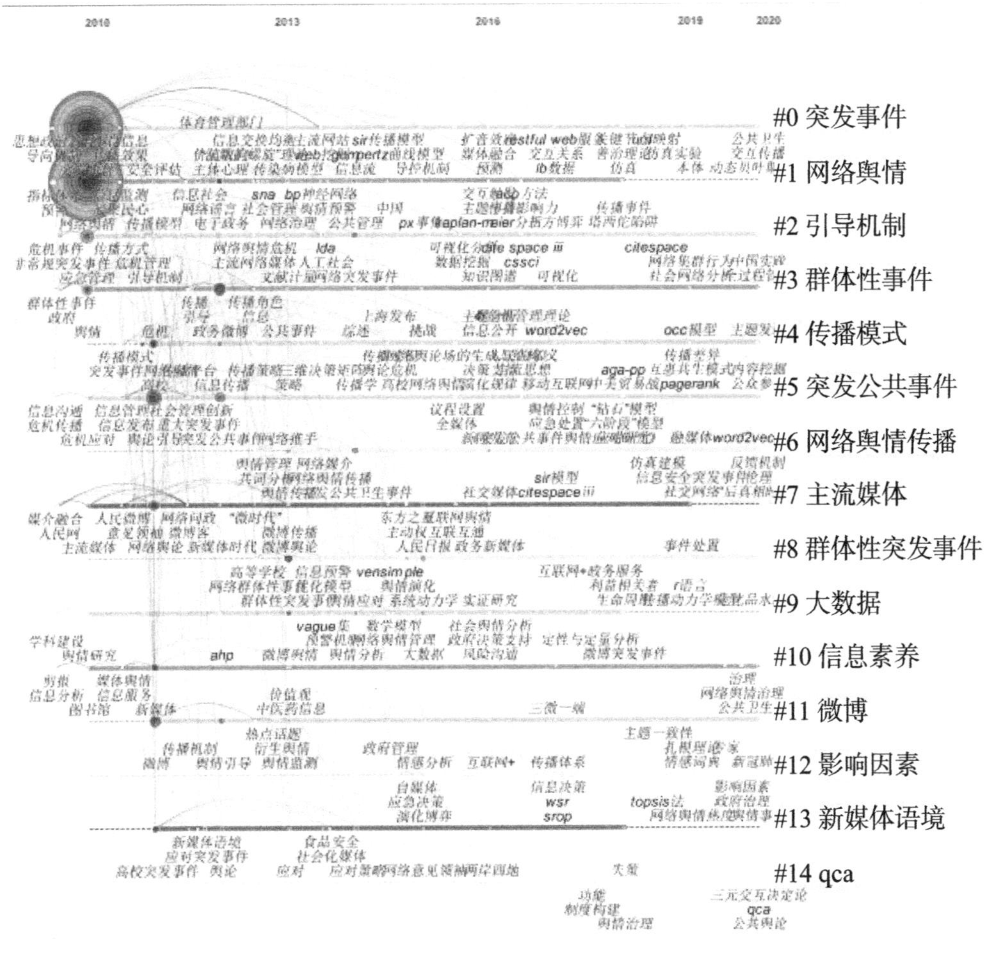

图 0.10　2010—2020 年我国突发事件舆情与民意研究时间线图

1）缓慢上升期

将 2010 年 1 月至 2011 年 12 月突发事件舆情与民意研究的 92 条数据导入 CiteSpace，观察图 0.11 可知，共生成 96 个节点、102 条连线，网络密度为 0.022 4，聚类模块值为

0.810 8>0.3,说明聚类结构显著,聚类平均轮廓值为 0.982 9>0.5,说明聚类内部同质性较高,聚类合理。去除重复标签,排名前 5 的聚类标签分别是"预警""媒体舆情""地方政府""网络论坛""引导机制"。

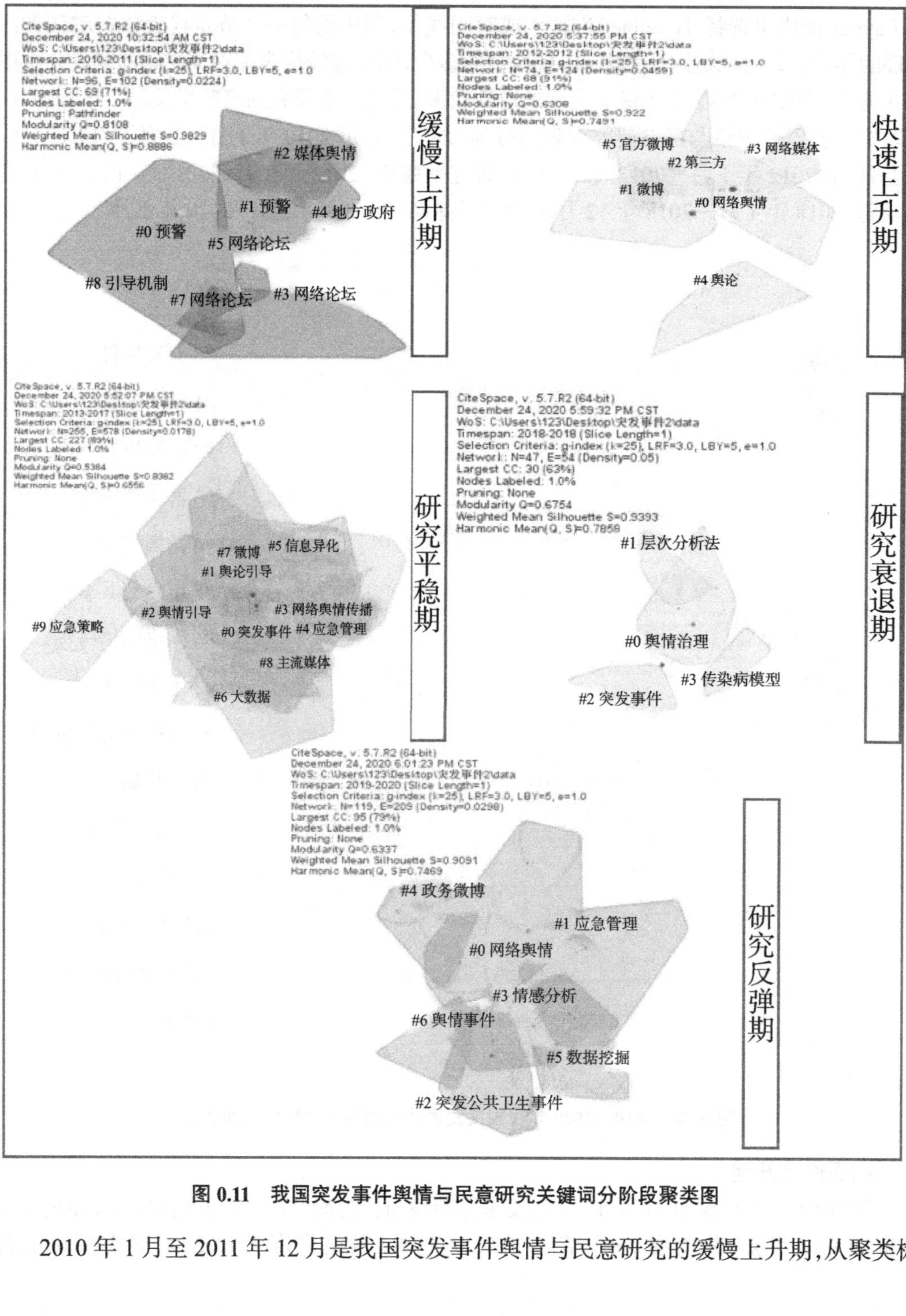

图 0.11 我国突发事件舆情与民意研究关键词分阶段聚类图

2010 年 1 月至 2011 年 12 月是我国突发事件舆情与民意研究的缓慢上升期,从聚类标签“网络论坛”可知,舆情民意的来源集中在网络论坛,从聚类标签“预警”“地方政府”“引导机制”等词汇可知,舆情危机管理已经得到政府及学者的充分重视,如:吕品的《新媒体时代对领导干部提出的新要求》[①];陆传照的《网络问政的开启及对问政者的角色考验》[②];陈荣香的《地方政府应对网络舆情突发事件的对策分析》[③]。

2)快速上升期

将2012年1月至2012年12月我国突发事件舆情与民意研究的105条数据导入CiteSpace,观察图0.11可知,共生成74个节点、124条连线,网络密度为0.045 9,聚类模块值为0.630 8>0.3,说明聚类结构显著,聚类平均轮廓值为0.922>0.5,说明聚类内部同质性较高,聚类合理。去除重复标签,排名前6的聚类标签分别是“网络舆情”“微博”“第三方”“网络媒体”“舆论”“官方微博”。

2008年8月新浪推出“新浪微博”内测版,成为门户网站中第一家提供微博服务的网站,2012年新浪微博用户发展报告显示:截止到12月底,新浪微博注册用户已超过5亿。这一时期频繁出现“网络舆情”“微博”“官方微博”等关键词,说明随着微媒体、自媒体的蓬勃发展,相关研究进入一个快速的发展时期,涌现出大量关于微博舆情、新媒体舆情传播规律及引导对策的研究,如:陈伟宏、马育秀的《突发事件微博舆论传播的特征及道德调控探析》[④];丁柏铨的《新媒体语境中重大公共危机事件舆论触发研究》[⑤];徐敬宏、蒋秋兰的《党政机构微博在网络舆情引导中的问题与对策》[⑥]。

3)研究平稳期

将2013年1月至2017年12月我国突发事件舆情与民意研究的536条数据导入CiteSpace,观察图0.11可知,共生成255个节点、578条连线,网络密度为0.017 8,聚类模块值为0.538 4>0.3,说明聚类结构显著,聚类平均轮廓值为0.838 2>0.5,说明聚类内部同质性较高,聚类合理。去除重复标签,排名前9的聚类标签分别是“突发事件”“舆论引导”“网络舆情传播”“应急管理”“信息异化”“大数据”“微博”“主流媒体”“应急策略”。

2013年1月至2017年12月相关研究在保持热度的同时平稳发展,核心期刊与CSSCI期刊库年发文量达到112篇。从聚类标签“突发事件”“舆论引导”“网络舆情传播”“应急管理”“应急策略”等词汇可知,这一时期突发事件舆情与民意研究侧重于突发事件舆情发展规律以及如何针对突发事件进行有效引导与应急管理。2009年“大数据”一词成为互联网信息技术行业的热点词汇,2012年的《大数据时代》(维克托·迈尔·舍恩伯格、肯尼思·库克耶)一书明确提出了大数据的含义及特点。从聚类标签“大数据”可以得出,通过大数据研究突发事件舆情与民意已成为这一时期的显著特点之一,例如:储节旺、朱玲玲的《基于大数据分析的突发事件网络舆情预警研究》[⑦]、张宁熙的《大数据在突发公共事件网络舆情信息工作中的应用》[⑧]。

① 吕品.新媒体时代对领导干部提出的新要求[J].党建研究,2011(11):45-46.
② 陆传照.网络问政的开启及对问政者的角色考验[J].探索,2010(5):66-69.
③ 陈荣香.地方政府应对网络舆情突发事件的对策分析[J].领导科学,2011(29):22-23.
④ 陈伟宏,马育秀.突发事件微博舆论传播的特征及道德调控探析[J].求索,2012(8):216-217,199.
⑤ 丁柏铨.新媒体语境中重大公共危机事件舆论触发研究[J].新闻大学,2012(4):109-117.
⑥ 徐敬宏,蒋秋兰.党政机构微博在网络舆情引导中的问题与对策[J].当代传播,2012(4):82-84.
⑦ 储节旺,朱玲玲.基于大数据分析的突发事件网络舆情预警研究[J].情报理论与实践,2017,40(8):61-66.
⑧ 张宁熙.大数据在突发公共事件网络舆情信息工作中的应用[J].现代情报,2015,35(6):38-42.

4)研究衰减期

将2018年1月至2018年12月我国突发事件舆情与民意研究的36条数据导入CiteSpace,观察图0.11可知,共生成47个节点、54条连线,网络密度为0.05,聚类模块值Modularity Q值为0.675 4>0.3,说明聚类结构显著,聚类平均轮廓值Mean Silhouette值为0.939 3>0.5,说明聚类内部同质性较高,聚类合理。去除重复标签,排名前4的聚类标签分别是"舆情治理""层次分析法""突发事件""传染病模型"。

计算社会科学(Computational social science)是在社会科学中通过计算机运算方法建立模型,模拟、分析社会现象。随着计算社会科学的发展,数学建模与计算机模拟仿真大量应用到相关研究领域,"层次分析法""传染病模型"等聚类标签的出现,标志着我国突发事件舆情与民意研究进入到交叉学科研究的时代,定性与定量相结合的研究范式,使突发事件舆情与民意研究的科学性得到提高。由于2017年实行微博实名制以后,微博上的虚假信息和极端情绪得到一定程度的遏制,网络舆情生态在一定程度上得到净化,突发事件舆情与民意研究也随之进入衰减期。

5)研究反弹期

将2018年1月至2019年1月我国突发事件舆情与民意研究的158条数据导入CiteSpace,观察图0.11可知,共生成119个节点、209条连线,网络密度为0.029 8,聚类模块值为0.633 7>0.3,说明聚类结构显著,聚类平均轮廓值为0.909 1>0.5,说明聚类内部同质性较高,聚类合理。去除重复标签,排名前7的聚类标签分别是"网络舆情""应急管理""突发公共卫生事件""情感分析""政务微博""数据挖掘""舆情事件"。

4.研究热点与趋势分析

1)研究热点突现分析

突现分析用来探测某个领域中突现的动态概念和潜在研究问题,适用于检验学科发展的新兴趋势和骤然变化,反映活跃或前沿的研究节点①。通过对我国突发事件舆情与民意研究进行关键词突现分析,可以获取某一时段的研究热点,并且根据研究热点的分布情况总结我国突发事件舆情与民意研究的趋势,以期对未来的研究提供参考借鉴。

将927条我国突发事件舆情与民意研究文献导入CiteSpace,在Burstness板块中刷新后得到突现关键词(Burst items found)13个(表0.5和图0.12)。经分析突变强度最大的关键词是"政务微博",突变值为5.36,突变时段为2012—2014年。随着自媒体的发展,微博已成为承载社情民意的主要载体,政务微博搭建了政府与网民互动的桥梁,对政务微博的发展现状进行科学的评估,从而进行有效的改进是促进政府信息公开和积极引导舆情民意的有效举措。

突变强度排名第2的关键词是"群体性突发事件",突变时段为2013—2014年,突变值为4.63。2013年发生在全国的群体性事件大约为16.5万起,平均每天发生约450起,与2012年的数据相比,同期增长了1.1个百分点②。2014年的群体性事件依然保持高位运行,

① 周轩,章小童.中国工商管理研究的贡献、创新及愿景评价——基于《南开管理评论》刊文/投稿的文献计量与专业聚焦分析[J].南开管理评论,2018,21(6):4-11.

② 张明军,陈朋.2013年度中国社会典型群体性事件分析报告[J].中国社会公共安全研究报告,2014(2):3-12.

总量高达 17.2 万起左右[①]。社会的转型、阶层的更替带来各种矛盾的激化,舆情与民意如果从正常渠道得不到疏解,极易演变成群体性突发事件,给国家、社会和人民造成严重的损失与伤害。2013—2014 年突发群体性事件的高位运行吸引学者们纷纷将关注点投向这一领域,试图研究群体性事件的发生、发展规律,探究如何做好群体性事件预防、预警措施,并提出应对群体性事件行之有效的举措。

突变强度排名第 3 的关键词是"电子政务",突变时段为 2012—2014 年,突变值为 4.21。"十二五"期间政府大力推进国家政务信息化工程建设,通过政务信息化推动国家治理体系和治理能力现代化,"电子政务"成为这一时期研究的热点,例如:靳晓婷的《基于电子政务视阈的负面网络舆情导控研究》在分析负面网络舆情的危害及现有电子政务应对负面网络舆情存在问题的基础上,受导数原理启发,建立了针对政府的负面网络舆情分阶段演化数学模型,并给出了相应的导控策略[②]。

突变强度排名第 4 的关键词是"知识图谱",突变时段为 2017—2020 年,突变值为 4.08。知识图谱通过数据挖掘、信息处理以及图形呈现等技术将复杂的知识以可视化图谱形式展现出来,方便清晰地梳理知识脉络与科学地推理知识演进规律。在我国突发事件舆情与民意研究中,很多学者选择用知识图谱来进行文献计量分析,例如:王晰巍、韦雅楠、邢云菲等人的《社交网络舆情知识图谱发展动态及趋势研究》[③],汤志伟、钟宗炬的《基于 CSSCI 的国内公共安全研究知识图谱分析》[④]。

此外,"微博"(突变强度 3.22)、"应急管理"(突变强度 3.14)、"社交媒体"(突变强度 3.02)、"大数据"(突变强度 2.57)等突现词的出现,也反映了一定时间段我国突发事件舆情与民意研究热点与研究趋势。

表 0.5 2010—2020 年我国突发事件舆情与民意研究关键词突现表

序号	关键词	突变时段	突变值
1	政务微博	2012—2014 年	5.36
2	群体性突发事件	2013—2014 年	4.63
3	电子政务	2012—2014 年	4.21
4	知识图谱	2017—2020 年	4.08
5	微博	2012—2014 年	3.22
6	网络突发事件	2014—2016 年	3.17
7	舆情分析	2014—2016 年	3.17
8	应急管理	2016—2017 年	3.14
9	社交媒体	2016—2020 年	3.02
10	舆情演化	2018—2020 年	2.94
11	舆情治理	2018—2020 年	2.87

① 张明军,陈朋.2014 年度中国社会典型群体性事件分析报告[J]. 中国社会公共安全研究报告,2015(1):3-12.
② 靳晓婷. 基于电子政务视阈的负面网络舆情导控研究[J]. 情报杂志,2014,33(5):161-164,142.
③ 王晰巍,韦雅楠,邢云菲,等. 社交网络舆情知识图谱发展动态及趋势研究[J]. 情报学报,2019,38(12):1 329-1 338.
④ 汤志伟,钟宗炬. 基于 CSSCI 的国内公共安全研究知识图谱分析[J]. 现代情报,2017,37(2):119-125.

续表

序号	关键词	突变时段	突变值
12	公共管理	2014—2016 年	2.81
13	大数据	2015—2017 年	2.57

图 0.12　2010—2020 年我国突发事件舆情与民意研究关键词突现图

2)关键词战略图

战略坐标(Strategic Diagram)由 Law 等人于 1988 年提出 ①,用来描述一个研究领域内部各主题之间相互联系和相互影响的程度。在二维的战略坐标中,向心度(Centrality)为横轴,用来度量各个类别主题词与其他类别主题词之间互相联系的紧密程度,其值越大,表明这个主题词在整个研究工作中就越趋于中心地位;密度(Density)为纵轴,用来度量各个类别内部的主题词的紧密程度,它表示该类别维持自己和发展自己的能力 ②。通过将每一个研究热点赋值并指向某一象限,战略坐标可以概括描述一个领域内不同主题的发展态势。

根据关键词聚类分析结果,计算每个类别的向心度和密度,将由高频关键词构成的类团在战略图中进行显示,绘制出 2010—2020 年我国突发事件舆情与民意研究关键词战略坐标图(图 0.13 和表 0.6)并由此分析目前国内突发事件舆情与民意研究的发展趋势。1 类团关键词显现高向心度、高密度特征,说明其与其他主题具有很高的相关性,是该领域的研究重点和热点。8 类团、10 类团、12 类团的关键词显现低密度、高向心度特征,说明其虽然发展

① BAUIN S, MICHELET B, SCHWEIGHOFFER M G, et al. Using bibliometrics in strategic analysis: “understanding chemical reactions” at the CNRS[J]. Scientometrics, 1991(1): 113-137.

② CALLON M, COURTIAL J-P, LAVILLE F. Co-word analysis as a tool for describing the network of interactions between basic and technological research: the case of polymer chemistry[J]. Scientometrics, 1991(1): 155-205.

尚不成熟,但与其他主题联系密切,具有较大的研究潜力。7类团、9类团、11类团、13类团的关键词既不具有高密度特征,也不具有高向心度特征,说明这类研究趋向饱和,目前已经发展成为孤岛领域,研究关注会逐渐减少。2类团、3类团、4类团、5类团、6类团的关键词显现高密度、低向心度特征,说明这一象限的关键词代表的主题研究较多,但与其他主题联系偏低,在研究网络中重要度降低,可能将逐渐边缘化,但也可能是启示未来研究方向的基础。

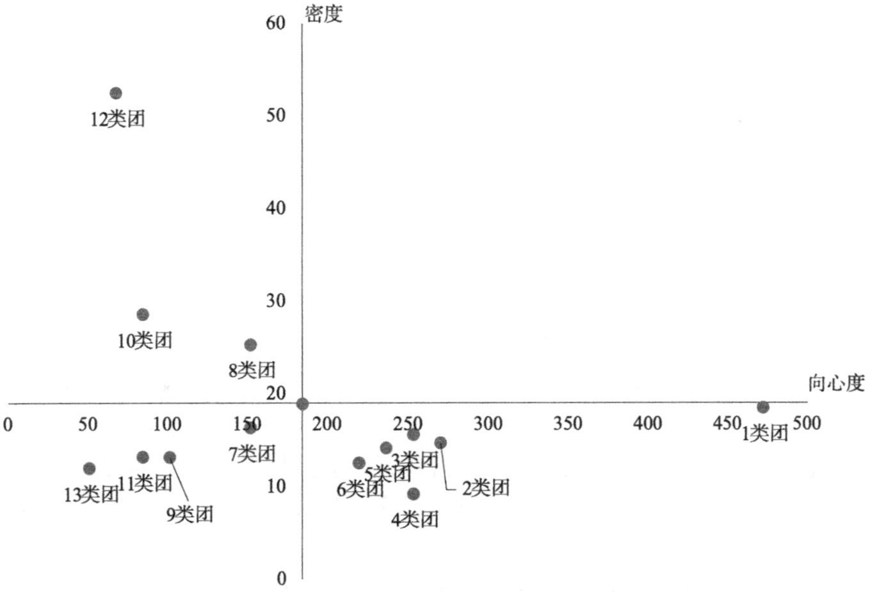

图 0.13 2010—2020 年我国突发事件舆情与民意研究关键词战略坐标图

表 0.6 2010—2020 年我国突发事件舆情与民意研究关键词

类团	关键词
1类团	策略、传播、电子政务、对策、高校、公共管理、公共事件、机制、社会管理、网络、网络突发事件、网络问政、网络舆论、微博、微博舆论、微博舆情、新媒体、信息社会、引导、引导机制、应对、舆论、舆论引导、舆情、舆情管理、政府管理、政务微博
2类团	环境污染、群体性突发事件、食品安全、系统动力学、演化博弈、演化机理、舆情传播、舆情演变、舆情演化、预测、政府治理
3类团	传播机制、传播模式、风险社会、社会治理、实证研究、突发公共卫生事件、突发事件网络舆情、网络谣言、网络舆情传播
4类团	群体性事件、社交媒体、生命周期、网络舆情管理、网络舆情监测、网络舆情突发事件、微博、新闻发布、信息发布、应对突发事件、应急决策、政府应对、治理、重大突发事件
5类团	非常规突发事件、监测、网络舆情热度、网络治理、应对策略、舆情研究、舆情引导、预警、指标体系、自媒体
6类团	公共安全、共词分析、聚类分析、可视化、文献计量、应急处置、应急管理、舆情事件、政务新媒体、知识图谱、主流媒体
7类团	情感分析、信息传播、衍生舆情、舆情监测
8类团	传统媒体、社会舆情、突发公共事件、突发事件、危机传播、新媒体时代、舆情应对、政府

续表

类团	关键词
9类团	意见领袖、舆情危机、舆情预警
10类团	社会网络分析、数据挖掘
11类团	大数据、舆情分析、舆情治理
12类团	网络舆情、信息流
13类团	高校突发事件、思想政治教育、预警机制

3)研究趋势分析

(1)突发事件舆情的演化与治理。

"舆情演化"与"舆情治理"成为2018—2020年的突现词,舆情的演化规律可以进行科学的预判。推演突发事件舆情发展规律的意义在于及时对突发事件舆情进行预测、预防及预警,减少负面舆情对社会与政府形象造成的损失与伤害。

(2)聚焦社交媒体的监测与管控。

互联网时代的社交媒体打破了时空的界限,社交媒体塑造的网络舆论场使得传播方式拓扑化、意见领袖分散化、群体共鸣集聚化、舆情表达极端化,因而社交媒体已成为舆情领域的重点研究对象。结合图0.11与表0.5可以得知,在突发事件舆情与民意研究领域,社交媒体依然是研究热点。在突发事件舆情发展过程中,微博是社情民意的主要载体,对微博意见主体的精细挖掘以及对其社会网络的深度剖析是今后研究的重点。微信因传播主体的强关系与高黏性成为突发事件舆情与民意研究的重点研究对象,但微信闭环式的传播结构与传播层级使舆情信息的获取成为难题。5G时代的到来势必会带来视频红利,抖音、快手等视频平台形成的舆论场域是监管的重点也是难点,对突发事件视频、音频舆情的识别与引导的研究会成为下一个学术增长点。

(3)突发群体性事件引导与处置。

2011—2016年《中国社会群体性事件报告》显示,近些年我国群体性事件高位运行,群体性事件对人民生命财产安全、社会正常秩序、政府执政形象的破坏性强、影响力大。突发群体性事件的主体一般抱有强烈的政治意愿与利益诉求,执政者引导与处置突发群体性事件时应综合考量深层次社会矛盾诱因和浅层次的突发事件诱因,安抚群众情绪、解决群众矛盾、满足群众意愿需要执政技巧的提高、相关法制的完善以及适时的政策调整,这些既考验着执政者的执政能力,也是突发事件舆情与民意研究的重点。

(4)舆情大数据的合法获取与应用。

开源数据的收集为舆情感知与研判提供了一手资料,是舆情分析、预警及管理的基础。目前舆情监测软件大多遵循网络爬虫排除标准(Robots exclusion protocol),但舆情数据爬取技术在给我们带来便捷的同时,也存在着侵犯他人隐私和不正当竞争等隐患,并且我国目前的法律适用在此方面存在一定程度上的空白,所以舆情大数据获取与应用的合理与合法性问题是非常值得研究的领域。此外,部分社交媒体不完全对外开放数据资源,却是网络舆情传播与发酵的主要载体,这就产生了数据的不完整性问题以及高效数据不可利用的问题,如何破解这些难题也是时下研究的难点及重点。

(5)计算社会学研究方法的善用。

计算社会学以计算为媒介,以不同规模的社会团体为着眼点,对社会领域开展跨学科研究,其研究对象小至个体行为者,大到社会群体[①]。我国突发事件舆情与民意研究是一个系统且复杂的领域,同时也容易获取相对开源与客观的一手资料,具有可计算性与可仿真性。目前很多学者在舆情识别、民意感知、主体细分、传播推演、趋势预测等方面做了科学的论证与技术的实践。此外,新闻传播学、管理学、社会学、数学、统计学、信息科学、社会物理学等多学科具有深度融合的价值与潜力。用计算社会学研究方法研究突发事件舆情与民意可以促进社会问题研究科学化,进而辅助政府正确引导与处置突发事件。

(6)科学知识图谱的可视化呈现。

科学知识图谱是展现现实科学知识的发展与结构关系的一种图形,是科学计量学具有前景的研究方向[②]。科学知识图谱可以将复杂的网络关系以图谱的形式呈现出来,或揭示某一事物的发展进程,或揭示事物间的耦合关系,目前在文献计量领域广泛应用。但科学知识图谱的应用并不局限于文献计量领域。突发事件舆情生态系统蕴含着复杂的社会网络关系、包含着大量可图谱化呈现的数据,用科学知识图谱将舆情社会问题可视化呈现,一方面可以用图形直观展现数据,另一方面可以厘清事物之间的复杂关系。用科学知识图谱研究突发事件舆情与民意问题,对于及时感知与分析舆情数据、推演舆情发展规律、提高突发事件舆情引导效率等具有重要意义。

5. 总结

通过对 2010—2020 年我国突发事件舆情与民意研究文献的知识图谱进行可视化分析,直观呈现其发展脉络和演进路径,并对其研究现状、研究热点和研究趋势进行深入分析,总结如下。

(1)从研究现状来看,我国突发事件舆情与民意研究呈现出如下特点:①当前该研究正处于研究的上升期;②已形成兰月新团队、曾润喜团队、张玉亮团队等核心作者群;③研究机构以管理类学院居多,尚未形成跨机构、跨区域的合作关系;④研究文献多发表于情报类学术期刊。

(2)从研究内容来看,"政务微博""群体性突发事件""电子政务""知识图谱""微博""网络突发事件""舆情分析""应急管理""社交媒体""舆情演化""舆情治理""公共管理""大数据"成为 2010—2020 年我国突发事件舆情与民意研究的热点。

(3)从研究趋势来看,我国突发事件舆情与民意研究呈现出如下特点:①我国突发事件舆情与民意研究趋向新闻传播学、管理学、数学、信息科学等交叉学科研究;②突发事件、群体性事件、社交媒体、舆情治理是研究的主要对象;③舆情大数据的应用仍是研究热点;④ 5G、人工智能、区块链、虚拟仿真等新技术的应用是今后研究的趋向。

① 克劳迪奥·乔菲-雷维利亚. 计算社会科学:原则与应用[M]. 杭州:浙江大学出版社,2019:1-2.

② 陈悦,刘则渊. 悄然兴起的科学知识图谱[J]. 科学学研究,2005(2):149-154.

如何破解这些难题也是时下研究的难点及重点。

（5）计算社会学研究方法的瓶颈

上篇　面对舆情大数据的突发事件民意分析

发挥舆情大数据快速精确、实时动态、多维度多视角等优势，上篇通过构建民意模型和搭建民意量化体系，进行系统、整体、全面的突发事件民意分析研究。

第一章 突发事件民意量化及其演化

在舆情大数据环境下，进行突发事件民意分析的基础是民意量化及其演化研究。本章按照“理论分析—常态建模—异常建模”的总体思路，首先研究舆情大数据环境下突发事件民意的相关概念和特征。其次进行民意量化研究，明确量化研究的方法论。再次进行突发事件民意分类识别研究，构建突发事件民意语料库，识别诉求型民意、支援型民意和陈述型民意。最后从演化影响要素、演化动力学机理、演化风险 3 个方面分别进行常态和异常的民意演化研究。

本章在上篇中具有总括作用，从民意系统的总体视角进行相关研究，取得了以下成果：①构建了民意模型，提出了民意量化思路，为后续研究奠定了理论基础；②提出了诉求型、支援型和陈述型的民意分类，并提出了基于舆情大数据进行上述 3 种民意分类识别的方法；③确定了突发事件民意演化的影响要素，并以此为基础，明晰了民意演化动力学机理和民意风险演化机理，解决了民意演化的一般性规律等问题。

本章内容框架如图 1.1 所示。

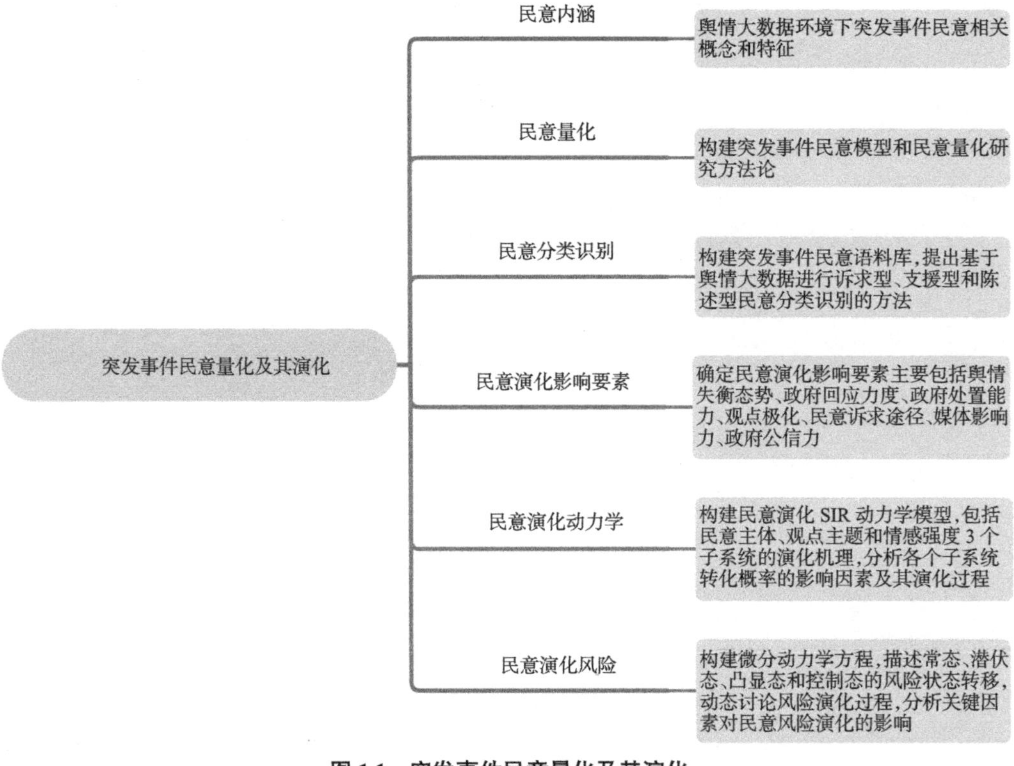

图 1.1 突发事件民意量化及其演化

第一节 舆情大数据环境下突发事件民意

1. 舆情大数据

随着移动互联网的普及以及各类突发事件的频繁发生，网民对某一网络话题热议，从而产生网络舆情。网络舆情信息包括文字、图片、音频、视频等，具备规模性（volume）、多样性（variety）、高速性（velocity）、价值性（value）、真实性（veracity）等大数据特点，可以说，网络舆情已经成为一个非常典型的大数据环境。

舆情大数据是指微博、微信、微视频、网络论坛、新闻网站等网络载体上，包含民众观点、态度的数据环境[①]，既包括文本、图片、音频、视频等用户生产内容数据，又包括关注、@、点赞、分享、转发、搜索等用户行为数据，体现着民众的言语行为和情感色彩，蕴含着丰富的民意信息。舆情大数据具有大数据的一般特征，如海量、多源、异构、高速等，同时也有其特殊性。

舆情大数据区别于其他类型大数据的主要特征如下。①舆情大数据是社会网络化的数据，融合了时间、空间、社会身份、社会关系、社会理性、社会情感等属性，这些属性通过组合、叠加，使舆情大数据具有多维度、多层次、复杂关联的社会网络属性。②舆情大数据是实时交互数据，随时间不断动态更新，海量、高频次的实时交互使得舆情大数据在意见表达、观点辨析、情感碰撞的过程中，呈现出重要的民意情报价值。③舆情大数据是多媒体数据，并且包含大量文本、图片、音频、视频等非结构化数据，这使其对事件现象、特征、规律的描述能力更强。

2. 突发事件民意

1）突发事件

（1）定义和特征。

突发事件是指突然发生，造成或者可能造成严重社会危害，需要采取应急处置措施予以应对的自然灾害、事故灾难、公共卫生事件和社会安全事件。

突发事件具有以下 3 个基本特征。

一是突发性。突发性一方面是指事件在短时间内突然发生，如火灾、地震、爆炸等突发事件，属于突变式爆发模式；另一方面是指事件存在一段时间内由量变向质变演化的过程，但在短时间内突破临界值而爆发或失控，如水旱灾害等，属于渐变式爆发模式。

二是破坏性。破坏性一方面是指突发事件由灾害要素导致，其影响是具有危害性的、高强度的[②]；另一方面这种破坏性是面向人类社会的，例如自然界中未对人类社会产生影响的大量地震、海啸等自然灾害，不属于突发事件的范围。

三是紧急性。这由上述两个特性延伸而来，突发的、高强度的社会危害要求必须予以应急处置，防止造成更严重的危害。紧急性使得突发事件应急管理可以采取非程序化决策、行

① 夏一雪. 基于舆情大数据的社会安全事件情报感知与应用研究[J]. 现代情报，2019，39（11）：121-127.

② 范维澄，刘奕，翁文国，等. 公共安全科学导论[M]. 北京：科学出版社，2013：38.

政集权等非常措施。

此外,突发事件发生的发展过程还具有不确定性等特征,特别是随着社会发展的连通性日益增强,影响突发事件发生发展的各类要素之间广泛、深度互联,加剧了演化过程的不确定性。

(2)分类、分级和分期。

我国将突发事件分为四大类,共包括约24种事件类型,见表1.1。

表1.1 我国突发事件分类

分类	事件
自然灾害	水旱灾害、气象灾害、地震灾害、地质灾害、海洋灾害、生物灾害、森林草原火灾等
事故灾难	安全生产事故、矿山事故、危险化学品事故、交通运输事故、火灾事故、水上事故、环境污染与生态破坏事件、核与辐射事故等
公共卫生事件	传染病疫情、群体性不明原因疾病、食品安全问题和职业危害、动物疫情等
社会安全事件	重大刑事案件、恐怖袭击事件、群体性事件、涉外突发事件、经济安全事件等

我国对突发事件进行分类管理和分级处置,不同类型的突发事件由相应部门负责应急管理,并制定分级响应预案。按照突发事件的客观属性、危害程度、可控性、影响范围等因素,我国将自然灾害、事故灾难、公共卫生事件分为特别重大、重大、较大和一般4级。同时将这三类可预警的突发事件的预警级别也划分为4个等级,并用不同颜色标明,分别是Ⅰ级(特别重大)红色、Ⅱ级(重大)橙色、Ⅲ级(较大)黄色和Ⅳ级(一般)蓝色。

突发事件的发生发展遵循一定的规律,结合危机生命周期理论(Steven Fink, 1986),我国将突发事件的演化过程划分为酝酿期、爆发期、缓解期、善后期4个阶段①,将相对应的应急管理过程划分为预防与应急准备、监测与预警、应急处置与救援、事后恢复与重建4个阶段。在遵循生命周期理论的前提下,不同类型突发事件的演化过程各有不同,探索突发事件演化过程中的关键节点,确定演化阶段,对于确定最佳的应急管理时机和方式具有重要意义。

(3)演化规律。

突发事件发生发展遵循的基本规律包括随机性规律、确定性规律、演化过程不可逆、从无序到有序的自组织过程等。其中,在系统论的视角下,突发事件的演化规律是由平衡态向非平衡态、从无序到有序的过程,用于描述这种有序化、组织化、复杂化状态的概念是负熵,在突发事件演化与应急管理实施的过程中,人类行为可能输入负熵,如科学合理的应急管理行为可能会对承灾载体系统输入负熵,进而增加系统的有序度,促进突发事件的平息和承灾载体的恢复②。

以上是单一突发事件遵循的发生发展规律,在现实社会中,不同类型突发事件之间会产生链式反应,例如地震导致火灾、危险化学品爆炸导致环境污染事件、公共卫生事件导致群体性事件等。按照时间发展以及事件产生源自原生事件内部或者外部,可以将突发事件链

① 闪淳昌,薛澜.应急管理概论——理论与实践[M].北京:高等教育出版社,2012:37.

② 范维澄,刘奕,翁文国,等.公共安全科学导论[M].北京:科学出版社,2013:54-55.

式反应描述如下(图1.2),原生事件发生的同时,引发源自其外部系统的伴生事件,随着时间的发展,原生事件系统内部引发次生事件,并且原生、伴生和次生事件均会随时间的发展而引发衍生事件。

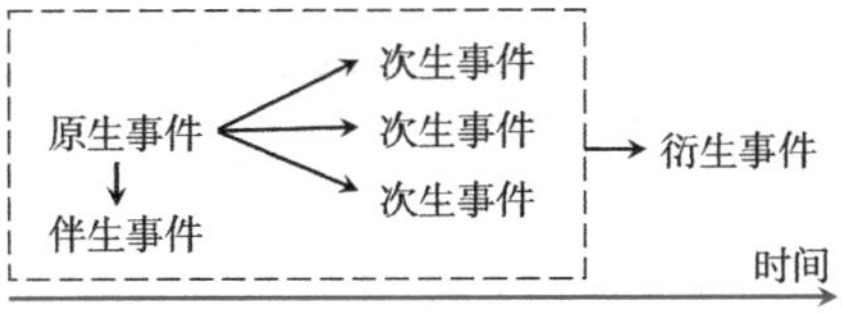

图1.2　突发事件链式反应

在实体网络与信息网络高度融合的网络社会,突发事件发生后同时在网络传播,甚至在发生过程中伴随着网络直播,突发事件网络传播便成为突发事件的伴生事件,随着时间的推移,突发事件自身引发新的灾害要素,进而产生次生事件,例如地震的次生灾害通常是火灾、滑坡、泥石流、海啸等,在原生、伴生和次生事件的发展演化过程中,还会引发衍生事件,例如2012年"8·26"包茂高速特大交通事故引发的"表哥"杨达才事件。随着网络日益深度介入突发事件的发生发展过程,突发事件的链式反应正呈现出泛关联性、不确定性、线上线下复杂交错等特征。线下突发事件引发网络舆情危机、网络舆情事件引发线下突发事件等,是网络社会中突发事件链式反应的两种典型模式。

2)民意

对于民意的概念,理论界有多种认识和表述,为清晰提炼民意要素,将不同概念按照主体、客体、本体和修饰语进行分类梳理,见表1.2。其中,民意主体描述的是"什么人",民意客体描述的是"什么对象",民意本体描述的是"什么组成",民意修饰语描述的是"什么样"。通过表1.2发现,民意主体有公众、社会成员、社会大多数人、人民等,为更贴合"民意"一词,本书采用民众作为民意主体。民意客体有某一事件,某项方针政策,关心的政治、经济、社会问题等,是民众所面对的中介性事项,结合民意修饰语中共同倾向性、整体的、社会的、公共性等特征,本书将民意客体界定为公共事件或公共政策。民意本体有态度、愿望、情感、意见、意志、精神、追求、意识等,可分为理性认识和感性认识,由此本书将民意本体界定为观点和态度,观点代表理性认识,态度代表感性认识。由此,综合而言,民意是指民众对于公共事件或公共政策的观点和态度。

表1.2　民意要素分类梳理

民意主体	公众、社会成员、社会大多数人、人民
民意客体	某一事件,某项方针政策,关心的政治、经济、社会问题
民意本体	态度、愿望、情感、意见、意志、精神、追求、意识
民意修饰语	自发的、不系统的、不定型的、共同倾向性、整体的、社会的、公共性、政策或决策相关性

(资料来源:①丘晓等,政治学辞典,四川人民出版社,1986年。②时蓉华,社会心理学词典,四川人民出版社,1988年11月。③刘建明、王泰玄、谷长岭、金羽等,宣传舆论学大辞典,经济日报出版社,1993年3月。④甘惜分、钱辛波、成一、洪一龙等,新闻学大辞典,河南人民出版社,1993年5月。⑤孔祥军,公共关系大辞典,希望出版社,1992年。)

为验证对于民意概念的理解，本研究通过文献搜集，整理国内外学者关于民意概念的研究（表 1.3）。观察发现，国内外学者对于民意的理解，基本在民意主体、民意客体、民意组成的框架内，证实上述对于民意要素的提炼是科学可信的。

表 1.3 国内外学者的民意概念研究 ①②③④⑤

提出者	民意内涵
加尔夫	一个国家的大多数公民，每人反省或实际了解某件事然后作出判断后，许多人得出的共识
李普曼	人们头脑中的图景，人们关于别人，关于他们的需要、目的、人际关系的图景是他们的民意
欧尔波	个人可随时表达自己的意见，或被要求表达自己的意见，来赞成或反对具有普遍重要性的特定状况、人、计划等，并表现出人数、强度和稳定性的比率
亨尼西	具有相当数量的一群人针对重要议题表达其复杂偏好的综合
普瑞斯	在特定行为脉络下，公众对于集体所关注的特殊事件行动，所采取的一种意见表达的判断
柏瑞斯	各种矛盾的见解、幻想、信仰、偏见以及愿望的集合体
凯伊	那些由私人意见所构成的集合体，而政府应慎重加以注意的意见
佐藤彰	绝大多数国民的见解和意见，是决定社会和政治问题的最后判决
格莱茵	个人意见的集合，多数人信仰的反映，建立在团体利益的冲突上，媒体和精英的意见的一种虚构
吴顺长	在一定历史条件下，与国家意识相对应的，人民在政治、经济、物质文化生活等诸方面的社会心理和社会意识形态的综合趋势
喻国明	民意就是公意，民意的主体是“社会上大多数成员”，客体是“公共事务或现象”，民意的成分是“意见、情感和行为倾向的总称”
姚齐源	社会各阶层对于某些问题所自主表达的意愿，它也是社会公众对于公共政策的认可程度的一种基本反映方式
张隆栋	大多数社会成员对与其相关的公共事务或现象所持有的大体相近的意见、情感和行为倾向的总称。它是一切社会机制运行的基础

3）突发事件民意

基于对民意的理解，突发事件民意是民意的一种特殊形态，是指民众在突发事件发生后围绕这一事件及其衍生事件，进行表达、传播、互动的过程中带有共同倾向性的观点和态度的集合。结合上述民意要素，突发事件民意的主体即民众，客体为突发事件，民意组成为观点和态度。在舆情大数据环境下，突发事件民意的要素具体为：主体即网民，客体即突发事件及其相关政策，组成即观点和态度，其中网民的观点通过突发事件引发的相关舆情主题来呈现，网民的态度通过舆情数据的情感倾向来呈现，由此，构建舆情大数据环境下突发事件民意模型，即民意={民意主体，民意主题，民意情感}。作为民意的一种特殊形态，突发事件民意有其特殊性。

（1）爆发性和多变性。基于突发事件的突发性、不确定性等特征，突发事件民意具有明

① 杨斌艳. 舆情、舆论、民意：词的定义与变迁[J]. 新闻与传播研究，2014，21（12）：112-118.
② 王来华，林竹，毕宏音. 对舆情、民意和舆论三概念异同的初步辨析[J]. 新视野，2004（5）：64-66.
③ 吴顺长，张凤. 民意学[M]. 天津：天津人民出版社，1991.
④ 喻国明，刘夏阳. 中国民意研究[M]. 北京：中国人民大学出版社，1993.
⑤ 方建移. 民意研究：理论. 方法与应用[M]. 北京：中国社会科学出版社，2015.

显的爆发性、多变性等特征[①]。同时,由于突发事件具有紧急性和公共威胁性,在短时间内民意与政府决策之间会进行高强度交互,并更易受到第三方力量的干预、误导和操纵,这使得突发事件民意在动态演化的过程中,存在着震荡反复等现象[②]。

(2)差异性和风险性。差异性体现在不同方面,在自然灾害、事故灾难、公共卫生事件、社会安全事件等不同类型突发事件状态下,民意呈现方式和民意侧重点存在差异性;在突发事件演化的不同阶段以及政府应急管理的不同阶段,民意呈现方式和民意侧重点存在差异性;在一般、较大、重大、特别重大等不同等级突发事件状态下,不同危害和损失程度对民意的"刺激"或"扰动"程度不同;不同地区的政府应急管理能力、承灾能力等存在差异,导致应急管理过程或效能存在差异,从而使得应急管理对民意的"疏解"或"安抚"程度存在差异。风险性体现为在突发事件发展过程中,常态情况下,政府与民众之间进行正常的互动沟通、协商共治,但是也存在非常态情况下,由于第三方力量的干预、误导和操纵,出现民意的异化,线上表现为网络谣言、网络暴力、网络情绪极化等,线下表现为群体事件等。

4)突发事件民意分类

基于民意的应急治理主要包括两个过程(图 1.3)。①民意形成过程:突发事件发生后,民众的信息行为需求激增,主要包括支援行为、诉求行为和陈述行为,与之相对应,政府的信息行为包括信息发布行为、舆论引导行为等,这些信息行为实时投影在网络空间,并受信息异化、情感极化、主体泛化的影响,从而形成海量多源、快速关联、动态反馈且具有决策情报价值的舆情大数据环境。②民意感知过程:突发事件发生后,各种信息行为互动交织,从网络舆情大数据环境中感知民意,其本质是精确感知民众的信息行为,进而辅助政府进行应急决策。基于以上两点,结合民众的信息行为,将突发事件民意分为诉求型民意、支援型民意和陈述型民意。

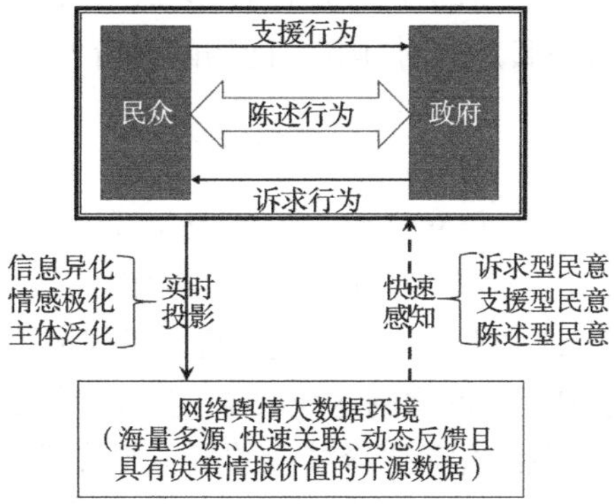

图 1.3 突发事件民意分类思路

(1)诉求型民意。突发事件发生后,诉求型民意主体主要是涉事民众(受影响民众及其社会关系),诉求型民意主要集中于应急信息需求、生活需求、安全需求、心理需求、社交需求、交通需求、医疗需求等个体诉求,以及由突发事件诱发的民众纠纷、秩序混乱、恐慌行为等群体诉求,诉求型民意大多集中于微信、微博、地方论坛等互联网平台,主体分布集中,信

① 汪波. 大数据、民意形态变迁与数字协商民主[J]. 浙江社会科学,2015(11):41-47,157.

② 喻国明,李彪. 社交网络时代的舆情管理[M]. 南京:江苏人民出版社,2015:6.

息数量较少，是突发事件民意感知的核心。面向舆情大数据感知诉求型民意的过程实质是精准挖掘诉求情报的过程，是情报主导型突发事件决策的核心。

（2）支援型民意。突发事件发生后，支援型民意主体包括涉事民众和非涉事民众，前者主要提供具体灾情信息、应急辅助信息、辟谣信息等微观情报，后者主要涉及专家咨询、学者献策等宏观情报。支援型民意分布较为分散，信息数量较少，是突发事件决策的智库资源，也是实现突发事件由应急管理到应急治理转变的关键。

（3）陈述型民意。突发事件发生后，陈述型民意主体主要是非涉事民众（旁观者），陈述型民意主要集中于知情权、监督权的实现，包括新闻报道、叙述事件、信息传递、情感交流、观点追踪、事件调查等方面。陈述型民意分布在各个互联网平台，主体分布分散，信息数量巨大，为政府应急效果评估、引导效果评估、应急体系评估等提供数据源，进而为优化应急措施提供依据，是突发事件舆情引导的重点。面向舆情大数据感知陈述型民意的过程实质是政府通过海量信息综合研判监督情报的过程，是提升政府决策效能的重点。

3. 舆情大数据环境下突发事件民意

网络舆情是网络环境下碎片化与非系统化的民意，具有价值稀疏性的特征，但同时蕴含着真实、理性且富有决策价值的民意。面向海量、多源、异构的网络舆情大数据，通过快速精确的数据挖掘来提炼民意，去粗取精、去伪存真，获取价值性民意，有助于提升突发事件情景下政府应急决策的科学性、公信力和智能化程度。

舆情大数据是社会网络化的数据，既反映着现实社会各种要素网络化、信息化所形成的万物互联的社会场景，又反映着网络虚拟社会形态，并且网络社区、网络圈群等对于现实社会形态的扩张和渗透程度日益加深。虚拟社会形态与现实社会之间逐渐由平行、疏离到交叉、融合，舆情大数据已经成为现实社会的互联网投影和延伸，并且这种投影呈现全景式、全息式的特点。在这种线上、线下日趋同时、同向、同构的舆情大数据环境下，突发事件民意的各个要素也呈现出新的特征。

1）网络化

中国互联网络信息中心 2020 年 9 月发布的第 46 次《中国互联网络发展统计报告》显示，截至 2020 年 6 月，我国网民规模达 9.40 亿，较 2020 年 3 月增长 3 625 万，互联网普及率达 67%，较 2020 年 3 月提升 2.5 个百分点。我国手机网民规模达 9.32 亿，较 2020 年 3 月增长 3 546 万，我国网民使用手机上网的比例达 99.2%，与 2020 年 3 月基本持平。一系列数据显示，网络社会日益深化发展，网络化是当今社会的最主要特征之一。

突发事件民意主体可分为突发事件直接相关主体和间接相关主体，其中直接相关主体是突发事件的致灾因素或承灾载体，具有直接利益相关性，间接相关主体是突发事件的网络关注者，不具有现实的利益相关性。以社会安全事件的致灾因素为例，事件的实施主体通过社交网络进行沟通组织和寻求舆论支持，通过 QQ、微信、钉钉等即时通信应用形成多点互联的网络化结构。数据显示，截至 2020 年 6 月，我国即时通信用户规模达到 9.31 亿，占网民整体的 99.0%，其中手机即时通信用户 9.30 亿，占手机网民的 99.8%，即时通信类移动互联网应用作为高普及率的通信工具，不仅使突发事件直接相关主体进行全程网络化的酝酿、组织、造势、实施以及利益诉求表达，使间接相关主体更方便快捷地表达其观点和态度。

在突发事件民意客体方面，网络化体现为基于互联网的移动通信网、社交网络、物联网络的多元互联和数据融合，使得突发事件的破坏性影响会通过网络而呈现出溢出（影响超出承灾容量）、传导（影响沿网络传导至其他节点）、迁移（影响沿网络迁移至其他领域）、爆发（影响呈指数量级增长）、突变（影响发生突然质变）等机制。

在突发事件民意组成方面，舆情大数据环境下不同观点和态度相互关联而形成传播网络，每一种观点和态度作为网络的节点，呈现出共现、聚集、传播、耦合、涌现等复杂的网络动力学机制。同时，网络的泛在性使得突发事件民意表达不再局限于一时一地，而是超越时空限制快速演化、快速传播。

2）数据化

在舆情大数据环境下，突发事件民意要素均可通过数据的方式呈现出来，通过移动传感数据、空间地理数据、社交网络数据、物联网数据等多源数据的汇聚，不仅突发事件的时间、地点、规模、影响等可量化分析，而且突发事件民意主体的观点、态度、行为、时空轨迹、社会关系等各类要素信息均可量化、挖掘、分析，进行可视化、场景化以及发展态势的预测和推演①，从而使突发事件民意要素和民意演化过程可监测、可预测、可追踪。

3）直播化

社交媒体作为舆情大数据的主要载体，营造了人人是媒体、时时处处有媒体的社会环境，突发事件民意不再局限于专业新闻媒体的报道，更多在社交媒体平台进行第一时间、实时同步的网络呈现，社会环境已经由人人是媒体、时时处处有媒体发展为人人是主播、时时处处可直播。随着网络直播的兴起（截至 2020 年 6 月，我国网络直播用户规模达到 5.62 亿，占网民整体的 59.8%），网络已然成为突发事件的第二现场，突发事件民意的传播方式具有更强烈的现场感和交互感，进一步强化了突发事件民意的传播速度和影响程度，并对其发展趋势产生影响。

网络直播对突发事件民意演化的影响体现在正负两个方面。不同于广播电视直播、专业新闻媒体直播等，网络直播的特殊性体现在主播多元、视角多元、议程多元，有助于政府更全面地了解民意、倾听民声。但是碎片化的突发事件片段呈现，偏于个体视角的诉求表达，会导致信息失真、片面，未经隐私保护处理、模糊处理的灾难场景直播也会营造恐慌、焦虑、压抑的社会情感氛围，造成不必要的情感冲击、震荡、极化，从而误导常态民意的表达。

4）虚实交互

在舆情大数据环境下，突发事件民意演化呈现虚实交互的特征。依托即时通信、网络新闻、社交应用、网络游戏、网络视频、网络直播等各类移动互联网应用进行的线上线下互动使得突发事件民意演化愈发复杂多变，整个演化周期同时受到线上和线下 2 种力量的影响，线上讨论和线下处置的 2 个民意场并行演进、交错起伏。

按照突发事件的致灾因素，可以将民意演化模式分为两类。一类是致灾因素在线上，即“线上因素→线下突发事件→线上讨论→线下处置”和“线上因素→线上突发事件→线上讨论→线下处置”；一类是致灾因素在线下，即“线下因素→线下突发事件→线上讨论→线下处置”和“线下因素→线上突发事件→线上讨论→线下处置”，并且线上突发事件和线下突发事件还存在相互转化的关系，线上讨论的民意场和线下处置的民意场亦相互影响，如图 1.4

① 夏一雪，兰月新. 大数据环境下群体性事件舆情信息风险管理研究[J]. 电子政务，2016(11)：31-39.

所示。可以看到，不仅单一演化模式呈现出虚实交互的特征，将两类演化模式相叠加，更呈现出明显的虚实之间波浪式交错的演化特征。

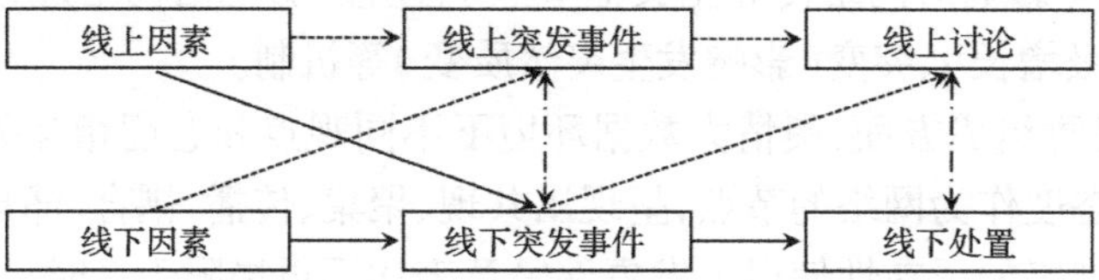

图 1.4 突发事件民意线上线下互动演化模式

第二节 突发事件民意量化

1. 突发事件民意建模

突发事件民意是民众针对某个突发事件表现出的带有共同倾向性的观点和态度。突发事件民意量化主要集中于民意主体的量化以及民意组成的量化两方面。

第一，民意主体的量化。突发事件发生后，民众对事件的认知是一个从不知情到知情的渐进过程，民众对事件观点和态度的表达可以分为显性和隐性两种形式，所以据此可以对民意主体进行分类，进而研究不同类别的民意主体数量演化规律。

第二，民意组成的量化。民意组成主要包括民众针对突发事件发表观点的主题以及针对这些主题所表现出来的态度，前者主要研究民意主题演化机理以及主题演化过程中的演变，后者则主要研究民众针对突发事件产生的态度，《心理学大辞典》认为，“情感是人对客观事物是否满足自己的需要而产生的态度体验”，所以民众态度的量化可以转化为情感的量化，涉及民众情感倾向、情感强度以及演化机理等内容。

基于以上两点，构建突发事件民意模型为

$$P(t)=\{S(t), T(t), E(t)\}$$

其中 $P(t)$ 为 t 时刻的民意态势，$S(t)$ 为 t 时刻的民意主体状态，$T(t)$ 为 t 时刻的民意主题态势，$E(t)$ 为 t 时刻的民众情感状态。面向舆情大数据研究民意主体演化规律、民意主题演化规律、民众情感演化规律，是突发事件民意量化分析的主要内容。

1）突发事件民意主体

突发事件日益频发且影响巨大，应急模式需要由以政府为核心的应急管理模式向政府、民众、社会组织等多主体协同的应急治理模式的转变。实现应急治理的前提是有足够多的民众关注突发事件，发声发力，贡献民智，只有这样政府才能高效应对突发事件。因此，研究突发事件民意主体演化规律可以辅助政府激发民声、挖掘民智、汇集民意，为应急治理提供决策支持，研究内容主要包括突发事件民意主体分类、演化机理、演变模式、表达主体交互机理、异常主体作用机理等。

2)突发事件民意主题

民众通过互联网发布信息反映民意而形成网络舆情环境,其具备信息量大、产生迅速、模态多样、数据在线、极具价值等大数据特征。依托舆情大数据,可以更好地挖掘民意主题,诠释突发事件民意主题演化、变迁以及相互关系等问题。首先,通过舆情大数据可以更好地度量民意主题,刻画主题演化规律,研究各主题之间的相互关系;其次,通过舆情大数据建模可以划分网络舆情传播阶段,进而据此可以研究不同网络舆情传播阶段的民意主题变迁态势等。研究内容主要包括突发事件民意主题传播规律、演变机理、观点交互、网上网下交互、负面言语行为、信息异化、谣言影响等。

3)突发事件民众情感

网民围绕突发事件讨论形成舆情大数据环境,其实质是网民情感在网络空间的"投影",所以,网络舆情治理的关键在于精确感知网民情感。不同的网民情感在舆情传播过程中相互影响,有些甚至产生"群体极化"现象,如何通过舆情大数据建模,推断、感知网民情感,是辅助政府实现舆情精准治理的关键。研究内容主要包括突发事件民众情感影响因素、分类识别、演化机理、演变机理、负面情感引导等。

2. 突发事件民意量化研究方法论

1)民意量化研究数据集

在大数据时代,数据驱动决策是提升政府应急效能的有效途径。突发事件发生后,面向舆情大数据,构建科学合理的数据集,是数据驱动决策的前提。基于此,为更好地刻画突发事件民意模型,深入研究突发事件民意演化规律,围绕突发事件民意构建研究数据集(图1.5),数据集主要包括以下4个部分。

(1)突发事件案例集。突发事件案例集是研究突发事件民意的基础,主要包括特征指标和案例两部分。首先,构建突发事件特征指标体系,主要包括事件概况、事件类型、事件起因、事件地点、事件级别、事件损失、起始时间、影响范围、持续时间、发展阶段、发展周期、专项属性等;其次,搜集突发事件案例,按照突发事件特征指标体系提取关键特征,形成突发事件案例集。

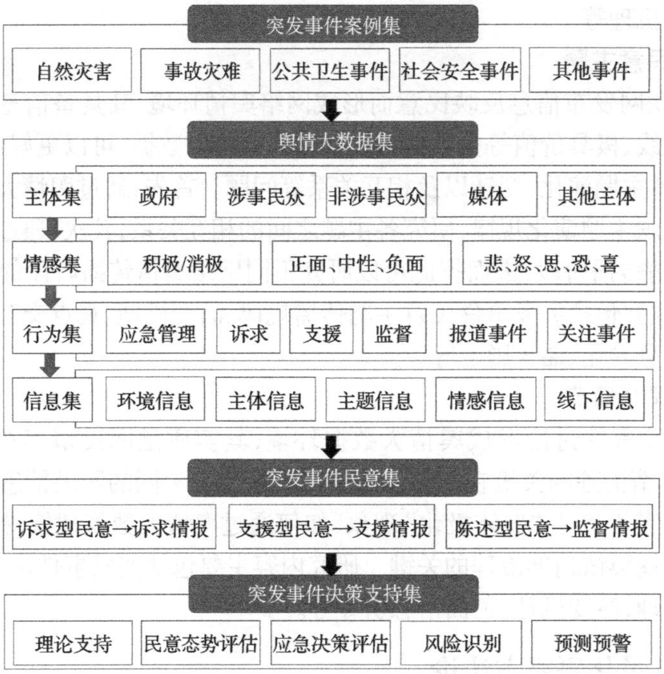

图 1.5 研究数据集

（2）舆情大数据集。舆情大数据集是开展突发事件民意分析的重要保障，主要包括主体集、情感集、行为集和信息集 4 个部分。首先，主体集指标主要包括政府、涉事民众等突发事件应急主体以及非涉事民众、媒体、其他主体等关注突发事件的主体；其次，情感集和行为集指标主要包括民众的情感分类以及在突发事件中的行为指标；再次，信息集指标主要包括环境信息、主体信息、主题信息、情感信息、线下信息等；最后，搜集突发事件舆情案例，按照以上 4 类指标提取数据，形成舆情大数据集。

（3）突发事件民意集。突发事件民意集是根据民意分类而产生的民意关注点的集合，主要包括宏观民意集和微观民意集。首先，宏观民意集主要是根据历史舆情大数据提炼的共性民意关注点，主要以关注点和其对应的语料库等形式呈现，为后期民意识别提供参考依据；其次，微观民意集主要是根据具体的突发事件提取的个例民意关注点，主要以数据库的形式呈现，为后期构建决策库提供参考。

（4）突发事件决策支持集。突发事件决策支持集是根据政府应急管理决策需要而构建的辅助集合，主要包括理论支持、技术方法支持以及应对策略支持等。首先，理论支持是研究突发事件民意，辅助政府决策的常用理论集合，是研究技术方法、开发模型软件的基础；其次，技术方法支持是突发事件民意分析技术方法体系，是感知突发事件民意的重要路径；最后，应对策略集是整合学术界和实践界应对突发事件策略形成的策略集合，是突发事件智能决策的关键一环。

2）民意量化研究方法

在舆情大数据环境下研究突发事件民意分析与决策支持问题，涉及传播学、管理学、政治学、统计学、情报学等多个学科，属于交叉学科研究。所以，面向舆情大数据感知突发事件民意，需要有的放矢，选择合适的研究方法开展研究。

首先，舆情大数据是数据源，更是方法论。一方面，根据大数据的4 V特性，即多量性、多样性、高速性和价值性，高效、快速挖掘舆情大数据中的民意价值，需要重点从多量性和多样性2个视角出发来选择研究方法；另一方面，大数据的核心是预测，这就要求研究方法既能分析机理，又能开展预测，所以需要进行一体化建模。

其次，突发事件民意是研究对象，它包括内部机理和外在现象两部分，对应需要开展民意规律和民意识别研究，前者的研究方法应具有稳定性，能够适用于各类突发事件，并且能够全面系统考虑民意影响要素；后者的研究方法需要具备准确性和科学性，能够很好地识别各类民意。

基于以上两点，综合考虑研究工具和研究对象，面向舆情大数据构建方法论体系（表1.4）开展突发事件民意分析与决策支持研究，主要包括以下4个方面。

表1.4　研究方法论

研究对象 / 研究工具		突发事件民意	
		民意规律	民意识别
舆情大数据	数据多量性（连续数据）	微分方程建模、模拟仿真（民意模型的演化和演变）	机器学习方法（民意模型的要素识别）
	数据多样性（非连续数据）	量化建模、系统动力学（因素分析与案例量化）	评估建模方法（民意态势度量）

（1）基于连续数据的民意规律研究。突发事件民意贯穿整个突发事件发展周期，其演化规律和演变规律持续发挥作用，所以较适宜采用微分方程建模等方法来研究演化规律，采用模拟仿真等方法来研究演变规律，并通过大量连续的舆情大数据开展验证、分析和预测。

（2）基于非连续数据的民意规律研究。突发事件民意演化和演变的影响要素众多、相关性低且较为分散，所以较适宜采用量化建模等方法来确定因素或者核心要素，采用系统动力学等方法研究因素相互关系。

（3）基于连续数据的民意识别研究。民意主体、民意主题和民意情感等民意模型组成部分贯穿突发事件发展周期，需要不间断地开展民意识别研究，及时监测其变化情况，所以，较适宜采用机器学习方法开展针对舆情大数据的民意模型识别研究。

（4）基于非连续数据的民意识别研究。民意态势评估是政府精准决策的前提，需要全面度量民意态势，涉及评估指标多，所以较适宜采用评估建模方法来度量民意态势，采用动态评估模式开展突发事件民意态势评估。

第三节　突发事件民意分类识别

舆情大数据环境下的突发事件民意，是民意与新信息技术、传播技术、网络技术互联结合的产物，是民意通过新技术在网络空间的新表达形式，作为民意在网络上的特殊聚合体，集合了突发事件中最多样化的利益诉求,是政府进行应急决策时最有参考价值的宝库①。

目前国内尚无突发事件民意分类的研究,尤其在语料库建设方面仍以传统情感分析语料库为主,缺乏对于突发事件民意语料库的构建。本节面向舆情大数据,通过研究突发事件民意演化机理,分析突发事件民意类型,将突发事件民意分为 3 种类型:诉求型民意、支援型民意和陈述型民意。以此为基础,构建突发事件民意语料库,通过朴素贝叶斯算法(NB)、支持向量机算法(SVM)和 K-近邻算法(KNN)构建分类器,对突发事件民意进行分类,为民意量化等民意分析研究提供参考依据。

1. 基于舆情大数据的突发事件民意分类过程

1)突发事件民意形成过程

基于上文对于突发事件民意的理解,分析其形成过程。在舆情大数据环境下,网民在突发事件发生后通过论坛、微信、微博和其他社交平台搜集信息,并通过该社交平台发布或转发大量表达网民个人观点的文字、图像、视频和其他信息,同时由于网民主观因素和客观因素的影响,产生了不同的网民情绪,众多民意相互影响、聚合、对冲,并与政府应急决策之间形成交互②,如图 1.6 所示。

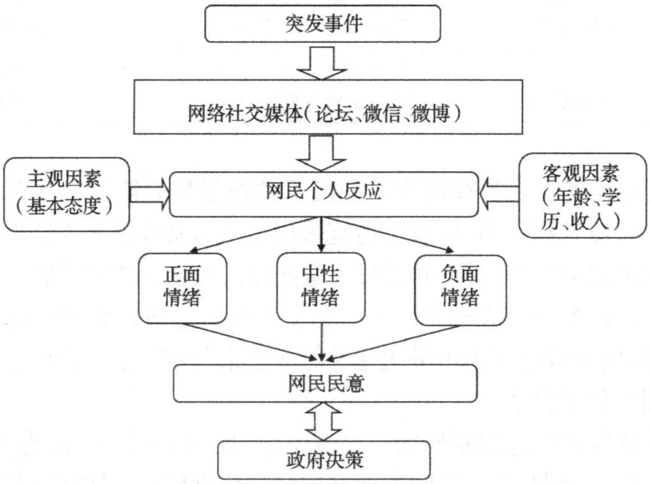

图 1.6 突发事件民意形成过程

2)基于舆情大数据的突发事件民意分类形成过程

基于舆情大数据,突发事件民意分类过程分为 3 个阶段:网络话题集结阶段、网络民众争辩阶段、网络民意归类阶段,如图 1.7 所示。

① 王连喜. 网络舆情领域相关概念分布及其关系辨析[J]. 现代情报,2019,39(6):132-141.

② 叶琼元,夏一雪,张鹏,等. 面向舆情大数据的突发事件民意系统演化机理与仿真研究[J]. 情报科学,2019,37(1):80-85,93.

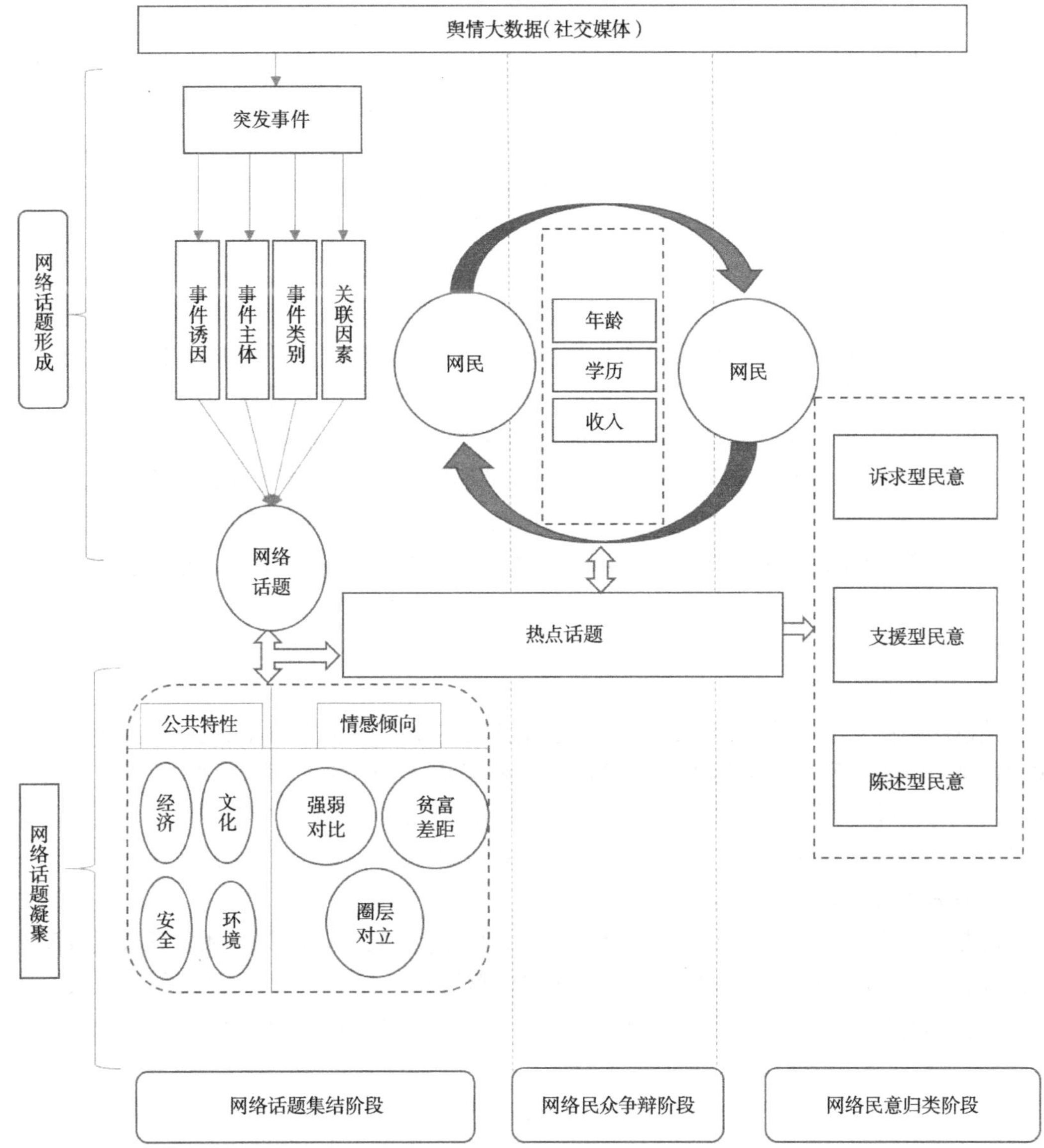

图 1.7 基于舆情大数据的突发事件民意分类形成过程

(1)网络话题集结阶段。

在突发事件民意分类过程中,先要经历网络话题集结阶段,其主要包括两部分:第一部分是网络话题形成,第二部分是网络话题凝聚。

首先,网络话题源于现实中的突发事件,突发事件发生后涉及的事件诱因、事件主体、事件类别、关联因素等都为网络话题提供了素材,网络话题就此形成①。

其次,网络话题虽然形成了,但并不是所有的网络话题都能得到网民的关注。网络话题想要得到网民的关注需要满足以下条件。一是网络话题要具有公共特性。公共特性说明突发事件及其影响具有一定的普遍性,关系着经济、文化、环境、安全等涉及公共利益的内容,

① 王来华. 舆情研究与民意研究的差异性[J]. 天津大学学报(社会科学版),2009,11(4):336-340.

可以引发对社会公共问题的讨论。对于这样的网络话题，网民的关注度比较高。二是网络话题要具有强烈的情感倾向性。情感倾向性说明突发事件能够触动网民的情绪，能够引发网民情绪上的共鸣、同情等而使网民关注事件[①]。一般这种情感的倾向性主要涉及网民的强弱对比、贫富差距、圈层对立等，然后经过发酵的情感就会上升到整个社会的公平正义、伦理道德等。这一阶段明显的特征就是网民的回应一般没有经过理性化的思考，情感表达的感性化和表面性比较突出。这一阶段的主要作用是筛选出公共热点话题。

（2）网络民众争辩阶段。

在网络话题集结阶段，公共热点话题已经凸显，接下来对话题感兴趣的网民就会进行争辩。在网络民众争辩阶段，网民会从自身角度出发自由发表对热点话题的看法，表达自己的观点和态度，多种观点和态度呈现在网络公共空间中[②]。不同网民观点、态度就热点话题发生激烈的讨论和碰撞，进而不断涌现出新的网民观点和态度，并持续推动突发事件民意的演化。众多网民从多元视角、多种渠道提供有关突发事件的信息，并不断对信息进行质疑和探究，在这一过程中，突发事件的起因、过程、结果及其相关的方方面面都会展现出来，相应的热点话题不断深化和拓展，网民对突发事件的认识也会由浅及深，同时网民也会变得更加理性，此时网民发表的观点和态度具有较高的真实性和代表性。在这一阶段，一些虚假信息和不实言论失去网民的关注，产生去伪存真的效果[③]。

（3）网络民意归类阶段。

经过网络民众争辩阶段，突发事件民意演化趋于平稳。在此基础上，由于突发事件具有成因复杂、影响广泛等特性，以及受到网民本身的年龄、学历、收入等因素影响，网民会在不同层面、不同立场对突发事件进行考量，并根据突发事件发生发展情况发表自己的观点和态度，最后形成 3 种类型的突发事件民意：诉求型民意、支援型民意、陈述型民意[④]。

3）突发事件民意类型

按照突发事件民意与政府决策的互动关系，即民意对政府提出需求和民意满足政府需求，可以将突发事件民意分为诉求型民意和支援型民意。其中，诉求型民意是民众表达诉求，期望政府决策予以回应，是向政府提出需求。支援型民意是民众提出建议，对政府决策有支持作用，是满足政府需求。此外，还有一类民意不具有需求指向性，是民众客观陈述突发事件过程，此类民意是陈述型民意。由此，突发事件民意分为诉求型民意、支援型民意、陈述型民意 3 种类型。

（1）诉求型民意。

诉求型民意是突发事件发生后，直接相关民众（即作为致灾因素或承灾载体直接参与突发事件过程，如自然灾害灾民、事故灾难受害者、公共卫生事件感染者等）和间接相关民众（即通过网络、媒体等参与、关注突发事件的民众）借助网络平台表达需求、寻求帮助的信息。

诉求型民意可以分为物质诉求民意和精神诉求民意，包括救援资源诉求（物资救助、人

① 何志武，陈呈. 公共决策视域下的网络民意分析：主体性、科学性与倾向性[J]. 电子政务，2020（2）：66-75.
② 王连喜. 网络舆情领域相关概念分布及其关系辨析[J]. 现代情报，2019，39（6）：132-141.
③ 王来华，林竹，毕宏音. 对舆情、民意和舆论三概念异同的初步辨析[J]. 新视野，2004（5）：64-66.
④ 毕宏音. 网络语言与网民社会心态的折射[J]. 社科纵横，2007（3）：74-81.

员救助、心理救助、法律救助等）、信息公开诉求、调查处理诉求等。在突发事件发生发展的不同阶段（救援阶段、善后阶段、调查阶段），诉求型民意在寻求帮助、解决问题、起因调查等方面各有侧重[①]。

对于诉求型民意，民意表达的重心多是希望得到物资的支持和精神的慰藉，所以负面的情感倾向很少，多为直接相关民众为自己寻求帮助的中性情感倾向和间接相关民众为受影响民众寻求救助、加油鼓劲等正面情感倾向。

（2）支援型民意。

支援型民意是民众对于突发事件应急管理的意见建议，例如对于救援方法的建议，对于救援资源的提供等。支援型民意主要是具有专业知识背景的网民发布的专业建议，对于政府应急决策具有支持作用，发挥着民间智库的作用。从挖掘突发事件民意情报的视角[②]，支援型民意可以理解为可以辅助政府应急决策的情报。在不同类型突发事件发生发展的不同阶段，支援型民意在智力支持、资源支持、技术支持、法律支持等方面各有侧重。

对于支援型民意，民众表达的重心多是为政府应急管理提供专业建议、为突发事件受影响民众提供救助资源等，所以负面的情感倾向很少，多为帮助政府传递正能量、提供解决问题办法的中性情感倾向。

（3）陈述型民意。

陈述型民意是对于突发事件的描述性信息。民众通过网络平台对突发事件的时间、地点、规模、影响、政府及社会各方面的应急措施等进行描述。此类民意的表达方式一般比较温和，会帮助不明情况的民众了解突发事件的起因、发展过程、处理结果等[③]，并从不同角度补充政府发布的信息。此类民意在达到一定程度后，有可能引发前两类民意的出现，从而提升突发事件的热度，促进突发事件民意的进一步演化。

对于陈述型民意，民众表达的重心多是对突发事件的起因、经过、结果的描述，其间夹杂着较多个人看法和情绪，包括对涉事主体的做法、民众对事件的反应、政府处理方式及应急措施的评价等，所以情感倾向中正面、负面和中性情感倾向都存在，比较复杂。

2. 基于舆情大数据的突发事件民意分类模型

1）总体设计

依据上述突发事件民意分类，基于舆情大数据，定义突发事件民意类型，构建突发事件民意语料库，对突发事件民意进行分类。以微博、贴吧、论坛等社交平台的网民在线评论数据作为数据来源，基于突发事件民意文本的特征，人工标注构建突发事件民意语料库，划分训练集和测试集运用朴素贝叶斯算法（NB）、支持向量机算法（SVM）和 K-近邻算法（KNN）3 类分类算法，得到基于舆情大数据的突发事件民意分类结果。本节提出的突发事件民意分类模型的总体设计如图 1.8 所示，其中包含 3 个方面的研究工作。

---

① 约翰·克莱顿·托马斯. 公共决策中的公民参与[M]. 孙柏瑛，等，译. 北京：中国人民大学出版社，2014.

② 张宇. 公共政策制定视域中民意有效聚合探究[J]. 贵州社会科学，2013(09):14-17.

③ 刘波亚，陈新汉. 公共决策视域下的网络民意表达[J]. 贵州社会科学，2015(09):21-25.

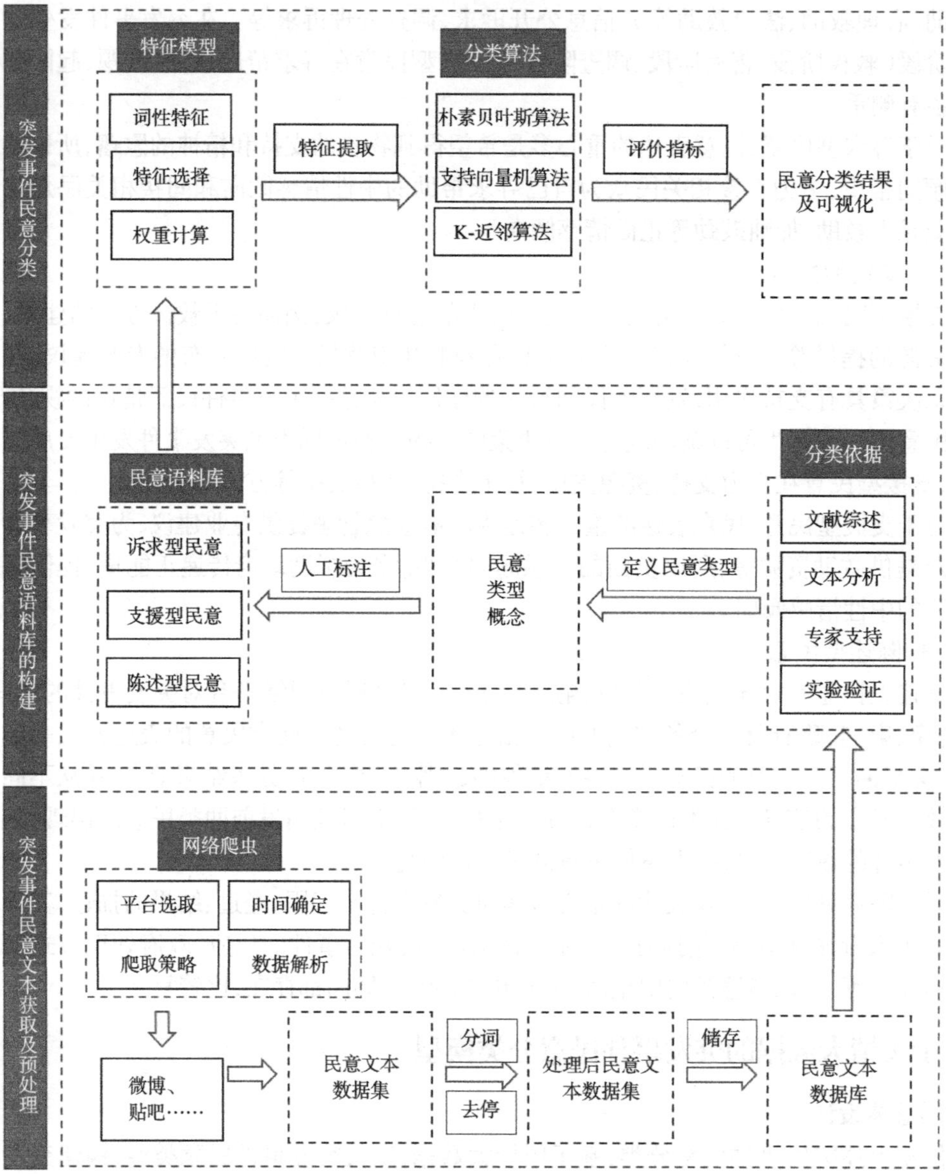

图 1.8　突发事件民意分类模型的总体设计

（1）突发事件民意文本获取及预处理。文本数据是民意在网络上最直观的体现，通过网络爬虫自动爬取网民评论数据，并对其进行预处理，将其存储到数据库中。

（2）突发事件民意语料库的构建。构建突发事件民意语料库是对突发事件民意准确分类的前提，基于文献综述、文本分析、专家支持、实验验证等，上文得到了诉求型民意、支援型民意和陈述型民意的特征，在此基础上对突发事件民意文本进行人工标注，构建突发事件民意语料库，为后续突发事件民意分类做准备。

（3）突发事件民意分类。在突发事件民意语料库的基础上，结合多种文本分类算法实现突发事件民意分类，并将分类结果和评价进行可视化处理。本模型应用的民意分类算法主要包括朴素贝叶斯算法（NB）、支持向量机算法（SVM）和K-近邻算法（KNN）。

2）构建语料库

通过某关键词爬取热门微博评论，共计10 000条。根据上文对于突发事件民意的分类标准对这些民意文本进行分析发现，网民对于突发事件更多的是对事件过程的描述和对政府应对策略的评价，这些都属于陈述型民意，在总体数据中占主要地位；而诉求型民意和支援型民意作为两大特殊的民意类型，在总体数据中占次要地位。

基于上文突发事件民意文本数据的规律，对数据的人工分类流程应该为：首先专家团队对于数据较少的诉求型民意和支援型民意进行人工标注，划分类别，然后将剩余的民意文本数据归到陈述型民意这一类。根据这一流程进行人工标注后，对于民意文本数据进行初步统计，如图1.9所示。

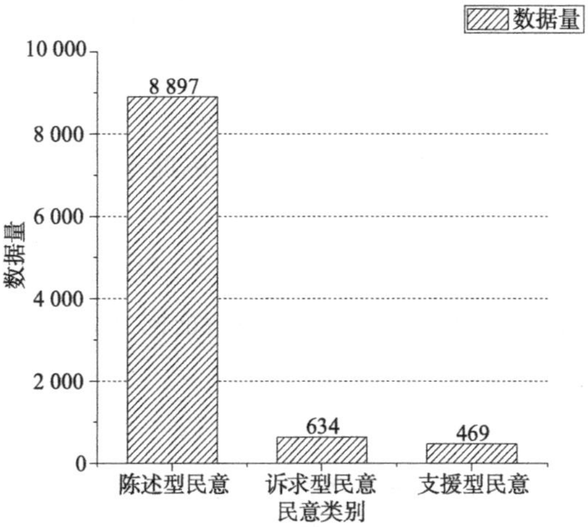

图1.9　突发事件民意文本分布

3）特征提取

（1）特征词选择。

突发事件民意特征选择的目标是从原始的突发事件民意特征集合中选择最具代表性的特征子集。在文本分类领域中特征选择方法主要分为3类：过滤式特征选择（filtering）、融合式特征选择（wrapper）、嵌入式特征选择（embed）。其中过滤式特征选择方法具有计算成本低、操作简便、分类效果好等特点，在文本分类领域中广泛应用。对于常见的特征词进行选择的算法有：卡方统计量（chi-square，CHI）、信息增益（information gain，IG）、文档频率（document frequency，DF）、期望交叉熵（expected cross entropy，ECE）等①。

突发事件民意文本中陈述型、诉求型和支援型3种类别之间存在分布不均衡的特点，常规分类方法存在分类器向多数样本集倾斜的问题，并可能引发特征覆盖，针对这一特点，本研究采用卡方统计量算法，并且引入特征词频度、修正因子、信息熵来改进卡方统计量算法。

假设突发事件民意语料库中训练集文本总数为N，并设特定类别文本为M、特征词为t，包含t并从属于M的民意文本频次为f_i，包含t但不属于M的民意文本频次为f_j，不包含t

① 李萍，李喜孟，王来. 超声回波射频（RF）信号的特征值提取[J]. 数理统计与管理，2004（4）：24-27.

但属于 M 的民意文本频次为 f_k，既不包含 t 也不属于 M 的民意文本频次为 f_0。传统的卡方统计计算公式为：

$$\chi^2(t,M)=\frac{N(f_i f_0 - f_j f_k)^2}{(f_i+f_k)(f_j+f_0)(f_i+f_j)(f_k+f_0)}$$

引入特征词频度、修正因子、信息熵 3 种概念之后改进的计算公式为：

$$I_{CHI}(t,M)=\chi^2(t,M)\,\alpha E(t,M)\,\beta$$

式中 $E(t, M)$ 为类内信息熵，α 为特征词频次，β 为修正因子。

计算特征词 t 对于完整训练集的卡方时利用最大值的思想，计算公式为：

$$I_{CHI_{\max}}(t)=\max_{i=1}{}^{v}\{I_{CHI}(t,M_i)\}$$

计算出整个训练集的 I_{CHI} 后降序排列，再选取 i 个排名前列的特征词来表示民意文本并构成最终的特征子集。

（2）特征词权重的计算。

运用 I_{CHI} 方法选取特征词可能会出现噪声特征，因此本节结合 TF-IDF 特征词权重计算方法解决这一问题①。

设 T_F 表示特征词 t 在民意文本 M 中出现的频次，D_F 表示包含 t 的总民意文本数量，IDF 表示反文档频率，包含 t 的民意文本越多，则该特征词分类能力越差。*IDF* 计算公式为：

$$IDF(t_k)=\lg\left(\frac{N}{n_k}+1\right)$$

式中 N 为训练集民意文本总数，n_k 表示包含 t_k 的民意文本数，l 为设定的常数。TF-IDF 算法将词频与反文档频率相结合以弥补各自的不足，对计算公式进行归一化后可得公式为：

$$P_{TF-IDF}(w_{ik})=\frac{\lg\left(\frac{N}{n_k}+1\right)T_{Fik}(t_k)}{\sqrt{\sum_{k=1}^{n}\left[\lg\left(\frac{N}{n_k}+1\right)D_{Fik}(t_k)\right]^2}}$$

式中 w_{ik} 为特征词 t_k 在民意文本 M_i 中的权重，n 为民意文本 M_i 中特征词的数量。

4）构建突发事件民意分类模型

（1）数据预处理。

文本数据预处理过程主要是先构建停用词表，再进行分词处理。首先，在停用词表构建过程中，应充分考虑突发事件民意文本特点，并进行停用词剔除；其次，使用 LTP 分词系统，该系统具有语义、词法、句法、词频统计、词性标注等中文处理关键技术②。结合突发事件民意文本特点，本研究数据预处理流程如图 1.10 所示。

① 丁晟春，王小英，刘梦露. 基于本体和加权朴素贝叶斯的网络舆情主题分类[J]. 现代情报，2018，38（8）：12-34.

② 刘为怀，才华，何东杰. 一种基于中文分词和数据聚合的餐饮行为特征挖掘方法[J]. 软件产业与工程，2015（4）：47-51.

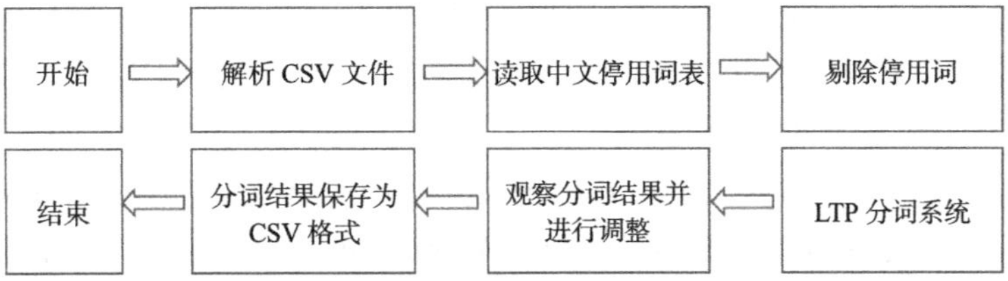

图 1.10 突发事件民意文本数据处理流程

经分词系统处理后，可人工观察分词结果并进行适当调整。

(2)特征词提取及表示。

突发事件民意文本经过上文的分词处理后得到的民意词条数较多，规模较大，而且在进行突发事件民意文本数据处理后，消除重复的词条，整体词条数大幅下降，对随后采取的突发事件民意分类训练的准确率会有较大的提升，如图 1.11 所示。

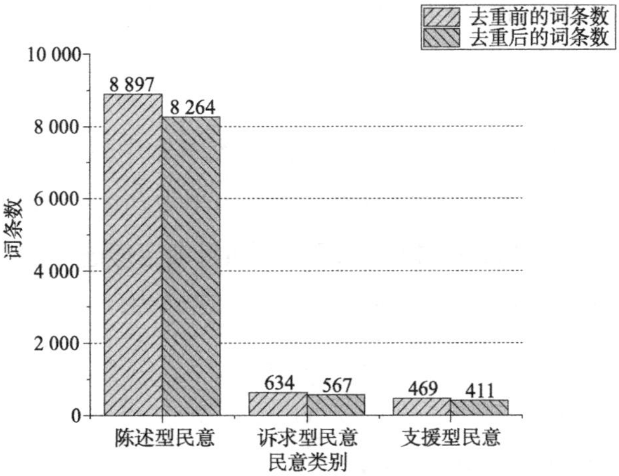

图 1.11 去重前后词条数对比

因此，结合 I_{CHI} 方法和 TF-IDF 加权算法对其进行特征词向量的选择和表示。根据上述方法处理后，取各类别文本排名前 5 的特征词，见表 1.5。

表 1.5 各类别排名前 5 的特征词

诉求型民意		支援型民意		陈述型民意	
特征词	*TF-IDF*	特征词	*TF-IDF*	特征词	*TF-IDF*
保护	0.153 3	加油	0.212 3	动态	0.124 5
请求	0.149 9	治疗	0.179 5	检测	0.114 7
求助	0.145 6	措施	0.132 3	原因	0.112 1
帮助	0.142 3	隔离	0.126 2	政策	0.096 3
上报	0.132 2	物资	0.124 1	规定	0.094 4
……	……	……	……	……	……

从表 1.5 可以看出，诉求型民意中“保护”“请求”“求助”等特征词最具代表性，符合该类型民意的特点；支援型民意中“加油”“治疗”“措施”等特征词排名靠前；而在数据量最大的陈述型民意中，“动态”“检测”“原因”等特征词排在前列。总体来看，突发事件民意文本数据集中各类别排名前 5 的特征词没有出现交集。因此，使用改进的 TF-IDF 加权计算方法和 I_{CHI} 特征提取的方法选择突发事件民意文本数据集的特征词具有较好的区分性。

（3）基于分类器的突发事件民意文本分类。

在提取突发事件民意文本特征词并计算特征词权重之后，根据划分的训练样本和测试样本，基于分类器进行突发事件民意文本分类，由于突发事件民意文本数据具有规模较小、分布不均匀的特点，本研究选择适合处理突发事件民意文本的 3 种分类器算法进行分类，分别为：朴素贝叶斯（NB）、支持向量机（SVM）、K-近邻（KNN）。

分类器 1　朴素贝叶斯（NB）

已知训练样本 X，对于训练样本的特征属性为 $a_j(j=1,2,\cdots,m)$，其分类的类别为 $y_i(i=1,2,\cdots,n)$，分别计算在训练样本中每个类别的出现频率，即先验概率 $P(y_i)$，其公式为：

$$P(y_i)=\frac{N(y_i)}{N}$$

式中：$N(y_i)$ 表示 y_i 类别的训练样本数；N 表示训练样本中的总样本数。

然后计算得到在各类别下各个特征属性的条件概率为 $P(a_j\mid y_i)$；获取测试样本 x，计算 $P(y_i\mid x)$。假设各特征属性之间条件独立[①]，则运用贝叶斯定理进行公式推导，在测试样本 x 的条件下属于某种类别 y_i 的概率是后验概率 $P(y_i\mid x)$，公式为：

$$P(y_i\mid x)=\frac{P(x\mid y_i)P(y_i)}{P(x)}=\frac{P(y_i)\prod_{j=1}^{m}P(a_j\mid y_i)}{P(x)}$$

如果 $P(y_k\mid x)=\max\{P(y_i\mid x)\}$，则 $x\in y_k$。

运用朴素贝叶斯分类算法进行突发事件民意分类的具体过程如下。

输入：训练样本和测试样本；

输出：基于朴素贝叶斯分类器突发事件民意的分类结果。

①获取训练样本；

②计算每个突发事件民意类别在训练样本中的出现频率 $P(y_i)$；

③计算每个突发事件民意特征属性划分对每个突发事件民意类别的概率估计 $P(a_j\mid y_i)$；

④获取测试样本；

⑤突发事件民意聚合；

⑥计算每个分类后验概率 $P(x\mid y_i)P(y_i)$；

⑦以后验概率中最大的项作该类的 x 所属突发事件民意类别，完成突发事件民意分类。

① MAITI S, SAMANTA D. Clustering web search results to identify information domain [C]. Process of the Emerging Trends in Computing and Communication. Springer, 2014: 291-303.

分类器 2　支持向量机(SVM)

输入训练样本向量$(X_i, y_i)(i=1, 2,\cdots, N)$。$X_i$为$n$维样本数据，$y_i$为样本标签；为了得到最优拉格朗日(Lagrange)乘子a_i，引用二次规划方法来求解目标函数式的最优解；为了处理多分类问题，引入核函数$k(X_i, y_i)$，得到判别函数式为：

$$f(X)=\text{sign}\left(\sum y_i a_i k(X_i, X)+b\right)$$

左值$f(X)$为其判别值，可得到偏差值b；获取测试样本Z，根据引用二次规划并训练好的核函数k、拉格朗日(Lagrange)乘子a_i和偏差值b，最终运用最优判别函数公式来求解判别函数$f(Z)$，判断突发事件民意类别。

运用支持向量机分类算法进行突发事件民意分类的具体过程如下。

输入：训练样本向量和测试样本向量；

输出：基于支持向量机分类器的突发事件民意分类结果。

①获取突发事件民意训练样本；

②确定核函数类型；

③利用二次规划方法求解目标函数式的最优解，得到最优拉格朗日(Lagrange)乘子；

④利用民意样本库中的一个支持向量X，将支持向量X代入判别函数式$f(X)$，其左值$f(X)$为其判别值，由此可得到偏差值b；

⑤获取突发事件民意测试样本；

⑥反复训练后，根据训练好的拉格朗日(Lagrange)乘子a_i、偏差值b和核函数$k(X_i, y_i)$，并且运用最优判别函数公式求解判别函数$f(Z)$；

⑦根据$f(Z)$的值，输出类别，完成突发事件民意分类。

分类器 3　K-近邻(KNN)

已知训练集A的训练样本$a(a_1, a_2,\cdots, a_i)$，测试样本B的训练样本$b(b_1, b_2,\cdots, b_i)$，a_i、b_i分别表示对应的数据特征；最近邻数目k；样本数据分类t。对于样本的不同特征，应该采取归一化处理，归一化所有的特征数据如下式：

$$newValue=(oldValue-min)/(max-min)$$

然后计算各个训练集数据与测试集数据之间的距离：

$$d=\sqrt{\sum_{i=1}^{n}(a_i-b_i)^2}$$

按照距离的递增关系进行排序；选取距离最小的K个点；确定前K个点所在类别的出现频率$P(t_i)$；根据频率最大值$P(t_j)$，取t_j作为分类结果。

运用K-近邻分类算法进行突发事件民意分类的具体过程如下。

输入：突发事件民意训练样本A、突发事件民意测试样本B、突发事件民意样本数据的特征m、突发事件民意样本数据的分类t、最近邻数目k；

输出：基于K-近邻分类算法突发事件民意的分类结果。

①归一化所有的特征数据$newValue=(oldValue-min)/(max-min)$，确保特征值取值范

围为[0,1]；

②计算已知突发事件民意类别样本数据集中的点与需要计算的点之间的距离；

③按照距离大小进行递增排序；

④选取距离最小的 k 个突发事件民意样本；

⑤得出前 k 个突发事件民意样本数据所在类别的频率，并且输出频率最高的类别，完成突发事件民意分类。

3. 实证研究

1)样本划分

在突发事件民意领域，由于没有通用的面向突发事件民意文本分类的实验语料库，本研究采用“人工标注+通用训练集、测试集”的方法。以某关键词在微博上爬取相关的热门评论，共计 10 000 条。根据上文的数据处理流程，将提取特征后的民意文本数据分为训练集和测试集两部分，训练集为 6 000，测试集为 4 000，并且根据突发事件民意文本的特征将突发事件民意文本数据分为诉求型民意、支援型民意、陈述型民意，见表 1.6。

表 1.6 训练集与测试集文本数

民意类别	训练集	测试集	总计
诉求型民意	380	254	634
支援型民意	282	187	469
陈述型民意	5 338	3 559	8 897
总计	6 000	4 000	10 000

2)突发事件民意分类

(1)突发事件民意分类流程。

将民意文本数据样本划分为训练集和测试集之后，运用朴素贝叶斯(NB)、支持向量机(SVM)和 K-近邻算法(KNN)3 种文本分类器进行分类，如图 1.12 所示，步骤如下。

①根据前期文献研读和专家研讨，构建扩充突发事件民意特征库。

②输入分好的民意文本的训练集和测试集。

③根据突发事件民意特征库对民意文本的训练集和测试集进行人工标注。

④对民意文本进行预处理，包括分词和去除停用词，以去除对分类不起作用的噪声词语。对通用的分词系统进行改进，将突发事件民意的特定词语加入分词系统进行分词，以提高分词的准确率。

⑤对处理好的民意文本，提取特征词，计算特征词权重，进行特征词表示。

⑥分别使用朴素贝叶斯、支持向量机和 K-近邻算法训练民意文本的训练集，构建基于上述 3 种算法的文本分类器。

⑦利用训练完成的文本分类器信息，对民意文本的测试集进行分类，从而得到 3 个分类器对应的分类结果。

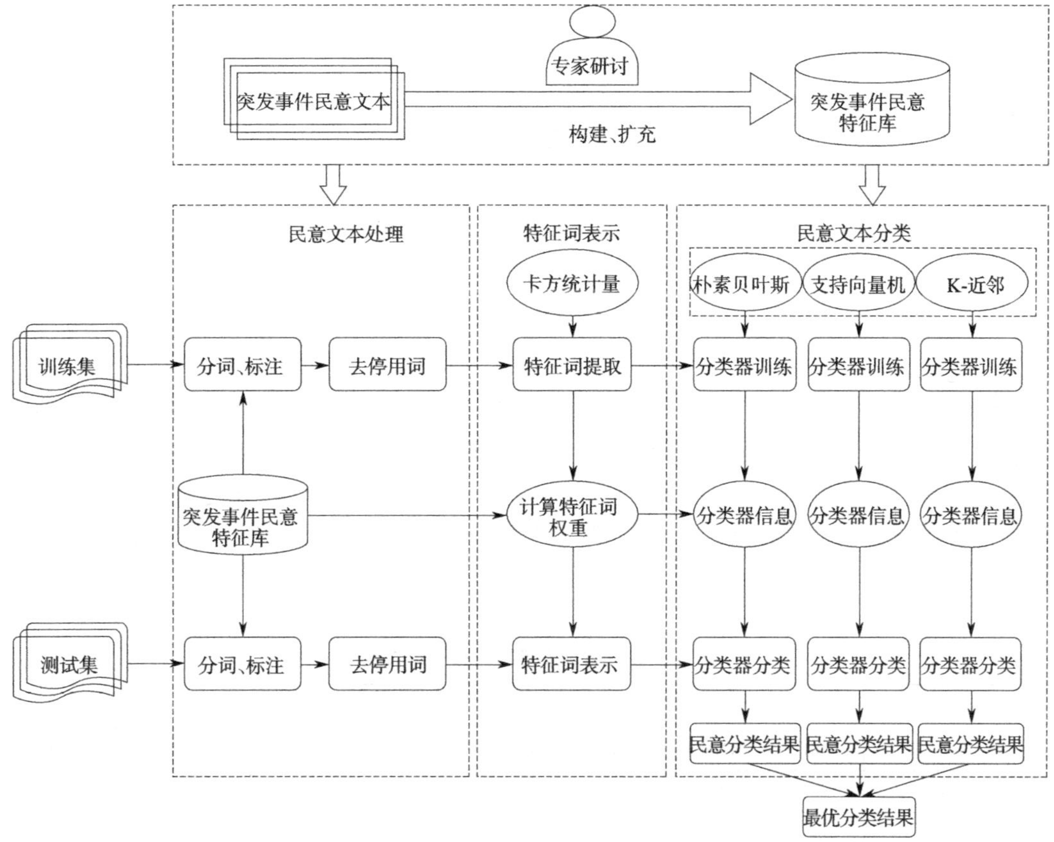

图 1.12　民意分类流程

(2)评价指标。

对于文本分类算法的评价指标，本研究选用准确率 P、召回率 R 和 F_1 值来评估实证案例的民意分类效果①，其公式为：

$$P=\frac{S_r}{S_a}$$

$$R=\frac{S_r}{S_0}$$

$$F_1=\frac{2\times P\times R}{P+R}$$

其中 S_r 是指分类正确的文本数量；S_a 是指实际分类的文本数量；S_0 是指属于该类别的文本数量；F_1 值通过计算准确率 P 和召回率 R 获得。

3)实证结果及分析

通过使用朴素贝叶斯(NB)、支持向量机(SVM)和 K-近邻(KNN)这 3 种方法进行分类试验，并使用准确率 P、召回率 R 和 F_1 值来衡量其性能，总体试验结果见表 1.7。首先选用

① DI MARCO A，NAVIGLI R. Clustering web search results with maximum spanning trees [C] .Process of the Artificial Intelligence Around Man and Beyond. Berlin：Springer，2011：201-212.

上述 3 种文本分类算法分别测试，其中，NB 的拉普拉斯平滑参数 *alpha*=1.0，KNN 设定参数 K=3，SVM 设定参数 C=100，核函数为线性核函数。

表 1.7 民意分类的测试结果

评价指标	NB	KNN	SVM
P	0.763	0.799	0.890
R	0.755	0.750	0.876
F_1	0.758	0.735	0.878

由表 1.7 得出，SVM 分类算法的准确率达到了 0.890，召回率达到了 0.876，F_1 达到了 0.878，虽然 SVM 需要的训练时间较长，但 3 项分类评价指标都明显高于 NB 和 KNN 分类算法，说明 SVM 分类算法明显比 KNN、NB 分类效果理想，而且 KNN 还要考虑 K 值的选取问题，分类效果的波动性较大。其次，绘制了 3 种分类算法在不同民意类别中的试验对比表和对比图，如表 1.8、图 1.13 所示。

表 1.8 3 种分类算法的民意分类结果

类别	准确率			召回率			F_1 值		
	NB	KNN	SVM	NB	KNN	SVM	NB	KNN	SVM
陈述型民意	0.713	0.703	0.825	0.743	0.758	0.803	0.722	0.731	0.806
诉求型民意	0.802	0.803	0.883	0.809	0.816	0.853	0.807	0.812	0.873
支援型民意	0.824	0.813	0.907	0.817	0.821	0.899	0.815	0.811	0.894

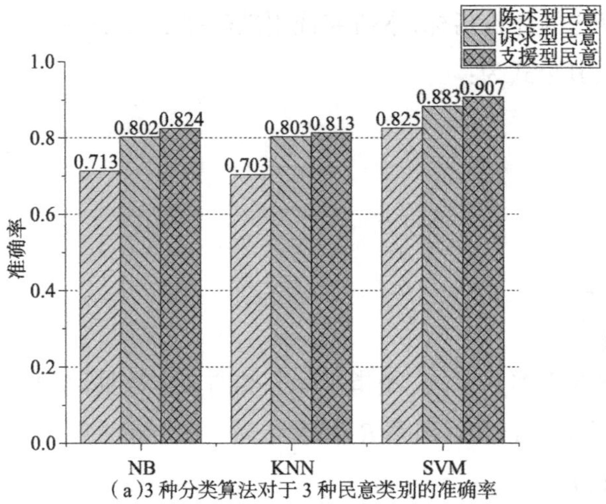

(a)3 种分类算法对于 3 种民意类别的准确率

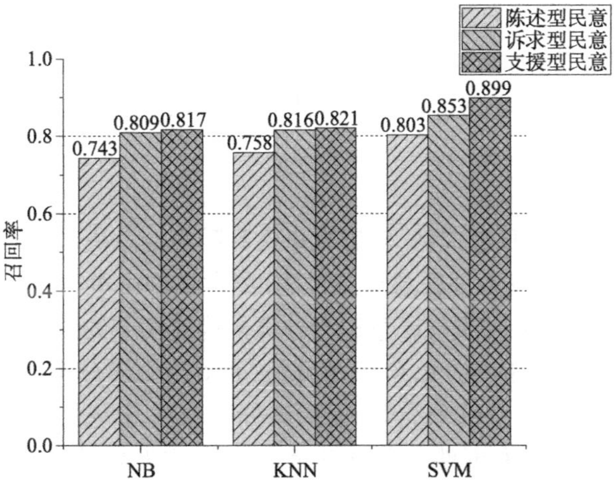

(b)3 种分类算法对于 3 种民意类别的召回率

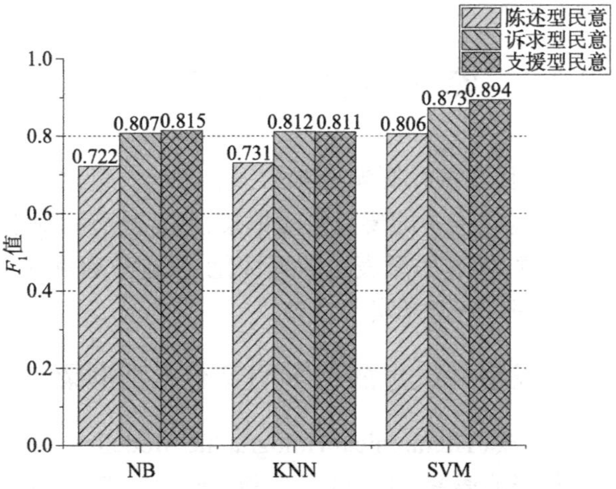

(c)3 种分类算法对于 3 种民意类别的 F_1 值

图 1.13　3 种分类算法在不同民意类别中的试验对比

由表 1.8、图 1.13 的试验结果可得出以下结论。① 3 种分类算法对于诉求型民意和支援型民意的准确率、召回率和 F_1 值较高，都在 0.80 以上，因为描述诉求型民意和支援型民意的词语特征非常明显（例如："帮助""请求""治疗""措施"），更容易识别，所以诉求型民意和支援型民意的准确率、召回率和 F_1 值的评价指数较高，分类效果比较好。②在陈述型民意的语料库中，虽然民意特征词数量多，与其他两类突发事件民意语料库相比占整体的 88.97%，但是关键词的特征性不明显，例如"加油""求助"等，在诉求型民意和支援型民意的语料库中也都出现，这些词汇不能很好地区别不同突发事件民意类别，分类效果不好。③ SVM 分类算法与其他算法相比评价指数最高，这是由于在突发事件民意分类中，由于突发事件民意语料存在噪声大、文本短、口语化严重等问题，NB 和 KNN 分类效果较差，处理远距离信息的优势发挥不明显，导致民意分类效果不理想，准确率、召回率和 F_1 值的评价指数远低于 SVM 模型，这说明对于突发事件民意分类这种细粒度分类，SVM 分类算法更为适合。

以上的对比分析结果验证了基于本研究建立的突发事件民意语料库，运用朴素贝叶斯、支持向量机和K-近邻三类分类器进行突发事件民意分类的优势和可行性。

4. 总结

在网络社会中民意表达日趋成熟，对突发事件和政府应急决策的影响日益提高，本节在舆情大数据环境下，研究突发事件民意形成过程、突发事件民意类型，通过对大量突发事件民意文本进行特征挖掘，对突发事件民意进行分类并构建相应的语料库，运用朴素贝叶斯算法（NB）、支持向量机算法（SVM）和K-近邻算法（KNN）构建分类器，通过实证分析，比较得出精确度最高的是支持向量机分类器，使用该分类器进行突发事件民意分类效果最好。本研究通过人工标注建立突发事件民意语料库，意味着突发事件民意语料库中含有的个人主观因素相对较大，但也更符合人性化需求。未来通过增大输入数据量并根据民意文本数据的特点对分类器进行改进，将会获得更好的突发事件民意分类结果。

第四节　突发事件民意演化影响要素

本节主要进行突发事件民意演化影响要素的识别、过滤、量化和评级，通过准确识别突发事件民意演化影响要素，构建科学的要素管理框架，制定具有针对性的管理对策，有助于政府准确把握突发事件民意，促进民意表达的理性化，改善政府和民众之间的利益协调机制，为民意回应和疏导提供理论基础和实践指导。

1. 舆情大数据环境下突发事件民意演化影响要素识别框架

本研究采用等级全息建模（Hierarchical Holographic Modeling，HHM）作为要素识别方法，研究突发事件民意演化影响要素。HHM是一种全面的思想和方法论，适用于大规模、复杂、系统建模。通过多视角、多方位的要素分析，进行要素量化、评级，对突发事件民意演化进行综合的、整体的评估，有助于采取有效措施对民意演化予以科学引导。

突发事件民意是指民众在突发事件发生后围绕这一事件及其衍生事件进行表达、传播、互动的过程中的观点和态度的集合。以宏观和微观相结合的方法为指导，以民意要素为基础，通过HHM模型构建舆情大数据环境下的民意演化影响要素识别框架。

1）民意主体要素

（1）网络环境。网络是突发事件民意形成的场域，与传统媒体相比，网络具有信息资源丰富、传播速度迅速、交流方式多样、结构形式开放、服务费用低廉的特点[①]。作为一种媒体，网络具备与传统媒体相似的媒体所共有的特征，同时也具有其自身的特殊性，其所具有的交互性、隐匿性、便捷性等特质激发了网民表达真实意见的积极性，使得民意突破了时间与空间的界限，又进一步扩大了民意的广泛性。良好的网络环境依赖于政府、媒体、网民和意见领袖的共同努力。这其中，政府的日常监管尤为重要，无论是监管媒体议程设置、网络信息

① 刘文富. 网络政治——网络社会与国家治理[M]. 北京：商务印书馆，2004：55-56.

质量还是意见领袖，均使民意朝着良性方向演化，实现对民意的良性引导[①]。

（2）网民参与。海德格尔认为人以"在世界之中存在"的方式存在[②]，即人们不能离开群体生存，在网络中也是如此。在突发事件发生后，网民参与事件的讨论，发表自己的观点，但是单一个体的观点尚未形成民意，民意的形成需要一定的民众规模。随着参与人数的不断增加，相关话题被广泛讨论和反复转载，民意逐渐汇聚形成。民众会对与自己利益相关或感兴趣的事件表现出较高的关注度，其间由于群体情绪传播[③]，个人行为在集体的共同影响和推动下产生集群效应[④]，以情绪为推动力所产生的集群行为很大程度上会引起网民在认知、态度上的趋同[⑤]。同时，网络环境中有众多意见领袖，他们创造和推动网络意见。拉扎斯菲尔德认为，信息总是先流向意见领袖，再从意见领袖传递给大众群体，在信息传播网络中，意见领袖扮演着重要的角色[⑥]。

（3）媒体牵引。高速发展的数字技术使信息的全方位、多角度传播成为可能，媒体多渠道的发声途径能够更快引起民众对事件的关注。在突发事件发生后，媒体积极介入其中，第一时间作出反应，通过在搜索引擎、微博、论坛等各种渠道进行议程设置，吸引网民去获取相关信息以了解事件的进展状况，或者达到某种共鸣。

2）民意主题要素

（1）观点碰撞。观点异化是指原本统一的观点发展到一定阶段，分裂出与之相对立的观点。由于对信息的认知和处理速度远远低于信息的传播速度，网民对信息的判断会出现偏差和失衡。随着时间的发展和新信息的不断补充，网民会逐渐看清事件的真实全貌，从错误的群体中脱离出来，出现观点异化。观点反转是指面对同一事件，舆论一开始会把矛头指向某一方，随着事件具体内容的不断爆出，舆论态势发生转向[⑦]。碎片化的网络信息，往往仅体现事件的某个片段，会使网民产生先入为主的假设，随着事件被逐渐还原，网民的观点随之发生转变。观点极化是指在网络平台，由于极化信息源的刺激以及媒体、意见领袖、网络推手等因素的共同作用，网络心理群体迅速生成，在群体的互动过程中，群体人数占优一方的观点得到不断强化，最后走向极化。凯斯·桑斯坦认为："群体成员在最初便具有某种偏向，在经过群体互动交流以后，人们朝偏向的方向继续移动，最后形成极端的观点。"[⑧]并且指出网络环境比现实环境更易出现极化的现象。

（2）政府主题引导。突发事件民意容易受到虚假信息、网络谣言等的影响，从而扭曲事件本身的真相，如果政府部门能够及时进行虚假信息管控、公开信息、澄清谣言，则有利于政府科学决策、疏解民众质疑、解决矛盾纠纷。在突发事件发生后，网络民众自由充分地进行观点表达和情绪宣泄，自身的利益诉求和价值需求得到释放，民意表达会达到一个饱和度。在这一过程中，政府的处置能力显得尤为重要，政府及时、完整、权威地发布信息可以满足民

① 陈福集，黄江玲. 突发事件网络舆情演化传播模型研究[J]. 情报科学，2015，33（12）：8.

② 海德格尔. 存在与时间[M]. 北京：生活·读书·新知三联书店，1999：61-73.

③ MAITNER A T，MACKIE D M，SMITH E R. Evidence for the regulatory function of intergroup emotion：implementing and impending intergroup behavioral intensions[J].Journal of experimental social psychology，2006（42）：720-726.

④ 钱爱兵. 基于主题的网络舆情分析模型及其实现[J]. 现代图书情报技术，2008（4）：49-55.

⑤ 王林，时勘，赵杨，等. 基于突发事件的微博集群行为舆情感知实验[J]. 情报杂志，2013，32（5）：32-37，48.

⑥ 保罗·F. 拉扎斯菲尔德，伯纳德·贝雷尔森，黑兹尔·高德特. 人民的选择[M]. 北京：中国人民大学出版社，2012：128.

⑦ 崔逾瑜，匡志达."舆论反转"背后的反思[J]. 新闻前哨，2015（10）：16-18.

⑧ 凯斯·桑斯坦. 网络共和国[M]. 黄维明，译. 上海：上海人民出版社，2003：52.

众的信息需求,减弱谣言生成的可能性,同时降低事件的衍生影响。与此同时,政府应增强自身权威性、提高公信力,加强与民众的沟通交流,及时了解民意,并作出快速高效的回应,从而引导突发事件民意的演化方向向良性方向发展。

3)民意情感要素

(1)民众感知。民众感知主要包括以下3个方面。一是认知能力,"人们可能会分享相同的数据,但这一事实并不表明我们看到是同样的一件事。信仰、价值观、偏见以及意识形态等都会影响我们对事实的感知"[①]。网民因其自身特性的不同表现出不同的认知能力。二是自身免疫力,自身免疫力指网民对突发事件本身以及网络信息的解读与评判能力、区分谣言和事实的能力,具有不同免疫力的个体面对同一事件时会产生不同的情感。三是媒体影响力,媒体凭借自身的强大影响力会吸引众多网民的关注,同时,媒体的报道会进一步增加事件影响力度[②]。作为主要的舆论平台,媒体极大地推动了网民情绪的发泄以及观点和态度的表达。四是涉利程度,当涉及自身利益时,网民更易进行意见的表达。情绪与涉利程度密不可分。Curci等认为社会网络的关系及其释放的情绪信息会影响民众的情绪强度[③]。网民自身的涉利程度会极大地影响网民情绪强度变化量。五是表达水平,网民在表达意见时,自身的表达水平对情感传递、引发共鸣等都有显著影响。

(2)事件因素。突发事件造成的影响受多种因素的共同作用,总结起来主要有5个:一是事件敏感程度;二是事件性质;三是事件涉及范围;四是事件造成的损伤数量;五是事件涉及的敏感人群。当突发事件的敏感程度高、性质严重、涉及范围广、损伤数量大、敏感人群多时,都会在一定程度上造成网民的关注度上涨,集群效应也会迅速增强,民众情感也会随之发生快速变化。

(3)政府情绪引导。在突发事件发生后,很容易出现社会心理学所称的群体异常反应:谣言四起、群体恐慌、人人自危。在情绪引导的过程中,政府应当及时发布突发事件相关动态和注意事项、给予民众信心以避免恐慌、适时安抚民众以疏导不满情绪等。其主要受4个方面因素的影响。一是网络安抚作用,网络本身也是一个人性化的存在,在突发事件发生后,总会有人通过网络发声,为受影响人群祝福、祈祷或募捐,从物质层面或精神层面提升社会系统的安抚作用量。二是政府回应力度,在突发事件中政府及时、完整、真诚地回应民意,使网民了解事件的真相,会使民众的情绪得到平复,同时也会增加网民对政府的认同感和支持度。三是政府决策影响力。较高的政府决策影响力,有助于政府开展情绪引导工作,且情绪引导效果也通过政府决策是否得民心顺民意、是否得到民众支持而体现出来。政府加强自身宣传报道工作,有利于提升决策的影响力。四是民意诉求途径,民意诉求方式的多样、诉求通道的畅通,会使民众的情绪得到缓解,减轻事件的影响。

基于以上研究,构建突发事件民意演化影响因素识别HHM框架,如图1.14所示。

① PARSONS W. Public policy: an introduction to the theory and practice of policy analysis[M]. Cheltenham Edward Elgar Publishing Limited, 1997: 88.

② 赫泉玲,肖剑. 网络民意的形成机制及其理性表达的引导策略[J]. 情报科学, 2013, 31(4): 89-95.

③ CURCI A, BELLELLI G. Cognitive and social consequences of exposure to emotional narratives: two studies on secondary social sharing of emotions[J]. Cognition and emotion, 2004, 18(7): 881-900.

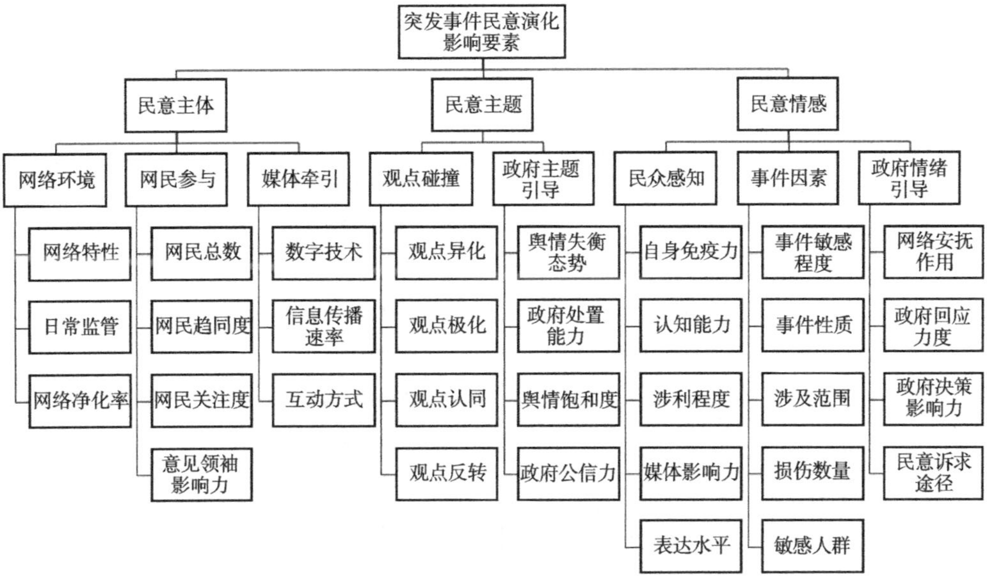

图 1.14　突发事件民意演化影响要素识别 HHM 框架

2. 舆情大数据环境下突发事件民意演化影响要素量化与评级

构建突发事件民意演化影响要素 HHM 框架后，需要对影响要素进行量化和评级，以便为情景分析提供优先次序。本研究进行影响程度量化与评级的思路是：一是将 HHM 框架转换为对应的指标体系（表 1.9）；二是应用层次分析法（AHP）计算指标权重，进而对影响因素进行量化；三是应用 ABC 分级方法（Activity Based Classification）对影响因素进行评级。

表 1.9　突发事件民意演化影响要素指标体系

一级指标	二级指标	三级指标	
民意主体 F1	网络环境 F11	网络特性	F111
		日常监管	F112
		网络净化率	F113
	网民参与 F12	网民总数	F121
		网民趋同度	F122
		网民关注度	F123
		意见领袖影响力	F124
	媒体牵引 F13	数字技术	F131
		信息传播速率	F132
		互动方式	F133

续表

一级指标	二级指标	三级指标	
民意主题 F2	观点碰撞 F21	观点异化	F211
		观点极化	F212
		观点认同	F213
		观点反转	F214
	政府主题引导 F22	舆情失衡态势	F221
		政府处置能力	F222
		舆情饱和度	F223
		政府公信力	F224
民意情感 F3	民众感知 F31	自身免疫力	F311
		认知能力	F312
		涉利程度	F313
		媒体影响力	F314
		表达水平	F315
	事件因素 F32	事件敏感程度	F321
		事件性质	F322
		涉及范围	F323
		损伤数量	F324
		敏感人群	F325
	政府情绪引导 F33	网络安抚作用	F331
		政府回应力度	F332
		政府决策影响力	F333
		民意诉求途径	F334

1)突发事件民意演化影响要素量化研究

在评价过程中,指标权重的确定对评价结果有着非常重要的影响。本节采用层次分析法(AHP),通过专家调查法构造判断矩阵、计算权重并通过一致性检验($CR<0.1$),得出突发事件民意演化影响要素量化指标与权重(表1.10)。

表 1.10 突发事件民意演化影响要素量化指标与权重

一级指标	权重	二级指标	权重	三级指标		权重	整体权重
民意主体 F1	0.169 2	网络环境 F11	0.250 0	网络特性	F111	0.229 7	0.009 7
				日常监管	F112	0.648 3	0.027 4
				网络净化率	F113	0.122 0	0.005 2
		网民参与 F12	0.500 0	网民总数	F121	0.350 9	0.029 7
				网民趋同度	F122	0.189 1	0.016 0
				网民关注度	F123	0.350 9	0.029 7
				意见领袖影响力	F124	0.109 1	0.009 2
		媒体牵引 F13	0.250 0	数字技术	F131	0.653 4	0.027 6
				信息传播速率	F132	0.173 3	0.007 3
				互动方式	F133	0.173 3	0.007 3
民意主题 F2	0.387 4	观点碰撞 F21	0.250 0	观点异化	F211	0.231 4	0.022 4
				观点极化	F212	0.581 7	0.056 3
				观点认同	F213	0.120 5	0.011 7
				观点反转	F214	0.066 4	0.006 4
		政府主题引导 F22	0.750 0	舆情失衡态势	F221	0.424 9	0.123 5
				政府处置能力	F222	0.270 1	0.078 5
				舆情饱和度	F223	0.143 8	0.041 8
				政府公信力	F224	0.161 2	0.046 8
民意情感 F3	0.443 4	民众感知 F31	0.400 0	自身免疫力	F311	0.257 2	0.045 6
				认知能力	F312	0.136 3	0.024 2
				涉利程度	F313	0.257 3	0.045 6
				媒体影响力	F314	0.272 5	0.048 3
				表达水平	F315	0.076 7	0.013 6
		事件因素 F32	0.200 0	事件敏感程度	F321	0.115 0	0.010 2
				事件性质	F322	0.186 1	0.016 5
				涉及范围	F323	0.186 1	0.016 5
				损伤数量	F324	0.349 5	0.031 0
				敏感人群	F325	0.163 3	0.014 5
		政府情绪引导 F33	0.400 0	网络安抚作用	F331	0.117 0	0.020 8
				政府回应力度	F332	0.518 4	0.091 9
				政府决策影响力	F333	0.061 0	0.010 8
				民意诉求途径	F334	0.303 6	0.053 8

2）突发事件民意演化影响要素评级研究

采用 ABC 分级方法进行影响要素评级，将 32 个影响要素进行分类：首先，计算各要素的整体权重并将各影响要素的整体权重从大到小进行排列；其次，计算累计权重（表 1.11），用百分数表示；最后，根据统计分析，将影响要素分为 4 个级别进行评级，其标准见表 1.12。

通过对 32 个影响要素进行评级（表 1.13）得出：极高影响指标有 2 个，高度影响指标有 5 个，中度影响指标有 7 个，低度影响指标有 18 个。其中极高影响指标、高度影响指标要素为舆情失衡态势、政府回应力度、政府处置能力、观点极化、民意诉求途径、媒体影响力、政府公信力。这 7 个影响要素是突发事件民意演化的重点，政府部门应着重做好针对这些要素的引导措施。

表 1.11 要素量化指标权重分析

末级指标	整体权重	累计权重	末级指标	整体权重	累计权重
F221	0.123 5	0.123 5	F211	0.022 4	0.824 3
F332	0.091 9	0.215 4	F331	0.020 8	0.845 1
F222	0.078 5	0.293 9	F322	0.016 5	0.861 6
F212	0.056 3	0.350 2	F323	0.016 5	0.878 1
F334	0.053 8	0.404 1	F122	0.016 0	0.894 1
F314	0.048 3	0.452 4	F325	0.014 5	0.908 6
F224	0.046 8	0.499 2	F315	0.013 6	0.922 2
F311	0.045 6	0.544 9	F213	0.011 7	0.933 9
F313	0.045 6	0.590 5	F333	0.010 8	0.944 7
F223	0.041 8	0.632 3	F321	0.010 2	0.954 9
F324	0.031 0	0.663 3	F111	0.009 7	0.964 6
F121	0.029 7	0.693 0	F124	0.009 2	0.973 8
F123	0.029 7	0.722 7	F132	0.007 3	0.981 1
F131	0.027 6	0.750 3	F133	0.007 3	0.998 4
F112	0.027 4	0.777 7	F214	0.006 4	0.994 8
F312	0.024 2	0.801 9	F113	0.005 2	1.000 0

表 1.12 影响程度评级划分标准

Ⅰ级	Ⅱ级	Ⅲ级	Ⅳ级
极高影响指标	高度影响指标	中度影响指标	低度影响指标
0~25%	25%~50%	50%~75%	75%~100%

表 1.13　影响程度评级表

<table>
<tr><td>Ⅰ级</td><td>Ⅱ级</td><td>Ⅲ级</td><td colspan="2">Ⅳ级</td></tr>
<tr><td>极高影响指标</td><td>高度影响指标</td><td>中度影响指标</td><td colspan="2">低度影响指标</td></tr>
<tr><td rowspan="9">F221
F332</td><td rowspan="9">F222
F212
F334
F314
F224</td><td rowspan="9">F311
F313
F223
F324
F121
F123
F131</td><td>F112</td><td>F213</td></tr>
<tr><td>F312</td><td>F333</td></tr>
<tr><td>F211</td><td>F321</td></tr>
<tr><td>F331</td><td>F111</td></tr>
<tr><td>F322</td><td>F124</td></tr>
<tr><td>F323</td><td>F132</td></tr>
<tr><td>F122</td><td>F133</td></tr>
<tr><td>F325</td><td>F214</td></tr>
<tr><td>F315</td><td>F113</td></tr>
</table>

3. 舆情大数据环境下突发事件民意演化的引导策略

在舆情大数据环境下，突发事件民意演化的引导正成为一场越来越大的数据化的挑战。舆情大数据所呈现的网络民意，常会掺杂虚假、情绪化、消极、功利性的民意成分，从而增加了民意演化影响要素分析和民意疏导的难度。但与此同时，舆情大数据的海量、快速、精准、多样和价值性等特性，为突发事件民意演化分析提供了更多的资源支持，有助于规范和引导网络民意表达[①]。上文得出的极高影响和高度影响要素（舆情失衡态势、政府回应力度、政府处置能力、观点极化、民意诉求途径、媒体影响力、政府公信力），集中于民意主题和民意情感两大方面，并主要集中于政府主题引导、政府情绪引导两个二级指标，由此，结合这些极高影响和高度影响要素，有针对性地提出突发事件民意演化的引导策略。

1）针对民意主题要素而采取的引导策略

（1）加强政府主题引导，降低舆情失衡发生率。

政府在第一时间公布事件的来龙去脉、造成损害、现已采取以及将要采取的应对措施与方案，可以减少网民的猜测、臆断，有助于避免舆情失衡和观点极化的发生。首先，加强主题引导，政府需要与网民真诚沟通、良好互动，及时公布民众关注的信息、回应民众关心的问题。需要占据信息发布主动权，勇于承认存在的不足，同时管控网络谣言，净化舆情环境。其次，加强主题引导，需要善于发挥意见领袖作用，注重意见领袖的作用量，包括政府要加强对意见领袖动态的关注，分析其观点和态度对事件产生的是正面还是负面的影响，并有针对性地采取引导措施；同时建立与意见领袖的良性沟通机制，坦诚交流，引导其理性发言，避免其发表煽动性的不实言论。最后，政府要营造健康和谐的网络环境，倡导积极向上的精神文化，从而促进信息传播良性发展。

（2）加强政府处置能力，提高政府公信力。

政府对突发事件的应急处置是政府执政能力的展现，更是政府与社会、政府与民众之间

① 夏一雪，兰月新. 大数据环境下群体性事件舆情信息风险管理研究[J]. 电子政务，2016(11)：31-39.

的互动[①]。加强处置能力,首先要尊重和理解民意,端正心态、正视民意,把民意当作对政府的鞭策和督促。其次要在第一时间准确发声,及时进行事件调查,并将调查结果及时向民众公布。最后,政府要不断提高透明度,使自身处于民众的有效监督之下,通过加强自身建设,进一步获取民众的支持与信任,从而做好民意回应与引导工作。

政府公信力是民众相信政府实现民众利益的程度,政府公信力的直接表现是民众相信政府发布的相关信息的权威性。提升政府公信力要做到以下几个方面。首先,政府要做一个负责任的政府,在充分回应民意诉求的基础上制定公共政策,特别是在作出重大决策之前应广泛听取民众的意见和建议,保障民众的知情权与参与权,提升政策科学性,强化政策执行力,认真履行法律赋予的职责。其次,应建立与专业领域意见领袖的协同机制,当前网络传播中"媒介-意见领袖-受众"的二级传播链[②]仍然占据重要位置,作为传播链的核心,众多专业化、权威性的专业人员,对突发事件应急管理和舆情引导发表专业、深度的见解,能够吸引网民更多关注,拥有较大话语权。因此,应着力建立健全与专业领域意见领袖的协同机制,使其与政府、主流媒体共同发声,从而提升政府公信力。

2)针对民意情感要素而采取的引导策略

(1)加强政府情绪引导,拓展民意诉求途径。

单纯说理并不能完全缓解民众的担心和焦虑,因而政府需要对民众进行情感上的抚慰与疏导,使民众在情感上对政府产生更深层次的认同。首先,要完善民意监测和应急机制,在鼓励网民发表自身观点、促进真理越辩越明的同时,把事态可能产生的不良影响降到最低。其次,面对负面情绪,在用数据和事实说话的同时,更要注重引导方式,体现人文关怀,让民众在内心深处形成观点共鸣和认同。最后,推进民意诉求途径的多样化和保持民意诉求途径的畅通,避免网民情绪极化,以及引发线下群体事件,如通过街道、社区等基层组织建立民意诉求表达渠道,组建专门的民意诉求征集小组等;同时,进一步整合线上民意诉求渠道,优化和升级线上民意诉求平台。

(2)强化政府回应力度,提升媒体影响力。

政府回应是民众与政府形成良好关系的关键[③],政府回应是在公共管理过程中,政府积极地对民众提出的问题作出回复、对民众的需求作出反应的过程[④]。提高第一时间回应能力,积极回复、不回避、不逃避,解决民众问题和满足民众需求,政府应从多方面入手:一是建立完善的信息搜集系统,加强民意识别和信息搜集能力,做好民意"引领人"。二是建立完善的信息公开机制[⑤],注意信息回应的及时性、真实性,同时把握好回应尺度,实事求是、有针对性地对民意关注的热点、焦点问题予以回应。三是拓展回应渠道,加强与媒体的合作,拓展与民众的互动方式。四是完善相关法律法规,从法律的层面对政府回应工作加强监督管理,提升政府回应能力。

媒体影响力对民意引导具有重要作用。提升媒体影响力的途径包括以下2个方面。首

① 那薇.面向基层政府的突发公共卫生事件应急管理研究[D].沈阳:东北大学,2008.

② 雷宏振,丁婉娟.意见领袖的信息特征对受众信息传播效果的影响研究——基于情景模拟的行为实验[J].现代情报,2015,35(9):28-33.

③ 李伟权.政府回应论[M].北京:中国社会科学出版社,2005:10.

④ 何祖坤.关注政府回应[J].中国行政管理,2000(7):7-8.

⑤ 逄碧莹.政府回应网络舆情问题研究[D].郑州:郑州大学,2017.

先，各级政务媒体应创办高效的融媒体中心，将传统新闻的权威性与网络平台传播的时效性、泛在性充分结合，创新传播方式、拓宽传播渠道、扩展传播覆盖面，在保证内容真实可靠准确的同时，更加生动、接地气地与民众互动交流。其次，进一步规范采访编审流程，结合权威可信信息源对事件进行全面解读，用新闻事实扩大影响力。

4. 总结

在舆情大数据环境下，突发事件民意演化主要受民意主体、民意主题、民意情感 3 个方面的共同影响。本节采用等级全息建模方法，识别可观测的影响要素，进行影响要素量化、评级。得出舆情失衡态势、政府回应力度、政府处置能力、观点极化、民意诉求途径、媒体影响力、政府公信力等高影响因素，并针对这些高影响因素制定相应的引导策略，为突发事件民意回应和疏导提供理论基础和实践指导。

第五节　突发事件民意演化动力学建模

突发事件民意演变日趋复杂，要求政府充分了解民意，正确把握民意趋势，实现与网民的良性互动，从而更好地为政府应急管理提供有效的决策支持。通过研究突发事件民意演化机理，进行突发事件民意传播规律的可视化模拟仿真，有助于政府从民众利益出发，更好地引导民意表达，营造良好网络环境。

已有民意研究大多倾向于与政府公共政策相关联，演化机理方面的学术成果较少，而结合突发事件这一关键因素进行的突发事件民意演化方面的研究的成果少之又少。因此，本研究通过输入“民意”和“网络舆情”关键词进行检索，大致可以将民意演化研究分为四大类。一是面向民意某一侧面的民意演化研究，包括民意倾向性预测[①]、民意热度评价[②]、民意的特征[③]及其作用等；二是基于主体的民意演化研究，重点围绕网民的社会心理、情感分析、社会网络关系等，例如万熙琼[④]、赵剑华等[⑤]、王林等[⑥]；三是基于信息传播的民意演化研究，以传染病模型（SIR）为代表，林晓静等学者提出具有饱和接触率的 SEIR 模型[⑦]、丁学君[⑧]和徐德刚等[⑨]提出 SCIR 模型以及具有病毒变异的 SIVR 模型等，各种改进模型研究广泛；四是基于网络行为的民意传播研究，包括运用社会燃烧理论[⑩]、博弈论[⑪]、系统动力学模型[⑫]等

① 夏一雪，兰月新. 面向舆情大数据的突发事件民意倾向预测模型研究[J]. 内江科技，2017，38（7）：76-77.

② 苏国强，刘芊汝，薛信朋，等. 面向舆情大数据的突发事件网络民意热度评价研究[J]. 内江科技，2017，38（7）：74-75.

③ 赫泉玲，肖剑. 网络民意的形成机制及其理性表达的引导策略[J]. 情报科学，2013，31（4）：89-95.

④ 万熙琼. 突发事件的网络传播机制及其应急管理研究[D]. 上海：复旦大学，2011.

⑤ 赵剑华，万克文. 基于信息传播模型-SIR 传染病模型的社交网络舆情传播动力学模型研究[J]. 情报科学，2017，35（12）：34-38.

⑥ 王林，时勘，赵杨，等. 基于突发事件的微博集群行为舆情感知实验[J]. 情报杂志，2013，32（5）：32-37，48.

⑦ 林晓静，庄亚明，孙莉玲. 具有饱和接触率的 SEIR 网络舆情传播模型研究[J]. 情报杂志，2015，34（3）：150-155.

⑧ 丁学君. 基于 SCIR 的微博舆情话题传播模型研究[J]. 计算机工程与应用，2015，51（8）：20-26，78.

⑨ 徐德刚，徐戏阳，苏志芳. 具有病毒变异的复杂网络 SIVR 疾病传播模型研究[C]//东北大学、IEEE 新加坡工业电子分会：第 27 届中国控制与决策会议论文集（下册），2015：2 173-2 178.

⑩ 孙一凡，兰月新，张鹏，等. 基于社会燃烧理论的网络谣言风险对策研究[J]. 现代情报，2015，35（5）：14-19.

⑪ 魏德志，陈福集，林丽娜. 基于博弈论和 SIRS 的热点事件传播仿真研究[J]. 系统仿真学报，2018，30（6）：2 050-2 054.

⑫ 叶琼元，夏一雪，张鹏，等. 面向舆情大数据的突发事件民意系统演化机理与仿真研究[J]. 情报科学，2019，37（1）：80-85，93.

理论进行分类和交互研究。基于上述学者的研究成果,发现民意演化的成果更多是在网络舆情视域下获得的,缺少独特性、多样性、系统性的研究。与此同时,已有的民意研究大多为定性研究,从社会学、社会心理学、政治学等角度进行阐述,且定量研究运用模型比较单一,而定性与定量相结合、多个数理模型相结合的研究较少。

综合上述分析,本研究将突发事件民意分为 3 个部分,即突发事件民意演化主要包括民意主体演化、民意主题演化、民意情感演化,以转化概率作为重要变量,采用 SIR 与系统动力学相结合的方法模拟仿真,以突发事件民意演化水平作为衡量指标进行建模,得出要积极控制易感人群接触速率、舆情态势失衡、突发事件因素以及加强政府处置能力、情绪引导以及主题引导等结果,从正面和负面两个方面相结合,为政府决策提供双向支持。

1. 突发事件民意演化的动力学原理

1)突发事件民意的概念及要素

突发事件民意是民意的一种特殊形态,是指民众在突发事件发生后围绕这一事件及其衍生事件进行表达、传播、互动的过程中观点和态度的集合。突发事件民意的要素包括民意主体(民众)、民意客体(突发事件)和民意组成(观点和态度),由此,突发事件民意要素主要包括以下方面:①民众;②针对突发事件发表观点的主题;③针对这些主题表现出来的情感和态度。

2)突发事件民意要素量化

(1)民众针对突发事件发表观点的主题(民意主题)。主要研究民意主题演化机理以及主题演化过程中的演变,涉及主题反转、异化、趋同、转移等内容。

(2)针对这些主题表现出来的情感(民众情感)和态度。《心理学大辞典》认为:“情感是人对客观事物是否满足自己的需要而产生的态度体验。”因此主要研究民众针对突发事件产生的情感,涉及民众情感倾向、情感强度以及情感演化等内容。

(3)民意主体。主要研究民意主体数量演化规律。

基于此,构建突发事件民意模型为:

民意=民意主体*民意主题*民意情感

3)突发事件民意演化的 SIR 动力学原理

(1)突发事件民意 SIR 模型运用可行性。

突发事件发生后,民众对事件信息的认知是一个从不知情到知情的渐进过程。主题是主体讨论出来的,情感是主体形成的,主线是主体的变化,据此可以对突发事件民意主体进行分类,进而研究不同类别的民意主体数量演化规律。鉴于风险、意见等传播模式与传染病模式(SIR,Susceptible-Infected-Removed)的相似性,林芹[①]、王谢宁[②]、范纯龙[③]等学者将 SIR 模型及其改进模型广泛而充分地应用至突发事件演化、网络舆情演化等领域,可见其具有可行性和适用性。因此,本研究的突发事件民意主体满足 SIR 模型,即无知者、传播者和免疫者,随即产生 3 个群体的观点主题演化和民众情感演化。

---

① 林芹,郭东强.优化 SIS 模型的社交网络舆情传播研究——基于用户心理特征[J].情报科学,2017,35(3):53-56,75.

② 王谢宁,朱志国.社会化网络下基于改进 SIR 模型的观点信息传播规律研究[J].情报科学,2017,35(2):33-37.

③ 范纯龙,宋慧敏,丁国辉.一种改进的 SEIR 网络谣言传播模型研究[J].情报杂志,2017,36(3):86-91.

（2）突发事件民意 SIR 模型建立。

SIR 模型的基本原理如图 1.15 所示。将系统中的全体网民（N）分为三类，即 $S(t)$为易感人群人数、$I(t)$为感染人群人数、$R(t)$为免疫人群人数，假定该系统内人员总数保持守恒，即 $S(t)+I(t)+R(t)=N$。其中，$S(t)$表示未接收到相关舆情信息的网民；$I(t)$表示接收并传播信息的网民；$R(t)$为接收到相关舆情信息但不传播信息的网民，即免疫者。参数 α 为感染者接触易感人群后，易感人群被传染的概率；参数 β 为感染者获得免疫的概率。

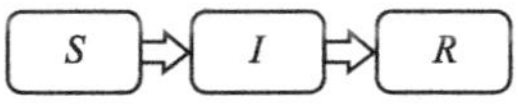

图 1.15 突发事件民意演化的 SIR 模型

（3）突发事件民意 SIR 动力学模型分析。

由图 1.16 所示，S 为易感人群、I 为感染人群、R 为免疫人群，α、β 分别代表了感染者接触易感人群后，易感人群被传染的概率以及感染者获得免疫的概率。基于此，分别设置易感人群、感染人群和免疫人群这三类人群的人数、主题以及情感为存量，其转化概率作为速率。

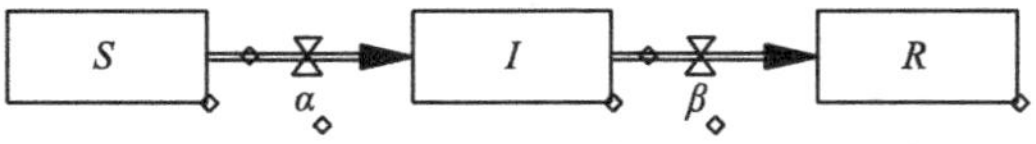

图 1.16 突发事件民意演化的 SIR 动力学模型

2. 突发事件民意演化 SIR 动力学模型影响因素识别分析

根据突发事件民意要素，突发事件民意演化主要包括民意主体演化、民意主题演化、民意情感演化。基于 SIR 基本原理，通过分析两者之间的节点概率，从内部和外部因素分别考量影响各个子系统感染率和免疫率的因素。

1）民意主体人数演化

（1）个体感染率。

①网络特性。首先，网络存在信息的不对称性，网民的猎奇心理或者强烈的求知欲，激发网民搜索信息、挖掘信息并影响其频率和程度。其次，网络存在交互性，是网民互通有无、交换信息的重要媒介，其传播速度和共享程度都一定程度上加剧了网民在信息层面的交叉感染。

②媒体牵引力。媒体通过在搜索引擎、微博、微信、论坛等各种渠道进行议程设置，吸引网民去获取相关信息以了解事件的进展状况，或者达到某种共鸣，从而提高网民感染率。

③易感人群接触速率。群体易感人群是潜在个体，其个体数量越大、接触速率越高，对其他群体的影响程度越高。

（2）个体治愈率。

要想提高个体治愈率，从外部因素来看，需要社会治理的“医术”达到一定作用量；从内部因素来看，也需要网民拥有足够高的自身免疫力来抵抗外来的“病毒”。

①政府处置能力。社会治理在一定程度上是对个体治愈起到至关重要作用的。当某一突发事件发生时，政府发布信息的权威性、及时性和透明度可以满足民众的求知欲，民众进

行信息搜索、信息交换的频率和程度相应降低，其被感染的可能性将会减弱，同时事件的衍生影响率也将会降低，感染人群自觉转化为免疫人群的转化率将提高。

②网民免疫力。网民的自身素质和认知是影响转化率的内部因素。网民对突发事件本身以及网络中的媒介信息具有较高的解读与评判能力，可以区分事实和谣言，保持理性客观，文明发表言论，这在一定程度上可以减少初始感染者人数以及增加免疫者人数。

③网络净化率。清朗的网络环境依赖于政府、社会、意见领袖以及网民的共同努力。其中，意见领袖在传播链中占有重要位置，是信息的主要"把关者""加工者""扩散者"和"引导者"，其积极引导的作用量在一定程度上降低了网民被感染的概率和事件的衍生影响率。与此同时，政府的日常监管，无论是监管网络信息质量、媒体议程设置还是意见领袖，其在一定程度上提高了衰退率和转化率，促进了突发事件民意的良性演化。

基于此，得出民意主体演化 SIR 动力学模型，如图 1.17 所示。

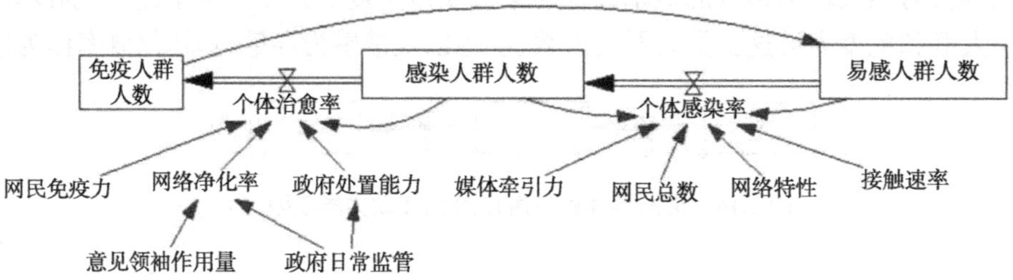

图 1.17 民意主体人数演化 SIR 动力学模型图

2)民意观点主题演化

(1)观点主题碰撞度。

①事件因素。在突发事件扩散期间，事件影响范围、持续时间、影响程度等都是影响民意观点主题演化的因素。舆情大数据呈现信息碎片化的特征，民众与政府双方掌握的信息不对称，容易产生谣言、误判等衍生、次生网络舆情事件等。

②观点趋同度。突发事件民意具有集合性，意味着网民就某一突发事件的看法和理解，随着观点的互动、整合而慢慢趋于一种或几种状态的集合和稳定。通过广泛的信息传播及滚雪球般的意见积累，观点碰撞趋同，引起社会共鸣，这种共鸣的强度进而决定了政府或媒体的重视程度。

③舆情态势失衡，即观点异化、观点极化、观点反转。观点异化是指原本统一的观点发展到一定阶段，分裂出与之对立的观点。观点极化是群体情绪积累、发泄、爆发的过程，民众的利益诉求渠道不通畅和诉求机制不健全易引发群体极化等现象。观点反转[①]是指群体对信息判断的失衡和偏差，信息源、信息渠道以及信息产生方式的多样性使得信息的传播速度远远超过网民认知信息和处理信息的速度[②]。舆情态势失衡是通过不同观点持有者之间的摩擦、排斥和碰撞，使其产生第二轮、第三轮的信息需求，增加观点主题感染异化的风险，从而对突发事件民意传播产生间接、隐性的影响。

① 刘兰兰. 舆情反转事件的传播要素及成因[J]. 湖北经济学院学报，2016，14(4)：54-60.

② 崔逾瑜，匡志达."舆论反转"背后的反思[J]. 新闻前哨，2015(10)：16-18.

（2）观点主题消退度。

①政府主题引导。突发事件民意容易受到谣言、虚假信息等的影响，使得事件本身的真相扭曲，因此，政府部门应及时公开信息、澄清谣言，进行虚假信息管控，从而有利于政府科学决策和及时解决矛盾纠纷。与此同时，政府要提高公信力，增强自身权威性，加强沟通和交流，引导突发事件民意的演化方向向良性方向发展。

②舆情饱和度。民众通过充分地表达观点和宣泄情绪，自身的利益诉求和价值需求得到释放和满足，舆情会达到一个饱和度。在舆情达到一定规模后，事件相关利益群体的利益格局面临重新调整，进而观点主题消退速率会加快。

基于此，得出民意观点主题演化 SIR 动力学模型，如图 1.18 所示。

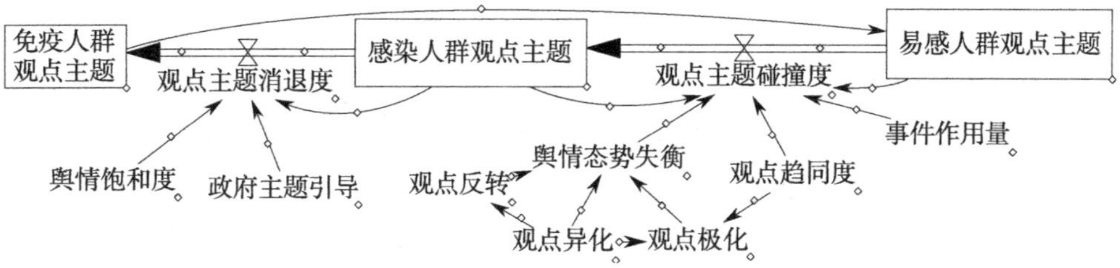

图 1.18　民意观点主题演化 SIR 动力学模型图

3）民意情感强度演化

（1）情绪化程度。

①事件因素，突发事件背后存在的社会问题与民众利益或民众的切身经验具有真实的相关性，突发事件自身的公共性、现实性及敏感性，均会引发多个民意热潮。

②情绪主体作用量，即感知认知、涉利程度、表达水平。网民对信息提取、研判、整合、感知情绪、形成认知、形成观点是一个循序渐进的过程，网民在感知事件、形成观点的过程中产生情绪，是由感知水平与过去形成的期待水平的比较结果决定的，即当感知水平低于自身的期待水平时会通过语言、动画、表情包等表达形式形成不满情绪，反之则形成满意情绪。

（2）情绪消除率。

①政府情绪引导。政府情绪引导是指在突发事件处置过程中，及时发布突发事件动态和注意事项，及时发布安抚类信息给予民众信心以避免恐慌，或者疏导民众不满情绪等。

②网络安抚作用。网络本身是一个人性化的存在，在突发事件发生时受影响民众会引发共情效应，引发其他民众的同情和怜悯，并通过网络发声，寻求帮助，提升社会系统的安抚作用量，包括精神层面或物质层面。因此，对于进入“加速发展螺旋”阶段的各种社会系统来说，网络公共领域为其风险的发生提供了预警机制[①]。

基于此，得出民众情绪强度演化 SIR 动力学模型，如图 1.19 所示。

① 贡塔·托依布纳，宾凯. 宪法时刻来临?——“触底反弹”的逻辑[J]. 交大法学，2013(1):22-47.

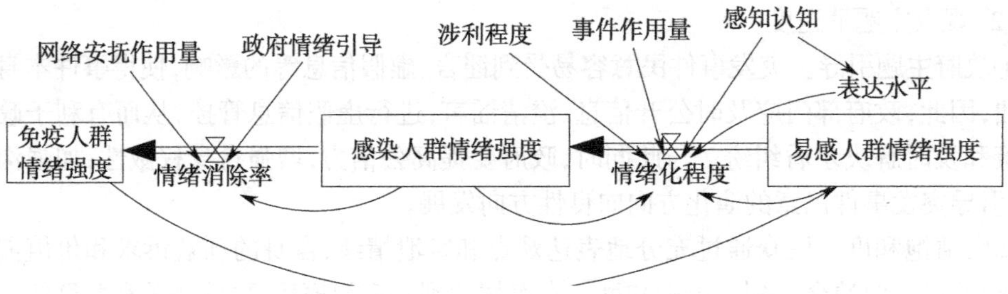

图 1.19 民众情绪强度演化 SIR 动力学模型图

3. 突发事件民意演化 SIR 动力学模型构建

1）系统流图构建

基于上述影响因素识别和 3 个子系统的构建，以突发事件民意演化水平作为衡量指标进行建模仿真，针对感染率与消退率两者之前的影响因素变化进行演化分析，从而得出结论。本节的逻辑思路如图 1.20 所示。

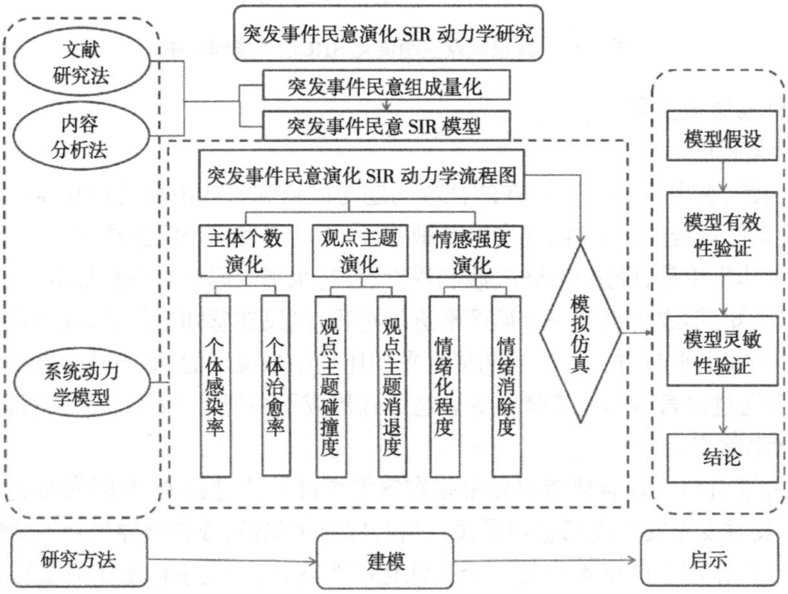

图 1.20 突发事件民意演化 SIR 动力学模型逻辑图

基于此，以 3 个子系统的感染率与消退率作为衡量标准进行模型有效性检验和灵敏度检验，从而得出突发事件民意演化 SIR 动力学系统模型，如图 1.21 所示。

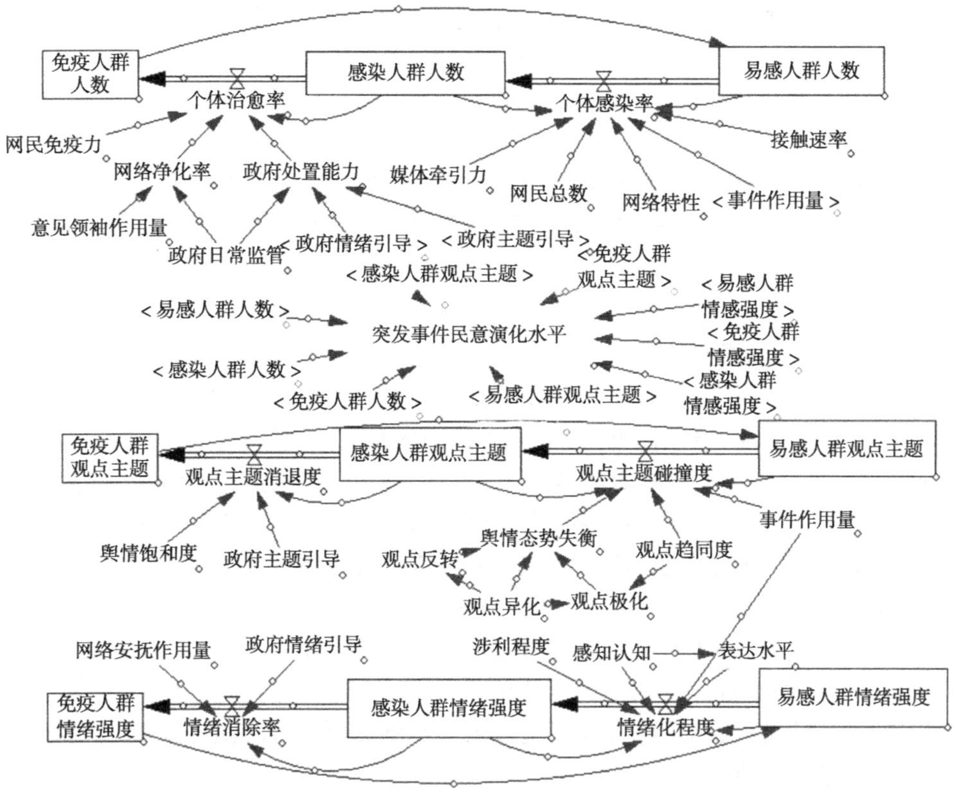

图 1.21　突发事件民意演化 SIR 动力学系统流图

2）变量之间的方程式

（1）个体感染率=（易感人群人数*接触速率）*网民总数*（网络特性+媒体牵引力+事件作用量）/感染人群人数。

（2）个体治愈率=感染人群人数*（政府处置能力+网民免疫力+网络净化率）。

（3）观点主题碰撞度=（事件作用量+舆情态势失衡+观点趋同度）*易感人群观点主题/感染人群观点主题。

（4）观点主题消退度=感染人群观点主题/（政府主题引导+舆情饱和度）。

（5）情绪化程度=（事件作用量+感知认知+涉利程度+表达水平）*易感人群情感强度/感染人群情感强度。

（6）情绪消除率=感染人群情感强度*（政府情绪引导+网络安抚作用量）。

（7）突发事件民意演化水平=（感染人群人数+易感人群人数-免疫人群人数）*（感染人群观点主题+易感人群观点主题-免疫人群观点主题）*（感染人群情感强度+易感人群情感强度-免疫人群情感强度）。

4. 模拟仿真

1）模拟假设

（1）本节采取 SIR 基本模型，排除改进模型。

(2)假定 S→I,接触速率按一定比例转化为感染速率。

(3)假定 I→R,免疫者在一定时期内具有抗体,不会再次被感染。

(4)排除突发事件民意演化系统中不必要的影响因素。

2)模型参数估计

模型中所有的初始值均设置为 1。常数量涉及网络特性、媒体牵引力、易感人群接触速率、网民免疫力、事件因素、观点趋同度、政府主题引导、舆情饱和度、感知认知、涉利程度、政府情绪引导、网络安抚作用等,通过网民问卷、专家打分,设定取值范围为 0~1,最后获得综合取值为 0.8、0.45、0.35、0.64、0.65、0.8、0.88、0.77、0.66、0.43、0.58。

3)系统模型仿真结果并验证

首先,从图 1.22 的系统模型仿真结果图来看,突发事件民意演化水平随着时间上下波动,即突发事件民意热度一开始不断上升,随着政府的介入,民意热度不断下降,后逐渐趋于 0,其走向趋势与网络舆情生命周期基本相符。其次,结合个体感染率、个体治愈率的走向图来看,民意主体个体数量先是逐渐增多,后趋于和缓;其走向趋势基本符合现实情况。再次,结合观点主题碰撞度、观点主题消退度走向趋势图来看,民意的观点主题碰撞是随着时间的积累,实现了一个由量到质的飞跃,并逐渐趋于和缓,相比而言,其消退度也是一开始没有什么变化,后随着时间推移,政府主导能力加强,消退度缓慢增长。最后,结合情绪化程度、情绪消除率走向趋势图来看,民意情绪强度的产生是迅猛的,达到顶峰后下降,基本与网络舆情生命周期相符,情绪消除率的发展规律是随着情绪到达顶峰后,其增长态势与情绪化程度相一致,情绪逐渐缓慢消除。

最后,结合 SIR 模型,寻找平衡点和阈值,当模型参数低于该阈值时,系统处于稳定状态,否则将处于不稳定状态。

综上可以看出,该系统与现实基本相符。

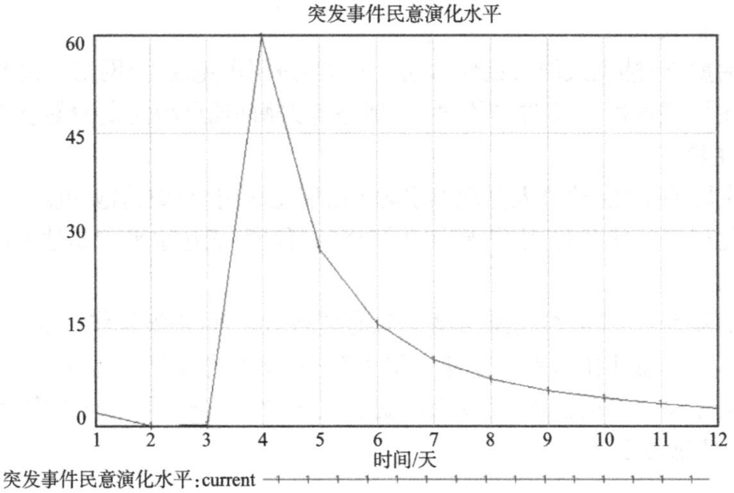

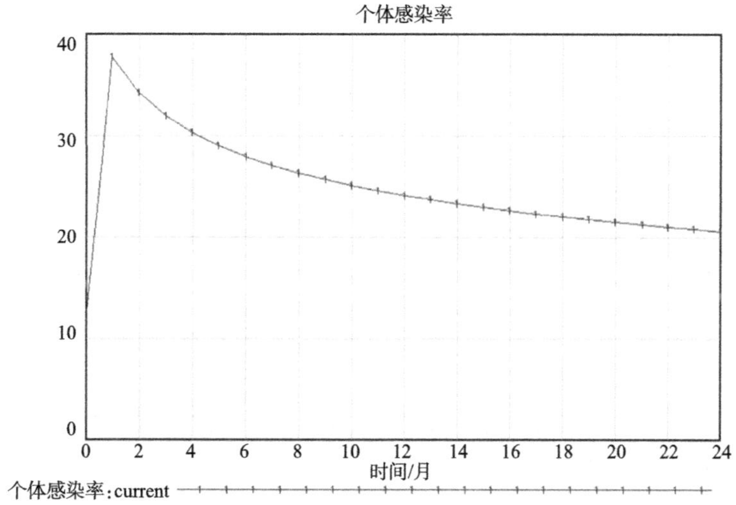
个体感染率
40
30
20
10
0
0 2 4 6 8 10 12 14 16 18 20 22 24
时间/月
个体感染率:current

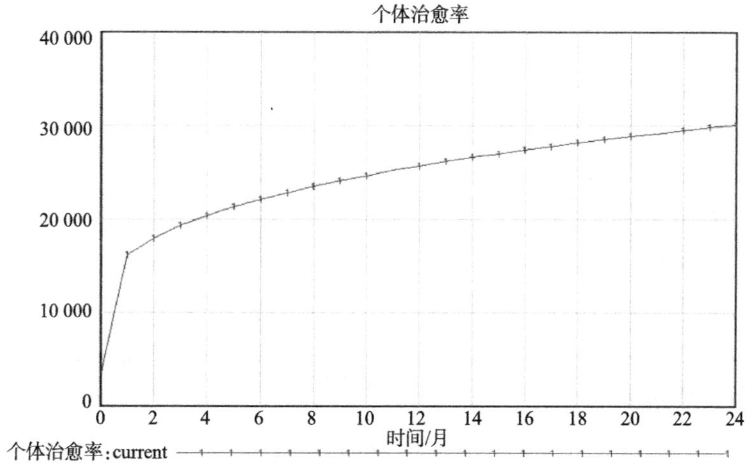
个体治愈率
40 000
30 000
20 000
10 000
0
0 2 4 6 8 10 12 14 16 18 20 22 24
时间/月
个体治愈率:current

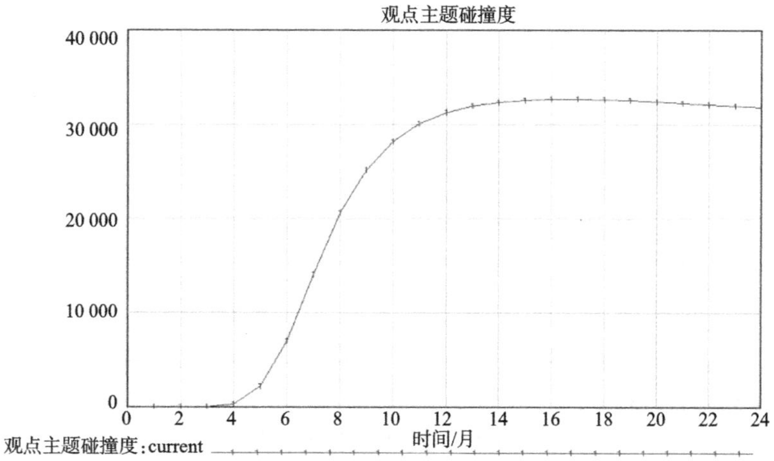
观点主题碰撞度
40 000
30 000
20 000
10 000
0
0 2 4 6 8 10 12 14 16 18 20 22 24
时间/月
观点主题碰撞度:current

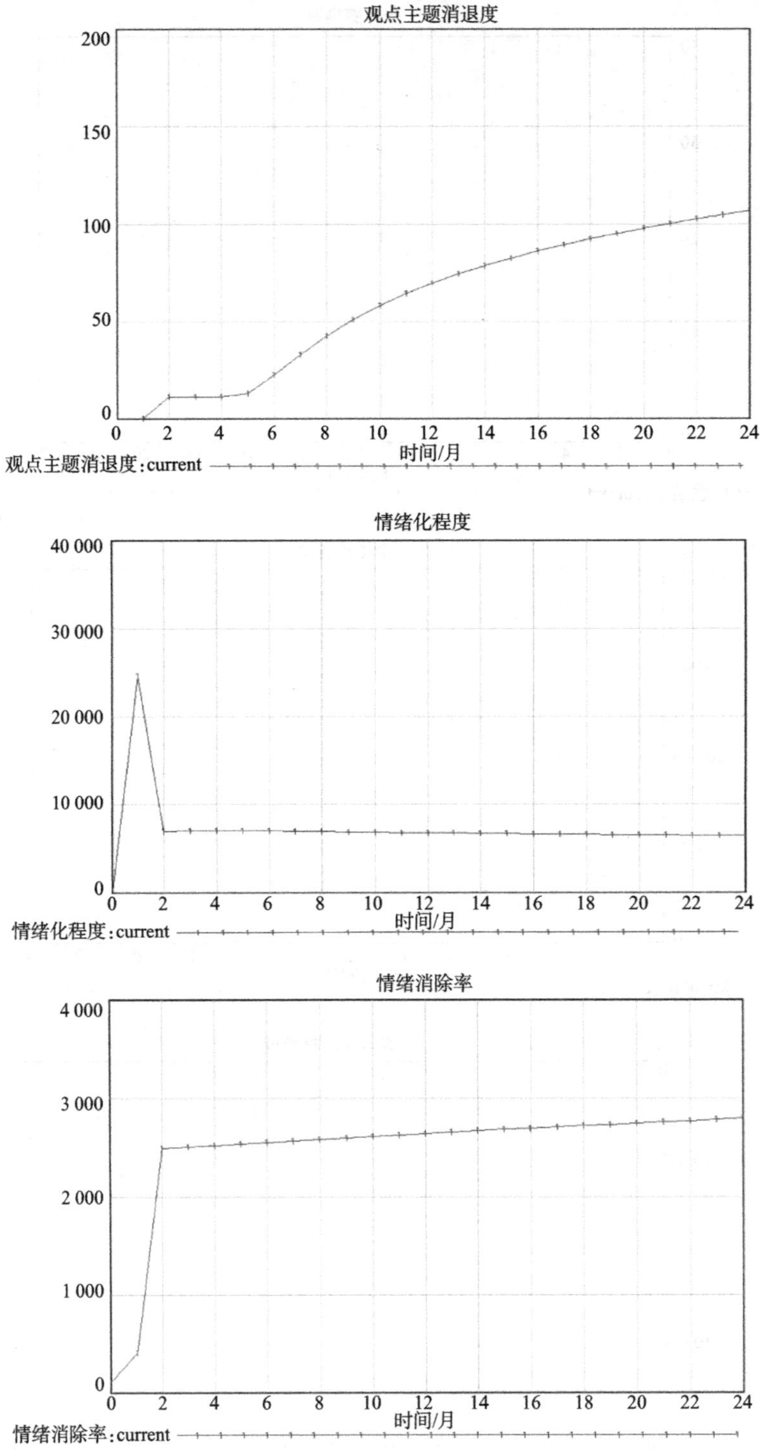

图 1.22 系统模型仿真结果

4)系统变量仿真分析

(1)民意主体人数演化模拟仿真分析。

如图 1.23 所示,个体感染率受到网络特性、媒体牵引力、易感人群接触速率 3 个因素的影响,个体治愈率受到政府处置能力、网民免疫力、网络净化率 3 个因素的影响,那么曲线 7 表示初始状态,网民免疫力、网络净化率、政府处置能力分别提高 50%,分别为曲线 1、曲线 2、曲线 3,网络特性、易感人群接触速率、媒体牵引力分别提高 50%,分别为曲线 4、曲线 5、曲线 6。

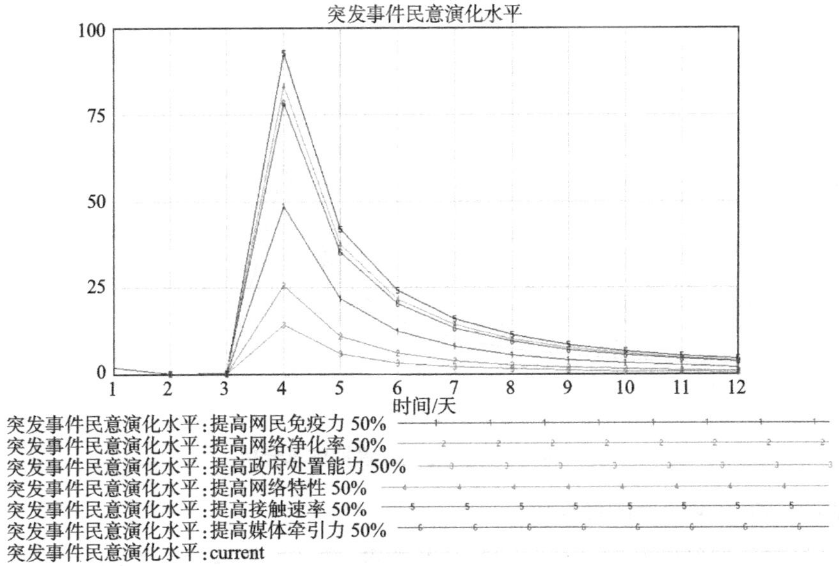

图 1.23 民意主体人数演化模拟仿真分析

结果显示,易感人群接触速率是影响个体感染率最直接的因素,政府处置能力是影响个体治愈率最有效的因素。若政府要降低突发事件网络舆情对民意演化的负面影响,就要把降低传播者每天有效感染的平均无知网民人数作为控制的重中之重。网民对突发事件的了解程度、感知水平等会影响接触速率,这要求政府建立灵敏的预警机制和及时的处理机制,及早遏止或控制可能蔓延的不实消息[①]。

(2)观点主题演化模拟仿真分析。

观点主题演化中观点主题碰撞度受到事件因素、观点趋同度、舆情态势失衡 3 个因素的影响,观点主题消退度受到政府主题引导、舆情饱和度 2 个因素的影响。如图 1.24 所示,初始状态为曲线 6,分别增加 50%时,其中最为明显的是舆情态势失衡因素,即曲线 4,其次为观点趋同度曲线 5,最后是事件作用量曲线 3。相反,政府主题引导为曲线 1、舆情饱和度为曲线 2,这两个因素为突发事件民意演化提供抑制作用,随着时间推移,舆情饱和度相对于政府主题引导效果略小。

结果显示,相对于舆情饱和度而言,加强政府主题引导是观点主题消退最显见的因素。舆情态势失衡在一定程度会加剧突发事件民意持续的时间、加重突发事件民意的复杂程度。协同过滤(collaborative filter)[②] 是由凯斯·桑斯坦针对网络空间的信息传播而提出的,指网络

① 贾坤,胡诗妍. 突发事件网络舆情管控原则及“五位一体”对策研究[J]. 领导科学,2014(20):59-60.

② 王玉龙. 舆情反转:突发事件过程中网络群体极化的角色研究——基于“天价鱼事件”的分析[J]. 电子政务.2016(5):16-24.

平台通过同类信息搜集和网址链接,在提供便捷信息的同时又导致了“信息窄化”。舆情态势失衡导致无法实现自我反思功能,无法就现实的解决方案达成共识①,因此,监管舆情态势失衡是重中之重。

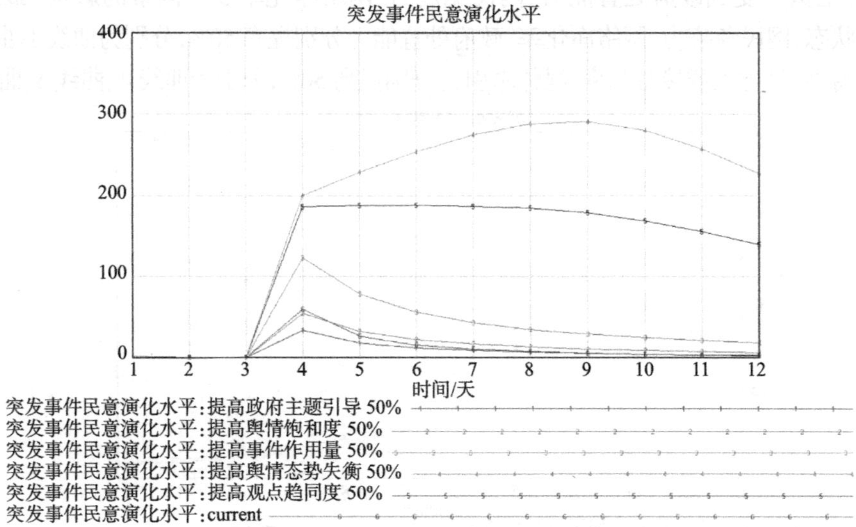

图 1.24 观点主题演化模拟仿真分析

(3)情感强度演化模拟仿真分析。

情绪化程度受到事件因素、感知认知、涉利程度、表达水平 4 个因素的影响,情绪消除率受到政府情绪引导和网络安抚作用 2 个因素的影响,将其分别提高 50%,分别为曲线 1、曲线 2、曲线 3 和曲线 4、曲线 5。曲线 6 表示初始状态,如图 1.25 所示。

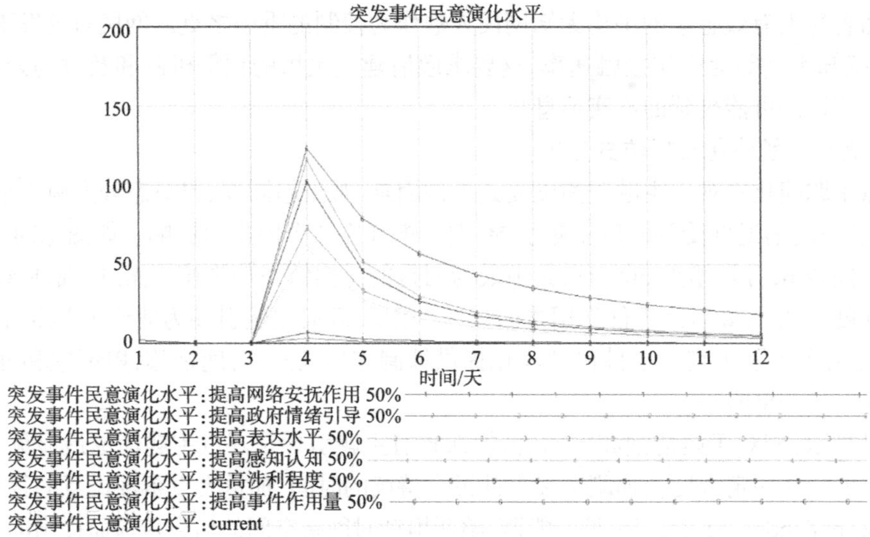

图 1.25 情感强度演化模拟仿真分析

① 陆宇峰.中国网络公共领域:功能、异化与规制[J].现代法学,2017,36(4):25-34.

结果显示，首先，事件因素是影响突发事件民意演化水平最直接的因素，事件的敏感性、复杂性、受众范围都在一定程度上决定了网民群体初始的情感态度。其次，政府情绪引导是提高情绪消除率的关键因素。舆情信息的情感强度不是一成不变的，在现实生活中，用户因为失去兴趣或者注意力转移到其他事件上使得其对某一事件的情感热度衰退，遗忘记忆机制导致舆情热度的递减①。

5. 总结

本节采用系统动力学的方法，利用仿真软件 VENSIM-PLE 对模型进行仿真，以突发事件民意演化水平为聚焦点，围绕转化概率，考虑民意热度和政府决策两个主体间的关联性，基于模型仿真结果，重点阐述了事前、事后相结合的对策，得出相应的结论如下。

（1）应加强政府处置能力，降低易感人群接触速率。易感人群的接触速率是相对于政府管控引导速率而言的，若政府处置及时，感染人数就会减少。首先，为了降低民意演化风险，需要增强政府危机意识、提高政府风险管理能力，降低易感人群数量、感染传播比例和丧失免疫力比例，以避免突发事件的进一步扩散以及民意演化风险的进一步增加。其次，针对突发事件发生后如何提高个体治愈率，需提高政府公信度，增加透明度和权威性，同时政府应积极响应并扮演好管控引导角色，以获得更多社会支持和民众信任。

（2）应加强政府主题引导，降低舆情失衡发生率。加强对民意主题的识别、引导，做好事前防范，注重意见领袖作用量，善于利用意见领袖引导舆论。与此同时，加强信息公开，做好主题引导，倡导积极向上的精神文化，建立有序的网络信息传播机制，促使信息传播良好发展②。同时，积极对网民进行引导和教育，提高网民素质，包括提高知识获取能力和信息甄别能力、对专业领域事件保持客观冷静的审视态度，进而消除民众与科学知识之间的壁垒③。

（3）应加强政府情绪引导，降低事件因素诱发再生率。建立完善网络民意监测系统和应急机制，在鼓励网民发表自身观点、维持知识需求循环的同时④，做好情绪疏导，把事态的可能影响降到最小，在增加初始无知者和免疫者的同时，降低初始传播网民数，进而使民意演化风险在萌芽期就得到有效控制。与此同时，促进民意诉求途径的多样化，保证其畅通性，避免网民情绪被煽动，进而引发群体事件，对社会和谐稳定造成威胁⑤。

本节总结了突发事件民意主体人数、观点主题和情感强度 3 个子系统的演化机理，结合 SIR 模型，分析了各个子系统转化概率的影响因素及其演化过程，从而得出政府在突发事件决策过程中需要不断完善的民意引导策略。

第六节 突发事件民意演化风险建模

截至 2020 年 6 月，我国网民规模达 9.4 亿，互联网普及率达 67.0%。网民人数随着时间的推移高速增长，互联网成为网民之间信息交流的主要场所，亦成为政府了解民意的重要途

① 田世海，孙美琪，张家毓. 基于改进 SIR 模型的网络舆情情绪演变研究[J]. 情报科学，2019，37（2）：52-57，64.
② 李鑫，张军. 基于系统动力学的 SIRS 信息传播模型研究[J]. 情报科学，2017，35（11）：17-22.
③ 苑丰，刘武芳. 基于舆情博弈的公民有序化网络参与对策[J]. 东南学术，2013（3）：36-41.
④ NOELLE E. The spiral of silence：a theory of public opinion[J].Journal of communication，1974，24（2）：43-51.
⑤ 凯斯·桑斯坦. 网络共和国[M]. 黄维明，译. 上海：上海人民出版社，2003：47-49.

径。现今,网络社会与风险社会相互碰撞融合,突发事件民意已然成为社会风险的孕育场和预报器,因此,政府亟需加强对突发事件民意风险的理解,同时强化应对民意风险的能力。

SEIR属于传染病模型的一种,其将疾病传播范围内的人群分为易感者、带病潜伏者、发病者和免疫者,突发事件民意风险演化与病毒传播具有相似性,即在同一时刻不同个体所处的风险状态不同,且风险在萌芽后亦存在一个酝酿潜伏的过程,遂借鉴SEIR模型的状态划分方式,将突发事件民意风险演化过程中的状态划分为常态、潜伏态、凸显态和控制态。本节在此基础上构建描述风险状态转移的微分动力学方程,动态讨论风险演化过程,分析关键因素对突发事件民意风险演化的影响,并对突发事件民意风险的控制策略进行讨论。

1. 突发事件民意风险演化机理

1)突发事件民意风险生成机理

突发事件民意是民意的特殊状态,部分民众因存在相同的利益诉求和情感体验,会在群体内产生相似的观点和态度,在面对同一突发事件刺激时,相关的情绪体验会被激活,由于群体间的差异性,激活的情绪将包含正向、中性、负向三类倾向,不同的情绪倾向会影响群体对突发事件的观点和态度,则可以把3种倾向中占据主流的观点或态度称之为突发事件民意。

突发事件民意在一系列复杂因素的激化作用下成为突发事件民意风险,其中有3个影响因素较为突出。一是社会矛盾因素。国际保护主义、单边主义思潮抬头,国内发展不平衡不充分问题突出,加之社会贫富差距导致不稳定因素增加,不满和敌对情绪更容易滋生,且突发事件爆发后累积的社会风险大部分通过互联网进行宣泄,最终形成突发事件民意风险。二是网络技术因素。随着网络技术的发展,传统媒体的权力进一步被消解,加上各类推荐算法的应用,民众也能更容易找到与其相似的"小群体"。在面对突发事件时,小群体中的情感倾向天然带有一致性,部分观点态度不一致的个体也会在沉默螺旋效应的作用下放弃表达,个体态度亦会因为群体的作用而产生极化。三是应对处置方面。从法律层面看,相关部门缺乏合理、有力的法律武器来处理煽动民意者,一些虚假信息、网络谣言、错误价值观等言论易被传播,民意也易被煽动,官方却缺少惩处相关行为的法律依据,在实际工作常处于"被动"地位;从应对主体层面看,部分政府部门应对民意风险的能力不足,且政府部门若采取了错误的应对方式,民意风险还可能进一步激化,从而产生衍生风险。突发事件激活了大部分民众的共同情感体验,而这些影响因素进一步激化这些情绪,最终形成突发事件民意风险。突发事件民意风险生成机理如图1.26所示。

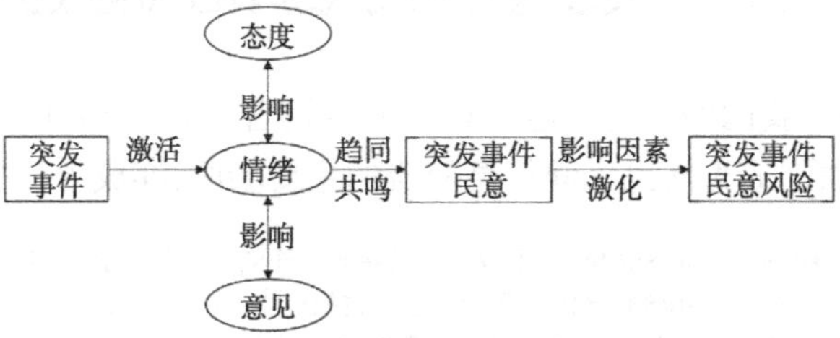

图1.26　突发事件民意风险生成机理图

2）突发事件民意风险演化状态划分

突发事件民意风险演化的主体是民众，其演化过程以信息交互的方式体现，即民意风险的演化过程是个体在不同风险状态之间转移的过程。借鉴 SEIR 模型的 4 种状态，将民意风险状态划分为常态、潜伏态、凸显态、控制态，具体讨论如下。

（1）常态（S）。该状态指的是民意的常态，风险在该状态时还未表现出来，相关个体暂时未了解代表当前民意的情感态度，所以处于平常状态，但该状态个体具有接触突发事件的能力和条件以及转化为突发事件民意情感潜在支持者的可能。

（2）潜伏态（E）。风险在萌芽后并不会立即爆发，而是存在时滞现象，即处于风险的潜伏态。风险在该状态仍然没有表现出来，但民众已经“了解”相关突发事件，并成为民意的潜在支持者，也就是说处于该风险状态的个体已经了解了相关突发事件信息，并形成了与当前“民意”相似的情感体验，但是其暂时还未有表达该情感的行动。

（3）凸显态（I）。该状态指的是风险的凸显态，风险在该状态开始显露，个体由潜在的“感同身受”者变为民意的支持传播者。处于该状态的个体不仅产生趋同于当前“民意”的情感体验，还积极向其他个体传播该民意情感。当越来越多的个体处于此风险状态时，整个民意风险将扩大。

（4）控制态（R）。该状态指的是风险的控制态，风险在该阶段已被控制，也就是说相关个体已经从突发事件民意风险当中脱离出来，不再是原有民意的支持者。处于该风险的个体因为事件真相的公布、官方的有效应对等，脱离了原有的民意情感倾向，转变自身态度，对于个体而言其民意风险被有效控制。当越来越多的个体处于该状态时，整体的风险也将处于控制态。

3）突发事件民意风险状态转移机理

（1）当个体处于民意常态时，在与凸显态接触和自身情感共鸣的共同作用下转化为风险潜伏态，其作用过程分为 2 个阶段：首先，处于风险凸显态的个体向外传递相关突发事件民意，其在传递过程中能接触到的人数被称为接触率，这些接触到风险民意的人中存在一类特殊群体，即常态群体，相比处于其他三类状态中的群体，常态群体从未接触过相关风险民意，与凸显态的接触是其转移为潜伏态的前提；其次，常态个体接触风险民意后，因共同的利益诉求、共通的情感体验而对民意产生共鸣，从而转化为风险潜伏态，常态个体接触风险民意后产生共鸣的概率被称为共鸣率，在接触率与共鸣率的共同作用下形成激发率，在此过程中通过激发率度量从常态到潜伏态的转移概率。

（2）当个体处于潜伏态时，对相关突发事件民意的情感沉匿于个体内心，在环境氛围和个体特性的共同作用下，民意情感不再潜伏，而发生外溢从而变为民意风险凸显态，从潜伏态转移到凸显态的概率被称为外溢率。环境氛围或个体特性都能对外溢率产生影响。当环境氛围比较紧张时，即散布风险民意的个体可能会面临实质性的惩罚，如封号、禁言等，该类个体虽然是民意的支持者，但是其情感外溢变为凸显态的可能性会相对减少。外溢率还受个体自身特质的影响，若该个体乐于分享自己的观点看法，则外溢率较高，反之则较低。

（3）当个体处于凸显态时，针对相关突发事件的民意情感经过人为疏导或随时间流逝而逐渐衰弱，凸显的风险被抑制，其状态从凸显态转移为控制态，凸显态到控制态之间的转移概率被称为疏抑率。人为疏导作用和时间衰弱作用是影响疏抑率的两个重要因素。人为疏导主要指政府疏导民意情感、处理突发事件民意风险的能力，该能力越强，疏抑率越高，凸显的风险越容易被控制，反之则越难。时间衰弱作用指的是代表民意的情感倾向最终会因为时间的流逝而衰弱，最终变为控制态。在现实中，疏抑率往往受人为疏导作用的影响较大，在时间衰弱作用还未展现时，应对主体往往早已采取了相应措施对凸显的民意风险进行疏导。突发事件民意状态转移机理如图 1.27 所示。

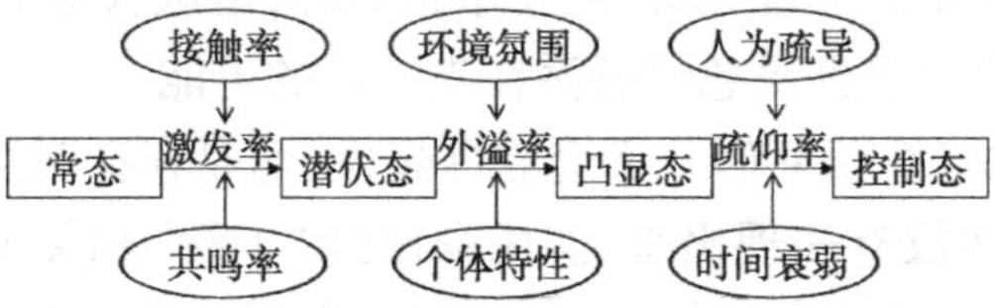

图 1.27　突发事件民意风险状态转移机理图

2. 突发事件民意风险演化模型构建

1）模型假设

设突发事件民意风险演化过程中的个体总数为 N，且在整个风险演化过程中 N 保持不变。在 t 时刻，处于民意常态、风险潜伏态、风险凸显态、风险控制态的人数占总人数 N 的比例分别为 $s(t)$、$e(t)$、$i(t)$ 和 $r(t)$，假设 $s(t)$、$e(t)$、$i(t)$、$r(t)$ 是关于时间的连续、可微的函数。当 $t=0$ 时，民意常态和风险凸显态的占比为 s_0、i_0，且显然 $s(t)+e(t)+i(t)+r(t)=1$。若设接触率为 γ、相关个体接触突发事件民意以后产生共鸣的概率为 δ，一般情况下接触率 $\gamma \geqslant 1$、共鸣率 $0 \leqslant \delta \leqslant 1$，则易得激发率 $\alpha = \gamma * \delta$，同时将外溢率设为 β、疏抑率设为 μ。

2）模型构建

根据民意风险状态转移机理，具有接触能力和条件的常态个体在接触突发事件民意后产生与当前民意趋同的情感态度，若个体不具有接触突发事件民意的条件和能力，或者在接触后完全没有可能产生趋同于当前民意的情感状态，那么，虽然该类个体的民意状态和处于常态中的个体一致，但其不在常态个体的讨论范围之内。

根据转移机理，单位时间内常态转化为潜伏态的数量与激发率有关，即：

$$N\frac{\mathrm{d}s(t)}{\mathrm{d}t} = -\gamma Ni(t)\cdot s(t)\cdot \delta = -\alpha Ni(t)s(t) \tag{1}$$

处于风险潜伏态的个体在单位时间内存在 2 种变化形式。一是个体的情感体验外溢，以 β 的外溢率转移为凸显态；二是因为环境或者个人原因压抑自身情感体验，保持在潜伏态不变，且保持在该状态的概率为 $1-\beta$。

易得潜伏态个体数量变化情况：

$$N\frac{\mathrm{d}e(t)}{\mathrm{d}t} = \alpha Ni(t)s(t) - \beta Ne(t) \tag{2}$$

处于风险凸显态后，这种凸显状态会随着时间或人为疏导而消减，这种消减的概率以疏抑率 μ 来衡量，易得：

$$N\frac{\mathrm{d}i(t)}{\mathrm{d}t}=\beta Ne(t)-\mu Ni(t) \tag{3}$$

考虑到 $\frac{\mathrm{d}s(t)}{\mathrm{d}t}+\frac{\mathrm{d}e(t)}{\mathrm{d}t}+\frac{\mathrm{d}i(t)}{\mathrm{d}t}+\frac{\mathrm{d}r(t)}{\mathrm{d}t}=0$，得：

$$N\frac{\mathrm{d}r(t)}{\mathrm{d}t}=\mu Ni(t) \tag{4}$$

综合上述分析，得到突发事件民意风险演化模型的微分方程：

$$\begin{aligned}
&\frac{\mathrm{d}s(t)}{\mathrm{d}t}=-\alpha s(t)i(t)\\
&\frac{\mathrm{d}e(t)}{\mathrm{d}t}=\alpha i(t)s(t)-\beta e(t)\\
&\frac{\mathrm{d}i(t)}{\mathrm{d}t}=\beta e(t)-\mu i(t)\\
&\frac{\mathrm{d}r(t)}{\mathrm{d}t}=\mu i(t)
\end{aligned} \tag{5}$$

3)模型分析

由于微分方程组(5)中，$\frac{\mathrm{d}s(t)}{\mathrm{d}t}<0$，$0\leqslant s(t)\leqslant 1$，当 $t\to\infty$ 时，存在极限值 $s(\infty)$，即常态个体数量从接触到凸显态个体后开始下降，直到一段时间后趋于稳定，这也意味着网络中可能存在部分个体从始至终都未了解到相关事件。同理，由于 $\frac{\mathrm{d}r(t)}{\mathrm{d}t}>0$，$0\leqslant r(t)\leqslant 1$，当 $t\to\infty$ 时，存在极限值 $r(\infty)$，此时 $e(\infty)=0$、$i(\infty)=0$ [①]。上述是模型最终演化结果的讨论，此外，对模型初始平衡点后的演化情况进行讨论更加具有现实意义。已知 $s(t)+e(t)+i(t)+r(t)=1$，故讨论微分方程式，只需其中 3 个方程满足条件即可，且 $s(t)=1-e(t)-i(t)-r(t)$，易得下列三维微分方程组：

$$\begin{aligned}
&\frac{\mathrm{d}e(t)}{\mathrm{d}t}=\alpha\left[1-e(t)-i(t)-r(t)\right]i(t)-\beta e(t)\\
&\frac{\mathrm{d}i(t)}{\mathrm{d}t}=\beta e(t)-\mu i\left[(t)\right],\\
&\frac{\mathrm{d}r(t)}{\mathrm{d}t}=\mu i(t),
\end{aligned} \tag{6}$$

显然式(6)的零点是其平衡点，在突发事件民意风险演化过程中，当潜伏态、凸显态、控制态的数量都为零时，整个系统处于平衡状态，利用 MATLAB 求得式(6)可取零点(0，0，0)，此时式(5)有平衡点 $P_0=(1,0,0,0)$。运用雅克比(Jacobian)矩阵进行平衡点分析，则式(6)在平衡点的雅克比矩阵为：

① 杜燕飞，肖鹏，曹慧. 具有阶段结构的周期 SEIR 传染病模型的动力学性态[J]. 四川师范大学学报(自然科学版)，2017，40(1):73-77.

$$\boldsymbol{J}_0=\begin{pmatrix}-\beta & \alpha & 0\\ \beta & -\mu & 0\\ 0 & \mu & 0\end{pmatrix} \tag{7}$$

利用 MATLAB 求得该矩阵的特征根，其 3 个特征根分别为：$\lambda_1=0$，$\lambda_2=-\frac{1}{2}\cdot\left[\beta+\mu+\sqrt{(\beta-\mu)^2+4\alpha\beta}\right]$，$\lambda_3=\frac{1}{2}\cdot\left[\sqrt{(\beta^2-2\beta\mu+\mu^2+4\alpha\beta)}-(\mu+\beta)\right]$，因为正常状态下 $\alpha>0$、$\beta>0$、$\mu>0$，易知 $\lambda_2<0$，此时平衡点后的状态仍不能确定，还需对 λ_3 进行讨论。

对 λ_3 的表达式进行变换可得：

$$\lambda_3=\frac{1}{2}\cdot\left[\sqrt{(\beta+\mu)^2+4\beta(\alpha-\mu)}-(\mu+\beta)\right] \tag{8}$$

当 $\lambda_3<0$ 时：

$$\sqrt{(\beta+\mu)^2+4\beta(\alpha-\mu)}<\mu+\beta \tag{9}$$

两边平方后不等式仍成立，易得 $\alpha<\mu$，同理可知，当 $\lambda_3>0$ 时，$\alpha>\mu$。若 $\alpha>\mu$，特征根 $\lambda_3>0$，则在平衡点 $P_0=(1,0,0,0)$ 后，突发事件民意风险将会在整个演化系统中扩散开；若 $\alpha<\mu$，特征根 $\lambda_3<0$，则在平衡点 $P_0=(1,0,0,0)$ 后，在整个演化系统中，突发事件民意风险将不会扩散。

4）演化分析

方程组（5）没有解析解，利用 Python 做数值模拟计算。如图 1.28 所示，其中 $\alpha=0.9$、$\beta=0.6$、$\mu=0.1$、$s_0=0.98$、$i_0=0.02$，可以看出此时常态个体占比不断减少，最终降为 0，处于控制态的个体数量占比则逐渐上升并趋向于 1，潜伏态和凸显态的变化情况相似，都是先增加后减少，这意味着在该情况下风险最终会被完全控制。

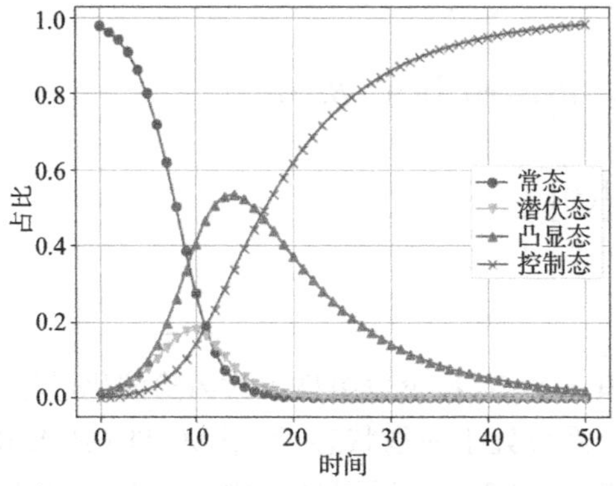

图 1.28 突发事件民意风险演化图

对风险演化状况进行预警预判是风险应对中的重要一环，结合应对主体及突发事件本身的特性分析突发事件民意风险在初始时刻后的演化情况是具有现实意义的。如图 1.29

(a)所示,其中 $\alpha=0.8$、$\beta=0.6$、$\mu=0.4$,此时 $\alpha>\mu$,即代表在平衡点 $P_0=(1,0,0,0)$ 后突发事件民意风险将在演化系统扩散开来;反之,如图 1.29(b)所示,其中 $\alpha=0.6$、$\beta=0.5$、$\mu=0.65$,此时 $\alpha<\mu$,即代表在平衡点 $P_0=(1,0,0,0)$ 后突发事件民意风险没能在演化系统中扩散;对比图 1.28 与图 1.29(a),二者代表的均为 $\alpha>\mu$ 时的风险扩散情况,其总体趋势相似,但具体细节不同,其中 α 与 μ 的悬殊程度是不同的,即突发事件民意风险危害性与 α、μ 的悬殊度有关。

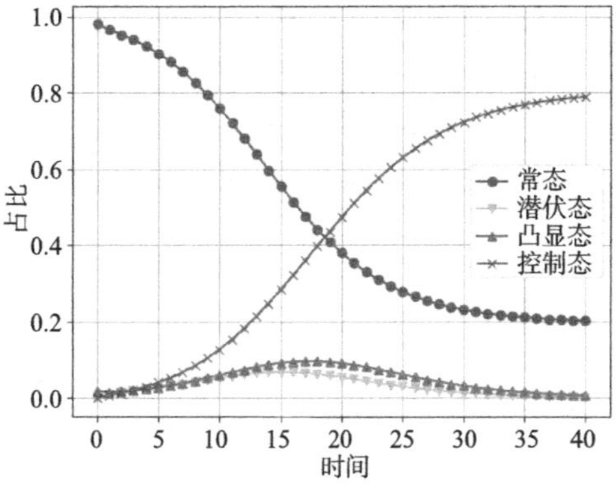

(a)

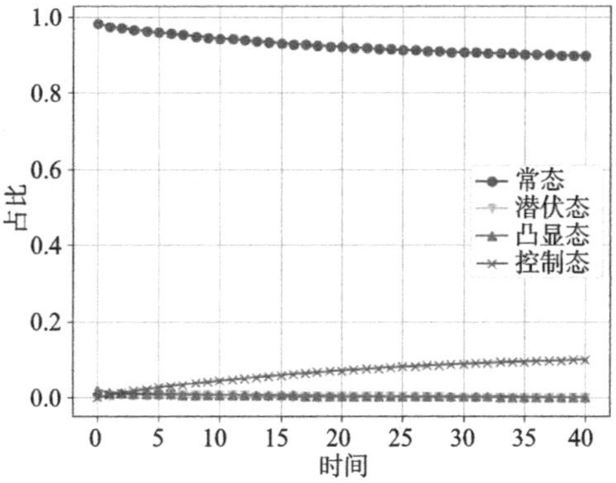

(b)

图 1.29　$\alpha<\mu$ 时风险演化情况图

3. 参数分析与控制

1)α-μ 悬殊度分析与控制

通过对模型进行分析,得到 $\alpha>\mu$ 时风险将会扩散,$\alpha<\mu$ 时风险将不会扩散的初步结论,但仍需对风险演化过程中的扩散程度进行讨论。比值和差值皆可衡量 α 与 μ 之间的悬殊程度,以凸显态占比衡量演化过程中风险的危害性,分别固定差值和比值,讨论定差不定比、定比不定差 2 种情况下凸显态占比的变化情况。如图 1.30(a)所示,固定 $\alpha-\mu=0.6$,分别考察 $\alpha:\mu=3$、$\alpha:\mu=4$ 和 $\alpha:\mu=7$ 这 3 种情况。从总体上看,3 种情况下凸显态

变化趋势相似,随着 $\alpha:\mu$ 值的增加,凸显态峰值亦随之变大且改变效果显著,但对于峰值到来时间仅有微弱影响,此时风险危害大、持续时间长。如图 1.30(b)所示,固定比值 $\alpha:\mu=3$,分别考察 $\alpha-\mu=0.2$、$\alpha-\mu=0.4$ 和 $\alpha-\mu=0.6$ 这 3 种情况,此时凸显态变化趋势依旧是先增后减,且随着 $\alpha-\mu$ 差值的升高,凸显态到达峰值所用时间大幅减小,峰值小幅下降,即风险的危害性略微降低,但是危害作用的时间大幅缩短。在实际情况下,可以通过相关措施降低 α 值、提升 μ 值,以缩小悬殊度,即比值、差值同时减小。据上述规律可知,比值减小峰值大幅降低且峰值到达时间略微左移,差值减小峰值到来时间大幅右移且峰值略微升高,综合来看悬殊度减小,峰值点将向右下方移动,曲线将愈加平缓,如图 1.30(c)所示。究其原因,α 为激发率,表示常态变为潜伏态的概率,代表风险状态从无到有的过程;μ 为疏抑率,表示凸显态变为控制态的概率,代表了风险从有到无的过程。一者代表风险从无到有,另一者代表风险从有到无,风险的扩散程度受二者之间博弈结果的影响,而悬殊度就是其中关键指标。

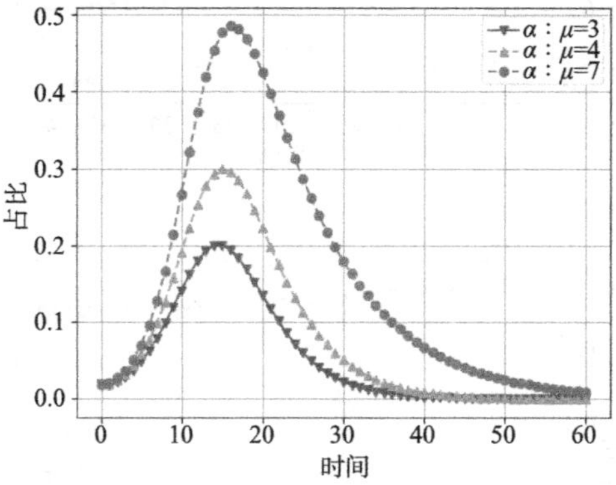

(a)

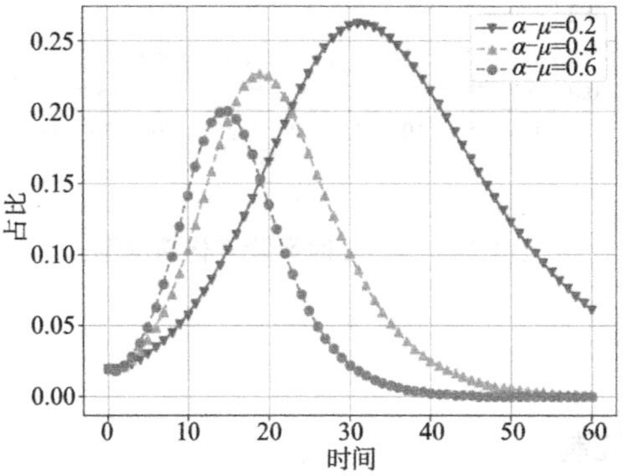

(b)

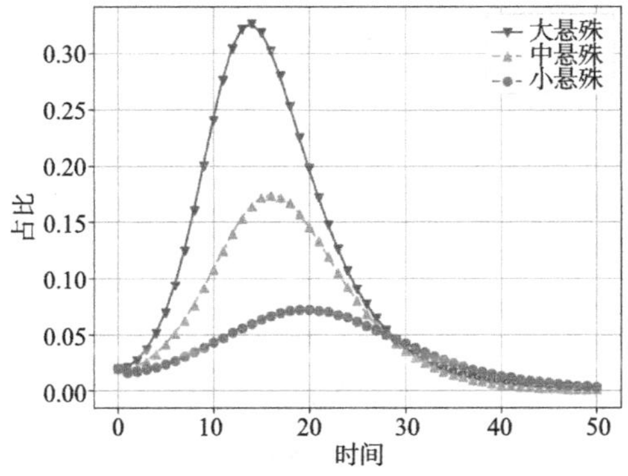

(c)

图 1.30 不同悬殊度下凸显态变化情况

2)β-μ 比值分析与控制

令 $\frac{\mathrm{d}i(t)}{\mathrm{d}t}=\beta e(t)-\mu i(t)=0$，得 $i(t)=\frac{\beta}{\mu}\cdot e(t)$，此时凸显态个体数量能达到最大值，凸显态峰值高低与 β、μ 的比值和 t 时刻潜伏态的数量有关，当激发率与疏抑率之间的悬殊度不变，即在二者差值、比值都保持相对不变的情况下，分别考察 $\beta/\mu>1$ 和 $\beta/\mu<1$ 2 种情况下风险凸显态和风险潜伏态的变化关系。如图 1.31(a)所示，此时 $\beta/\mu>1$，可以看出潜伏态和凸显态曲线总体变化趋势相同，皆是先增后减，但凸显态的峰值明显高于潜伏态峰值。如图 1.31(b)所示，此时 $\beta/\mu<1$，潜伏态和凸显态的曲线变化趋势与前种情况相似，且潜伏态皆先于凸显态到达峰值，但是此种情况下凸显态峰值明显低于潜伏态峰值。对比 2 种情况下潜伏态及凸显态的变化情况，当 β、μ 的比值大于 1 时，更多个体没有处于风险潜伏状态，而是处于凸显态中，在这种情况下凸显态个体数虽能更早地降低到 0，但其峰值较高，这也意味着风险在短时间内变化更激烈；对比 β、μ 的比值小于 1 的情况，在演化过程中个体大多处于潜伏态，凸显的风险个体较少，凸显态的变化曲线也更加平缓。在突发事件民意风险演化过程中，减小外溢率、增大疏抑率能在一定程度上控制系统的民意风险演化趋势。

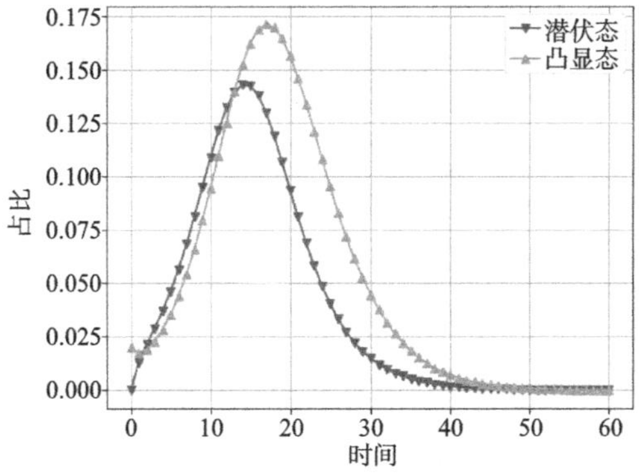

(a)

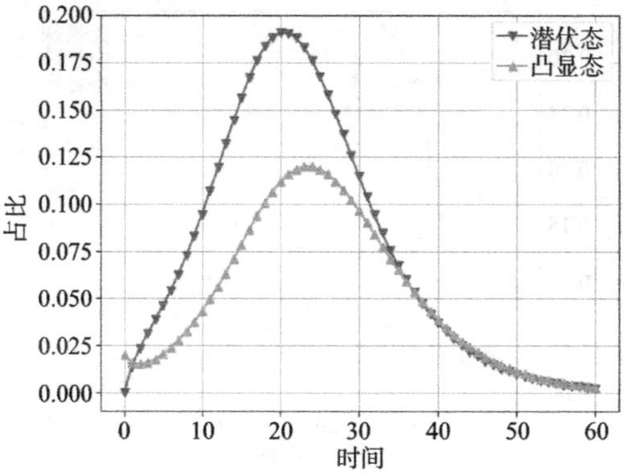

（b）

图 1.31 $\frac{\beta}{\mu}<1$ 时潜伏态与凸显态变化情况图

3）μ-t 效果分析与控制

μ 表示疏抑率，根据上述讨论易知，增大 μ 值对消减风险作用巨大，μ 值在一定程度上是衡量突发事件应对主体疏导能力的重要指标，相关主体介入疏导的时间和效果亦是值得讨论的因素。如图 1.32 所示，当政府不采取任何干预措施时，风险仅随时间流逝衰减，此时设 $\mu=0.1$、$\alpha=0.9$、$\beta=0.5$，可以看出风险凸显态峰值很高，且持续时间长，最多时有超过 50%的个体都处于风险凸显态中，且凸显态持续时间超过 60 天，考虑到相关事件的庞大受众群体，此种情况下民意风险危害极大；若政府开始对突发事件风险加以控制，设介入后 $\mu=0.4$，可以看出，介入时间越早，则下降越早，能达到的峰值也越小，在刚达到峰值时或事件后期凸显态数目下降时介入虽然不能改变峰值，但亦能在很大程度上缩减风险凸显态持续时间。官方疏导行动并不是每一次都能达到类似的效果，当应对失误时，亦有可能造成反向效果，即处于控制态的个体再次变为凸显态。如图 1.33 所示，当风险在正常应对情况下演化时，取 $\mu=0.4$，在第 7 天到第 8 天间，由于应对主体采取了错误的应对措施而造成反效果，此时 $\mu=-0.1$，可以看出凸显态峰值在应对产生反效果时会升高，风险的危害性与正常应对时相比亦有所增大。因此，民意风险应对主体在增强应对能力的同时，也要注意应对的时间及成效，确保“时、度、效”的全面提升。

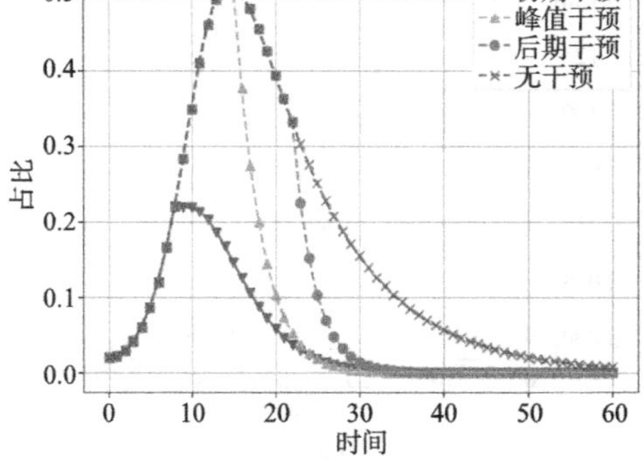

图 1.32 不同时期干预凸显态个体占比变化情况

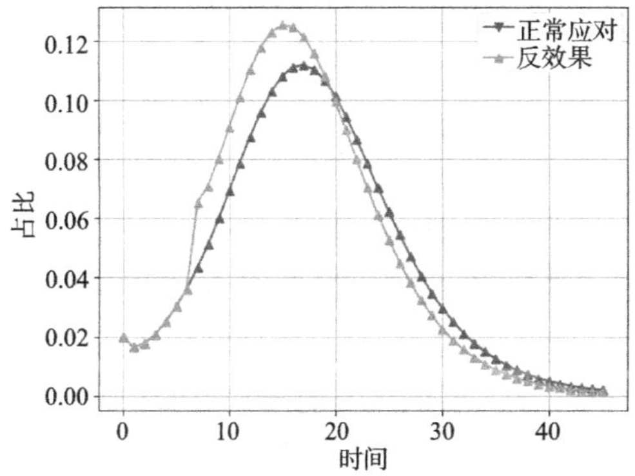

图 1.33　μ 的不同效果下凸显态变化情况

4. 应对策略

由突发事件民意风险状态转移机理可知，3 个转移概率受接触率、环境氛围、疏导能力、共鸣率、个体特征和时间效应的影响。从应对主体的视角出发，发现接触率、环境氛围和疏导能力 3 类影响指标较为敏感，即容易被人为调控，另外 3 类影响指标则受个体特质及突发事件性质影响较难改变。针对前 3 个敏感指标，结合转移参数的调控趋势提出应对措施，具体内容见表 1.14。

表 1.14　参数控制措施表

参数	含义	控制趋势	具体措施	
α	激发率	降低	减少接触率	关注网络“大 V”
				限流、禁言、限制分享
				做好“守关人”
β	外溢率	降低	肃清网络环境	完善相关法律法规
				提高用户注册门槛
				强化责任追究
μ	疏抑率	提高	强化疏导能力	强化自身
				借用外力

1)降低激发率

通过减少接触率以降低激发率可采取以下措施。第一，及时关注网络“大 V”的发布内容，因为网络“大 V”拥有众多粉丝和追随者，且是推动话题生成和发展的重要力量，所以发现民意风险后及时关注风险传播者，能减少其粉丝接触到相关民意风险的可能，从而间接降低民众接触民意风险的概率。第二，对于社交媒体亦可通过限流、禁言、限制分享等方法降低接触率，此时用户发布民意信息的流量被限制，在形成热点话题后仅会被推送给少部分人，或者通过禁言切断其接触路径，从源头上直接降低了接触率。值得注意的是，该方法应当用于限制虚假谣言或错误价值观的传播，而不是刻意限制民众表达的权利。第三，管理者要做好“守关人”，加强构建突发事件民意风险识别机制。归根结底，民意风险的传播是凸显态个体利用人际网络和人际接触进行传播，尽早对传播相关风险的个体进行识别并采取有力措施进行引导、惩处有利于降低接触率。

2）降低外溢率

肃清网络环境，创造风清气正的网络氛围能有效降低外溢率。一是通过完善相关法律法规降低外溢率，针对恶意煽动民意、挑拨网民情绪、故意破坏网络稳定的个体，通过法律规范其行为，可以从源头上杜绝此类事件的产生，还能对潜伏态的人员造成“威慑”，使部分认为网络是法外之地的人员在传播民意风险时能够“三思而后行”。二是提高平台的注册门槛，对于社交平台来说，提高注册门槛不仅能增加用户黏性，还能对用户进行进一步筛选，从而从源头上净化了网络社区空间。如哔哩哔哩平台，其用户必须经过答题才能成为会员，答题中包含发言礼仪等内容，并设定了“节操值”来评价用户行为，“节操值”会在用户产生不良行为后降低，降低后平台会限制用户的功能，以此来规范网络社区环境。三是强化责任追究制度，当前主流的社交平台通过账户与手机号的绑定实现了网络实名制，在实名制的基础上仍然要强化对不良行为人的线下追责行为，为营造风清气正的网络环境提供保障。

3）提高疏抑率

可以从以下两个方面来强化政府治理突发事件民意风险的能力。一方面，“打铁还需自身硬”，只有提高自身能力，才能从根本上解决问题。在日常工作中，政府各部门人员要增强风险意识，加强应急管理知识的学习，强化对相关风险的感知，并能尽早采取应对措施，开展针对突发事件民意风险的专项演练活动，明确分工和职责，构建系统、科学、跨部门及种类完善的应急机制，努力搭建与民众直接对话交流的平台，全面提高治理能力，如大量官媒入驻抖音、微博等新媒体，通过图解、动漫、弹幕、音视频、表情包等民众喜闻乐见的表达方式与民众沟通。另一方面要学会借助外力，充分利用网络“大V”等意见领袖疏导民意，多与之沟通交流，引导、培养“三观”正确的意见领袖影响民众。此外，由于部分突发事件专业性极强，需要借助专家、学者的力量增强政府部门的权威性，这样有助于增强凸显态个体对政府的信赖感，使他们从当前激烈的民意情感中脱离出来。

5. 总结

本研究以SEIR模型为基础，将突发事件民意风险演化状态划分为常态、潜伏态、凸显态、控制态4类，研究状态之间的转移规律，并构建微分方程模型。通过对模型的讨论和参数的控制分析，可以得出以下4个主要结论。

（1）突发事件民意风险是否扩散取决于激发率α和疏抑率μ的大小。若$\alpha > \mu$，则突发事件民意风险将扩散；若$\alpha < \mu$，则突发事件民意风险将不会扩散。

（2）突发事件民意风险的凸显程度主要由激发率α和疏抑率μ的悬殊度决定。α和μ的悬殊度越大，风险愈加凸显；悬殊度越小，则风险越不凸显，且演化过程也愈加平缓。

（3）突发事件民意风险在演化过程中趋于潜伏还是凸显，取决于外溢率β和疏抑率μ的比值。若$\beta / \mu > 1$，则多数个体选择表达民意情感，风险演化过程趋于凸显；若$\beta / \mu < 1$，则多数个体选择压抑民意情感，风险演化过程趋于潜伏。

(4)政府介入时间和介入效果对突发事件民意风险演化过程影响极大。政府在尽早介入处理相关突发事件民意风险的同时,还需考虑处理效果的好坏,即是否会出现反效果。

总之,本研究借助 SEIR 模型构建了描述突发事件民意风险演化的微分方程,研究了突发事件民意风险演化的动态过程,并针对 3 类转移概率的控制趋势提出相关对策和建议,为政府引导突发事件民意、处理相关风险事件提供了理论依据,但是突发事件民意风险在各状态之间的转移路径还存在更多可能,因而,如何量化各状态之间的转移概率还有待进一步研究。

第二章　突发事件民意主体分析

伴随着时代的发展，突发事件频发且影响巨大，应急模式需要由以政府为核心的应急管理模式向政府、民众、社会组织等多主体协同的应急治理模式转变。其中应急治理的前提就是要有足够多的民众关注突发事件，发声发力，贡献民智，才能保证政府高效应对突发事件，所以研究突发事件民意主体演化规律可以为政府激发民声、挖掘民智、汇集民意提供决策支持。本章按照“理论分析-常态建模-异常建模”的总体思路，从宏观到微观、从常态到异常，全面进行突发事件民意主体分析。首先对突发事件民意主体进行分类，研究主体之间的演化规律。其次以 UESD 模型（不知情民众 U、民意表达者 E、知情沉默者 S 和舆情大数据 D）为例，研究不同场景、不同演化阶段的演化规律，以及全民瞬息关注模式、关注者转移模式和沉默者回流模式这 3 种民意主体演变模式。再次，从微观视角研究高级表达者和初级表达者两类民意表达者之间的交互机理并进行交互预测。最后针对异常民意主体作用演化机理和效果进行研究。

民意主体是民意模型的组成要素之一，也是民意的核心。本章围绕民意主体展开，取得了以下成果：①对民意主体进行细分类，包括不知情民众（U）、民意关注者（F），其中民意关注者分为民意表达者（E）和知情沉默者（S）等，并建模研究主体之间的演化规律；②进行多场景、分阶段的主体演化模拟，深入研究演化机理；③通过加入冲击函数、突变函数、回流函数的方式，建模研究主体演变模式；④针对民意表达者，建模研究高级表达者和初级表达者两类民意表达者之间的交互机理并进行交互预测；⑤针对异常民意主体，建模研究其作用机理，并从作用强度、作用比率、作用时间 3 个方面进行作用效果分析。

本章内容框架如图 2.1 所示。

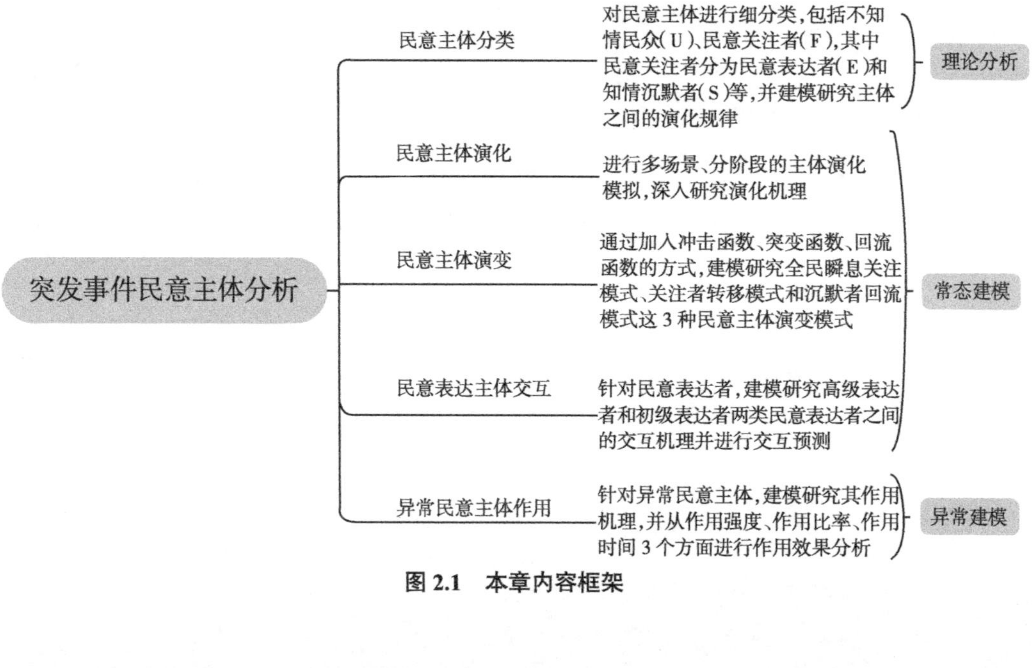

图 2.1　本章内容框架

第一节　突发事件民意主体

突发事件发生后，民众对事件信息的认知是一个从不知情到知情的渐进过程，并且伴随互联网的普及，这个过程所需的时间大大缩短。在这个过程中，民众通过传统媒体和新媒体等平台，采用浏览、发文、评论、点赞等方式关注突发事件的进展，进而形成突发事件舆情大数据环境。基于此，如何挖掘民意主体，探索其演化动力学机制成为民意分析的关键，这为依托舆情大数据感知突发事件民意，辅助突发事件决策提供了新的思路，如图 2.2 所示。

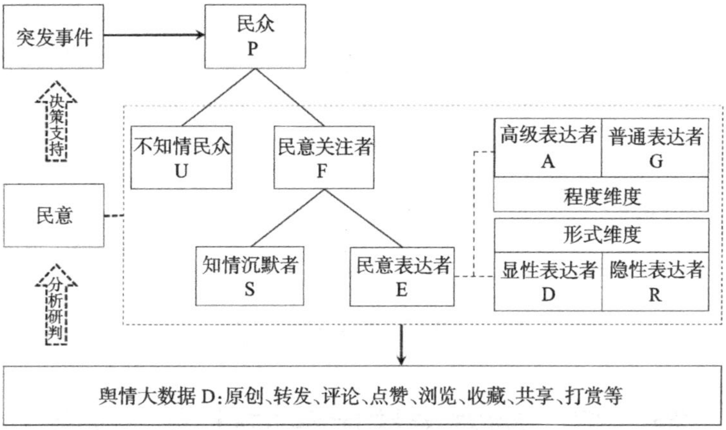

图 2.2　突发事件民意主体分类

1. 突发事件民意主体分类

从突发事件知情角度看，民众（P）可以分为事件不知情民众（U）和知情的民意关注者（F），而民众关注突发事件的方式各有不同，有的在接触突发事件信息后，通过发文、转发、评论等方式直接表达态度和观点，即民意表达者（E），有的则是接触信息后保持沉默，即知情沉默者（S）。更进一步，在表达程度上，民意表达者可以分为“大 V”、意见领袖等高级表达者（A）以及由普通网民组成的普通表达者（G），前者数量较少但个体影响力很大，后者则与之相反，数量众多但个体影响力很小；在表达形式上，民意表达者可以分为显性表达者（D）和隐性表达者（R），前者表达观点主要通过发文、转发、评论等方式，后者则主要通过点赞、收藏、打赏等方式。

2. 突发事件民意主体演化

突发事件发生后，不同类别的民意主体数量在不断发生转化，但转化之中亦存在演化规律（图 2.3）。首先，不知情民众在接触突发事件信息后单向转化为民意关注者，其转化概率与不知情民众接触民意关注者的接触程度有关；其次，民意表达者通过多种方式表达观点后，随着事件关注度的降低，民意表达者会转化为知情沉默者，但当衍生事件、次生事件发生后，或者受某些恶意主体影响后，知情沉默者有一定概率继续变为民意表达者，所以在某些特定条件下，两者之间存在相互转化的概率；最后，当深入研究民意主体演化机理时，还需从表达程度、表达形式等多个维度考虑更多主体之间的演化规律。

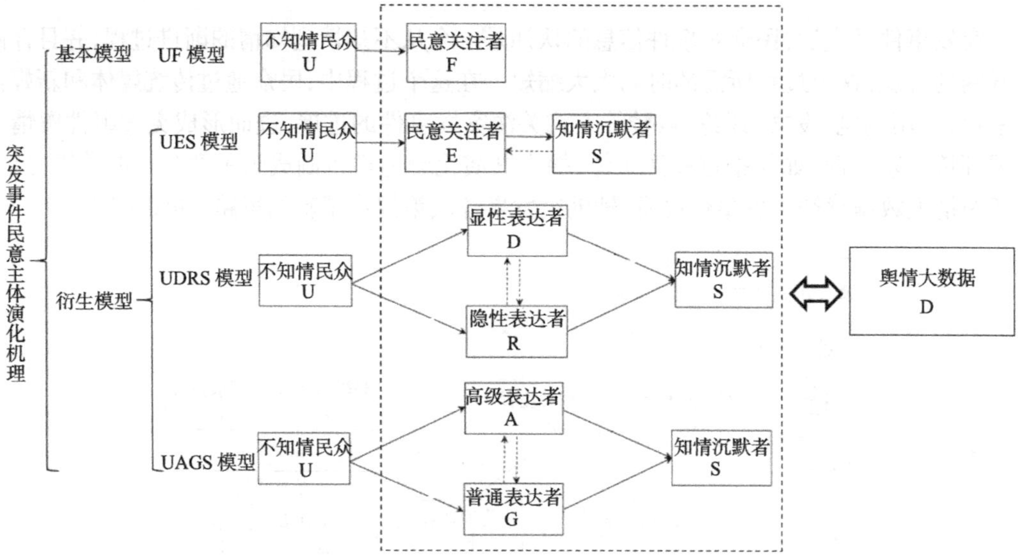

图 2.3 突发事件民意主体演化机理图

第二节 突发事件民意主体演化建模

随着互联网的普及，民众以不同方式通过互联网关注突发事件，他们产生的网络信息形成了舆情大数据环境，通过数学建模研究突发事件民意主体演化规律可以辅助政府更好地了解民意生成机理，为政府感知民意、开展综合分析研判提供理论支持。

1. 基本假设

突发事件发生后，民众面对突发事件时分为不知情民众（U）、民意关注者（F），其中民意关注者分为民意表达者（E）和知情沉默者（S），民意关注者通过互联网发表观点形成舆情大数据（D）。假设不知情民众数量比例记为 $U(t)$，民意关注者数量比例记为 $F(t)$、民意表达者数量比例记为 $E(t)$，知情沉默者数量比例记为 $S(t)$，并假设民众通过互联网产生的舆情信息量为 $D(t)$。

假设 $U(t)$、$F(t)$、$E(t)$、$S(t)$、$D(t)$ 是关于时间 t 的连续、可微函数，且不知情民众、民意关注者、民意表达者、舆情信息量的初值分别为 u_0、f_0、e_0 和 d_0。一般而言，假设突发事件影响主体总数 $N(t)$ 不变，即 $N(t)=N$，则

$$U(t)+F(t)=U(t)+E(t)+S(t)=1$$

且 $u_0+f_0=u_0+e_0=1$。

突发事件发生后，激发民众通过互联网发表观点，才能更好地收集民意进行分析研判，

进而开展精准的应急治理。基于此，本书先考虑所有关注者均是表达者的理想状态场景，然后再考虑加入知情沉默者后的场景，进而深层次研究民意主体演化规律。

2. 突发事件民意主体演化模型

1）构建模型（UESD 模型）

突发事件发生后，不知情民众（U）接触民意表达者（E）产出的信息后变为民意关注者（F），假设每个民意表达者（E）产出信息平均接触民众数为 λ（简称接触数），则民意关注者接触率为 $\frac{\lambda}{N}$；民意关注者（F）转化为民意表达者（E）和知情沉默者（S），转化概率分别为 δ 和 $1-\delta$，分别称为表达率和潜水率；随着突发事件热度的变化，民意表达者有一定概率转化为知情沉默者，假设沉默率为 μ；假设平均每个民意关注者在突发事件演化周期内发表网络信息数量为 α（简称周期发文数）。

综合以上假设，突发事件发生后，不知情民众、民意表达者、知情沉默者具体转换关系以及产生的舆情大数据环境如图 2.4 所示。

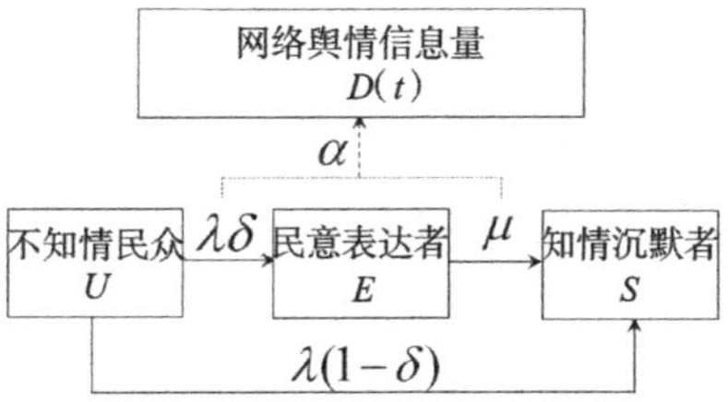

图 2.4　UESD 模型

首先，根据 UESD 模型转化关系，每个民意表达者接触不知情民众数量为 $\frac{\lambda}{N}\cdot N\cdot U(t)$，则 $N\cdot E(t)$ 个民意表达者转化为不知情民众数量为 $\frac{\lambda}{N}\cdot N\cdot U(t)\cdot N\cdot E(t)$，则不知情民众变化率为

$$N\frac{\mathrm{d}U}{\mathrm{d}t}=\frac{\lambda}{N}\cdot N\cdot U(t)\cdot N\cdot E(t),$$

整理得

$$\frac{\mathrm{d}U}{\mathrm{d}t}=-\lambda U(t)E(t).$$

其次，不知情民众转化为民意表达者数量为 $\frac{\lambda}{N}\cdot N\cdot U(t)\cdot N\cdot E(t)\cdot\delta$，且民意表达者转化为知情沉默者数量为 $N\cdot E(t)\cdot\mu$，则民意表达者变化率为

$$\frac{\mathrm{d}E}{\mathrm{d}t}=\lambda\delta U(t)E(t)-\mu E(t).$$

同理，知情沉默者变化率为

$$\frac{\mathrm{d}S}{\mathrm{d}t} = \lambda(1-\delta)U(t)E(t) + \mu E(t) \ .$$

最后,发布信息产生舆情的民意主体为不知情民众转化为知情表达者,则网络舆情信息量为

$$\frac{\mathrm{d}D}{\mathrm{d}t} = N\alpha\lambda\delta U(t)E(t) \ .$$

综合以上几点,得出突发事件民意主体演化 UESD 模型为

$$\begin{cases} \dfrac{\mathrm{d}U}{\mathrm{d}t} = -\lambda UE \\ \dfrac{\mathrm{d}E}{\mathrm{d}t} = \lambda\delta UE - \mu E \\ \dfrac{\mathrm{d}D}{\mathrm{d}t} = N\alpha\lambda\delta UE \end{cases}$$

该模型没有解析解,绘制模型数值解的曲线($\lambda = 0.5$, $u_0 = 0.99$, $e_0 = 0.01$, $N = 10\,000$, $\alpha = 2$, $\delta = 0.7$, $\mu = 0.1$),如图 2.5 所示。

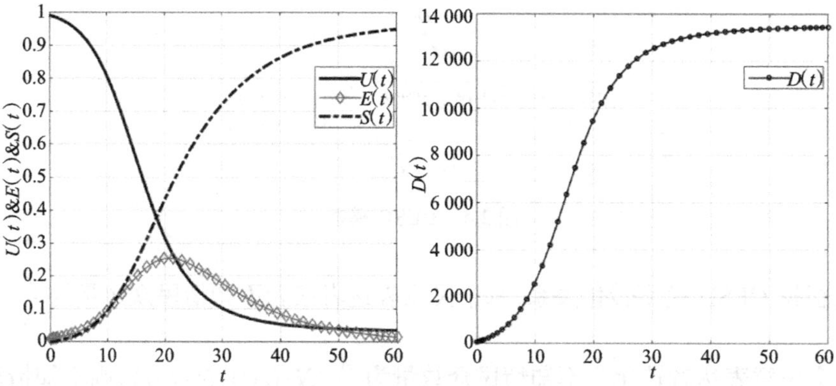

图 2.5 UESD 模型数值解

选取 2018—2019 年的 4 个突发事件,通过舆情监测软件获得 4 个事件微博舆情发文量数据并绘图(图 2.6),观察图像发现, 4 个事件的舆情信息量均呈现"S"形结构,这与 UESD 模型中舆情信息量的理论解的形态基本吻合。

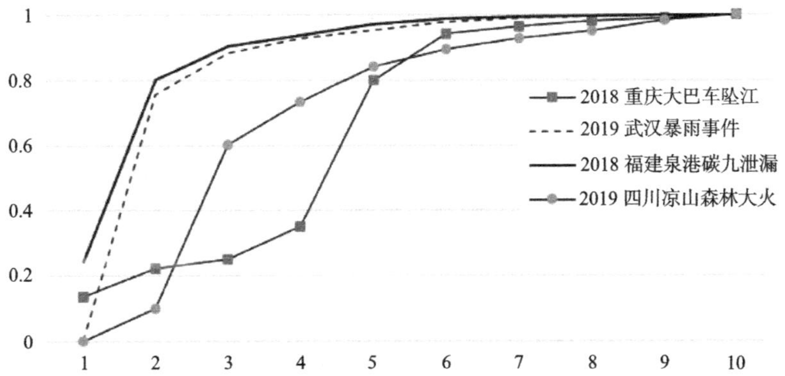

图 2.6 4 个突发事件微博发文量数据

2)UESD 模型数值仿真

为进一步研究模型性质,研究突发事件民意主体演化规律,选择虚拟数据环境进行模型仿真。首先,突发事件发生后,假设某传播平台涉及网民数量上限为 $N = 10\,000\,000$,且关注事件的网民平均发布信息量 $\alpha = 2$;其次,突发事件演变进程不同,导致初始关注民众数量差距很大,例如地震等自然灾害类事件往往在短时间内获得高度关注,而传染病等公共卫生类事件则相对时间较长,基于此,模型针对高关注度事件设置初值($u_0 = 0.999\,999$, $e_0 = 0.000\,001$)。此外,根据接触数 λ(与关注事件的民众、媒体和网络“大 V”的粉丝数有关)、潜水率 $1-\delta$(潜水观望事件概率)、沉默率 μ(民意表达稳定程度)等参数的定义,构建突发事件民意主体演化的 8 个场景(表 2.1)进行数值仿真,绘制模型数值解曲线图(图 2.7~图 2.14)。通过不同场景的组合,可以全面了解模型参数对民意主体演化和舆情传播的影响。

表 2.1 数值模拟场景

场景	接触数 λ	潜水率 $1-\delta$	沉默率 μ	参数组合
A	高	高	高	(10, 0.75, 0.75)
B	高	高	低	(10, 0.75, 0.25)
C	高	低	高	(10, 0.25, 0.75)
D	高	低	低	(10.0.25, 0.25)
E	低	高	高	(2, 0.75, 0.75)
F	低	高	低	(2, 0.75, 0.25)
G	低	低	高	(2, 0.25, 0.75)
H	低	低	低	(2, 0.25, 0.25)

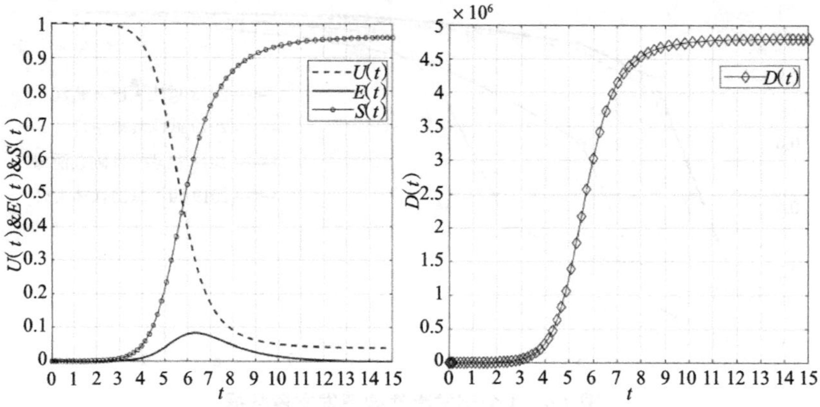

图 2.7　场景 A 仿真（10, 0.75, 0.75）

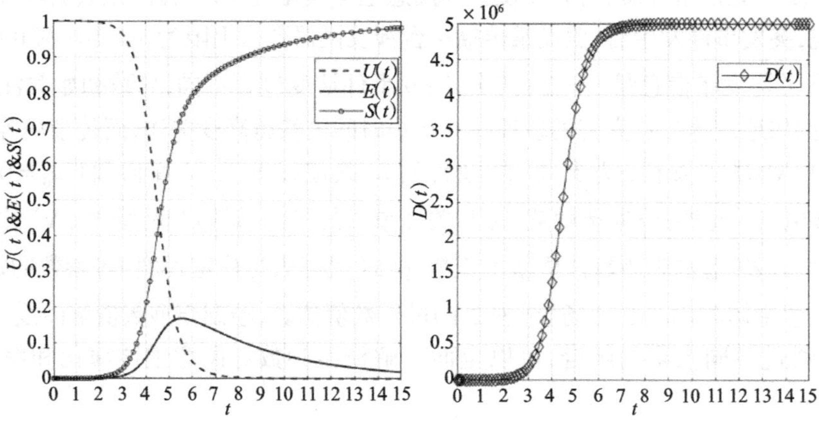

图 2.8　场景 B 仿真（10, 0.75, 0.25）

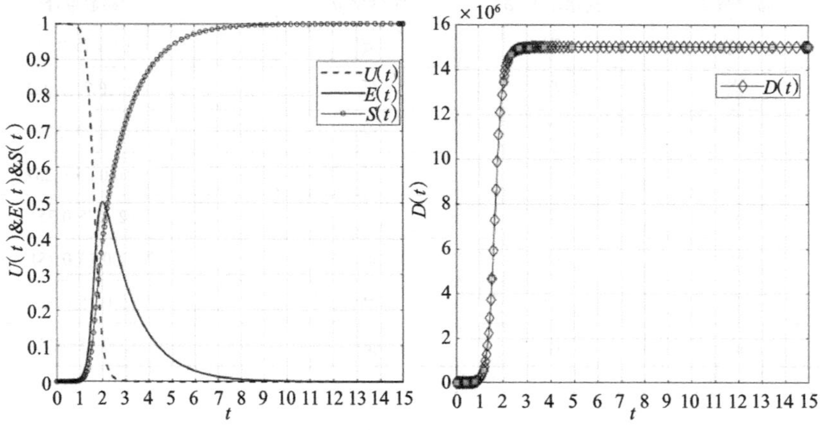

图 2.9　场景 C 仿真（10, 0.25, 0.75）

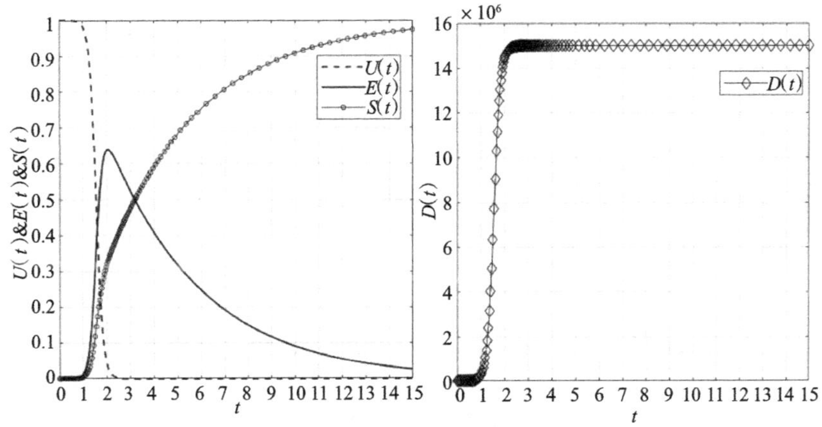

图 2.10　场景 D 仿真（10, 0.25, 0.25）

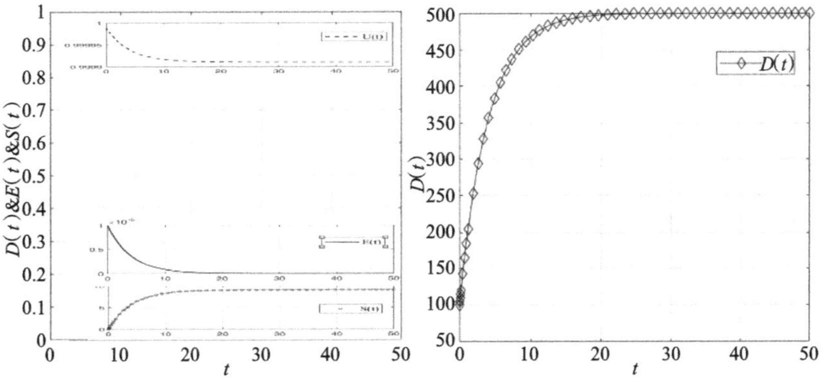

图 2.11　场景 E 仿真（2, 0.75, 0.75）

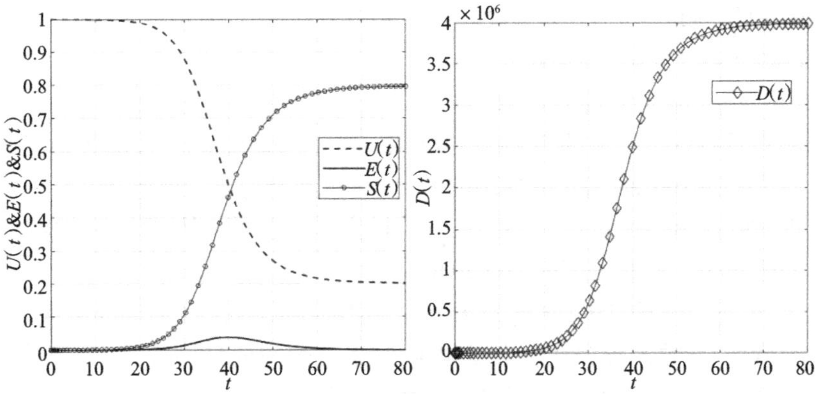

图 2.12　场景 F 仿真（2, 0.75, 0.25）

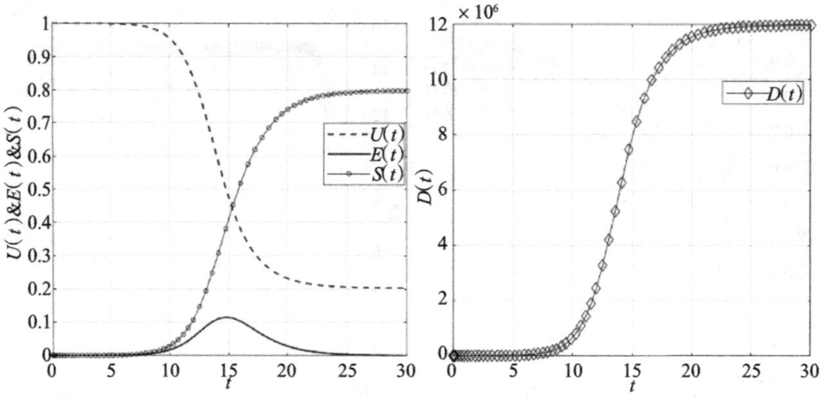

图 2.13　场景 G 仿真（2, 0.25, 0.75）

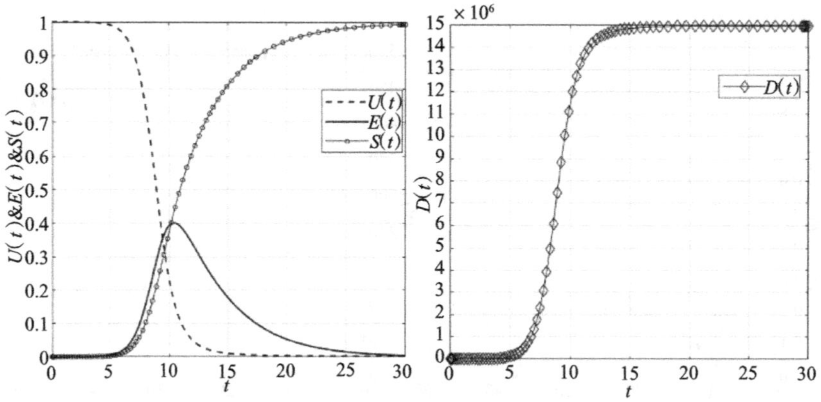

图 2.14　场景 H 仿真（2, 0.25, 0.25）

为全面研究接触数 λ、潜水率 $1-\delta$、沉默率 μ 等参数在模型中的作用及对民意主体演化和舆情传播的影响，选取 A-E、B-F、C-G、D-H 四类场景，针对民意演化持续时长、民意关注程度、潜在价值等多个维度开展深入分析。

（1）A-E 场景（高潜水率、高沉默率）。

观察 A-E 场景图（图 2.15）发现：在高潜水率、高沉默率条件下，A 场景中经历 6 个单位后民意表达者峰值约 100 万，经历 12 个单位后知情沉默者稳定值接近 960 万，经历 12 个单位后产生接近 500 万舆情信息量，而 E 场景中，民意表达者从初值开始单调递减趋近于零，不知情民众占比 99.99%以上，经历 20 个单位后仅仅产生接近 500 条信息量。

对比 A 和 E 两个场景发现，在高潜水率、高沉默率的条件下，大部分民众观望事件，民意表达稳定程度低，导致民意关注者数量很少，民意强度较弱且持续关注度较低，很容易被同一时期其他类型舆情事件所影响而趋于消亡。当接触数较高时，可以在短时间产生较大规模的舆情，而较低接触数基本不会导致出现舆情。所以，在高潜水率、高沉默率的条件下，提升接触数成为有效策略，在短时间内既能提升民意表达者数量，又提升了知情沉默者数量，能够让更多的民众在短时间内关注突发事件，从而扩大了潜在的民意环境。但与此同时，也要看到规模很大的舆情对应的民意关注者数量可能很少，所以，在突发事件发生后，政府应在考虑民意关注者数量的基础上研判舆情大数据，感知突发事件民意，不仅要考虑可见舆情反映的民意，还要考虑知情沉默者的潜在价值。

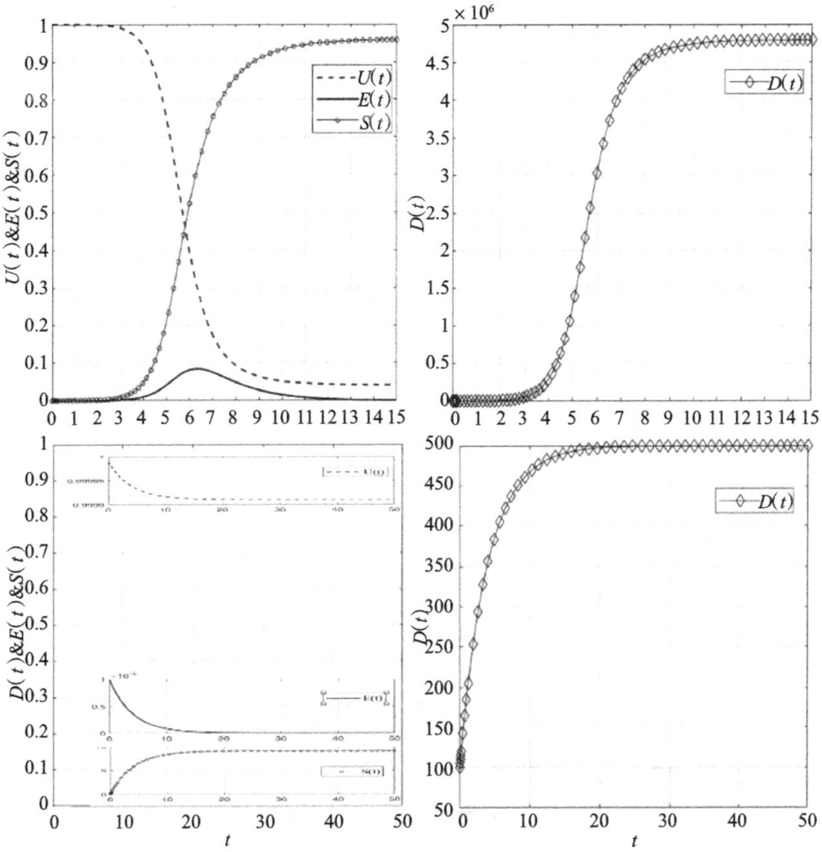

图 2.15　场景 A-E 对比图

（2）B-F 场景（高潜水率、低沉默率）。

观察 B-F 场景图（图 2.16）发现：在高潜水率、低沉默率条件下，经历 5 个单位后 B 场景中民意表达者峰值约 180 万，经历 15 个单位后知情沉默者稳定值接近 1 000 万，几乎所有人关注了突发事件，经历 7 个单位后产生接近 500 万信息量，而 E 场景中，经历 40 个单位后民意表达者峰值约 50 万，经历 70 个单位后知情沉默者稳定值接近 800 万，仍有 200 万人处于不知情状态，经历 60 个单位后产生接近 400 万信息量。

B 和 F 两个场景民意表达者的表达稳定度较高，导致民意表达者数量比 A-E 场景要高且民意表达时间缩短，尤其对比 E 和 F 场景会发现，降低沉默率极大地提升了民意强度，使民意表达者和舆情信息量都有了较大的提升；但由于高潜水率的影响，大部分民众观望事件，整体上民意表达者数量不高，民意强度较弱。

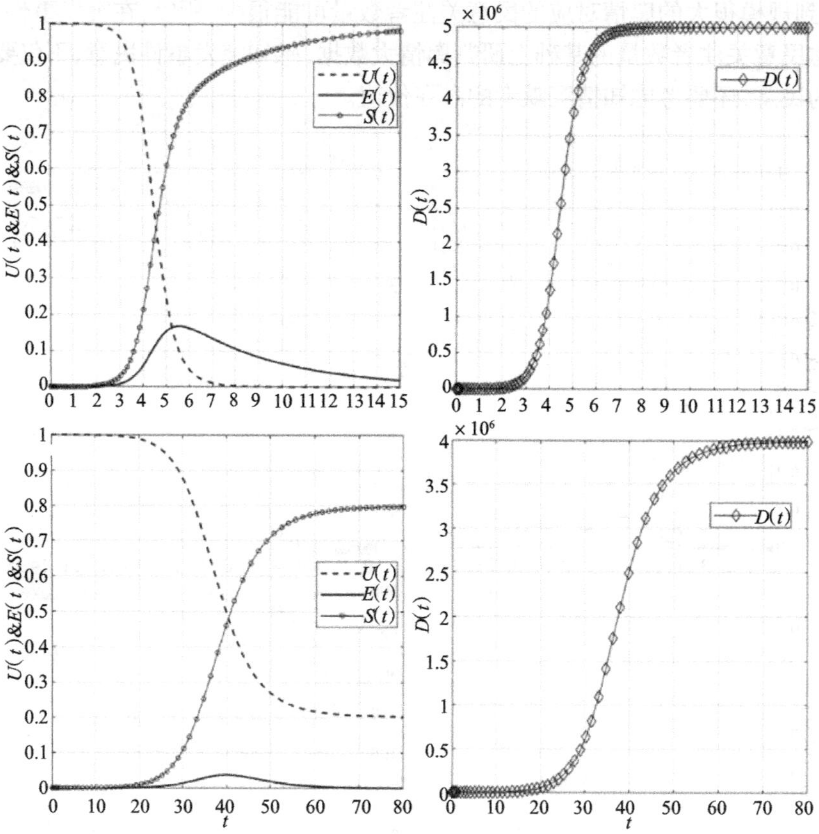

图 2.16 场景 B-F 对比图

(3)C-G 场景(低潜水率、高沉默率)。

观察 C-G 场景图(图 2.17)发现:在低潜水率、高沉默率条件下,C 场景中在约 2 个时间单位后快速达到民意表达者峰值(接近 500 万),经历 3 个单位后知情沉默者稳定值接近 1 000 万,经历约 3 个单位后产生接近 1 600 万信息量,也就是说在不到 3 个时间单位内,该事件获得所有人的关注且产生了较高的舆情信息量,民意强度大,政府可获取民意资源非常丰富,便于挖掘民意辅助决策;而 G 场景中,经历约 15 个时间单位后民意表达者峰值约为 120 万,经历 30 个单位后知情沉默者稳定值接近 200 万,经历 25 个单位后产生接近 1 200 万信息量。

低潜水率提升了民意表达者数量,能产生规模较大的舆情大数据环境,使政府能够获取充足的民意资源感知挖掘民意;高沉默率使得民意持续表达程度降低,且对接触数小的场景影响较大,使民意主体演化时间变长,受到干扰等不确定性风险增加,民意很难在短时间释放,需要政府鼓励民众持续表达民意,或者通过提升接触数来抵消由于时间过长而产生的不确定性问题。

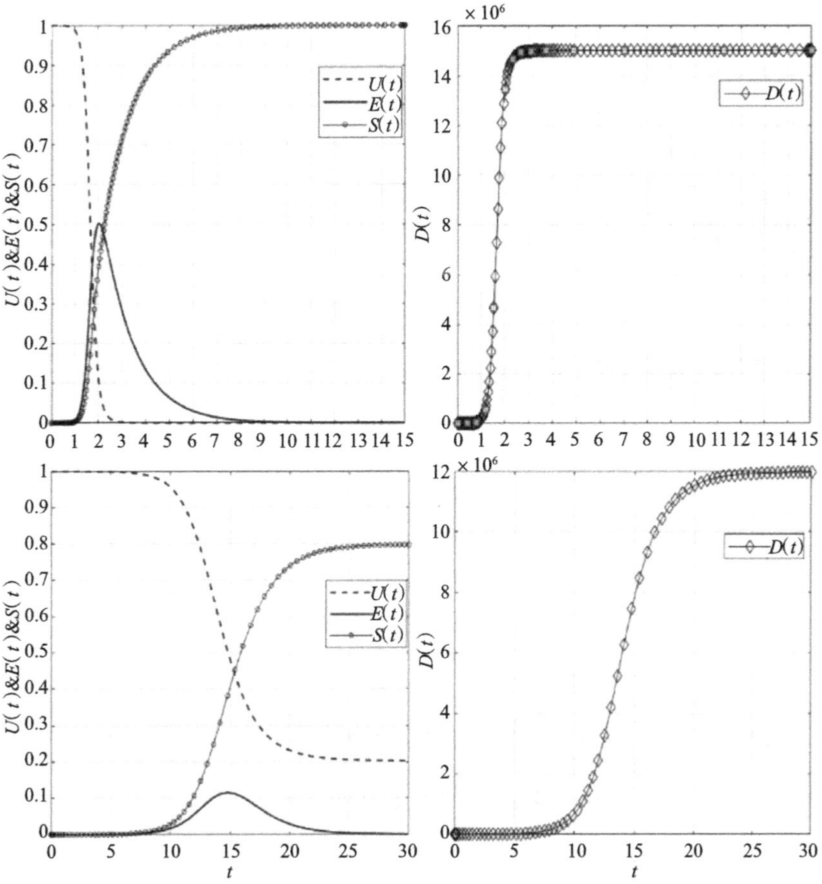

图 2.17　场景 C-G 对比图

(4)D-H 场景(低潜水率、低沉默率)。

观察 D-H 场景图(图 2.18)发现:在低潜水率、低沉默率条件下,D 场景中在约 2 个时间单位后快速达到民意表达者峰值(接近 630 万),经历 2.5 个单位后知情沉默者稳定值接近 1 000 万且产生接近 1 500 万信息量,也就是说在不到 3 个时间单位内,该事件获得所有人的关注且产生了较高的舆情信息量;而 H 场景中,经历约 11 个时间单位后民意表达者峰值约 400 万,经历 15 个单位后知情沉默者稳定值接近 1 000 万,经历 15 个单位后产生接近 1 500 万信息量。

D-H 场景和 C-G 场景舆情信息量相差较少,但无论从民意表达者峰值和知情沉默者的数量看,还是从民意主体演化时长看,都保证了持续的民意表达,使政府能够获取充分的民意资源,可以说,高接触数、低潜水率、低沉默率是民意表达的理想场景。

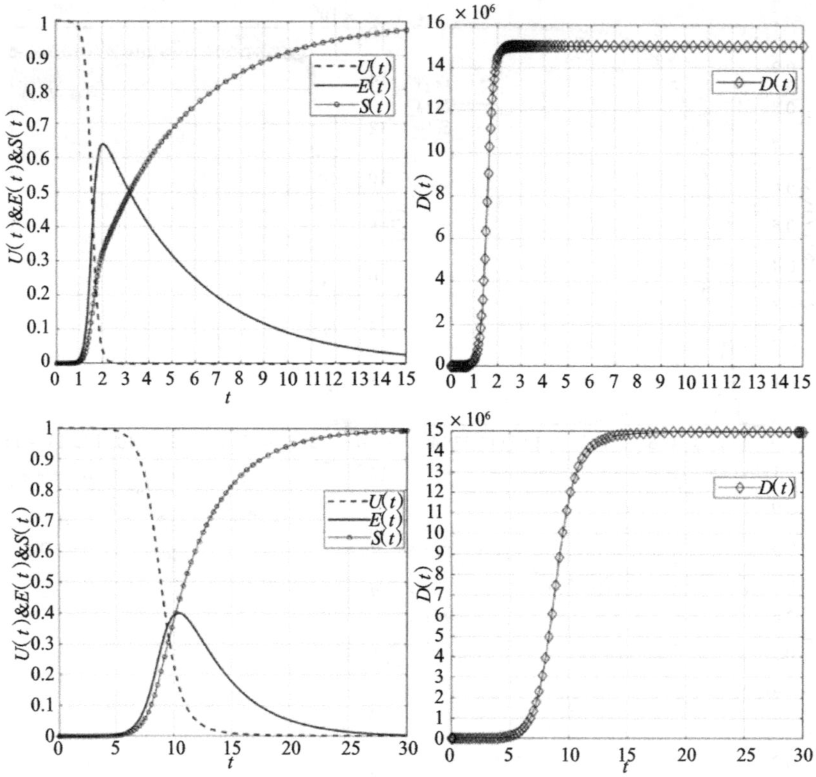

图 2.18　场景 D-H 对比图

3)模型分析

定义 $U \sim E$ 相轨线定义域为

$$G=\{(U,E)\,|\,U\geqslant 0,E\geqslant 0,U+E\leqslant 1\}\text{。}$$

由模型得 $U \sim E$ 相轨线方程

$$\frac{\mathrm{d}E}{\mathrm{d}U}=\frac{\mu}{\lambda U}-\delta,$$

并绘制相轨线图像($\lambda=0.5,\ \delta=0.7,\ \mu=0.1$)(图 2.19)。

求解方程得

$$E(U)=\frac{\mu}{\lambda}\ln\frac{U}{u_0}+\delta(u_0-U)+e_0$$

同时，令 $\frac{\mathrm{d}E}{\mathrm{d}t}=\lambda\delta UE-\mu E=0$，得到 $U=\frac{\mu}{\lambda\delta}$ 时，民意表达者比例 $E(t)$ 达到最大值 $E_{\max}$，所以

$$E_{\max}=\frac{\mu}{\lambda}\left(\ln\frac{\mu}{\lambda\delta u_0}-1\right)+\delta u_0+e_0$$

综合以上计算及模型解仿真图形状得出如下结论。

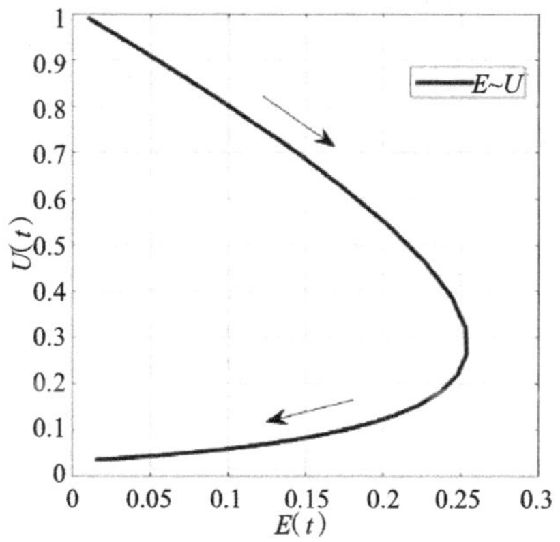

图 2.19　U~E 相轨线图

（1）当 $U > \dfrac{\mu}{\lambda\alpha}$ 时，民意表达者比例 $E(t)$ 将先增大至最大值 $E_{\max}$，然后趋于 0；当 $U < \dfrac{\mu}{\lambda\alpha}$ 时，且当 $t \to \infty$ 时，民意表达者比例 $E(t)$ 将直接趋于 0，但在突发事件处置完毕后很长一段时间内，仍有民意表达者对突发事件发表观点，但数量已经是微乎其微。

（2）由于 $\dfrac{\mathrm{d}U}{\mathrm{d}t} \leqslant 0$，且 $0 \leqslant U(t) \leqslant 1$，所以当 $t \to \infty$ 时，不知情民众比例 $U(t)$ 存在极限 $U(\infty)$，即有一部分人从来就没有听说过这个突发事件，始终处于不知情状态，这也和实际情况相符。

（3）由于 $\dfrac{\mathrm{d}S}{\mathrm{d}t} \geqslant 0$，且 $0 \leqslant S(t) \leqslant 1$，所以当 $t \to \infty$ 时，知情沉默者比例 $S(t)$ 存在极限 $S(\infty)$，且 $S(\infty) + U(\infty) = 1$。

3. 基于舆情大数据的突发事件民意主体分析

在 UESD 模型中，$D(t)$ 没有解析解，难以直接分析不同阶段民意主体演化关系，所以需要借助舆情大数据进行研究。突发事件民意主体演化 UESD 模型为

$$
\begin{cases}
\dfrac{\mathrm{d}U}{\mathrm{d}t} = -\lambda UE \\
\dfrac{\mathrm{d}E}{\mathrm{d}t} = \lambda\delta UE - \mu E \\
\dfrac{\mathrm{d}S}{\mathrm{d}t} = \lambda(1-\delta)UE + \mu E \\
\dfrac{\mathrm{d}D}{\mathrm{d}t} = N\alpha\lambda\delta UE
\end{cases}
$$

其中 $U(t) + E(t) + S(t) = 1$，则

$$
\frac{\mathrm{d}U}{\mathrm{d}t} = -\frac{1}{N\alpha\delta}\frac{\mathrm{d}D}{\mathrm{d}t} = -\lambda UE
$$

容易得出，$U(t)$、$E(t)$等曲线高阶导数零点横坐标一致，且纵坐标相差倍数，所以，不知情民众数量曲线与舆情信息量曲线存在某种“相似性”，可以通过舆情信息量函数特性推断民意主体演化特征。下面通过虚拟大数据进行数据拟合的方式确定舆情信息量$D(t)$，具体思路如图 2.20 所示。

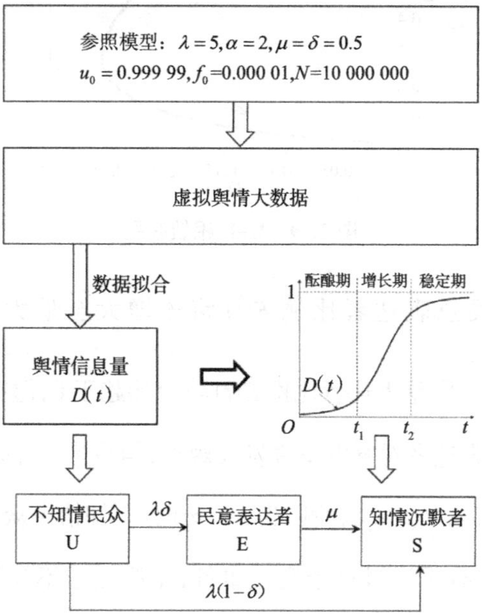

图 2.20　民意主体推断思路图

1)构建参照模型及虚拟大数据环境

为更好地研究突发事件民意主体演化规律，在构建参照模型时，接触数、潜水率、沉默率等 3 个关键参数均适中取值，$\lambda = 5,\ \mu = \delta = 0.5$，得参照模型为

$$\begin{cases} \dfrac{\mathrm{d}U}{\mathrm{d}t} = -5UE \\ \dfrac{\mathrm{d}E}{\mathrm{d}t} = 2.5UE - 0.5E \\ \dfrac{\mathrm{d}D}{\mathrm{d}t} = 5\cdot 10^7 UE \end{cases}$$

其中初值、发文数、舆论空间人数设定为

$$u_0 = 0.999\,999,\ e_0 = 0.000\,001,\ N = 10\,000\,000,\ \alpha = 2\text{。}$$

绘制模型数值解，如图 2.21 所示。

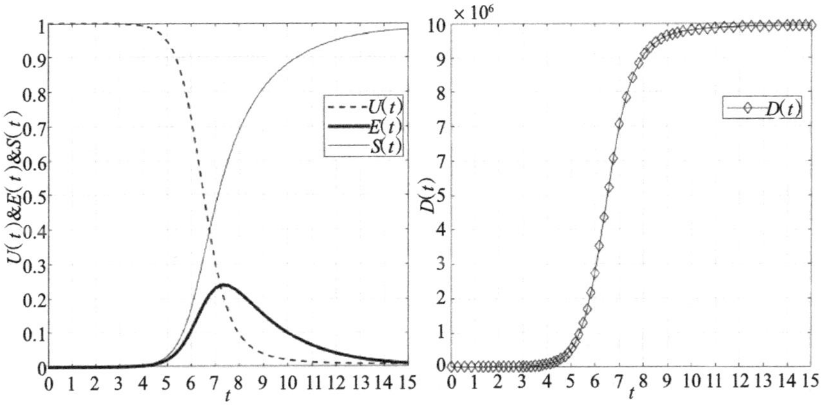

图 2.21　参照模型数值解

根据虚拟函数构建虚拟舆情大数据，得出不同时刻不知情民众、民意关注者、知情沉默者的数量比例及对应产生的舆情信息量，具体数据见表 2.2。

表 2.2　虚拟大数据环境

时间 t	不知情民众数量比例 $U(t)$	民意关注者数量比例 $E(t)$	知情沉默者数量比例 $S(t)$	舆情信息量 $D(t)$
0.000 000 0	0.999 999 0	0.000 001 0	0.000 000 0	500
0.375 000 0	0.999 996 1	0.000 002 2	0.000 001 7	529
0.750 000 0	0.999 990 6	0.000 004 4	0.000 005 0	584
1.125 000 0	0.999 978 6	0.000 009 2	0.000 012 2	704
1.500 000 0	0.999 952 5	0.000 019 6	0.000 027 9	965
1.770 000 0	0.999 917 2	0.000 033 7	0.000 049 1	1 286
2.040 100 0	0.999 857 8	0.000 057 5	0.000 084 7	1 808
2.310 100 0	0.999 755 3	0.000 098 5	0.000 146 2	2 674
2.580 100 0	0.999 577 9	0.000 169 4	0.000 252 7	4 113
2.776 400 0	0.999 374 0	0.000 251 0	0.000 375 0	5 769
2.972 600 0	0.999 073 8	0.000 371 0	0.000 555 2	8 168
3.168 900 0	0.998 629 0	0.000 548 9	0.000 822 1	11 658
3.365 100 0	0.997 969 6	0.000 812 5	0.001 217 8	16 742
3.561 400 0	0.996 994 8	0.001 202 2	0.001 803 0	24 131
3.757 600 0	0.995 561 4	0.001 775 1	0.002 663 6	34 819
3.953 900 0	0.993 444 7	0.002 620 6	0.003 934 7	50 337
4.150 100 0	0.990 322 1	0.003 867 1	0.005 810 8	72 859
4.315 700 0	0.986 578 5	0.005 359 9	0.008 061 6	100 233
4.481 300 0	0.981 422 5	0.007 414 1	0.011 163 4	137 750
4.646 900 0	0.974 339 3	0.010 231 6	0.015 429 1	189 105

续表

时间 t	不知情民众数量比例 $U(t)$	民意关注者数量比例 $E(t)$	知情沉默者数量比例 $S(t)$	舆情信息量 $D(t)$
4.812 500 0	0.964 659 7	0.014 073 0	0.021 267 4	259 157
4.970 100 0	0.952 276 6	0.018 971 3	0.028 752 1	349 427
5.127 700 0	0.935 856 0	0.025 443 0	0.038 701 0	469 576
5.285 300 0	0.914 346 5	0.033 874 7	0.051 778 9	628 134
5.442 900 0	0.886 633 9	0.044 653 5	0.068 712 6	834 904
5.609 600 0	0.849 401 4	0.058 978 0	0.091 620 6	1 112 128
5.776 200 0	0.802 895 1	0.076 602 3	0.120 502 5	1 465 786
5.942 900 0	0.746 800 8	0.097 415 7	0.155 783 6	1 905 138
6.109 600 0	0.681 968 9	0.120 758 2	0.197 272 9	2 433 043
6.306 100 0	0.596 918 5	0.149 978 6	0.253 102 9	3 154 067
6.502 700 0	0.507 995 9	0.178 292 1	0.313 712 0	3 960 459
6.699 300 0	0.421 145 4	0.202 948 7	0.375 906 0	4 808 734
6.895 800 0	0.341 536 1	0.221 821 7	0.436 642 2	5 646 995
7.166 500 0	0.250 489 7	0.236 206 7	0.513 303 6	6 576 566
7.437 100 0	0.181 330 8	0.238 549 9	0.580 119 2	7 363 689
7.707 800 0	0.131 439 3	0.231 593 2	0.636 967 5	7 990 956
7.978 500 0	0.096 839 0	0.218 383 6	0.684 777 4	8 468 014
8.184 200 0	0.077 847 7	0.206 044 1	0.716 108 2	8 802 507
8.390 000 0	0.063 391 9	0.192 755 9	0.743 852 2	9 055 438
8.595 800 0	0.052 274 1	0.179 169 6	0.768 556 2	9 247 598
8.801 600 0	0.043 706 8	0.165 703 7	0.790 589 4	9 392 084
9.007 400 0	0.037 103 8	0.152 634 2	0.810 262 0	9 502 444
9.213 200 0	0.031 917 7	0.140 169 8	0.827 912 4	9 586 339
9.419 000 0	0.027 798 7	0.128 415 7	0.843 785 5	9 651 012
9.624 800 0	0.024 493 1	0.117 425 7	0.858 081 2	9 701 319
9.965 400 0	0.020 333 8	0.100 941 6	0.878 724 6	9 752 241
10.306 000 0	0.017 343 5	0.086 503 3	0.896 153 2	9 789 732
10.646 600 0	0.015 147 1	0.073 962 8	0.910 890 1	9 817 899
10.987 200 0	0.013 486 1	0.063 141 8	0.923 372 1	9 839 506
11.362 200 0	0.012 094 9	0.052 972 3	0.934 932 8	9 860 272
11.737 200 0	0.011 043 2	0.044 389 2	0.944 567 6	9 875 562
12.112 200 0	0.010 239 0	0.037 169 5	0.952 591 5	9 886 983
12.487 200 0	0.009 610 1	0.031 105 4	0.959 284 6	9 895 765
12.862 200 0	0.009 109 5	0.026 011 2	0.964 879 3	9 902 666

续表

时间 t	不知情民众数量比例 $U(t)$	民意关注者数量比例 $E(t)$	知情沉默者数量比例 $S(t)$	舆情信息量 $D(t)$
13.237 200 0	0.008 711 7	0.021 742 4	0.969 545 9	9 908 078
13.612 200 0	0.008 393 8	0.018 172 3	0.973 433 9	9 912 354
13.987 200 0	0.008 136 8	0.015 185 2	0.976 678 0	9 915 778
14.240 400 0	0.007 990 8	0.013 447 7	0.978 561 4	9 918 591
14.493 600 0	0.007 863 7	0.011 908 1	0.980 228 1	9 920 861
14.746 800 0	0.007 752 9	0.010 544 2	0.981 702 8	9 922 697
15.000 000 0	0.007 656 1	0.009 336 0	0.983 007 9	9 924 195

2）基于舆情大数据的统计推断

根据虚拟大数据环境中的舆情信息量数据，通过 MATLAB 拟合数据，得到

$$D(t)=\frac{10^7}{1+28\,631.989\,5\exp(-1.498\,8t)}\ ,$$

其中舆情信息量 $D(t)$ 曲线和虚拟数据的拟合情况如图 2.22 所示。

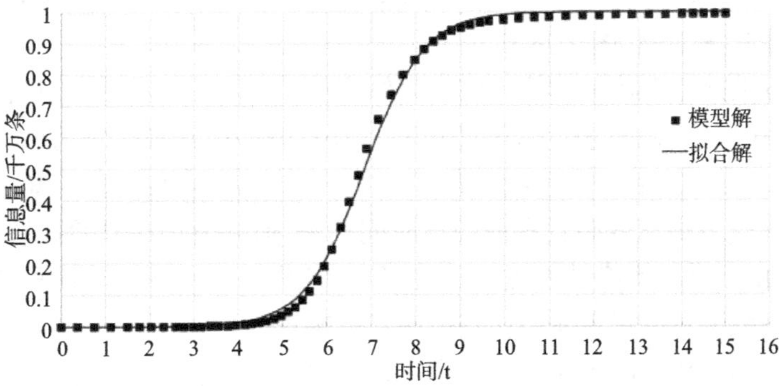

图 2.22　拟合程度图

令 $\frac{\mathrm{d}^3D(t)}{\mathrm{d}t^3}=0$，得 $t_1=5.968\,3$，$t_2=7.725\,7$，且 $D(t_1)=2\,112\,905$，$D(t_2)=7\,886\,306$。2 个关键节点把舆情传播分为 3 个阶段，分别是酝酿期 $[0, t_1]$、表达期 $[t_1, t_2]$、稳定期 $[t_2, \infty)$，民意主体在 3 个阶段的演化规律各有不同，具体如图 2.23 所示。

观察图 2.23 发现，在酝酿期 $[0, t_1]$，不知情民众、民意关注者、知情沉默者数量比例变化量分别约为 25%、10%、17%；表达期 $[t_1, t_2]$，不知情民众、民意关注者、知情沉默者数量比例变化量分别约为 62%、14%、48%；稳定期 $[t_2, \infty)$，不知情民众、民意关注者、知情沉默者数量比例变化量分别约为 13%、22%、35%。对于不知情民众、知情沉默者，在表达期数量变化最大，民意表达者在表达期达到峰值，和理想状态 UEFD 模型一样，民意表达期是通过舆情大数据感知民意的关键阶段，也是引导知情沉默者贡献民智的重要阶段。

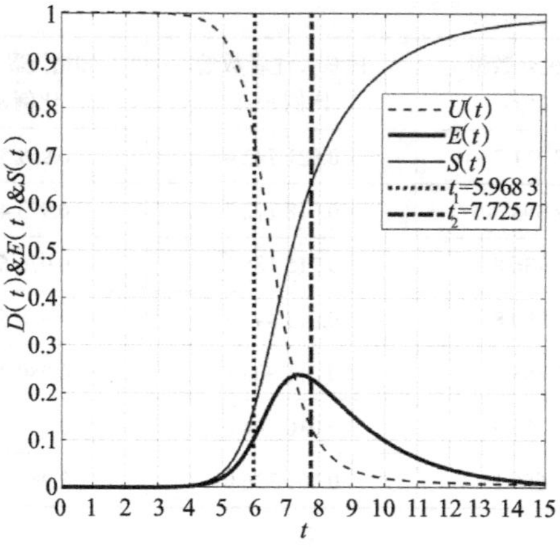

图 2.23 民意演化阶段示意图

3)突发事件民意主体分析

(1)酝酿期。

通过数值仿真发现,在常规环境下,提升接触数、降低潜水率和沉默率有利于提升民意强度,便于政府挖掘民意,故在酝酿期 [0,5.968 3] 内选择时间节点 $t=3.953\,9$,开始将接触数由 5 提升至 10,将潜水率 $1-\delta$ 由 0.5 降低至 0.25,将沉默率 μ 由 0.5 降低至 0.25,绘制民意主体演化模拟图(图 2.24~图 2.26)。

观察发现,酝酿期提升接触数使得民意主体演化最快阶段前移,不知情民众在更快的时间内转化为民意关注者,民意表达者峰值更高且峰值的提前到来比较明显,但与此同时,知情沉默者比例也增加较快;酝酿期降低潜水率,提升民众表达率,使得不知情民众快速演化阶段提前,民意表达者峰值变高且提前一段时间到来,但峰值仍在原始民意表达期之内,而知情沉默者比例由于潜水率降低而提升,但提升比例不大,其快速变化阶段仍在原始民意表达期之内;降低沉默率对民意主体演化整体趋势影响较小,不知情民众和知情沉默者数量比例变化较小,其快速变化阶段仍在原始民意表达期之内,与此同时,民意表达者峰值变高,但对应时刻变化很小。反之,逆向思维思考,当处于非常规环境下,例如产生突发事件网络谣言或者流言时,可以通过降低接触数、提升潜水率和沉默率的方式来开展网络治理。

在酝酿期,政府收集突发事件民意信息较为有限,民意关注者对突发事件的认知大多基于历史同类事件,民意关注点主要集中于“5 W”等突发事件基本信息以及政府信息公开等内容,民意强度相对较弱。在民意倾向方面,对于天灾型突发事件,民意关注者情感大多集中于悲痛、忧虑等,而对于人祸型突发事件则集中于愤怒、恐惧等,总的来说,在民意酝酿期突发事件民意倾向以针对事件的负面或消极情感居多,但如果政府未能及时有效开展应急管理和公开事件信息,这些负面或消极情感容易由针对事件转为针对政府,所以政府在民意酝酿期应该在开展应急管理的前提下,及时、全面、持续、精准公开信息,争取民意支持的先动优势。

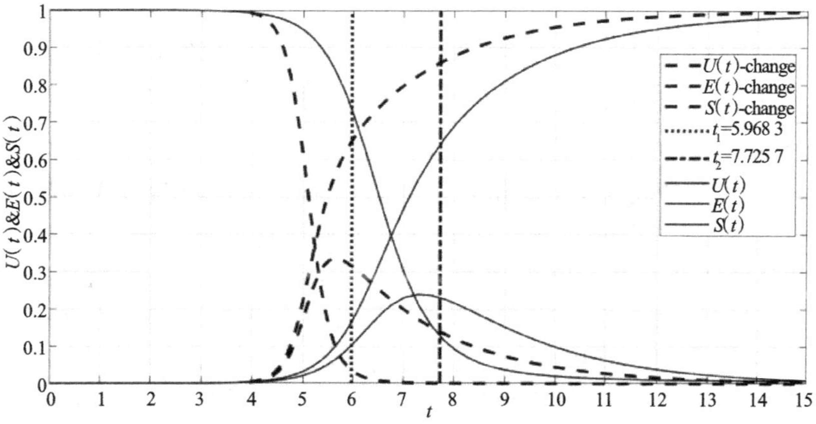

图 2.24　潜伏期提升接触数

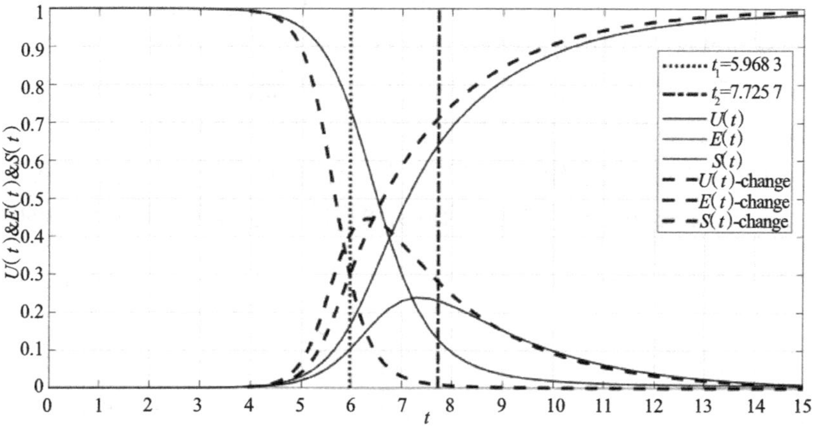

图 2.25　潜伏期降低潜水率

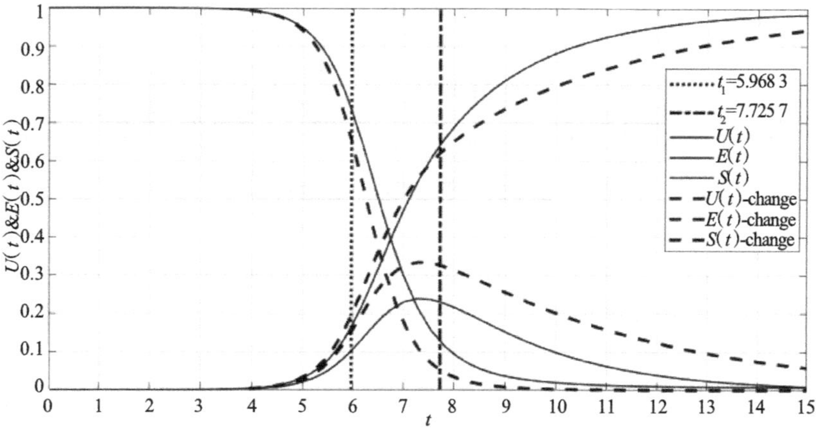

图 2.26　潜伏期降低沉默率

（2）表达期。

在表达期 [5.968 3,7.725 7] 内选择时间节点 $t = 6.502\ 7$，开始将接触数由 5 提升至 10，将潜水率 $1-\delta$ 由 0.5 降低至 0.25，将沉默率 μ 由 0.5 降低至 0.25，绘制民意主体演化模拟图（图 2.27~图 2.29）。

观察发现，与酝酿期改变模型参数相比，在民意表达期同等程度改变参数，对不知情民众和知情沉默者变化影响偏小且基本保持原有演化阶段不变，民意表达者峰值均有所提升且均在原始表达期之内，但相对而言，表达期降低沉默率对提升民意表达者数量比例有一定效果。所以在突发事件发生后，在酝酿期改变参数，提升接触数、降低潜水率和沉默率，争取引导民众关注突发事件的先动优势，是获取民意辅助政府决策的最佳时段。

在表达期，突发事件民意关注点很多，关注点由事件本身转为政府、民众等主体，主要集中于政府应急管理、民意诉求、民意支援等方面，民意强度非常大，这一点有助于政府收集民意信息，快速感知民意诉求，并可以充分利用民众智慧，挖掘更多突发事件应急方法或者策略以及获得更多来源于民众的应急支援，例如人力、物力、智力支援等。在民意倾向方面，民众关注点的转移导致这个阶段的民意倾向由政府、民众等主体行为决定，例如在自然灾害事件中，政府高效的应急救援行为会使酝酿期产生的悲痛、忧虑等消极倾向转为坚定、称赞等积极倾向。此外，民意信息与关注者的数量呈正比，更多的民意信息会为政府提供更多的民意支持，且不同民众之间的信息碰撞可以产生更多有价值、有深度的应急信息，所以引导更多民众各抒己见、公开关注突发事件是政府倾听民声的关键，是发挥民智民力的重要前提。

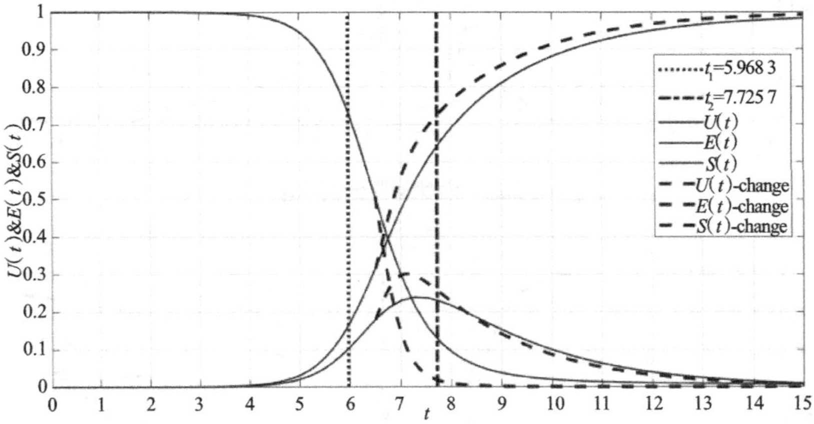

图 2.27 表达期提升接触数

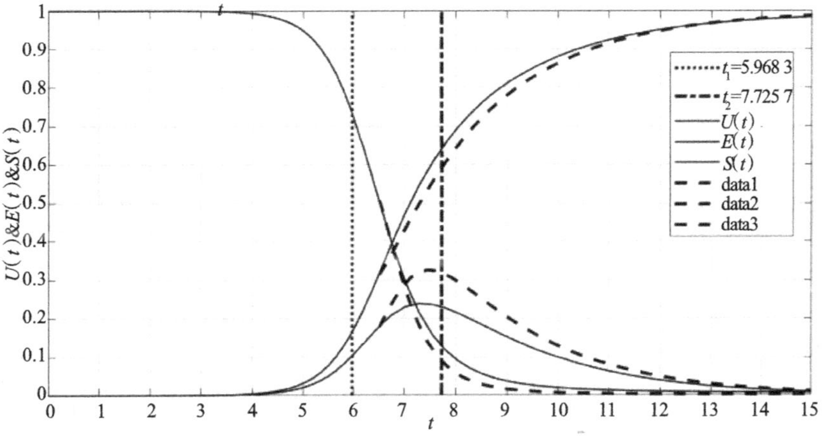

图 2.28　表达期降低潜水率

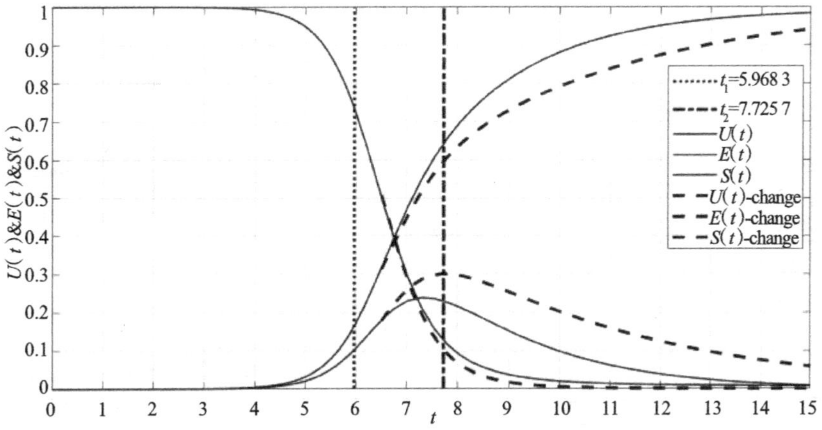

图 2.29　表达期降低沉默率

（3）稳定期。

在稳定期 [7.725 7,15] 内选择时间节点 $t=10.306$，开始将接触数 λ 由 5 提升至 10，将潜水率 $1-\delta$ 由 0.5 降低至 0.25，将沉默率 μ 由 0.5 降低至 0.25，绘制民意主体演化模拟图（图 2.30~图 2.32）。

观察图像发现，在民意稳定期提升接触数、降低潜水率，对民意主体演化基本没有影响，仅仅是降低沉默率对于提升民意表达者数量比例有一定效果。

在经历民意表达期后，稳定期的民意关注者数量增长变缓，数量逐步趋于稳定。民意关注点主要集中于事后恢复与重建等方面，民意强度相对较弱，且民意关注点容易被转移。但如果发生衍生事件或者次生事件，由于民意关注者数量基数大，会使衍生和次生事件在短时间内获得极高关注，所以通过舆情大数据的监测及时挖掘异常点，有助于政府在第一时间感知突发事件的衍生或者次生事件。

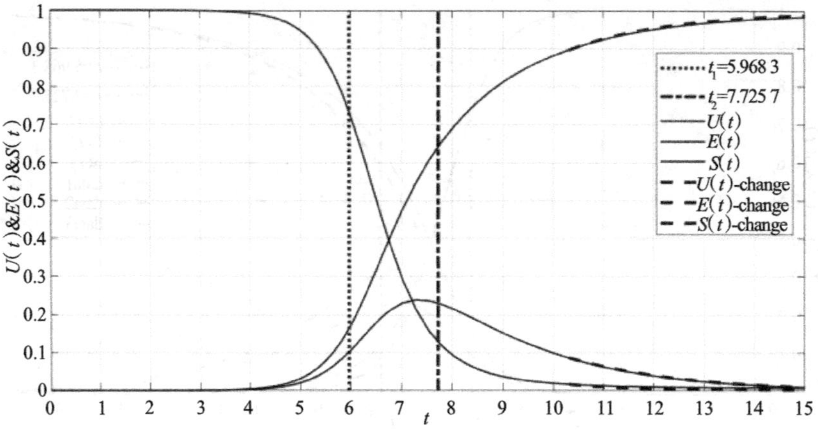

图 2.30 稳定期提升接触数

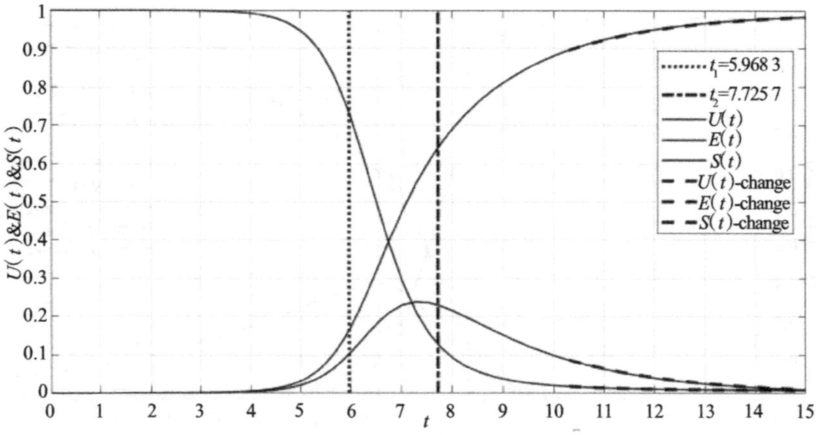

图 2.31 稳定期降低潜水率

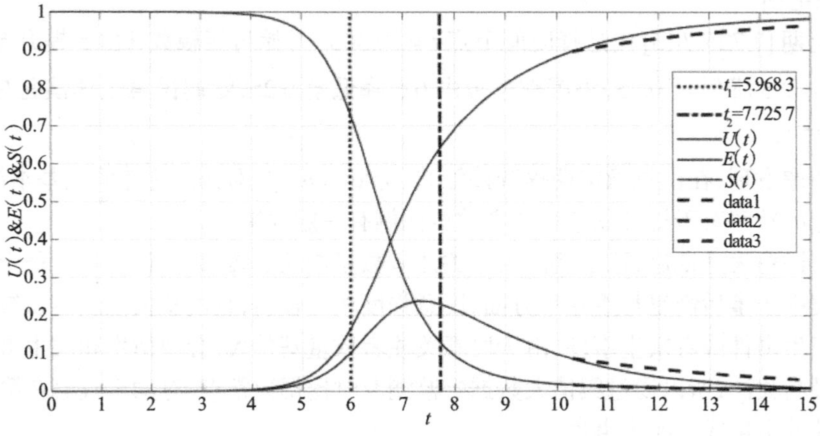

图 2.32 稳定期降低沉默率

第三节　突发事件民意主体演变模式

突发事件民意主体演化 UESD 模型是主体演化的基本模型，现实网络世界会有很多影响因素使得基本模型发生变化，但主体演变亦有规律可循。在 UESD 模型中，潜水率大多由民众对同时段事件或话题的选择偏好决定，沉默率则由民众和所关注的事件决定，接触数则受初期民众影响较大。基于此，本节研究由参数引发的民意主体演变模式——全民瞬息关注模式、关注者转移模式和沉默者回流模式，其中全民瞬息关注模式主要研究在短时间增大接触数的前提下快速提升关注者数量，使突发事件成为全民关注事件（不知情民众趋于零）；关注者转移模式主要研究同时期事件或者话题对突发事件的影响导致潜水率短时间提高的演变机理；沉默者回流模式主要将沉默率进行分解，研究知情沉默者回流成为民意表达者的演变机理。突发事件民意主体演变模式如图 2.39 所示。

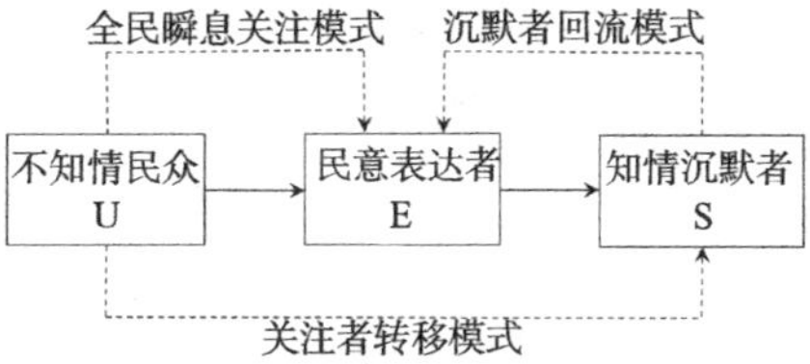

图 2.33　突发事件民意主体演变模式

1. 全民瞬息关注模式

在 UESD 模型中，接触数 λ 均为常数，但在现实网络世界中接触数是变化的，主要受到关注主体的粉丝或者受众数量的影响。再结合数值仿真发现，酝酿期变更接触数对突发事件民意主体影响较大，基于此，首先考虑在酝酿期短时间增加接触数，即赋予接触数一个冲击函数，然后研究突发事件民意主体演变机理。突发事件民意主体演化 UESD 模型为

$$\begin{cases}\dfrac{\mathrm{d}U}{\mathrm{d}t}=-\lambda UE\\ \dfrac{\mathrm{d}E}{\mathrm{d}t}=\lambda\delta UE-\mu E\\ \dfrac{\mathrm{d}S}{\mathrm{d}t}=\lambda(1-\delta)UE+\mu E\\ \dfrac{\mathrm{d}D}{\mathrm{d}t}=N\alpha\lambda\delta UE\end{cases}$$

在加入冲击函数后变为

$$\begin{cases}\dfrac{\mathrm{d}U}{\mathrm{d}t}=-\lambda(t)UE\\ \dfrac{\mathrm{d}E}{\mathrm{d}t}=\lambda(t)\delta UE-\mu E\\ \dfrac{\mathrm{d}S}{\mathrm{d}t}=\lambda(t)(1-\delta)UE+\mu E\\ \dfrac{\mathrm{d}D}{\mathrm{d}t}=N\alpha\lambda(t)\delta UE\end{cases}$$

由于模型没有解析解，故通过数值仿真来进一步研究加入冲击函数之后的民意主体演变机理。令 $\mu=\delta=0.5, u_0=0.999\,999, e_0=0.000\,001, N=10\,000\,000, \alpha=2$，在酝酿期内选择时间段 [0,1] 构建冲击函数

$$\lambda(t)=\begin{cases}200, 0\leqslant t\leqslant 1\\ 5, \quad t>1\end{cases},$$

绘制加入冲击函数 $\lambda(t)$ 之后的民意主体演化对比图（图 2.34）以及舆情信息量变化对比图（图 2.35）。

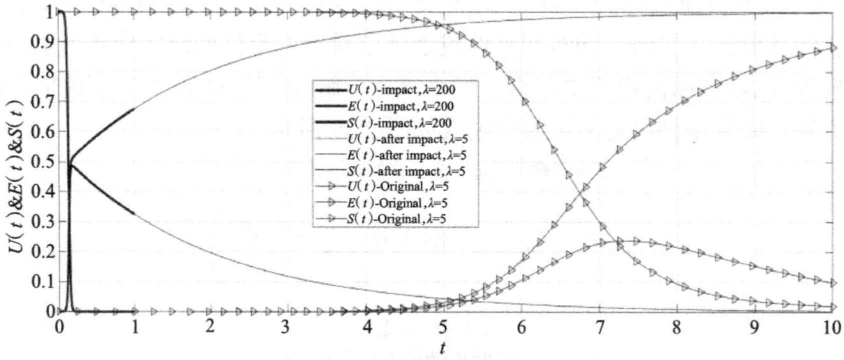

图 2.34 民意主体演化对比图

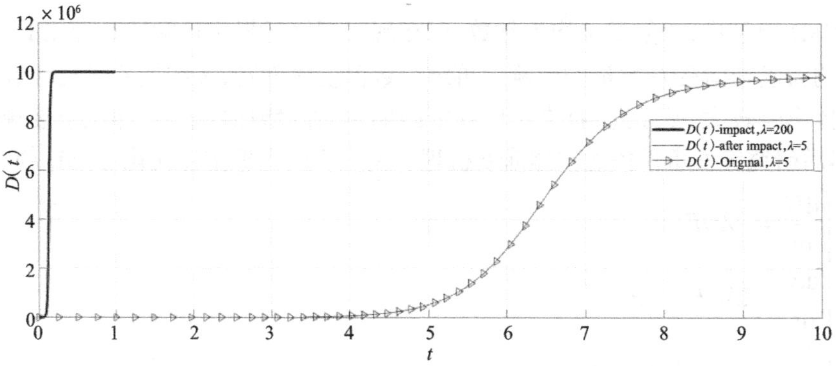

图 2.35 舆情信息量变化对比图

观察图像发现，在酝酿期起点 $0\leqslant t\leqslant 1$，加入时长为 1，接触数为 200 的冲击函数之后，不知情民众瞬间（$t\leqslant 0.2$）趋近于 0，从而达到全民关注的效果，同时，民意表达者峰值也瞬间接近 0.5，此后表达者数量约经历 10 个单位的回落后趋近于 0，而在未加冲击函数的情况下，民众关注速度较慢，民意表达者峰值也很低且经历时间较长；在舆情信息方面，加入冲击函数之后，舆情信息量在短时间内达到饱和程度，而未加冲击函数的情况下，要经历大约 10 个单位才能达到这个效果。在现实世界中，信息量短时间达到饱和程度会使得舆情态势加入更多不确定因素，而时间过长则受到干扰和影响的程度会更大。综合以上两点，在 UESD 模型中，短时间加入高接触数的冲击量，相当于把原始形态曲线向左高度“压缩”，短时间达

到全民关注的效果，但从总体曲线形状看，依然符合 UESD 模型演化规律。

2. 关注者转移模式

在 UESD 模型中，潜水率大多由民众对同时段事件或话题的选择偏好决定，这就导致当突发事件演化周期内，突然发生其他事件或者话题时，不知情民众会在接触突发事件后转移选择关注其他事件或者话题，进而使得潜水率升高。基于此，首先考虑在民意表达期短时间增加潜水率，即赋予潜水率一个突变函数，然后研究突发事件民意主体演变机理。突发事件民意主体演化 UESD 模型为

$$\begin{cases} \dfrac{\mathrm{d}U}{\mathrm{d}t} = -\lambda UE \\ \dfrac{\mathrm{d}E}{\mathrm{d}t} = \lambda\delta UE - \mu E \\ \dfrac{\mathrm{d}S}{\mathrm{d}t} = \lambda(1-\delta)UE + \mu E \\ \dfrac{\mathrm{d}D}{\mathrm{d}t} = N\alpha\lambda\delta UE \end{cases}$$

在加入突变函数后变为

$$\begin{cases} \dfrac{\mathrm{d}U}{\mathrm{d}t} = -\lambda UE \\ \dfrac{\mathrm{d}E}{\mathrm{d}t} = \lambda\delta(t)UE - \mu E \\ \dfrac{\mathrm{d}S}{\mathrm{d}t} = \lambda(1-\delta(t)UE + \mu E \\ \dfrac{\mathrm{d}D}{\mathrm{d}t} = N\alpha\lambda\delta(t)UE \end{cases}$$

由于模型没有解析解，故通过数值仿真来进一步研究加入突变函数之后的民意主体演变机理。令 $\lambda = 5, \mu = 0.5, u_0 = 0.999\,999, e_0 = 0.000\,001, N = 10\,000\,000, \alpha = 2$，在表达期内选择时间段 [0,1] 构建突变函数

$$1-\delta(t) = \begin{cases} 0.5, 0 \leqslant t \leqslant 6.5 \\ 0.99, \quad t > 6.5 \end{cases},$$

绘制在加入突变函数 $1-\delta(t)$ 之后的民意主体演化以及舆情信息量对比图（图 2.36）。

观察图像发现，在民意表达期加入突变函数之后，民意表达者数量比例快速减少，导致舆情信息量几乎停止增长，严重阻碍了突发事件民意表达，另一方面，突变的潜水率使得不知情民众数量比例减少变缓且趋近于 0.1 左右，也就是说潜水率的突变使得关注事件的民众数量减少，而民意资源的减少是不利于政府挖掘民意的。

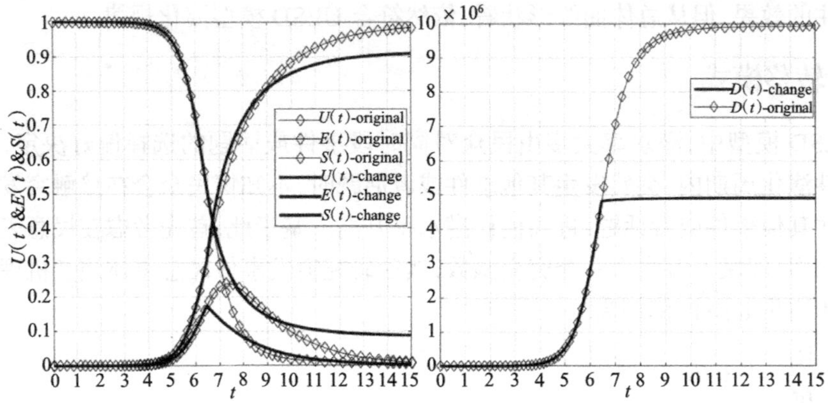

图 2.36 民意主体演化以及舆情信息量对比图

3. 沉默者回流模式

随着突发事件的演化,容易出现次生事件、衍生事件或者事件反转等新的民意关注点,这就导致民意主体演化趋势会发生变化,很明显的一点就是当新关注点产生后,很多沉默者"回流"关注事件,表达自身观点而成为民意表达者。此外,在知情沉默者之中含有隐性表达者,即通过浏览、搜索、点赞等方式关注事件但却没有发布信息的民众,当突发事件中的某些话题产生后,会使得这部分知情沉默者发布信息、表达观点,进而回流成为民意表达者。基于以上考虑,需要在原有 UESD 模型的基础上,加入由知情沉默者到民意表达者的短时间回流函数 $r(t)$,这一点改变了原有民意主体演化规律,更使得舆情信息量发生变化,如图 2.37 所示。

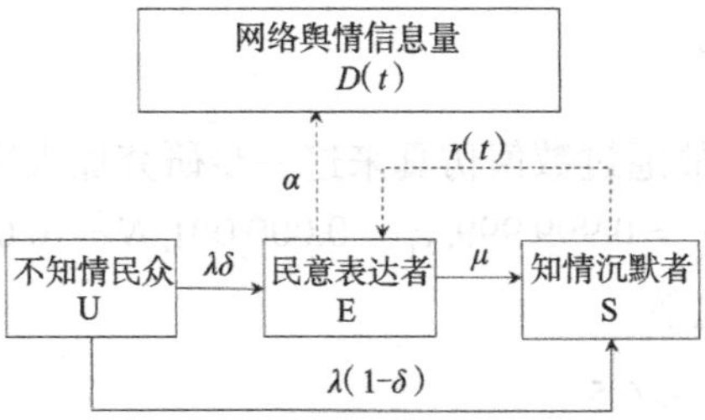

图 2.37 加入回流函数的 UESD 模型

突发事件民意主体演化 UESD 模型为

$$\begin{cases}\dfrac{\mathrm{d}U}{\mathrm{d}t}=-\lambda UE\\ \dfrac{\mathrm{d}E}{\mathrm{d}t}=\lambda\delta UE-\mu E\\ \dfrac{\mathrm{d}S}{\mathrm{d}t}=\lambda(1-\delta)UE+\mu E\\ \dfrac{\mathrm{d}D}{\mathrm{d}t}=N\alpha\lambda\delta UE\end{cases}$$

在加入回流函数后变为

$$\begin{cases}\dfrac{\mathrm{d}U}{\mathrm{d}t}=-\lambda UE\\ \dfrac{\mathrm{d}E}{\mathrm{d}t}=\lambda\delta UE-\mu E+r(t)S\\ \dfrac{\mathrm{d}S}{\mathrm{d}t}=\lambda(1-\delta)UE+\mu E-r(t)S\\ \dfrac{\mathrm{d}D}{\mathrm{d}t}=N\alpha(\lambda\delta UE+r(t)S)\end{cases}$$

由于模型没有解析解，故通过数值仿真来进一步研究加入回流函数之后的民意主体演变机理。令 $\lambda=5,\ \mu=\delta=0.5,\ u_0=0.999\,999,\ e_0=0.000\,001,\ N=10\,000\,000,\ \alpha=2$，在稳定期内选择时间段 [10.306,12.924 3] 构建回流函数

$$r(t)=0.5\times(t-10.306)\times(12.924\,3-t)$$

同时绘制模型仿真数值解曲线，如图 2.38 和图 2.39 所示。

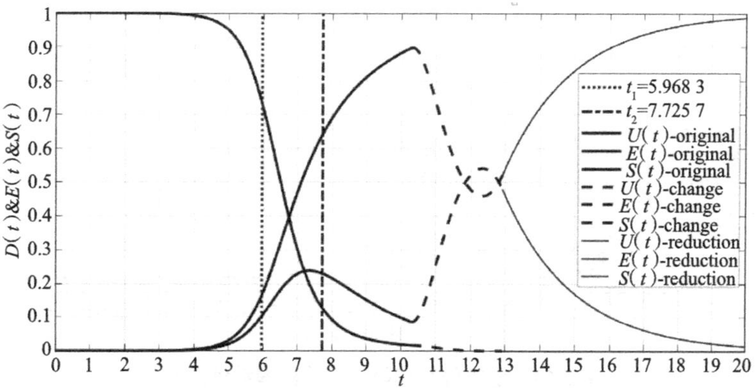

图 2.38　民意主体演变数值仿真

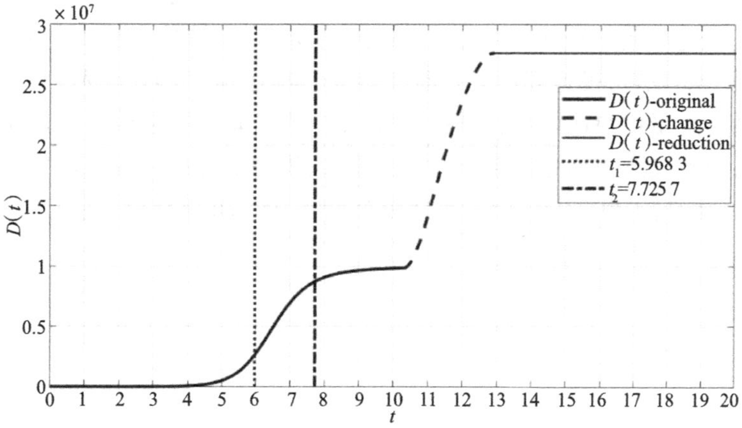

图 2.39　舆情信息量演变数值仿真

观察图像发现，在稳定期加入时长为 2.618 3 的回流函数之后，民意表达者数量比例快速增加，出现第二个峰值，且由于“惯性”导致民意表达者数量比例回落时间较长，这两点共同促使网络舆情信息量突破原有信息上限而快速增加，使得舆情信息演化呈现“双 S”形，由此也可以很好地解释衍生事件、次生事件或是事件反转发生后，舆情统计数据呈现多个峰值，而累积信息量则呈现“多 S”形。与此同时，不知情民众基本没有变化，依然处于全民知情状态，民意表达者数量增加导致知情沉默者数量比例减少，两者之间是一种“互补”关系。

以重庆公交车坠江事件为例，2018 年 10 月 28 日 10 时，重庆市一辆公交车与一辆小轿车发生相撞并坠入江中，引发大量民众关注，民意关注点主要围绕事件救援、小轿车司机逆行导致事故等展开，11 月 2 日，在公交车坠江事件新闻发布会上，公布了车上监控视频，该事件起因系乘客与司机激烈争执互殴致车辆失控，进而引发舆情反转，引发民众关注乘客素质、公共安全意识等，舆情信息快速扩散。通过舆情监测软件获取该事件微博数据（2018.10.28—2018.11.5），涉及时间 325 h，微博统计数据约 18 万，如图 2.40 所示。

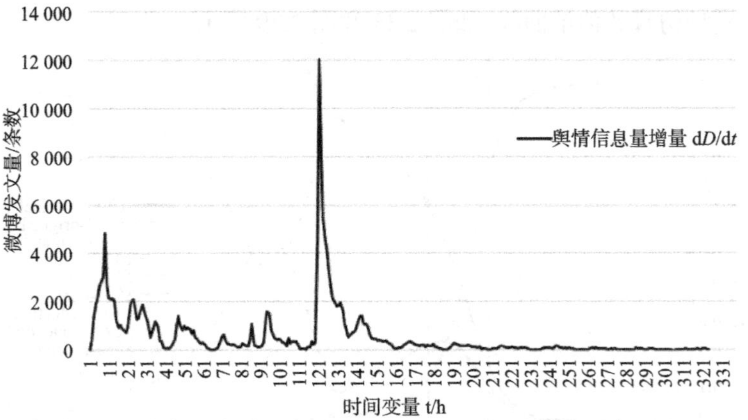

图 2.40 重庆公交车坠江事件微博统计数据

通过整理发文作者信息及对应发表微博信息，绘制民意表达者数量、舆情信息量曲线（图 2.41）。观察图像可见，当 $t<122$（注：$t=122$，2018 年 11 月 2 日 11 时）时，民意表达者在形成峰值之后递减趋于稳定，演化逐步进入稳定期，舆情信息量曲线也趋于稳定；当 $t\geqslant 122$ 时，舆情开始反转，民意表达者在形成第二个峰值（约为 9 000 人）后逐步趋于平缓，与此同时，舆情信息量也快速增加，最终趋于稳定。纵观整个突发事件演化周期，由于突发事件出现反转，导致民意表达者数量出现两个峰值，舆情信息量曲线呈现“双 S”形，这一点与模型理论研究相符合，也证明了突发事件民意主体演化 UESD 建模的合理性。

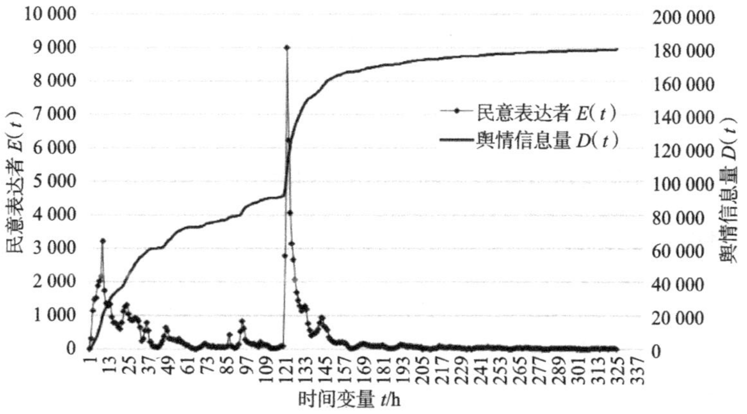

图 2.41　民意表达者数量、舆情信息量曲线

第四节　突发事件民意表达主体交互建模

通过研究突发事件民意演化 UESD 模型，从宏观层面得到不同民意主体在不同时段的演化趋势及可能发生演变的几种常见模式。通过更进一步的分析发现，作为政府感知民意的重要对象，也是产生突发事件网络舆情的核心主体，民意表达者受民众个体的学识、年龄、工作、情感、公信力等因素影响，导致民意表达者个体影响力差距很大，所以需要从微观层面研究民意表达者内部演化规律，为更好开展突发事件民意分析，辅助政府决策提供全面的理论支持。

综合考虑民意表达者群体的影响力和传播力，将民意表达者分为高级表达者（A）和初级表达者（P），前者主要指拥有大量关注者或者粉丝的民意表达者，其数量规模较小但影响力和传播力巨大，例如新闻媒体、网络“大 V”等；后者主要指普通网民，其数量规模很大但影响力和传播力较小。高级表达者可以影响初级表达者对突发事件的态度，可以使更多不知情民众转化为民意关注者，而初级表达者的规模在某种程度上反映着网络舆情热度，网络舆论热度越大，越能吸引更多的高级表达者关注突发事件。因此，研究两种民意表达者交互机理，深层次研究接触数的影响，以及估计高级表达者影响力，是从微观层面研究民意表达者内部演化规律的关键问题。

1. 基本假设

当初级表达者独立存在时，由于初级表达者占民意表达者的比例非常大，所以比较接近民意表达者累计值曲线形态，即呈现 S 形，可应用 Logistic 模型作为初级表达者演化的基础模型；当高级表达者独立存在时，则与自身基数呈正比。综合以上两点，得出突发事件民意表达者演化基础假设模型

$$\begin{cases} \dfrac{\mathrm{d}A}{\mathrm{d}t} = r_1 A \\ \dfrac{\mathrm{d}P}{\mathrm{d}t} = r_2 P\left(1 - \dfrac{P}{N}\right) \end{cases}$$

其中r_1、r_2为主体数量增长率，$1-\frac{P}{N}$为初级表达者增长剩余空间，且

$$\frac{\mathrm{d}A}{\mathrm{d}t}+\frac{\mathrm{d}P}{\mathrm{d}t}=E(t)\ .$$

即高级表达者和初级表达者导数之和为USED模型中民意表达者数量。

2. 民意表达主体交互模型

描述高级表达者对初级表达者的影响程度，构建描述影响范围的量化指标，即影响参数σ。如果x、y代表两个主体变量，且满足

$$y=\sigma\cdot x$$

则代表主体x对主体y的影响程度。

首先，对于初级表达者，高级表达者对其影响可增加其剩余空间，使得初级表达者未来有更多的增长空间，例如当网络"大V"参与关注突发事件后，其一部分粉丝或者关注者也会陆续关注突发事件，这就增加了初级表达者增长的剩余空间。基于此，在高级表达者关注突发事件后，假设单位数量高级表达者对初级表达者的影响为$\beta\frac{A}{M}$，则

$$\frac{\mathrm{d}P}{\mathrm{d}t}=r_2P\left(1-\frac{P}{N}+\beta\frac{A}{M}\right)$$

其次，对于高级表达者来说，关注突发事件后，其数量增长率受未来潜在的初级表达者数量的影响，潜在的初级表达者越多，高级表达者增长越快。假设单位数量的初级表达者对高级表达者的影响为$\alpha\frac{P}{N}$，则

$$\frac{\mathrm{d}A}{\mathrm{d}t}=r_1A\left(1-\alpha\frac{P}{N}\right)$$

综合以上两点，得出突发事件民意表达主体交互模型为

$$\begin{cases}\frac{\mathrm{d}A}{\mathrm{d}t}=r_1A\left(1-\alpha\frac{P}{N}\right)\\ \frac{\mathrm{d}P}{\mathrm{d}t}=r_2P\left(1-\frac{P}{N}+\beta\frac{A}{M}\right)\end{cases}$$

该模型没有解析解，需要研究其解的稳定性及研究数值解的性质。

3. 模型分析

令

$$\begin{cases}\frac{\mathrm{d}A}{\mathrm{d}t}=r_1A\left(1-\alpha\frac{P}{N}\right)=0\\ \frac{\mathrm{d}P}{\mathrm{d}t}=r_2P\left(1-\frac{P}{N}+\beta\frac{A}{M}\right)=0\end{cases}$$

得到平衡点

$$M_1(0,0)\ ,M(0,N)\ ,P_3\left(\frac{1-\alpha}{\alpha\beta}M,\frac{1}{\alpha}N\right)。$$

按照判别平衡点稳定性方法及模型假设,仅在 $\alpha<1$ 时,P_3 稳定,其余平衡点均不稳定或者不满足模型假设。令 $\alpha=0.1, \beta=0.5, a_0=2, p_0=100, r_1=0.5, r_2=2, N_1=100, N_2=10\,000$,通过 MATLAB 绘制模型仿真数值解曲线和民意表达者数量(图 2.42 和图 2.43)。

观察图像发现,高级表达者和初级表达者由未交互状态:

$$N_1=100, N_2=10\,000$$

变化为交互后状态:

$$N_1=1\,800, N_2=10\,000,$$

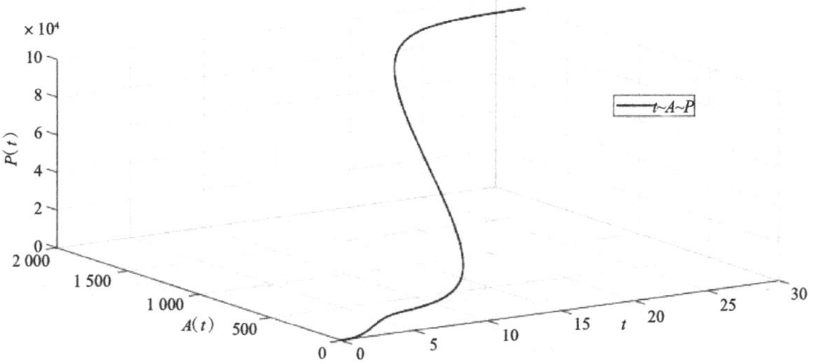

图 2.42 模型仿真数值解曲线

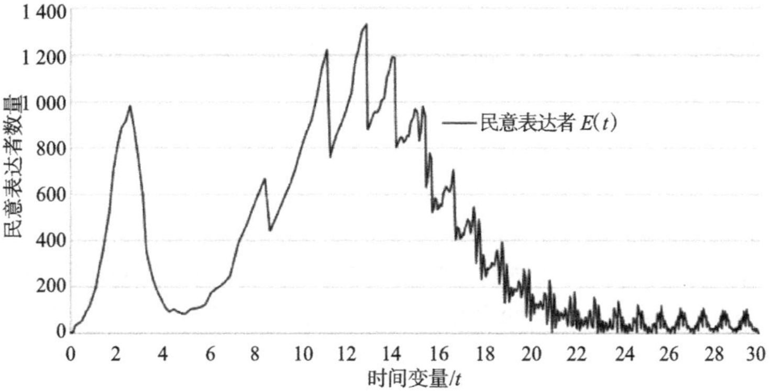

图 2.43 民意表达者数量

可见,主体交互作用明显,高级表达者数量的增加促使初级表达者快速增加,网络舆情热度增加,与此同时,舆情规模的扩大又吸引更多高级表达者加入,这种循环交互作用在较大程度上提升了民意表达者总量,这同时也揭示了提升接触数能够使得民意表达者比例 $E(t)$ 快速增加的机理,通过民意表达者数量曲线能很清晰地看到这种交互作用。更进一步观察初级表达者曲线会发现,该曲线为双 S 结构,其中第一个 S 形主要由高级表达者影响增长（ $r_1=2$ ）较快所致，而第二个 S 形则由自身增长较慢（ $r_2=0.5$ ）所致，即数量增长不同步，导致交互量出现延迟，进而呈现多重增长的双 S 结构。

4. 基于舆情大数据的民意表达主体交互预测

在舆情大数据环境下，可以通过舆情监测软件及时获取民意表达者数据，在进行主体分类之后，可以获得高级表达者和初级表达者的数据，据此可以估计模型相关参数，进而开展民意表达主体交互预测。将民意表达主体交互模型

$$\begin{cases}\dfrac{\mathrm{d}A}{\mathrm{d}t}=r_1A\left(1-\alpha\dfrac{P}{N}\right)\\ \dfrac{\mathrm{d}P}{\mathrm{d}t}=r_2P\left(1-\dfrac{P}{N}+\beta\dfrac{A}{M}\right)\end{cases}$$

变成其对应的差分方程组

$$\begin{cases}\Delta A(k)=r_1A(k)+\dfrac{r_1\alpha}{N}A(k)P(k)\\ \Delta P(k)=r_2P(k)-\dfrac{r_2}{N}P(k)^2+\dfrac{r_2\beta}{M}A(k)P(k)\end{cases}$$

其中 $\Delta A(k)=A(k)-A(k-1)$, $\Delta P(k)=P(k)-P(k-1)$, $k=1,2$, $A(k)$ 和 $P(k)$ 是突发事件民意表达者统计数据，$x_1(k),x_1^2(k)$ 为监测时间点。差分方程组中差分 $\Delta A(k)$ 与 $A(k)$ 、$A(k)P(k)$ 呈现二元线性关系，差分 $\Delta P(k)$ 与 $P(k)$ 、$P(k)^2$ 、$A(k)P(k)$ 呈现三元线性关系，应用多元线性回归分析可以获取回归系数

$$r_1、\frac{r_1\alpha}{N}、r_2、\frac{r_2}{N}、\frac{r_2\beta}{M}。$$

在获取模型参数之后，可以通过构建仿真模型来预测突发事件民意表达主体交互程度以及开展交互趋势预测。

5. 实证研究

1 ）数据来源

选取 2019 年鼠疫疫情作为案例验证模型，通过舆情监测软件（ yuqing.gsdata.cn ）获取鼠疫舆情（ 2019.11.8—2019.12.31 ）微博数据 10 万条，并整理获得民意表达者数量，绘制曲线，如图 2.44 所示。

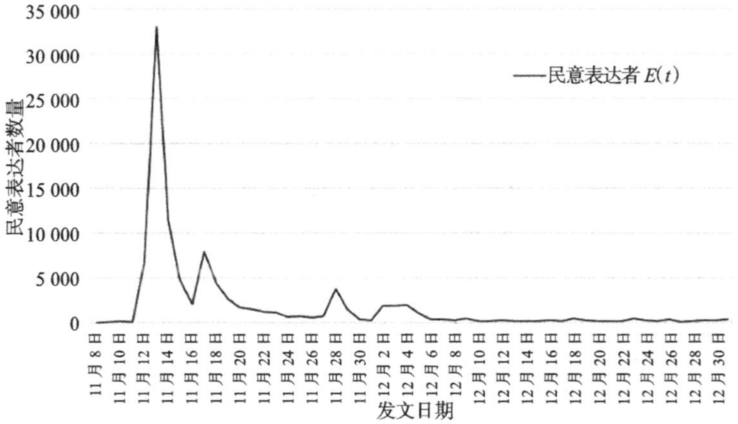

图 2.44　鼠疫舆情微博数据

以 10 万粉丝为分界线，对民意表达者进行分类，拥有粉丝数量大于 10 万的用户定义为高级表达者，拥有粉丝数量小于 10 万的用户定义为初级表达者，并整理两类主体数量，绘制数据对比图（图 2.45）。

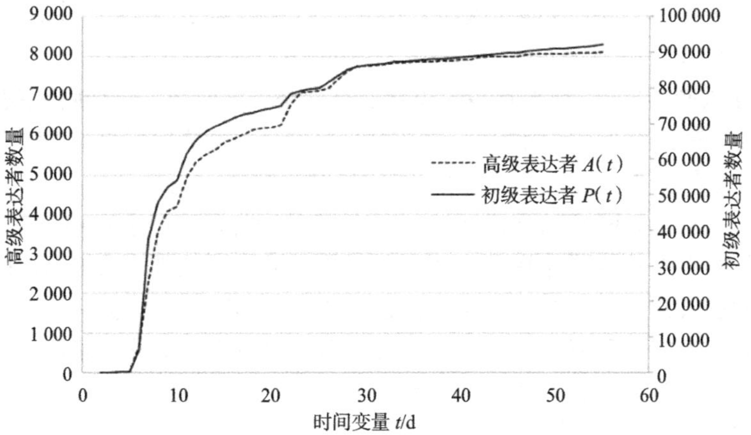

图 2.45　高级表达者和初级表达者数量图

2）验证分析

根据原始数据分别构建向量 $\Delta A(k)$、$A(k)$、$A(k)P(k)$、$\Delta P(k)$、$P(k)$、$P(k)^2$、$A(k)P(k)$，并通过回归分析计算回归系数得

$$r_1 = 0.318\,791;\ r_2 = 0.456\,229;\ \alpha = 0.490\,559;$$

$$N = 43\,377.357\,262; \frac{M}{\beta} = 3\,330.868\,724。$$

将参数带入模型绘制模型解，同时根据舆情监测软件获取的数据绘制散点图（图 2.46）。通过对比发现，模型解和真实值吻合程度较好，基本能够反映高级表达者和初级表达者的交互程度，并能据此开展预测。

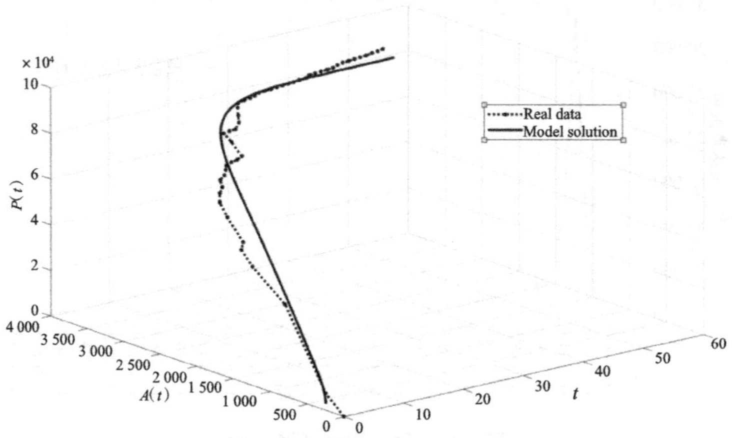

图 2.46　模型解和真实数据对比图

第五节　突发事件异常民意主体作用建模

第 46 次《中国互联网络发展状况统计报告》显示，截至 2020 年 6 月，我国网民规模达 9.4 亿人，互联网普及率达 67.0%，其中网络新闻用户规模为 7.25 亿人，占网民整体的 77.1%。随着互联网的发展，越来越多的民众通过网络了解时事、表达观点、提出诉求，舆情信息成为政府了解民意的“风向标”。但在特定条件下，舆情信息亦会成为风险的“孕育场”，特别是在突发事件发生后，网络中存在的异常用户通过传播负面、消极、虚假、煽动性信息破坏网络生态、误导网络民意，对正常主体的传播行为造成严重影响。在突发事件民意产生和传播的过程中，研究异常民意主体在此过程中的作用机理，评估其作用效果，有利于引导民意良性发展，并为政府处理异常民意主体的活动提供理论参考。

本节通过对异常民意主体进行分析，在突发事件民意正常演化的情况下考虑异常民意主体的作用效果，描述异常民意主体作用后民意的演化过程，并构建微分方程模型，研究有异常民意主体参与的突发事件民意演化规律，以期为后续研究提供支持，也为政府应对异常民意主体提供参考。

1. 异常民意主体

异常民意主体是相对于正常民意主体而存在的，在构建突发事件异常民意主体作用影响模型前，从定性分析角度出发对异常民意主体的性质及产生效果的机理进行讨论是有必要的。

1）异常民意主体性质分析

在突发事件发生后，不同主体都会对相关事件进行讨论，具体来说这些主体可以分为普通网民、意见领袖、官方媒体、网络水军四类，这些主体皆处于舆情大数据的环境中。其中异常民意主体主要指网络水军，可以认为异常民意主体是突发事件发生后，为经济利益受雇于组织或个人，并通过社交媒体传播负面、虚假、炒作信息的账号。正常主体与异常民意主体之间的根本区别在于是否有金钱给付行为,即某账号是否将自己的发言权“让渡”给雇佣者。对于普通网民来说,其被虚假舆论引导后亦会发布与异常民意主体相似的内容,但区别是并无“雇佣”关系存在,所以其不在异常民意主体的讨论范围内;意见领袖则具有复杂性的特点,其是否属于异常民意主体需根据实际情况讨论,但本研究亦仅假设其为正面舆论的引导者①,即意见领袖是可降低谣言负面影响的正常民意表达主体;官方媒体不属于表达民意的主体,而是接受民意的主体,所以其亦不在讨论范围内。突发事件中的异常主体相关账号主要有两个来源,其一属于自然人,即现实中的用户将自己表达信息的权利“贩卖”给需要的人,在特定的事件中成为异常民意主体;其二源于社交机器人,即网络公关公司在互联网中利用社交机器人虚拟出现实自然人,并基于利益因素通过“灌水行为”帮助雇主实现特定目的。

2)异常民意主体影响机理

明晰异常民意主体存在的原因,分析其作用影响的机理,有助于加深政府等管理者对突发事件民意在异常民意主体影响下演化情况的认知。以下针对异常民意主体作用过程中涉及的 3 个主体,即雇主、异常民意主体、普通网民,并从环境、动力、手段、目标等 4 个方面对其进行分析。

异常民意主体在一定环境条件下产生,正是这些环境条件的存在给异常民意主体的产生及存续提供了支撑,相关条件大致可分为三类:一是利益需求条件,随着虚拟社会与现实社会的重叠,“注意力”“流量”成为互联网经济的重要影响因素,各方主体在互联网上争夺的实质是普通网民的“关注度”,网络中的无意识“灌水”行为被网络公关公司统合到一起,通过贩卖虚假“关注度”,或利用“灌水”吸引真实“关注度”并以此牟利;二是泛娱乐化的兴起,泛娱乐化在一定程度上消解了崇高感,并使娱乐因素充斥于互联网的各个角落,在此情况下新奇、低俗、负面、消极的事件更能吸引网民的关注,异常民意主体能存在的原因很大一部分在于其迎合了网民对此类事件的兴趣;三是议程设置的转移,随着互联网技术的发展,自媒体时代已然来临,这使网络媒体具有了更强的交互性、自由性和开放性,议程设置的权力亦开始向普通民众转移,这也为异常民意主体效用的产生提供了支撑。

雇主的金钱给付行为是异常民意主体开展行动的直接动力来源,在这个过程中雇主需提出一定的需求,该需求会以“注意力”的形式体现,即吸引或转移“注意力”,吸引“注意力”是为了引起关注,转移“注意力”是为了设定新的热点话题,分散民众对当前事件的关注,其本质仍是吸引“注意力”,这些需求将演化为异常民意主体行为的特定目标。异常民意主体在“金钱”的驱使下展开行动,并通过一定手段影响参与某事件的普通网民,网民会在互联网中寻求自身的角色定位,根据其角色的不同倾向形成不同的群体,个体在群体中必然会考虑群体的态度,即异常民意主体会通过大量发帖营造出一种假性的群体态度,进而利用“沉默螺旋”效应引导“民意”朝目标方向发展,且在该环境下易产生群体性极化。异常民意主体利用特定手段影响普通网民,当手段产生效果后,“流量”将被吸引到某突发事件或某特定情绪中并汇集形成“民意”,异常民意主体凭此对“民意”进行引导,最终完成特定目标。异常民意主体影响机理如图 2.47 所示。

① 袁丹灿,段耀勇,兰月新,等.三种群网络舆论空间生态研究[J].情报杂志,2015,34(7):153-160.

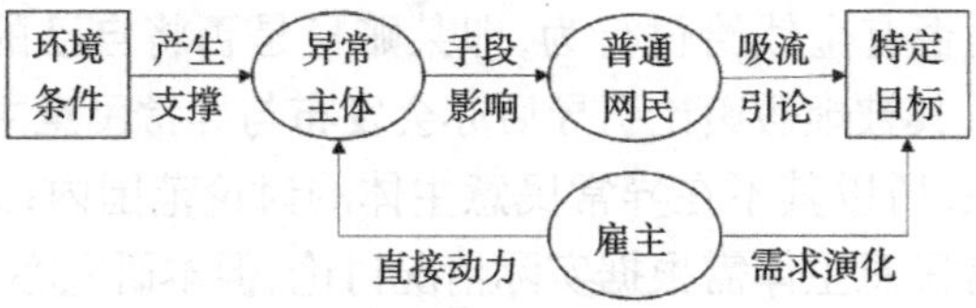

图 2.47 异常民意主体影响机理图

2. 突发事件异常民意主体作用演化模型

1)模型假设

以微博平台为研究对象,从发帖量的角度看,突发事件发生后异常民意主体会发布一系列带有特定倾向的消息,这些刻意制造的信息将混杂在正常消息中,并对正常舆论生态产生影响。设微博的发文量为x,且x是关于时间的连续可微函数,即$x=x(t)$,初始时刻的发文量$x(0)=x_0$;若突发事件正常演化,即无异常民意主体参与,则设此情况下微博发文量最大值为K;突发事件民意除正常演化的情况外,还可能受异常民意主体的影响,此时设单位时间内异常民意主体发文量为y。

2)模型构建

首先,在突发事件民意正常演化的情况下,将微博发文量的增长率设为$r(x)$,易知,在单位时间内发文量的变化速率$\dfrac{\mathrm{d}x}{\mathrm{d}t}$与发文量的增长率$r(x)$和该时刻的发文量$x$成正比,即:$\dfrac{\mathrm{d}x}{\mathrm{d}t}=r(x)\times x$。

在突发事件民意演化的过程中,发帖量以固有速率r增加,但是受突发事件本身性质及网民兴趣饱和度等因素的影响,用户发帖量不会无限制地增长,而是存在一个饱和值K,在增长到K值的过程中,增长率$r(x)$会随着发帖量$x(x)$的增加而减小,其减小的程度与扩散空间$\left(1-\dfrac{x}{K}\right)$有关,需要强调的是$x$为该时刻微博中关于某突发事件的总发帖数,可得:

$$r(x)=r\times\left(1-\frac{x}{K}\right) \tag{1}$$

令此时发文量变化速率$\dfrac{\mathrm{d}x}{\mathrm{d}t}=f(x)$,将$r(x)$的表达式带入易得:

$$f(x)=r\times x\times\left(1-\frac{x}{K}\right) \tag{2}$$

单位时间内异常民意主体发帖量为y,突发事件中异常民意主体特意发布的消息与有关该事件的正常舆情信息相互混合,即单位时间内异常民意主体发帖数与此时正常民意主体发帖数之和为网络中呈现出的发帖量变换情况,设异常民意主体作用后微博中发文量变化率为$F(x)$,易得:

$$F(x)=r\times x\times\left(1-\frac{x}{K}\right)+y \qquad (3)$$

异常民意主体采用不同的发帖策略会产生不同的发帖效果，主要来说有以下 2 种策略。第一是等比发布策略，即异常民意主体考虑在正常舆论环境中的竞争能力，其发帖量与网络中同时刻发帖总量成正比，比例常数 E 表示单位时间内异常民意主体的发帖强度，即“灌水”强度；第二是等量发布策略，即网络公关公司不考虑其他因素，单位时间内皆发布数量固定的帖子。在现实情况中，第二种策略使用频率较小，网络公关公司在进行“灌水”时通常采用更加有效的等比发布策略，以下对该策略进行详细讨论。

若异常民意主体根据现有发帖量 x 按照固定“灌水”强度 E 发帖，则 $y=Ex$，易得异常民意主体作用后的模型为：

$$F(x)=r\times x\times\left(1-\frac{x}{K}\right)+Ex \qquad (4)$$

3）模型分析

取 $r=0.65$、$K=500$、$E=0.2$、$x_0=1$，利用 Python 中的 matplotlib 库绘制如图 2.48 所示图形，对比突发事件民意正常演化和有异常民意主体“灌水”2 种情况下微博发帖量的变化。由图易知，该情况下二者变化趋势相似，皆以“S”形曲线的形式开始增加并最终稳定到某固定值，但在有异常民意主体“灌水”作用的情况下，突发事件发帖量到达稳定点的时间与正常演化相比更早，且稳定后的总发帖量更高。突发事件正常演化时其发帖量稳定点为 K，有异常民意主体影响后稳定点数值增加，以下对异常民意主体作用后的稳定点作进一步讨论。

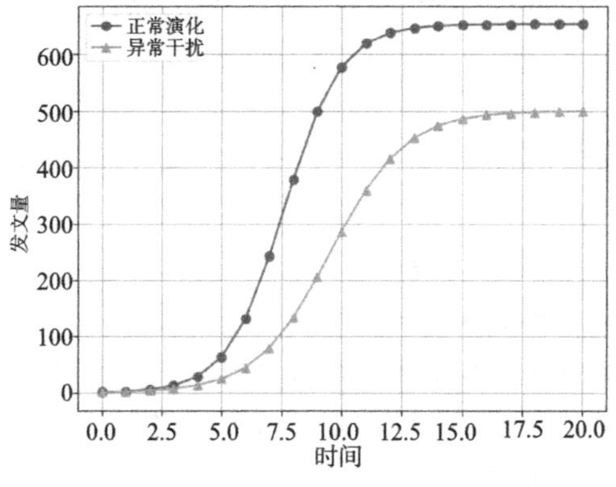

图 2.48　正常演化和异常民意主体干扰演化对比图

对模型稳定点进行讨论时，并不需要对方程（4）进行求解以得到 $x(t)$ 的动态变化过程，仅需讨论异常民意主体作用后突发事件民意的稳定量和保持稳定的条件，即 $t\to\infty$ 时，微博发帖量 $x(t)$ 的趋向，基于此对该模型进行分析。$F(x)$ 表示异常民意主体按照等比发布策略发帖时单位时间内微博中发帖量的变化情况，令：

$$F(x)=r\times x\times\left(1-\frac{x}{K}\right)+Ex=0$$

可得平衡点$x_1=0$，$x_2=K\left(1+\frac{E}{r}\right)$，即发帖总量到达$x_1$或$x_2$时，帖子停止增长，得到平衡点后仍需考察平衡点的稳定性，且易得

$$F'(x)=-\frac{2r}{k}x+r+E \tag{5}$$

则此时$F'(x_1)=r+E, F'(x_2)=-(r+E)$，现实情况下$r$和$E$满足$r>0$、$E>0$，也就是说当$x=x_1$时$F'(x)>0$，当$x=x_2$时$F'(x)<0$，故模型在$x_1$点不稳定，发帖量在$x_1=0$点后将增加，当发帖量增达$x_2$后模型将达到稳定状态，且发帖量稳定于$K\left(1+\frac{E}{r}\right)$，这亦与图2.48中数值模拟的情况相符。

3. 突发事件异常民意主体作用效果分析

研究异常民意主体影响机理并从发帖数视角出发构建模型描述异常民意主体在突发事件民意中的动态影响，为相关实际工作提供理论参考和策略支撑，仍需对异常民意主体的影响效果作进一步分析，以下从异常主体"灌水"的强度、比率、时间3个方面对其作用效果进行分析。

1）异常民意主体"灌水"强度分析

发布强度E亦指"灌水"强度，异常民意主体参与突发事件的发帖有一个前提，即存在"金钱给付"的行为，在这个过程中雇佣者基于特定目的利用异常民意主体发布信息，通过"金钱给付"与异常民意主体进行"利益交换"以达成目的，在该情况下雇佣者会基于"利益"因素衡量自身雇佣异常民意主体的收益，净收益的存在是该雇佣行为的基础，基于此易得雇主净收益公式：

$$T=\alpha E-\beta Ex \tag{6}$$

其中，T表示雇佣者的净收益，收益减去支出即为净收益；α表示收益系数，根据突发事件的不同类型和雇主欲实现目标的不同其大小亦不相同，且在此过程中雇主的收益不应以异常民意主体发帖数衡量，而应以"灌水"强度E度量，E能表征某时刻异常民意主体发帖量占当前总发帖量的百分比，以此衡量收益相较于用异常民意主体的发帖数衡量更为合适；β表示支出系数，该系数与雇佣异常民意主体的单价及雇主承担的风险成正比，且雇主所负担的成本与异常民意主体的发帖量直接相关，在整个过程中当收益大于支出时即可获得净收益，反之雇主将不会继续雇佣异常民意主体。

已知在等比发布策略下，单位时间内微博中发帖量的变化情况为$F(x)=rx\left(1-\frac{x}{K}\right)+Ex$，此时发帖量到达$K\left(1+\frac{E}{r}\right)$后保持稳定点，即当发帖量到达该值后结束对相关突发事件的讨论。探究在净收益存在的条件下异常民意主体发布强度E的临界值，将$K\left(1+\frac{E}{r}\right)$带入公式

（6）可得

$$T=-\frac{\beta K}{r}*E^2+(\alpha-\beta K)*E$$

求“灌水”强度E的临界值，则令$T=0$，可得$E_1=0$、$E_2=r\left(\frac{\alpha}{\beta K}-1\right)$，且雇主雇佣异常民意主体需有净收益存在，则$T>0$，据公式（6）变化为$\alpha E>\beta EK\left(1+\frac{E}{r}\right)$，化简可得：$\frac{\alpha}{\beta K}>1+\frac{E}{r}$，且易知$E>0$、$r>0$，则$\frac{\alpha}{\beta K}>1$，遂可得$E_2>0$，即“灌水”强度临界值为$r\left(\frac{\alpha}{\beta K}-1\right)$，当“灌水”强度$0<E<r\left(\frac{\alpha}{\beta K}-1\right)$时，雇佣异常民意主体是有利可图的，反之，当$E>r\left(\frac{\alpha}{\beta K}-1\right)$时，支出大于收益，此时雇佣行为无存在基础，则此情况下无异常民意主体干扰，总的来说“灌水”强度的范围是$0\leqslant E\leqslant r\left(\frac{\alpha}{\beta K}-1\right)$。

异常民意主体采取不同的“灌水”强度E进行“灌水”时，不同天数下的发帖量如图2.49所示，可以看出不同“灌水”强度下发帖数随时间的变化情况类似，皆是先增加后减小，不同的是随着“灌水”强度E不断增大并到达临界值，发帖数峰值亦不断升高，且峰值左移，到达峰值的时间也有所提前。

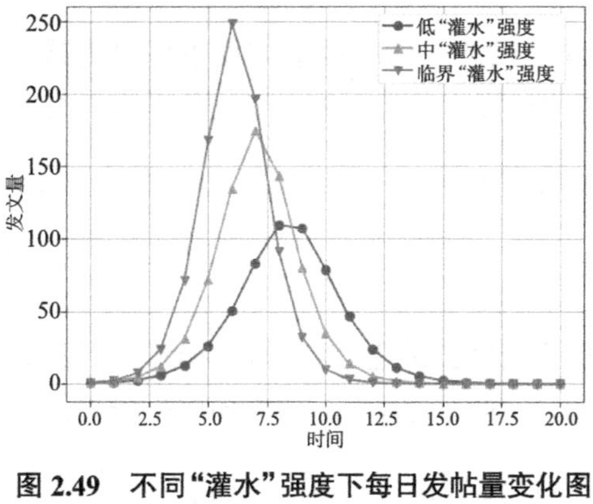

图2.49　不同“灌水”强度下每日发帖量变化图

2）异常民意主体“灌水”比率分析

在突发事件发生后，雇主雇佣异常民意主体发帖以吸引或转移网民对相关事件的关注，但其发布的多是负面、虚假、炒作性的信息，甚至是在歪曲事实后由其他异常民意主体对其进行讨论，营造出一种高发帖量的情形，创造出一种虚假的热度，这些虚假热度可以用“灌水”比率表示，可以通过两种方式对“灌水”比率进行讨论：第一，对比二者总发文量之差，热度在社交媒体上最直接的体现是发帖数，发帖量的差距能直接体现“灌水”比率；第二，对比异常民意主体作用后不同时刻单位时间内的发帖量，即发帖速率随时间的变化情况，通过该方式对比异常民意主体干扰后事件热度最高时单位时间内的发帖量与正常演化最高热度时的差距,并以此讨论"灌水"比率。

(1)比较正常演化与异常民意主体干扰后微博中总发文量的差距。经前文讨论已知突发事件正常演化和异常民意主体干扰后发文量分别稳定在 $x_1=K$ 与 $x_2=K\left(1+\frac{E}{r}\right)$,如图 2.50 所示。易得 $\frac{x_2-x_1}{x_2}=\frac{E}{r+E}$,且通过单调性的定义易判断出在定义域 $0\leqslant E\leqslant r\left(\frac{\alpha}{\beta K}-1\right)$ 内 $\frac{E}{r+E}$ 单调递增,即在 r 固定的情况下其随着"灌水"强度 E 的增加而增加,综合考虑净收益代入 E 的最大取值可得最大"灌水"量占比为 $1-\frac{\beta K}{\alpha}$。

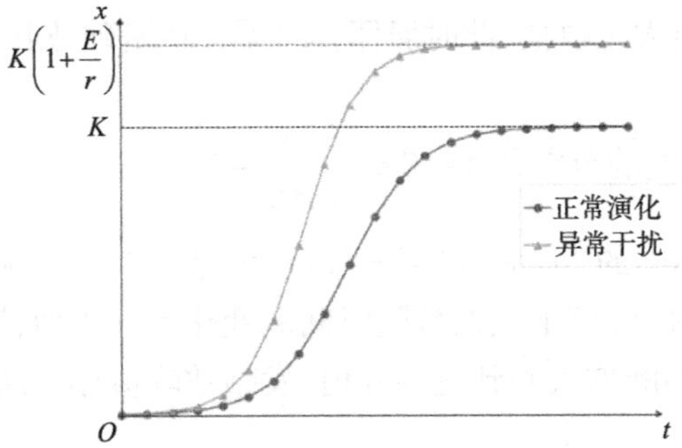

图 2.50 不同情况下最终发帖量差异图

(2)比较正常演化与异常民意主体干扰下突发事件热度最高时单位时间发文量的差距。已知,突发事件正常演化过程中单位时间内微博发帖量变化情况为公式(2),对其求导可得 $f'(x)=-\frac{2r}{K}x+r$;异常民意主体参与后发帖量变化情况为公式(4),对其进行求导可得 $F'(x)$ 即公式(5)。令 $f'(x)=0$、$F'(x)=0$,可得 $x_3=\frac{K}{2}$、$x_4=\frac{K}{2}+\frac{E}{r}$,二者发文变化速率与发文量的关系如图 2.51 所示,当发文量达 x_3、x_4 时 2 种情况下发文速率分别到达最大值,此后单位时间内发文量开始减小,那么随着时间的增加单位时间内发文量亦是先增加后减小,即如图 2.52 所示,易知峰值点分别为 $f(x_3)=\frac{rK}{4}$、$F(x_4)=\frac{K(r+E)^2}{4r}$,易得:$\frac{F(x_4)-f(x_3)}{F(x_4)}=\frac{E(2r+E)}{(r+E)^2}$,也就是说异常主体作用能提高的"灌水"速率百分比为 $\frac{E(2r+E)}{(r+E)^2}$,同理易知其在定义域 $0\leqslant E\leqslant r\left(\frac{\alpha}{\beta K}-1\right)$ 内为增函数,考虑净收益代入临界值 $E=r\left(\frac{\alpha}{\beta K}-1\right)$,可得最高发帖速率"灌水"比为 $1-\left(\frac{\beta K}{\alpha}\right)^2$。

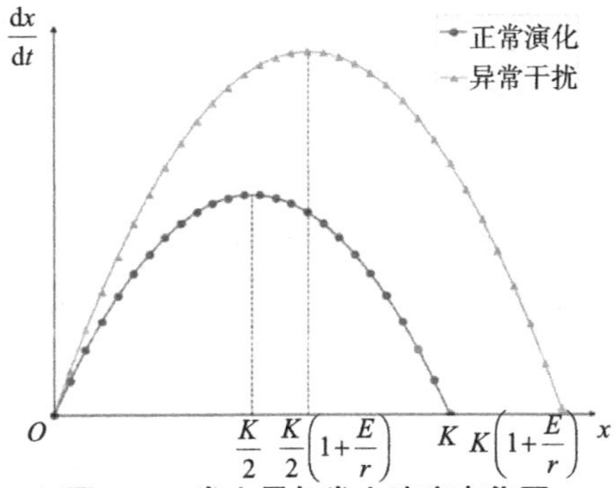

图 2.51　发文量与发文速度变化图

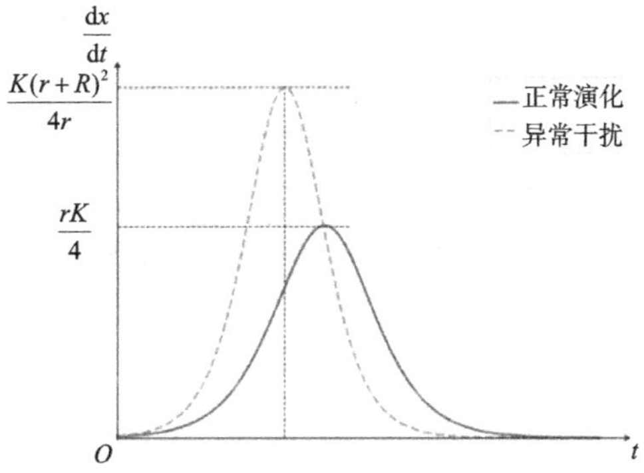

图 2.52　时间与发文速度变化图

3)异常民意主体“灌水”时间分析

“灌水”时间分析,即对比异常民意主体在不同时间段作用与否所产生的不同效果。在实际情况中,雇主为了特定目的通过歪曲、捏造事实引发相关突发事件话题,在该情况下,相关突发事件话题由异常民意主体发起,则异常民意主体的“灌水”行为可能会在事件整个演化过程中持续,亦有可能在引发一定关注后停止,即全期“灌水”与前期“灌水”后期停止。如图 2.53 所示,对比上述 2 种情况与突发事件正常演化发帖量的变化情况,可以看出, 3 条曲线变化情况类似,若异常民意主体在整个演化过程中持续其“灌水”行为,则事件结束后发文量最高,前期“灌水”后期停止的情况与突发事件正常演化时期最终发文量相同,但其演化时间更短,发文量能更早达到稳定值。如图 2.54 所示,对比它们每日新增的发文量,亦能看出,若异常民意主体仅在前期产生效用而后期停止,整个突发事件演化时间缩短,且单日新增发文量的峰值亦有所提前。在突发事件演化过程中,异常民意主体的作用是不仅能提高最终发帖量,亦能缩短相关事件的演化时间,并使对事件进行最激烈讨论的时间点提前,可以看出异常民意主体作用时间越长,突发事件民意演化也越激烈。

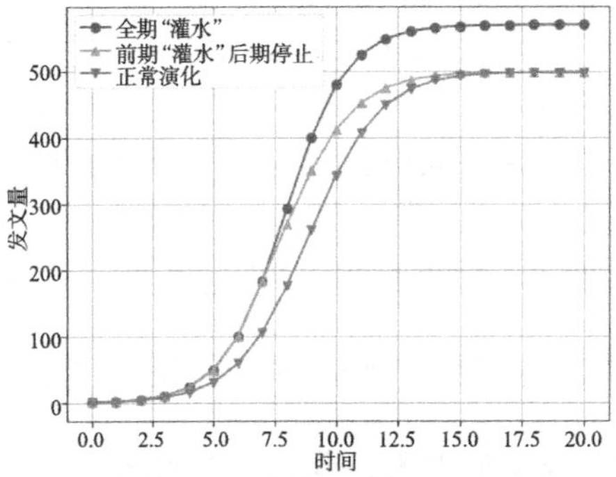

图 2.53　仅前期灌水发帖量对比图

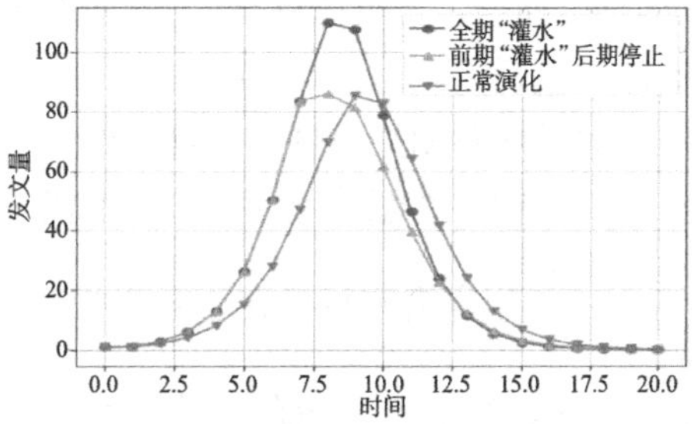

图 2.54　仅前期灌水新增发帖量变化图

突发事件发生后正常演化,若有特定目的的雇主关注到相关突发事件,则会在不特定的时间雇佣异常民意主体干扰突发事件正常演化,在这个过程中,异常民意主体产生作用的时间不同,事件演化的进程亦不相同。若将突发事件演化分为初期、中期、后期 3 个阶段,异常民意主体分别在 3 个时期对相关事件进行干扰,即分别在这 3 个不同时期进行“灌水”。如

图 2.55 所示，对比初期、中期及后期“灌水”与事件正常演化的区别，可以看出，异常民意主体“灌水”后最终发帖量相同，但是异常民意主体越早参与，相关事件发帖量亦能越早达到稳定值。对比每日的新增发帖量，如图 2.56 所示，相比于异常民意主体前期“灌水”，异常民意主体中期“灌水”单日发帖的峰值有所推迟，这也意味着异常民意主体越早作用，突发事件演化亦越激烈，且异常民意主体若是在后期“灌水”，即在正常演化峰值过后才开始干预，则单日发帖量会出现“双峰”，这意味着异常民意主体通过“灌水”再次提升了相关突发事件的热度。

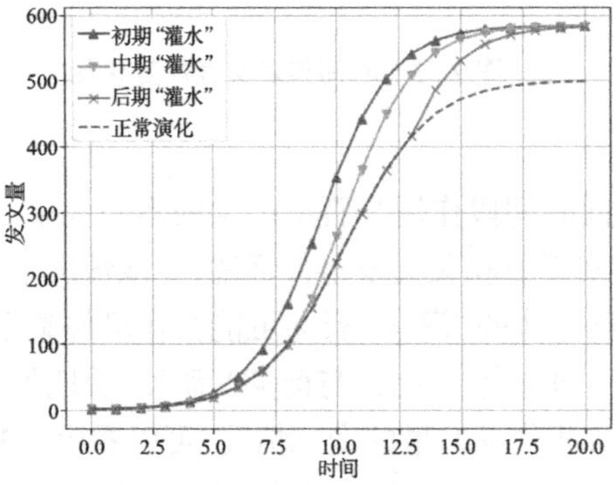

图 2.55 不同时期“灌水”发帖量变化图

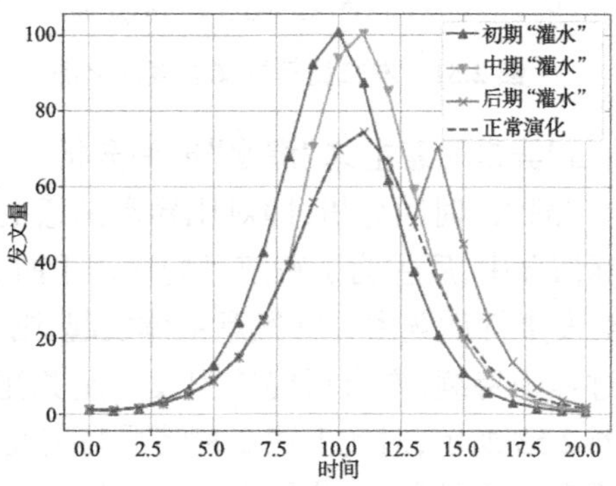

图 2.56 不同时期“灌水”新增发帖量变化图

4. 突发事件异常民意主体作用的应对策略

在研究突发事件异常民意主体作用演化模型的基础上，通过研究模型作用效果及其中涉及的各项参数，易知应降低帖子增长率 r 和收益系数 α，提高支出系数 β，具体控制策略如下。

第一，帖子增长率 r 与突发事件的性质直接相关，若该事件触及大多数民众利益或能引起大部分民众的情感共鸣，则该事件能产生很高的“关注度”，民众亦会通过发帖表达其情感及诉求，即通过发帖表达民意，欲调控异常民意主体在相关事件的负面作用，政府需在相关事件发生后及时公布权威信息，并对负面事件展开调查回应，把握舆论引导的“时、度、效”，消除民众对相关事件的负面情绪，增长率 r 自然会随之下降。

第二，异常民意主体产生效用需有净收益的存在，此时“灌水”强度 E 最高能取 $r\left(\dfrac{\alpha}{\beta K}-1\right)$，相应措施目标在于减小“灌水”强度，即降低收益系数 α。政府应进一步加强信息公开，并建立科学、系统的网络发言人制度，推动网络监管及网络收入的透明化，完善相关税收制度，这些措施能在一定程度上增加雇主雇佣异常民意主体的机会成本，从而降低收益系数 α 值。

第三，减少“灌水”强度 E 亦可通过提高支出系数 β 实现，支出系数用以衡量异常民意主体每发布一篇“灌水”帖所要付出的成本，包括金钱及其他风险成本。对于社交平台来说，应加强对自身的监督，健全自身的监管体系以识别处理异常民意主体散布的负面、虚假信息，并给予相关账号“封号”“禁言”等处罚，提高会员注册门槛，这不仅能对用户进一步筛选，还能提高用户黏度。

第四，对于政府而言，提高支出系数 β 可以通过加强管理、完善法规来实现。增补针对异常民意主体处理的法律空白，明确相关行为的违法界限并制定相应处罚细则，使得政府在应对相关事件时能够有法可依，同时相关法律、法规的补全亦能对雇佣者起到震慑作用，也就是说雇佣者雇佣异常民意主体或网络公关公司运营异常民意主体所承担的风险加大，即提高了支出系数 β。

5. 总结

本研究分析了异常民意主体的性质及其产生作用影响的机理，并构建数学模型描述了异常民意主体在突发事件中的“灌水”行为，通过模型分析及异常民意主体作用效果模拟，可以得出以下 4 个主要结论。

（1）异常民意主体作用后，对于特定突发事件的最终发帖讨论数由 K 增加到 $K\left(1+\frac{E}{r}\right)$。

（2）考虑雇主雇佣异常民意主体的花费和收益，得到“灌水”强度 E 的临界值，同时在综合考虑净收益的前提下其取值为 $0 \leqslant E \leqslant r\left(\frac{\alpha}{\beta K}-1\right)$。

（3）异常民意主体对相关突发事件“灌水”后，相关事件最终发帖量之差占比为“灌水”后的 $\frac{E}{r+E}$，考虑雇主净收益后得 $1-\frac{\beta K}{\alpha}$；单位时间最高发文量之差的占比为“灌水”后的 $\frac{E(2r+E)}{(r+E)^2}$，考虑雇主净收益后得 $1-\left(\frac{\beta K}{\alpha}\right)^2$。两类“灌水”比例皆可衡量由异常民意主体“灌水”行为引发的虚拟热度。

（4）相较于突发事件正常演化，异常民意主体“灌水”能提高突发事件最终的发帖总量，缩短突发事件民意的演化时间，且单日新增发帖量的峰值亦能被提高或使相关事件二次爆发，这说明异常民意主体作用后突发事件的演化过程更加激烈复杂。

总之，本节通过对异常民意主体产生效用的机理进行分析，构建了相关数学模型，研究了突发事件民意在异常民意主体作用下的变化情况和规律，并得出相关结论，提出针对性措施，以期为政府处理异常民意主体干扰后的突发事件提供理论参考。

第三章 突发事件民意主题分析

民意主题是突发事件民意模型的组成要素之一,也是民意的表现形式之一。本章按照“理论分析-常态建模-异常建模”的总体思路,具体研究内容依照如下思路进行:(单一)主题演化规律→(多个)主题演变规律→(多个)观点交互规律→网上网下交互机制→负面言语行为→主题信息异化规律→民意信息与网络谣言耦合规律。从单一到多元,从宏观主题到具体观点,从网上交互到网上网下交互,从负面言语行为(现象)到主题信息异化规律(本质),从一般性异化规律到特殊性异化规律(谣言),通过缜密的逻辑思路,整合本章研究内容,全面、深入研究突发事件民意主题的基础机理、常态规律和异常规律。

本章围绕民意主题展开,取得了以下成果:①系统建构民意主题传播规律模型体系,包括常态模型和衍生模型;创新性提出民意主题传播阶段划分方法,实现传播阶段的定量划分;提出了民意主题传播趋势预测思路和方法,解决了民意主题传播“分析-预测”一体化的问题,为后续研究提供了理论基础;②建模研究民意主题变迁、主题关联规律;③建模研究民意观点交互规律,并多场景、分阶段研究普通网民与作用主体之间的观点交互过程;④确定网上网下信息交互的影响因素;⑤分析负面民意言语行为的引发因素和适应指向,并提出相应治理策略;⑥从最差模式、中和模式和最优模式 3 种场景,建模研究民意主题信息异化控制规律;⑦明晰网络谣言对民意信息的影响机理,建模研究民意信息和网络谣言的耦合规律并进行耦合趋势预测。

本章内容框架如图 3.1 所示。

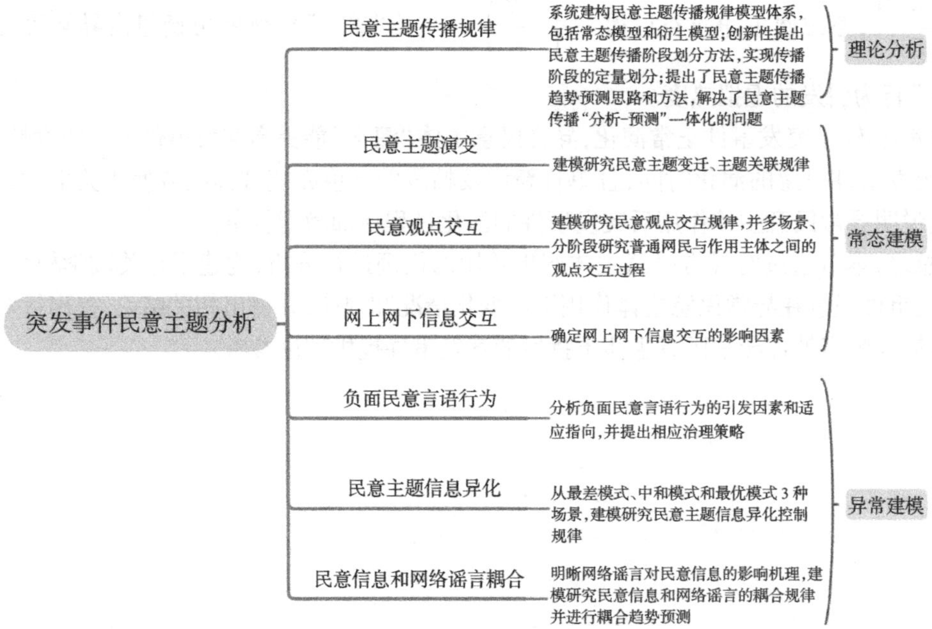

图 3.1 突发事件民意主题分析

第一节 突发事件民意主题传播规律建模[①]

1. 民意主题传播特征

随着信息、网络技术的进步，民意主题传播相对于传统的线下民意传播，呈现出大数据特征、可量化性、可度量周期性、可预测性等诸多特征。

1）突发事件民意主题传播的大数据特征

互联网高普及率背景下的民意主题传播已经具备明显的大数据特征，表现在以下方面。①多量性（volume）。主要体现在突发事件民意主题传播信息量巨大、传播源头数量多、传播平台数量多、传播主体数量多等方面。②多样性（variety）。主要体现在突发事件民意主题信息结构多样、民意主题反映的网民情感种类多、民意主题传播主体类型多等方面。③高速性（velocity）。主要体现在突发事件民意主题产生速度快、传播速度快、情感极化速度快等方面。④价值性（value）。突发事件民意主题价值密度小但其中蕴含意义重大，民意主题是网络社会背景下感知民情民意、把握社会心态的重要路径。⑤在线性（online）。突发事件民意主题数据永远在线，能够随时调用和计算，这是其区别于线下民意的重要方面。

2）突发事件民意主题传播的可量化性

突发事件民意主题传播是抽象的、虚拟的，其传播过程是传播主体生产、传递信息的过程，这些信息具有明显的数据在线特征，所以，通过网络爬虫等信息技术可以比较便捷、完整地获取民意主题传播的数据。通过对这些民意主题传播数据进行建模分析，可以推断和感知民意主题传播程度、传播主体数量变化程度和情感演化程度等，更进一步地，通过量化建模，还可以实现民意主题传播可视化，进而量化整个民意主题传播过程，这些量化研究是深层次探索民意主题传播机理、定量描述民意主题传播规律的基础。

3）民意主题传播的可度量周期性

民意主题信息作为网络信息的一种，满足网络信息生命周期理论，因此民意主题传播具有周期性。按照信息生命周期理论，网络信息生命周期可以定性分为多个阶段，例如可划分为产生、采集、组织、开发、利用、处置等 6 个阶段[②]或者引入期、发展期、稳定期、衰退期、失效期等 5 个阶段[③]等，但如何定量划分信息生命周期，仍少见创新性研究[④]。由于民意主题传播具有周期性、可量化性、数据在线性等特征，可以通过数据建模，构建民意主题传播规律模型，进而定量地划分民意主题传播阶段。民意主题传播的可度量周期性是民意主题传播机理的核心问题，可为信息生命周期理论中划分阶段研究提供新的视角和方法。

4）民意主题传播的可预测性

大数据的核心是预测，实现民意主题传播趋势预测是大数据应用的必然趋势。通过信息技术获取民意主题数据后，可以发现民意主题数据实质是多维度、复杂的时间序列，所有

① 夏一雪. 网络话题传播规律建模与预测问题研究[J]. 现代情报，2019，39（4）：3-12.

② 罗贤春. 网络信息生命周期[J]. 图书馆学研究，2004（2）：51-53.

③ 马费成，苏小敏. 网络信息生命阶段的模糊识别研究[J]. 情报科学，2012，30（9）：1 277-1 283.

④ 索传军. 试论信息生命周期的概念及研究内容[J]. 图书情报工作，2010，54（13）：5-9.

民意主题中的变量都会根据时间的变化而变化。基于此,可以选择时间序列预测方法进行多维度的数据预测,进而预测民意主题传播程度,也可以先根据民意主题数据构建民意主题传播模型,然后再根据数理模型开展预测,抑或综合以上多种方法开展组合预测。通过预测民意主题传播过程,可以推断网民参与程度、情感演化趋势等,为政府感知网络民意提供技术路径,同时可以敏锐感知由网络谣言、虚假信息、网络水军等引发的民意主题传播的异常现象,为网络社会治理提供参考依据。

2. 民意主题传播规律模型

1)建模核心变量选择问题

根据民意主题传播的大数据特征和可量化性,在民意主题传播过程中,传播主体生产、传递信息的形式多样,包括原创、转发、评论、点赞、收藏等,这些生产和传递形式均对民意主题传播产生影响。所以,全面考虑民意主题传播影响要素、选择核心变量,是民意主题传播规律建模的关键问题。首先,原创、转发等信息直接影响民意主题传播程度,是确定民意主题传播核心变量的主要数据;其次,评论、点赞、收藏等信息不能脱离原创或转发而存在,但却影响民意主题传播,是确定民意主题传播核心变量的次要数据。基于此,综合考虑主要数据和次要数据,定义民意主题传播量为

$$F=\sum M_i(a_i,b_i,c_i)X_i+\sum N_i(a_i,b_i,c_i)Y_i$$

其中 X_i 和 Y_i 分别代表原创和转发信息,$M_i(a_i,b_i,c_i)$ 和 $N_i(a_i,b_i,c_i)$ 分别代表原创和转发信息权重,其数值由该条原创或转发信息中的评论、点赞、收藏数量确定。

2)民意主题传播规律建模

(1)民意主题传播常态模型。

根据前文对民意主题传播量的定义,假设民意主题传播量是关于时间的连续可微函数,即 $F=F(t)$,民意主题传播量初值($t=0$ 时)为 F_0,则 $F(t)$ 是单调递增函数。由于民意主题传播具有周期性,所以民意主题传播量存在上限,假设上限为 K。在某个时间段 Δt 内,传播量增长量为 ΔF,所以民意主题传播量增长率为

$$\frac{\Delta F}{F\Delta t}$$

但由于受民意主题传播量上限的影响,民意主题增长率与民意主题信息饱和率 $\frac{F}{K}$ 有关,即饱和率大小影响增长率的变化程度。当时间段 $\Delta t\to 0$ 时,民意主题增长率与饱和率之间存在函数关系 f,进而得到民意主题传播的常态模型

$$\frac{\mathrm{d}F}{F\mathrm{d}t}=f\left(\frac{F}{K}\right) \text{或} \frac{\mathrm{d}F}{\mathrm{d}t}=Ff\left(\frac{F}{K}\right)$$

更进一步地,饱和率越小,民意主题增长空间越大,故增长率越大;反之,饱和率越大,民意主题增长空间越小,故增长率越小,所以,一般情况下,函数 f 为减函数结构。为得出模型具体表达式,可以构造减函数 f,例如

$$r\left(1-\frac{F}{K}\right),\ -r\ln\frac{F}{K},\ r\left(1-\left(\frac{F}{K}\right)^{\theta}\right),\ re^{1-F/K}-d,\ r\frac{1-\frac{F}{K}}{1+\frac{aF}{K}}$$ 等，

其中参数 r 代表传播量固有增长率，θ、d、a 等皆为不同类型的传播参数，据此便得到若干个描述民意主题传播规律的常态模型。

（2）常态模型对应的衍生模型。

在实际研究过程中，根据不同的研究角度、深度以及应用场景，需要对基本模型进行改进，进而得出常态模型对应的衍生模型。

①当研究通过数据拟合确定模型具体参数时，需要考虑离散结构模型；

②当研究民意主题增长率的变化情况时，需要考虑变增长率模型；

③当民意主题出现衍生时，需要考虑变上限模型；

④当考虑民意主题的时空影响时，需要考虑偏微分方程模型；

⑤当考虑民意主题传播量饱和率的延迟影响时，需要考虑时滞结构模型；

⑥当考虑网络推手或者网络水军对民意的影响时，需要考虑加入控制项的情况；

⑦当考虑多个民意主题之间的相互影响时，需要考虑方程组结构模型。

以

$$\frac{dF}{dt}=-rF\ln\frac{F}{K}$$

模型为常态模型构造对应衍生模型（图 3.2）。

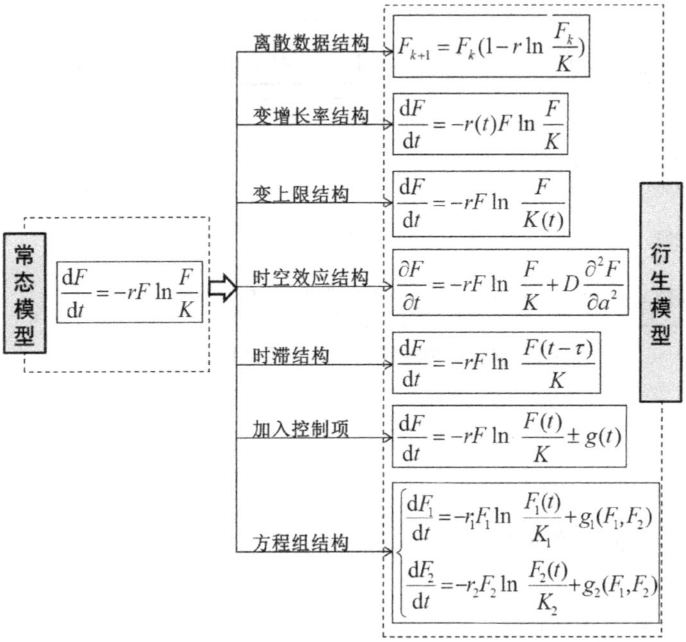

图 3.2　常态模型对应的衍生模型

在实际研究过程中,需要根据具体的民意主题数据确定传播量,然后根据数据形态和变化程度确定常态模型,再通过数据验证推断外部影响的程度,进而判断是否应用衍生模型,最后,在此基础上研究民意主题传播阶段以及传播趋势预测等机理问题(图 3.3)。

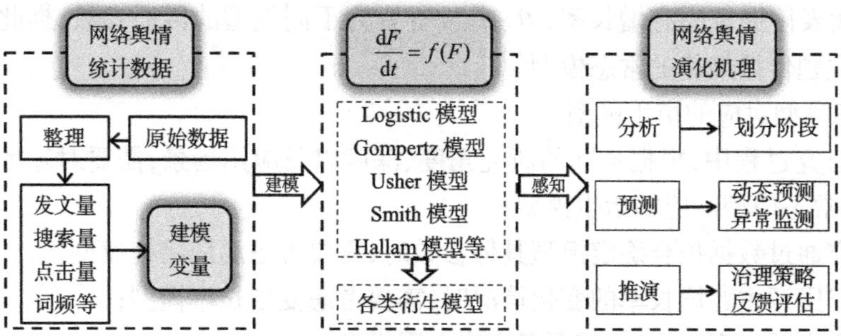

图 3.3　民意主题传播模型应用思路

3)模型分析

在确定民意主题传播规律模型后,可以通过模型分析划分传播阶段,为深入研究民意主题传播机理提供参考依据。由于民意主题传播规律模型

$$\frac{dF}{dt}=Ff\left(\frac{F}{K}\right)$$

是连续性模型,民意主题传播阶段划分问题转化为民意主题传播规律模型曲线的分区问题,即通过微积分计算,确定曲线的若干个关键节点,然后据此划分传播阶段(图 3.4)。

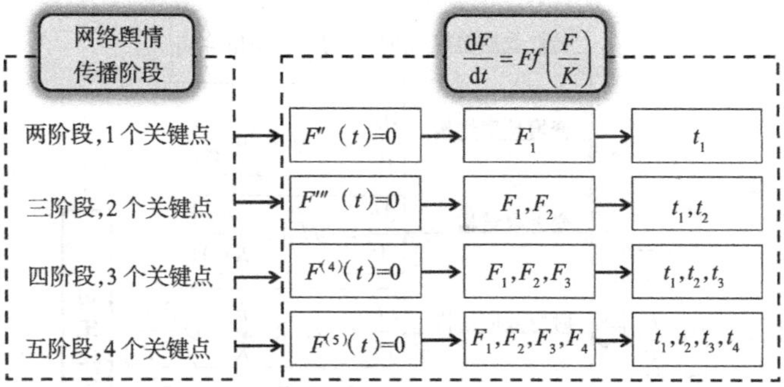

图 3.4　划分民意主题传播阶段思路图

以

$$\frac{dF}{dt}=-rF\ln\frac{F}{K}$$

模型为例确定民意主题传播阶段,分别令

$$F''(t)=0\,,\;F'''(t)=0\,,\;F^{(4)}(t)=0\,,\;F^{(5)}(t)=0$$

计算各方程对应的根,得到划分阶段关键时间节点(见表 3.1)。

表 3.1　划分阶段数据表

划分阶段	方程	方程的解	划分阶段时间节点
两阶段	$F''(t)=0$	$F(t)\approx 0.3679K$	$t_1=\frac{1}{r}\ln\left(-\ln\frac{K}{F_0}\right)$
三阶段	$F'''(t)=0$	$F_1(t)\approx 0.0729K$ $F_2(t)\approx 0.6825K$	$t_1\approx\frac{1}{r}\left[\ln\left(-\ln\frac{F_0}{K}\right)-0.9627\right]$ $t_2\approx\frac{1}{r}\left[\ln\left(-2\ln\frac{F_0}{K}\right)+0.9624\right]$
四阶段	$F^{(4)}(t)=0$	$F_1(t)\approx 0.0112K$ $F_2(t)\approx 0.2610K$ $F_3(t)\approx 0.8473K$	$t_1\approx\frac{1}{r}\left[\ln\left(-\ln\frac{F_0}{K}\right)-1.5023\right]$ $t_2\approx\frac{1}{r}\left[\ln\left(-\ln\frac{F_0}{K}\right)-0.2951\right]$ $t_3\approx\frac{1}{r}\left[\ln\left(-\ln\frac{F_0}{K}\right)+1.7976\right]$
五阶段	$F^{(5)}(t)=0$	$F_1(t)\approx 0.0015K$ $F_2(t)\approx 0.0705K$ $F_3(t)\approx 0.4667K$ $F_4(t)\approx 0.9268K$	$t_1\approx\frac{1}{r}\left[\ln\left(-\ln\frac{F_0}{K}\right)-1.8722\right]$ $t_2\approx\frac{1}{r}\left[\ln\left(-\ln\frac{F_0}{K}\right)-0.9754\right]$ $t_3\approx\frac{1}{r}\left[\ln\left(-\ln\frac{F_0}{K}\right)+0.2717\right]$ $t_4\approx\frac{1}{r}\left[\ln\left(-\ln\frac{F_0}{K}\right)+2.5768\right]$

在深入研究民意主题传播阶段以及不同传播阶段民意主题传播机理等问题时，可以根据研究需要选择划分阶段的数量。以划分 3 个阶段为例，通过微积分确定曲线的两个关键点 P_1、P_2，其对应两个关键时间节点 t_1、t_2，进而整个网络传播过程分为 3 个阶段：$[0,t_1]$、$[t_1,t_2]$ 和 $[t_2,+\infty)$，据此可以定义民意主题传播的 3 个阶段为潜伏期、扩散期和消退期（图 3.5）。

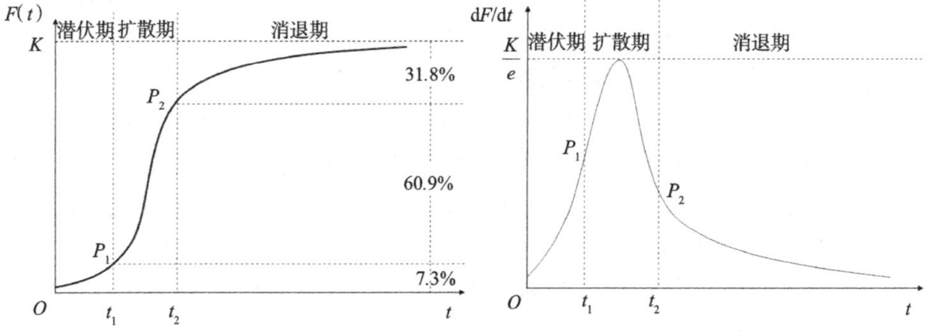

图 3.5　民意主题传播阶段示意图

（1）民意主题传播潜伏期。计算潜伏期持续时长，得

$$t_1 - 0 = \frac{\ln\left(-2\ln\frac{F_0}{K}\right) - \ln(3+\sqrt{5})}{r}$$

潜伏期持续时长与初值 F_0 呈反比。例如某些重大突发事件发生后，大量网民发布或者转发舆情信息，导致初值非常大，所以潜伏期非常短，甚至当初值 $F_0 > 0.0729K$ 时，潜伏期消失，民意主题传播直接进入扩散期，在此种情况下，民意主题传播案例的统计数据往往呈现单调递减或者短时间增长后再递减的形态。

（2）民意主题传播扩散期。计算扩散期持续时长，得

$$t_2 - t_1 = \frac{1}{r}\ln\frac{3+\sqrt{5}}{3-\sqrt{5}}$$

扩散期持续时长仅与增长率 r 呈反比，而与信息量上限 K 和初值 F_0 无关。当增长率 r 大于 1.92 时，扩散期时长小于 1 d，而扩散期民意主题信息量增量占总量的 60.9%，所以就会出现在 1 d 之内，民意主题统计数据急剧增加的现象。

（3）民意主题传播消退期。自 t_2 开始，民意主题热度逐渐减低，传播趋势趋于消退，但由于消退期持续时间较长，也为这个阶段增加了更多不确定性。首先，网民关注的长期性和延迟性，导致消退期仍会有网民持续关注并发表自身观点，从而使得民意主题统计数据出现长尾效应；其次，话题反转或者话题关联等因素促使话题热度回升，导致民意主题统计数据出现波动现象。

3. 民意主题传播趋势预测

1）预测思路和方法

民意主题传播趋势预测是感知民意主题未来状态、解读各种民意主题传播现象的重要内容，也是准确识别民意传播高潮或者传播衍生现象的关键。预测是一项复杂、系统的工作，包括预测类型、预测效果、预测方法等，而对民意主题传播趋势预测来说，还需注重以下几个问题。

（1）动态预测问题。考虑到舆情大数据环境下民意主题数据产生快、传播周期较短等情况，所以在民意主题传播过程中，需要及时预知民意主题的未来趋势。基于此，在动态抓取民意主题数据后，需要动态进行数据建模并开展预测，进而实现民意主题动态预测。

（2）“分析-预测”一体化问题。分析和预测是研究民意主题传播规律的两个重要环节，分析模型和预测模型的衔接误差直接影响到民意主题传播趋势预测精度。基于此，以民意主题传播规律模型为基础模型开展分析和预测，在预测民意主题传播趋势的同时开展划分传播阶段等机理分析，可以解决“分析-预测”一体化问题。更进一步地，为提升预测精度，可以考虑以传播规律模型为主模型，以灰色预测方法以及移动平均、指数平滑、自回归滑动平均等时间序列分析方法为辅模型开展组合预测。

（3）预测起点问题。民意主题类型众多，在开展趋势预测时需要严格选择预测起点，降低初值选择对预测精度的影响。基于此，对于突发事件等突发性民意主题，预测起点选在事件产生的时间点；而对于网民经常性、持续性讨论的非突发性民意主题，则遵循数据由少至

多的原则，选择数值较低的时间点作为预测起点。

综合以上几点，构建民意主题传播趋势预测基本思路和方法，如图 3.6 所示。

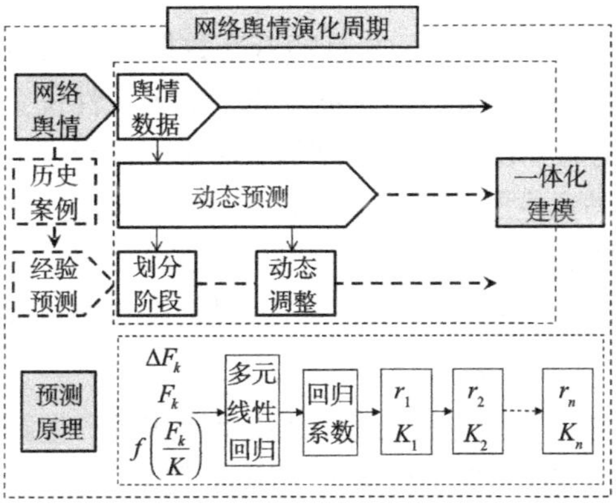

图 3.6　预测思路和方法图

首先，针对历史案例，获取其传播周期内的数据，然后应用最小二乘法、三段和值法、上限估值法等确定模型参数，然后按照话题属性对历史民意主题进行聚类，得出每类的核心属性和传播规律模型参数。

其次，针对正在传播的某个民意主题，在主题发生时，通过归类分析开展经验预测，定性预测该主题的未来趋势；随着主题数据的增多，需要根据数据确定预测模型，然后根据模型开展趋势预测，进而划分传播阶段，并且随着新数据的融入开展动态预测。具体方法是：将微分形式的模型

$$\frac{\mathrm{d}F}{\mathrm{d}t}=Ff\left(\frac{F}{K}\right)$$

变为差分形式的方程

$$\Delta F_k=F_{k+1}-F_k=F_k f\left(\frac{F_k}{K}\right)$$

其中 $k=0,1,2,\cdots$ 。在差分形式中，ΔF_k 代表民意主题统计数据，F_k 则代表民意主题传播量，通过多元回归分析便可以确定模型中的待定参数，具体预测思路如图 3.7 所示。以民意主题传播规律模型

$$\frac{\mathrm{d}F}{\mathrm{d}t}=-rF\ln\left(\frac{F}{K}\right)$$

为例，其对应的差分方程为

$$\Delta F_k=F_{k+1}-F_k=-rF_k\ln\left(\frac{F_k}{K}\right)=rF_k\ln K-rF_k\ln F_k$$

其中 $k=0,1,2,\cdots,n-1$ 。通过差分形式能够得出，ΔF_k 与 F_k、$F_k\ln F_k$ 呈现二元线性结构，应用 EXCEL 或者 MATLAB 软件进行二元线性回归分析，即可得出回归方程的系数 r 和 $r\ln K$，从而求解方程，得到模型的参数 K 和 r。

2)民意主题传播趋势预测的应用

根据民意主题的可预测性特征,在确定民意主题传播规律模型之后,综合运用预测方法进行民意主题传播趋势预测。首先,在确定预测方法后,通过部分数据可以预测民意主题传播的未来趋势,进而提前确定传播阶段,并且随着新数据的加入,通过动态预测可以动态修正预测结果和划分阶段的结果。其次,对于突发事件等突发性民意主题,通过动态预测民意主题的未来趋势,可以提前感知反转、衍生等现象;对于网民经常性、持续性讨论的非突发性民意主题,通过动态预测民意主题传播趋势可以识别多个话题周期。民意主题传播趋势预测应用的具体思路如下(图 3.7)。

(1)常态模型预测。随着数据增多至 P_k 点,通过动态预测可以得出未来趋势(图 3.7 中虚线),并可据此划分民意主题传播阶段。

(2)异常数据感知。如果民意主题出现衍生、反转或者产生新的传播周期等,则民意主题数据会呈现图 3.7 中实线趋势,当进行数据预测时,随着 P_k 点之后 P_a、P_b、P_c、P_d 等数据的加入,预测数据和真实数据之间的差距不断扩大,会导致增长率和上限发生明显波动,据此可以感知民意主题传播趋势异常,为进一步判断主题衍生、反转或新周期等现象提供依据。

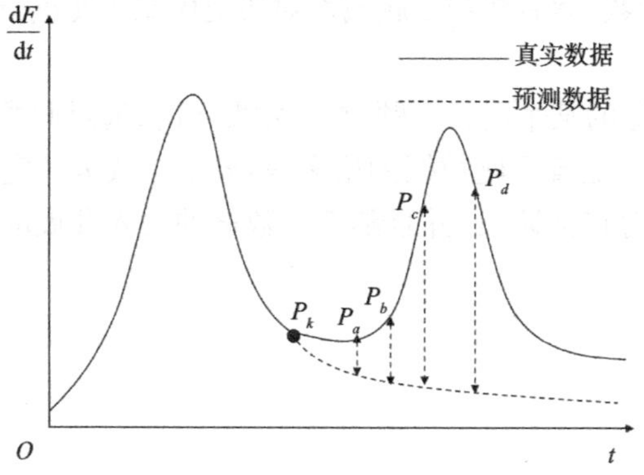

图 3.7 民意主题的异常现象

4. 实证研究

1)案例来源

“雾霾”民意主题属于非突发性话题,自 2013 年开始成为网民持续讨论的热门话题,通过百度指数数据发现(图 3.8),“雾霾”民意主题呈现一定周期性。为验证模型合理性和可行性,选择“雾霾”微博数据进行实证研究,数据选择时间为:2018 年 11 月 9 日至 12 月 9 日,民意主题传播量暂不考虑评论、点赞、收藏等信息,仅考虑原创和转发微博数量,实证数据取为原创微博和转发微博数量之和,共 5 631 750 条微博数据。

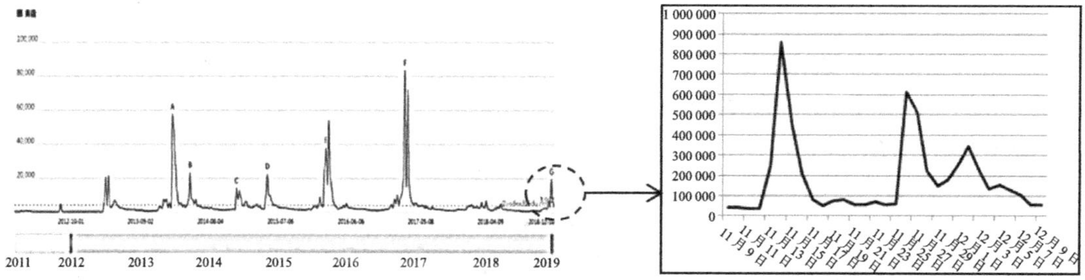

图 3.8　“雾霾”民意主题数据图

2)数据建模

首先,选择三类模型作为备选的常态模型;其次,选取 2018 年 11 月 9 日至 11 月 18 日数据作为建模数据。通过计算数据差分并应用回归分析得到模型参数(见表 3.2),模型 I 数据拟合效果较好,所以采用模型 I 划分民意主题传播阶段并开展数据预测。

表 3.2　三类模型拟合数据结果

模型	模型表达式	增长率	上限	可决系数
模型 I	$\frac{\mathrm{d}F}{\mathrm{d}t}=rF\left(1-\frac{F}{K}\right)$	1.321 2	2 098 082	0.891 1
模型 II	$\frac{\mathrm{d}F}{\mathrm{d}t}=-rF\ln\frac{F}{K}$	0.559 3	2 399 517	0.694 9
模型 III	$\frac{\mathrm{d}F}{\mathrm{d}t}=rF\left(1-\left(\frac{F}{K}\right)^{0.5}\right)$	1.933 8	2 171 894	0.815 5

(1)划分民意主题传播阶段。

根据模型 I 的解和参数,计算划分民意主题传播阶段的关键时间节点(表 3.3),分别得出划分两阶段、三阶段、四阶段、五阶段的数值标准。以划分三阶段为例:潜伏期为 $[0,3.900\,6]$,扩散期为 $[3.900\,6,5.894\,4]$,消退期为 $[5.894\,4,+\infty)$,其中民意主题传播最快的扩散期时长为 1.993 8 d,其间新增微博量约 1 211 421 条,平均每天 607 594 条,而潜伏期(3.900 6 d)仅约 443 361 条,平均每天 113 665 条,说明在扩散期民意主题迅速传播。在深入解读民意主题传播机理时,可以根据需要选择划分阶段的方法,也可以选择多个方法并进行比较研究。

表 3.3　划分阶段数据表

划分阶段	方程	划分阶段时间节点
两阶段	$F''(t)=0$	$t_1\approx 4.897\,4$
三阶段	$F'''(t)=0$	$t_1\approx 3.900\,6$, $t_2\approx 5.894\,4$
四阶段	$F^{(4)}(t)=0$	$t_1\approx 3.162\,3$, $t_2\approx 4.897\,4$, $t_3\approx 6.632\,7$
五阶段	$F^{(5)}(t)=0$	$t_1\approx 2.517\,5$, $t_2\approx 4.259\,6$, $t_3\approx 5.535\,2$, $t_4\approx 7.277\,3$

（2）民意主题传播趋势预测以及异常识别。

根据模型Ⅰ的参数，应用2018年11月19日之后的数据开展动态预测，确定模型增长率和对应的可决系数，并且随着新数据的加入，动态修正模型参数（表3.4），与此同时，绘制增长率变化趋势图（图3.9）。

表3.4　动态预测结果

数据个数	可决系数	增长率	数据个数	可决系数	增长率
11	0.885 2	1.276 3	21	0.420 3	0.137 2
12	0.867 2	1.199 9	22	0.428 8	0.144 9
13	0.849 5	1.131 4	23	0.448 0	0.140 3
14	0.826 3	1.058 5	24	0.474 9	0.127 5
15	0.792 2	0.971 7	25	0.488 0	0.129 7
16	0.762 1	0.896 6	26	0.488 0	0.137 5
17	0.729 7	0.823 6	27	0.492 9	0.140 7
18	0.351 9	0.203 2	28	0.495 9	0.143 6
19	0.416 0	0.080 9	29	0.497 2	0.146 5
20	0.423 2	0.114 1	30	0.495 0	0.150 4

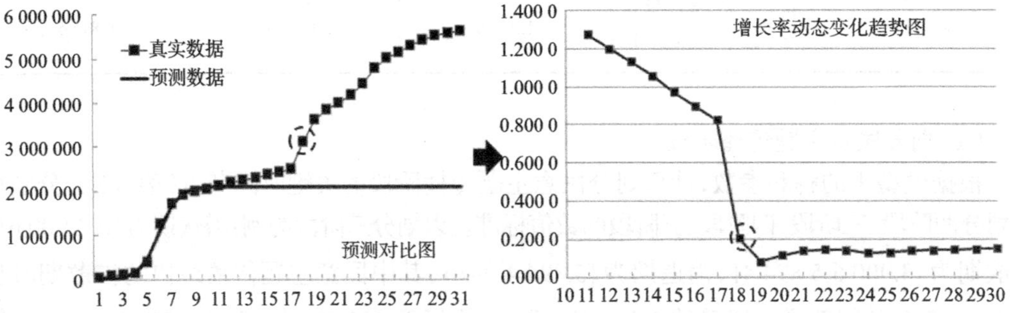

图3.9　动态预测和增长率动态变化图

观察发现：在动态加入11~14个数据后，描述拟合程度的可决系数较高，增长率变化不大，曲线拟合效果较好。但加入第15个数据以后，可决系数持续降低，尤其是加入第18个数据之后，可决系数降至0.351 9，拟合效果极不理想，这说明真实数据已经偏离理论模型，由此可以推断民意主题传播出现数据波动现象，这一点可以通过原始数据（图3.8中11月26日数据）获得验证；更进一步发现：这一数据波动异常现象并非瞬间产生，在可决系数持续降低时已有先兆。所以在民意主题传播趋势动态预测过程中，当可决系数持续降低时，可以推断数据波动将要来临，进而及时感知数据异常，而导致数据异常的原因则需要通过深入解读民意主题信息方能得出。

5. 总结

基于微分方程构建民意主题传播规律模型，提出划分民意主题传播阶段的一般方法，并据此研究民意主题传播趋势预测问题，在以下 4 个方面具有一定创新性：①在提出常态模型的基础上，针对不同的应用场景提出了相应的衍生模型，提升了民意主题传播规律模型的系统性、适用性；②提出了不同传播阶段的预测方法，特别是在舆情大数据环境下，提出应用差分回归法进行及时快速的动态预测并动态调整预测结果，为提前感知传播趋势以及衍生、反转、新周期等传播现象提供新方法；③基于民意主题传播规律模型进行分析和预测，解决了民意主题传播“分析-预测”一体化的问题；④民意主题传播的实质是信息的传播，本节通过定量建模的方式进行民意主题传播阶段的划分和测度，为解决信息生命周期理论中周期内阶段如何划分、怎样测度以及如何预知新周期等问题，提供了新的视角和可行路径。

第二节 突发事件民意主题演变建模

1. 基于舆情大数据的突发事件民意主题演变机理

1)突发事件民意主题

突发事件民意是围绕突发事件及其处置而形成的民意。随着网络社会的来临，突发事件发生后，民众通过互联网发布信息反映民意已成为常态，而且民意主题具备产生迅速、数量多、类型多等特征，深入研究民意主题演变规律，可以为政府应对突发事件提供决策依据，其中民意主题演变主要包括主题演化分析、主题变迁分析以及众多主题间相互关系等。

(1)主题演化分析。在突发事件民意主题变迁过程中，必然伴随主题的萌生与消亡，所以研究民意主题产生、发展、消亡的主题演化问题，可以明晰民意主题演化程度，确定主题演化周期，预测民意主题变迁趋势。

(2)主题变迁分析。突发事件发生后，民意主题会随着时间发生迁移，例如在突发事件前期，民意主题往往集中于突发事件本身以及应急措施等方面，而在突发事件后期，民意主题更多集中于突发事件处置效果、事后恢复等方面，所以深入研究突发事件民意主题变迁问题，可以使政府第一时间感知民意诉求点，为政府进行突发事件应急决策提供依据。

(3)众多主题间相互关系。突发事件民意主题众多，主题之间相互作用，相互影响，进而推动民意主题的发展和演变，所以研究突发事件民意主题之间的作用机理，可以为研究民意主题演化和变迁提供参考依据。

2)基于舆情大数据的突发事件民意主题演变机理

随着移动互联网和社交媒体的普及，民众通过互联网发布信息反映民意而形成网络舆情环境[①]，其具备信息量大、产生迅速、形式多样、极具价值、数据在线等大数据特征，依托舆情大数据，可以更好地挖掘民意主题，感知民意诉求，并且可以从大数据建模、可视化等视角诠释突发事件民意主题演化、变迁以及相互关系等问题。首先，通过舆情大数据可以更好地度量民意主题，刻画主题演化规律，研究各主题之间的相互关系；其次，通过舆情大数据建模

① 夏一雪. 基于舆情大数据的网民情感“衰减-转移”模型与实证研究[J]. 情报杂志，2019，38(3)：148-154.

可以划分网络舆情传播阶段，进而据此可以研究不同舆情传播阶段民意主题变迁态势等，具体如图 3.10 所示。

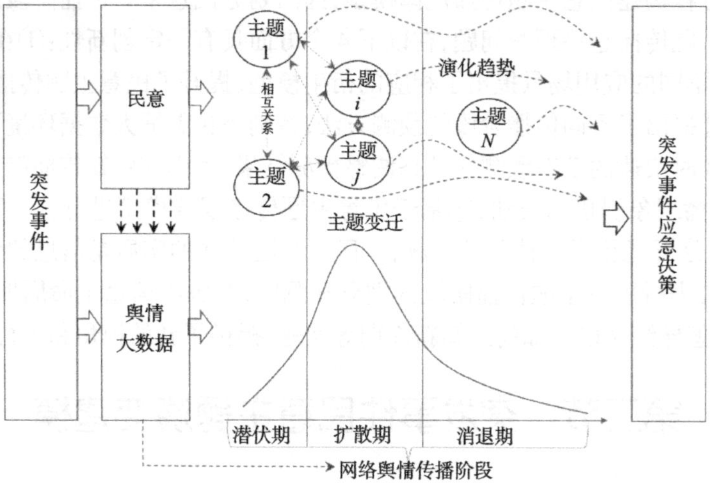

图 3.10 基于舆情大数据的突发事件民意主题演变机理

2. 基于舆情大数据的突发事件民意主题演变模型

1)民意主题演化基础模型

为进一步研究突发事件民意主题演化、变迁以及相互关系等问题，本节在分析突发事件民意主题演变机理的基础上，构建了基于舆情大数据的突发事件民意主题演变模型（图 3.11)。模型主要包括两个部分：第一部分为基于舆情大数据的统计分析与建模，主要包括民意主题词挖掘与统计分析，网络舆情传播阶段划分等；第二部分为突发事件民意主题演化分析与建模，主要包括民意主题演变分析与建模、民意主题变迁可视化分析、多主题关联分析等，其中涉及主题演化采用 Logistic 模型①。

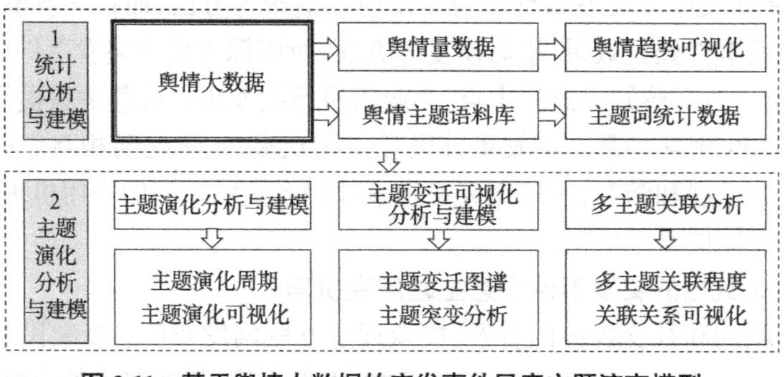

图 3.11 基于舆情大数据的突发事件民意主题演变模型

2)基于舆情大数据的突发事件民意主题演化

首先，根据突发事件民意主题数据开展数据建模，通过各主题演化模型

① 夏一雪. 网络话题传播规律建模与预测问题研究[J]. 现代情报，2019，39(4)：3-12.

$$\frac{\mathrm{d}X(t)}{\mathrm{d}t}=rX(t)\left(1-\frac{X(t)}{K}\right)$$

确定主题演化关键节点，其中X代表主题词数量，r为其对应增长率，K为其对应上限。其次，结合突发事件民意主题词数据开展统计分析和可视化研究。具体的突发事件民意主题演化研究如下。

（1）主题演化周期。根据突发事件民意主题词统计数据，计算民意主题的演化周期，确定演化关键节点等，并据此确定民意酝酿期、扩散期和稳定期的具体时间范围。

（2）主题演化可视化。结合舆情传播阶段，绘制主题演化图谱，开展民意整体演化可视化研究。

3）基于舆情大数据的突发事件民意主题变迁

基于民意主题演化规律，根据民意主题演化阶段开展突发事件民意主题变迁分析与建模。具体的突发事件民意主题变迁研究如下。

（1）主题变迁图谱。以主题词为节点，按照突发事件民意主题词生成时间构建主题词共现图谱，并结合网络舆情传播阶段，确定突发事件民意主题变迁态势。

（2）主题突变分析。在研究网络舆情演化的过程中，基于文献计量分析方法确定突变的主题词，为挖掘民意诉求提供依据。

4）基于舆情大数据的突发事件民意主题关联分析

突发事件发生后，网民关注的民意主题数量为m个，每个主题演化时间长度为n。构建第i个民意主题时间向量

$$X_i=(x_i(1),x_i(2),\cdots,x_i(n))$$

其中$1\leqslant i\leqslant m$。首先，选取反映突发事件的核心主题词时间向量

$$X=(x(1),x(2),\cdots,x(n))\text{。}$$

其次，通过计算第i个民意主题时间向量与核心主题词时间向量的关联度，可以得出民意主题之间的关联程度。其中第i个民意主题与核心主题词的关联度

$$r_i=\frac{1}{n}\sum\nolimits_{k=1}^{n}\eta_i(k)\text{；}$$

$$\eta_i(k)=\frac{\min\limits_i\min\limits_k|x(k)-x_i(k)|+\rho\max\limits_i\max\limits_k|x(k)-x_i(k)|}{|x(k)-x_i(k)|+\rho\max\limits_i\max\limits_k|x(k)-x_i(k)|}$$

其中，$\rho\in(0,+\infty)$，称为分辨率，ρ越小，分辨力越大。

3. 实证研究

1）数据来源

2018 年 10 月 28 日 10 时 08 分，重庆市发生突发事件，万州区一辆 22 路公交车在万州长江二桥桥面与一辆红色小轿车发生碰撞后坠入江中。本研究选择“10·28”重庆公交坠江事故（2018）舆情开展实证分析。应用清博舆情监测软件获取该事件舆情数据 507 942 条，提取民意主题词 800 余个，并绘制主题词总体词云图（图 3.12）。

图 3.12 民意主题统计数据简表与词云图

2)民意主题演化分析

根据重庆公交坠江事故核心主题词“公交车”构建民意主题演化时间序列,并通过建模得到民意主题演化模型为

$$\frac{\mathrm{d}X(t)}{\mathrm{d}t}=0.701\,1X(t)\left(1-\frac{X(t)}{375\,000.120\,9}\right)$$

得到可决系数 $R^2=0.900\,1$,同时观察统计数据与建模曲线对比图(图 3.13)发现,建模曲线与民意演化趋势基本保持一致。

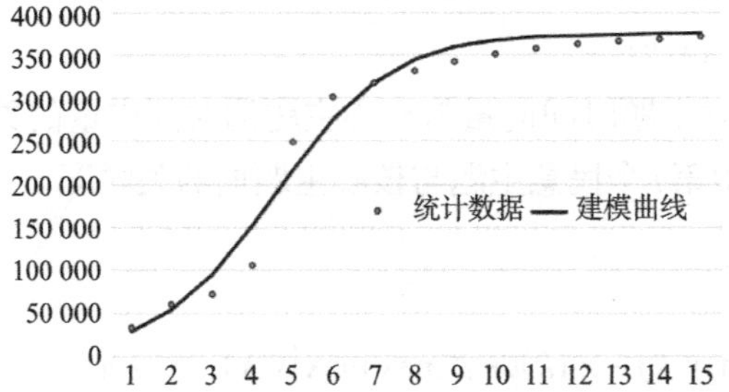

图 3.13 统计数据与建模曲线对比图

根据模型确定民意主题演化时间节点,见表 3.5。

$t_1=1.668\,5,\ t_2=5.431\,2$

据此得到民意主题演化阶段为

表 3.5 民意主题演化阶段

演化阶段	民意酝酿期	民意扩散期	民意稳定期
时间范围	10 月 29 日至 10 月 31 日	11 月 1 日至 11 月 4 日	11 月 5 日至 11 月 12 日

3)民意主题变迁分析

根据民意主题演化阶段分别提取各个阶段的民意主题词(图 3.14),并分阶段绘制主题词云研究民意主题变迁问题。在民意酝酿期,民意主题词主要集中于事件报道(微博、新闻)、事件起因(女司机)以及事件救援(警方、潜水员)等方面。在民意扩散期,民意主题词主要集中于事件性质(公共安全)和事件起因(女乘客、方向盘)。在民意稳定期,民意主题词主要集中于事件处理(法律、规定)和主体行为分析(情绪、坐过站)等。纵观重庆公交坠江事故民意主题可以发现,一方面,警方和救援队积极开展应急救援,行车记录仪视频和公交车黑匣子视频成为推动网络舆情的重要信息;另外,媒体积极参与事件报道,其中微博成为此次事故网络舆情传播的主要平台。另一方面,事件主题变迁明显:①事件起因发生反转,由女司机变道致因反转为女乘客与司机争执互殴所致;②事件性质由事故灾难升级为公共安全事件;③民意焦点由关注事故本身升级为对制度、法律等的深层次思考,民众公共安全意识得到很大提升。

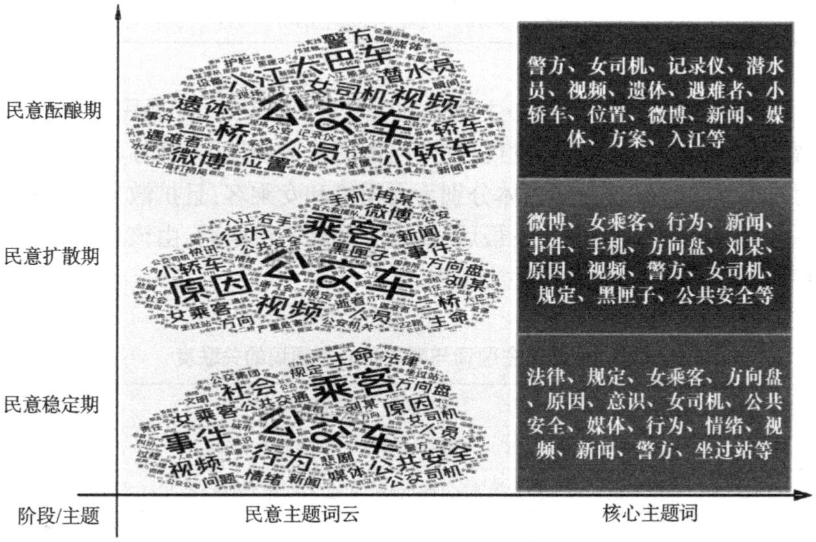

图 3.14 分阶段民意主题词云

4)民意主题关联分析

根据民意主题变迁情况,选取事故核心主题词为公交车,民意主题词为公共安全、女司机、女乘客、方向盘、微博、情绪、视频、警方、新闻、法律等(表 3.6)。

表 3.6 分阶段民意主题词关联度

时间	10月29日	10月30日	10月31日	11月1日	11月2日	11月3日	11月4日	11月5日	11月6日	11月7日	11月8日	11月9日	11月10日	11月11日	11月12日
主题词/阶段	酝酿期			扩散期				稳定期							
公交车	33 280	27 602	11 859	32 888	143 862	51 750	15 896	14 869	10 272	8 839	6 518	4 819	3 960	2 176	3 014

续表

时间	10月29日	10月30日	10月31日	11月1日	11月2日	11月3日	11月4日	11月5日	11月6日	11月7日	11月8日	11月9日	11月10日	11月11日	11月12日
公共安全	—	—	—	0	13 520	8 943	3 540	45 79	3 338	1 883	1 609	1 087	1 520	647	1 197
女司机	10 605	6 576	1 890	1 634	6 495	3 059	1 570	1 726	1 621	1 282	1 079	805	545	306	211
女乘客	—	—	—	0	24 127	10 742	5 088	4 027	2 613	1 630	1 088	1 047	515	299	109
方向盘	—	—	—	0	17 731	10 603	6 223	878	2 789	1 767	972	841	686	367	878
微博	8 631	8 739	2 296	9 454	25 952	11 478	1 321	1 101	566	612	595	377	422	101	187
情绪	—	—	—	1 996	9 102	5 636	2 607	2 416	1 875	1 242	1 047	992	695	364	122
视频	16 422	9 270	2 974	9 510	62 064	15 764	7 013	4 771	3 331	2 261	1 848	1 525	1 183	713	739
警方	9 255	5 424	1 125	2 408	7 008	3 500	1 720	1 623	1 242	860	984	585	230	214	419
新闻	778	4 971	1 930	2 570	26 368	6 303	2 767	1 876	1 466	1 149	855	556	376	349	112
法律	—	—	—	0	456	3 120	1 204	1 862	1 161	933	567	427	1 391	514	963

通过计算民意主题词与事故核心主题词的关联度（表 3.7），开展民意主题词关联分析。观察民意主题词关联排序结果可以发现：在网络舆情传播周期内，视频始终是与该事件高关联主题词，而该事故关联度较高的主体分别为女司机和女乘客；且扩散期之后女乘客的关联度更高，这一点也与主题反转相契合；最后，民意主题趋于稳定后，由该事件引发的公共安全思考和法律意识问题逐步成为民意关注焦点。

表 3.7 民意主题词与事故核心主题词的关联度

传播阶段	民意主题词关联排序
酝酿期	视频>微博>女司机>警方>新闻
扩散期	视频>微博>女乘客>方向盘>新闻>公共安全>情绪>警方>女司机>法律
稳定期	公共安全>视频>方向盘>女乘客>法律>情绪>女司机>新闻>警方>微博

第三节 突发事件民意观点交互建模

1. 民意观点交互机理

1）观点交互分析

随着互联网的不断发展，其复杂性与不确定性不断增加，使用网络媒体的各种社会群体不断扩大，在发生各类突发事件之后，带有个人倾向性的观点、态度、情绪等信息极易引发规模或大或小的突发事件民意主题。民意主题演变过程中伴随着观点的表达与观点之间的不断交互。随着时间演进，主体之间观点不断交互，主体对某一突发事件的观点会因为自身知识经验或者外部环境的影响不断发生变化，主体观点在动态影响的过程中不断刷新。

突发事件民意主题的传播一般分为潜伏期、扩散期和消退期①。观点交互过程与民意主题传播过程同时产生并且相互促进。观点交互是民意主题演变的一部分，不同的观点交互过程会有不同的突发事件民意主题演化过程。因此，观点交互过程也应该具有与民意主题传播相似的演化周期，故将突发事件观点交互阶段也分为潜伏期、扩散期、消退期。

突发事件发生之后，互联网的复杂性、自由交互性等特性使得网络环境中主体观点迅速传播，不断交互。从微观角度分析，网络空间中的主体观点是变化发展的，并且观点与观点之间的交互受到心理因素和群体属性以及外部环境等各方面的影响。从宏观角度分析，突发事件发生之后，随着网络观点空间中主体之间观点不断交互，观点数量的变化趋势与民意信息传播走向大体一致，并且最终会达到平稳状态。

2)主体观点交互机理

(1)突发事件观点交互主体。

随着网络社会的不断发展，在突发事件发生之后，主体迫切地参与讨论，发表观点，各种不同的言论、思想等碰撞交汇，导致网络观点空间复杂多样，逐渐形成舆情大数据环境。网络舆情主体包括普通网民、政府、网络媒体、意见领袖、网络推手等②，由于普通网民数量多，发布信息量以及表达的观点数量相应也多；政府、网络媒体、意见领袖等作用主体数量相对较少，发布信息量以及表达的观点数量也相对较少，但作用主体在民意演化以及观点交互过程中发挥出的作用是更大的。因此本节将观点交互的主体分为普通网民与作用主体，作用主体是政府、网络媒体、意见领袖等的总和。突发事件发生之后，普通网民、网络媒体等通过互联网发布各种信息，表达观点，观点之间不断交互，形成了庞大的网络观点空间。网络观点空间中包含两个重要的部分，普通网民观点与作用主体观点(图 3.15)。其中，普通网民针对突发事件发布信息，表达相应观点，形成普通网民观点，面对普通网民所表达的各种观点以及针对突发事件本身，作用主体发布信息，表达相应观点，形成作用主体观点。突发事件发生之后，普通网民与作用主体都会表达相应观点，因此本节基于观点数量来对两个主体之间的观点交互的过程进行量化。此外，以网络空间中观点数量多少来描述网络观点空间混乱程度，即网络观点空间中观点数量越多，网络观点空间混乱程度越大；反之，网络观点空间混乱程度越小。

(2)突发事件主体观点交互机制。

在突发事件发生初期，只有少数主体对突发事件有所了解。在短时间内对突发事件知情的普通网民数量相对较少，普通网民观点数量较少。突发事件发生后，随着时间演进，普通网民迫切参与讨论，表达观点，突发事件民意主题信息不断传播扩散，知情普通网民数量增加，普通网民对突发事件持有的观点数量也随之增加。在网络观点空间中，作用主体与普通网民相比数量较少，但总体观点演化过程与普通网民相似。

---

① 兰月新，董希琳，苏国强，等. 公共危机事件网络谣言对网络舆情的影响研究[J]. 图书情报工作，2014，58(9)：78-84，90.

② 兰月新，王芳，张秋波，等. 大数据背景下网络舆情主体交互机理与对策研究[J]. 图书与情报，2016(3)：28-37.

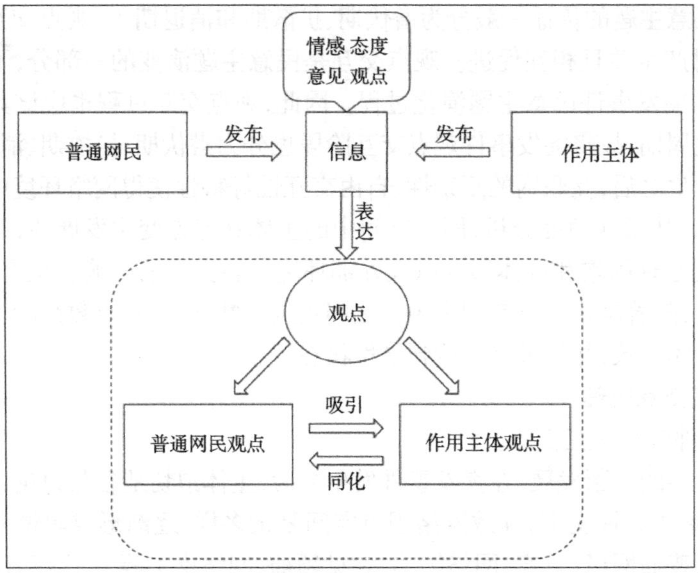

图 3.15 突发事件主体观点交互机制

在网络观点空间中，作用主体具有较高知名度和影响力，作用主体发布的信息所表达的观点往往极易引起普通网民的注意并且会影响多数普通网民的价值判断，可以从一定程度上同化普通网民的观点；普通网民由于数量庞大，发布信息表达观点数量多，表达的观点对作用主体有一定的吸引作用。

在观点交互过程中，普通网民观点对作用主体观点具有吸引作用，在网络观点空间中普通网民观点数量增加，其表达的各种观点吸引作用主体从中选择其认为有价值的观点，发布相关信息并表达观点，并引导普通网民观点，从一定程度上使观点空间中作用主体观点数量上升。而作用主体观点对普通网民观点具有同化作用，同化作用可以分为正向同化作用与负向同化作用。正向同化作用即政府、网络媒体等表达积极观点同化网民观点，正面引导舆论；负向同化作用即网络推手、公关公司等表达消极、负面的观点，负面引导舆论，两种同化作用都会使普通网民观点数量下降。作用主体拥有庞大的粉丝数量，突发事件发生之后，作用主体发表言论表明观点，以其知名度和影响力，对普通网民观点施加影响，这种影响表现为作用主体观点对普通网民观点的同化作用，使观点空间中的普通网民观点数量有所下降。此外，观点之间的交互作用总是在不断进行的，表现为普通网民观点吸引作用主体发言之后，作用主体观点数量上升，从而对普通网民观点具有反作用，这种反作用也以作用主体的同化作用为基础。

普通网民观点与作用主体观点随着时间演进不断相互作用，使得观点空间中观点数量呈现动态变化，以此来描述突发事件发生之后观点交互的过程。由以上分析可知，普通网民观点与作用主体观点交互过程与生态科学中的“食饵-捕食者”模型相类似①，但也有一定区别，普通网民观点数量与作用主体观点数量在网络观点空间中单独存在时都以一定速率增长，因此借鉴生态科学中“食饵-捕食者”模型的建模思路并进行相应改进，通过微分方程研

① 蒋启源，谢金星，叶俊. 数学模型[M]. 北京：高等教育出版社，2011：243-245.

究突发事件观点交互过程，以期为政府观点引导提供理论依据。

2. 民意观点交互模型

信息是突发事件民意主题进行传播的载体①，主体观点数量不断发展变化的过程也是突发事件民意主题的发展过程。本研究基于观点数量描述突发事件观点交互过程，并通过数值仿真研究突发事件发生后网络环境中主体观点的交互规律。

1）模型基本假设

假设 $x_1(t), x_2(t)$ 分别代表网络观点空间中普通网民观点数量、作用主体观点数量；r_1, r_2 分别代表普通网民观点数量和作用主体观点数量的增长率，在此，定义 r_1 为普通网民观点数量演化速率，r_2 为作用主体观点数量演化速率，演化速率的大小体现的是主体对于特定的突发事件的关注程度，即演化速率越大，关注程度越大，表现在现实中即突发事件严重程度的区别；定义 N_1, N_2 代表普通网民观点数量上限和作用主体观点数量上限。

在网络空间中只存在一类主体时，即普通网民观点以及作用主体观点之间没有发生交互时，其观点数量的变化是关于时间 t 的连续可微函数，并且观点数量的变化量与观点数量 x，"剩余"观点空间 $\left(1-\frac{x}{N}\right)$ 成正比。由此可得，观点空间中只存在普通网民观点时，观点数量变化模型为

$$\frac{\mathrm{d}x_1}{\mathrm{d}t}=r_1x_1\left(1-\frac{x_1}{N_1}\right)$$

同理，观点空间中只存在作用主体观点时，观点数量变化模型为

$$\frac{\mathrm{d}x_2}{\mathrm{d}t}=r_2x_2\left(1-\frac{x_2}{N_2}\right)$$

这就是突发事件发生之后，观点空间中只存在单一主体的观点数量演化的 Logistic 模型。

2）面向突发事件的观点交互模型

突发事件发生之后，观点空间之中存在普通网民观点与作用主体观点，所以需要对观点数量演化模型进行拓展来研究普通网民观点与作用主体观点并存的观点交互模型。

为描述普通网民观点与作用主体观点交互影响的程度，研究普通网民观点与作用主体观点在观点空间中的演化，同时引进相互影响的量化指标，即参数 a，b。

根据前文研究，作用主体往往会从普通网民观点中寻找有价值的观点发表相应言论并表达观点，这导致作用主体观点数量"剩余"空间发生变化，即从 $\left(1-\frac{x_2}{N_2}\right)$ 变为 $\left(1-\frac{x_2}{N_2}+b\frac{x_1}{N_1}\right)$，此处将 b 称为吸引率，即普通网民观点吸引作用主体表达观点的能力，因此在受到普通网民观点吸引作用之后的作用主体观点数量模型为 $\frac{\mathrm{d}x_2}{\mathrm{d}t}=r_2x_2\left(1-\frac{x_2}{N_2}+b\frac{x_1}{N_1}\right)$。

① 兰月新，曾润喜. 突发事件网络舆情传播规律与预警阶段研究[J]. 情报杂志，2013，32（5）：16-19.

此外,普通网民观点也受到作用主体观点的影响,使普通网民观点数量“剩余”空间发生变化,即从$\left(1-\frac{x_1}{N_1}\right)$变为$\left(1-\frac{x_1}{N_1}-a\frac{x_2}{N_2}\right)$,将$a$定义为同化率,即普通网民观点受到作用主体观点的同化,使普通网民观点数量下降,因此在受到作用主体观点作用之后的普通网民观点数量模型为$\frac{\mathrm{d}x_1}{\mathrm{d}t}=r_1x_1\left(1-\frac{x_1}{N_1}-a\frac{x_2}{N_2}\right)$。

综合以上两个方程,得出突发事件观点交互模型为

$$\begin{cases}\dfrac{\mathrm{d}x_1}{\mathrm{d}t}=r_1x_1\left(1-\dfrac{x_1}{N_1}-a\dfrac{x_2}{N_2}\right)\\[2ex]\dfrac{\mathrm{d}x_2}{\mathrm{d}t}=r_2x_2\left(1-\dfrac{x_2}{N_2}+b\dfrac{x_1}{N_1}\right)\end{cases}$$

设置模型初值为x_{10}, x_{20},由于上述微分方程组没有解析解,所以需要通过对模型平衡点及其稳定性,以及数值解的性质进行分析来研究观点交互机理。

3)模型平衡点及其稳定性

为研究观点交互微分方程组解的性质以及普通网民观点数量与作用主体观点数量交互之后的结果,即当$\mathrm{t}\to\infty$时,x_1, x_2的趋向,对模型平衡点与稳定性进行研究。

$$令\begin{cases}\dfrac{\mathrm{d}x_1}{\mathrm{d}t}=r_1x_1\left(1-\dfrac{x_1}{N_1}-a\dfrac{x_2}{N_2}\right)=0\\[2ex]\dfrac{\mathrm{d}x_2}{\mathrm{d}t}=r_2x_2\left(1-\dfrac{x_2}{N_2}+b\dfrac{x_1}{N_1}\right)=0\end{cases}$$

计算得到模型的平衡点为$P_1(0,0), P_2(N_1,0), P_3(0,N_2), P_4\left(\frac{(1-a)}{1+ab}N_1, \frac{(1+b)}{1+ab}N_2\right)$。

按照平衡点以及稳定性的判别方法,分别计算4个平衡点的稳定性,见表3.8。

表3.8 观点交互模型平衡点与稳定性

平衡点	p	q	稳定条件
$P_1(0,0)$	$-r_1-r_2$	r_1r_2	不稳定
$P_2(N_1,0)$	$r_1-r_2(b+1)$	$-r_1r_2(a+1)$	$b<-1$
$P_2(0,N_2)$	$r_2+r_1(a-1)$	$-r_1r_2(1-a)$	$a>1$
$P_4\left(\frac{(1-a)}{1+ab}N_1,\frac{(1+b)}{1+ab}N_2\right)$	$\frac{r_1(1-a)+r_2(1+b)}{1+ab}$	$\frac{r_1r_2(1-a)(1+b)}{1+ab}$	$a<1$

观察表3.8中4个平衡点的结构,可以看出,突发事件观点交互过程最终将达到4种稳定状态,即普通网民观点数量与作用主体观点数量都为0、普通网民观点数量为0、作用主体观点数量为0、普通网民观点数量与作用主体观点数量都不为0。为了方便分析,将这4种

情况进行分类，分为观点极端场景与观点共存场景（图 3.16），前 3 种归为观点极端场景，第 4 种归为观点共存场景，见表 3.9。

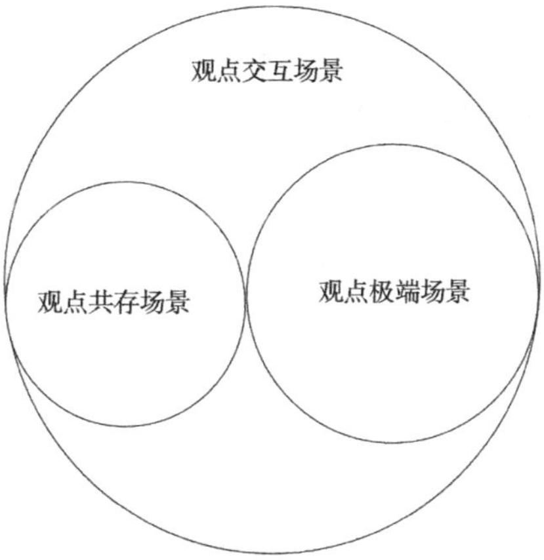

图 3.16　观点交互场景

表 3.9　观点交互场景

平衡点	观点场景
$P_1(0,0)$ $P_2(N_1,0)$ $P_3(0,N_2)$	观点极端场景
$P_4\left(\frac{(1-a)}{1+ab}N_1,\frac{(1+b)}{1+ab}N_2\right)$	观点共存场景

4）模型场景分析

（1）观点极端场景。

在观点极端场景中，平衡点 P_1 为不稳定的平衡点，表示普通网民观点数量与作用主体观点数量都为 0，在现实情况下观点空间中必然会存在作用主体观点，因此这是在现实中不可能存在的一类情况。

平衡点 P_2 表示随着时间演进，在 $t\to\infty$ 时，普通网民观点与作用主体观点在观点演化过程中不断相互作用，最终普通网民观点数量趋近于观点数量上限，作用主体观点数量为 0，这种观点演化过程在现实中比较少见，但是注意到出现这种情况的前提，平衡点稳定条件为 $b<-1$，即普通网民对作用主体的吸引率 b 小于 0，此处 b 应为大于 0 的数值，因此平衡点 P_2 不予考虑。

平衡点 P_3 表示随着时间演进，在 $t\to\infty$ 时，普通网民观点与作用主体观点在观点演化过程中不断相互作用，作用主体观点数量趋近于观点数量上限，而普通网民观点数量最终为 0，考虑到在网络观点空间中极大部分的观点均为普通网民观点，这在观点交互过程中也是不可能出现的。

因此，经过分析，以上 3 种情况在突发事件观点交互过程中均不存在，故不再对此进行分析。

（2）观点共存场景。

在观点共存场景中，网络观点空间中主体观点经过交互与演化，最终普通网民观点数量与作用主体观点数量稳定在不为零的数值，该数值与观点数量上限、普通网民观点对作用主体观点的吸引率、作用主体观点对普通网民观点的同化率有关。且根据前文研究，突发事件民意主题演化具有3个阶段，即潜伏期、扩散期和消退期，突发事件观点数量演化过程有着同样的划分阶段，故研究在观点演化的不同时期，作用主体发表观点，此时观点空间中存在普通网民观点与作用主体观点，两种主体之间的观点在相互作用之下的观点交互过程。

3. 民意观点交互仿真

1）仿真思路

根据以上平衡点与稳定性的分析，只有平衡点 P_4 才是现实中可能出现的一种观点交互情况，并且平衡点 P_4 稳定的条件为 $a<1$。观点数量的演化与民意主题传播阶段类似，因此也将观点交互模型的交互过程分为3个阶段。在突发事件发生之后，普通网民观点必然时时刻刻都会存在于观点空间中，所以，假设在观点交互的整个过程中，网络观点空间中都会有普通网民的观点存在。

由于观点空间中作用主体基数较小，而且在现实中，作用主体具有众多追随者，除此之外，作用主体的观点可以对普通网民观点产生深刻的影响，故主要研究在观点交互过程中，作用主体观点数量变化会对普通网民观点数量产生何种影响，以期对观点交互过程施加影响，对普通网民观点进行引导，从而达到净化网络观点空间的目的。因此，通过合理设置参数，分别对以上情况进行仿真研究。

2）突发事件观点交互初始状态分析

在作用主体观点与普通网民观点未发生交互时，即 a 与 b 都为0时，普通网民观点数量与作用主体观点数量的观点演化模型分别为

$$\frac{\mathrm{d}x_1}{\mathrm{d}t}=r_1x_1\left(1-\frac{x_1}{N_1}\right)$$

$$\frac{\mathrm{d}x_2}{\mathrm{d}t}=r_2x_2\left(1-\frac{x_2}{N_2}\right)$$

以普通网民观点数量演化模型 $\frac{\mathrm{d}x_1}{\mathrm{d}t}=r_1x_1\left(1-\frac{x_1}{N_1}\right)$ 为基础，令 $\frac{\mathrm{d}^3x_1}{\mathrm{d}t^3}=0$，得

$$t_1=\frac{1}{r_1}\ln\frac{\frac{N_1}{x_{10}}-1}{2+\sqrt{3}},t_2=\frac{1}{r_1}\ln\frac{\frac{N_1}{x_{10}}-1}{2-\sqrt{3}}。$$

由此可以得到观点数量演化的3个阶段[①]，$[0, t_1]$——观点数量缓慢增长，$[t_1, t_2]$——观点数量迅速增长，$[t_2, \infty)$——观点数量增长缓慢并趋于稳定。

① 兰月新，夏一雪，刘冰月，等. 网络舆情传播阶段精细化建模与仿真研究[J]. 现代情报，2018，38（1）：76-86.

为有效模拟网络观点空间中普通网民观点与作用主体观点相互作用之后的观点交互过程,使用MATLAB进行仿真模拟并绘制观点交互图像。考虑到在突发事件初发之时,观点空间中有极少数普通网民与作用主体拥有自己的观点,故设置非零的普通网民观点数量与作用主体数量初值;针对某一突发事件而言,普通网民观点演化速率与作用主体观点演化速率一致,故在选择参数时,令 $r_1 = r_2$, $N_1 = 20N_2$, $x_{10} = 20x_{20}$ 。根据以上分析,制定具体参数值,见表3.10。

表3.10　初始参数设定

参数	初值	数量上限	演化速率
普通网民观点数量	200	$N_1 = 4\,000$	$r_1 = 0.5$
作用主体观点数量	10	$N_2 = 200$	$r_2 = 0.5$

根据表3.10中的参数设定,绘制观点空间中只有普通网民观点时的观点数量演化图,如图3.17所示。

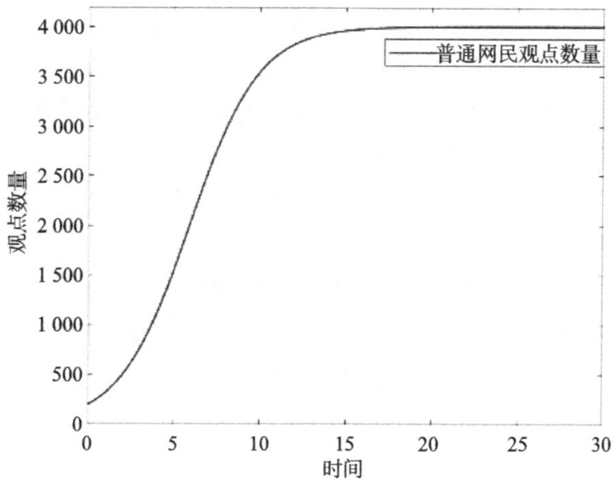

图3.17　普通网民观点数量演化图

根据表3.10中的参数设定,可以确定在观点空间中只存在普通网民观点时的观点数量演化划分阶段,见表3.11。

表3.11　观点数量演化划分阶段

区间	潜伏期	扩散期	消退期
时间区间	[0, 3.255 0]	[3.255 0,8.522 8]	[8.522 8, ∞)

3)基于平衡点 P_4 的影响程度分析

$P_4\left(\dfrac{(1-a)}{1+ab}N_1,\dfrac{(1+b)}{1+ab}N_2\right)$ 点的稳定条件为 $a<1$,取 $a=0.5$, $b=2$,模拟仿真突发事件发

生之后，在观点空间中普通网民观点与作用主体观点之间的交互过程，如图 3.18 所示。

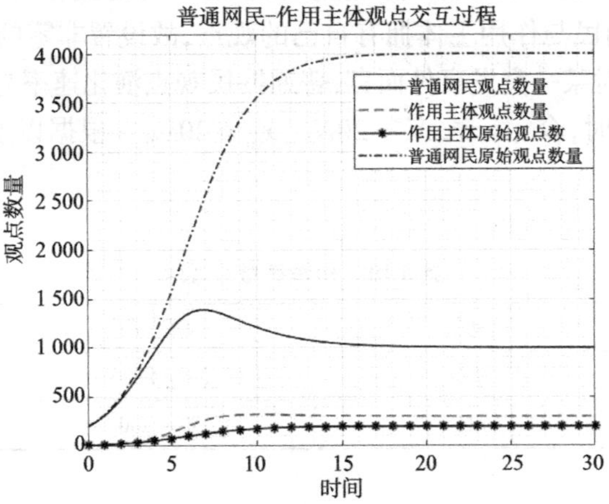

图 3.18　普通网民-作用主体观点交互过程

可以得出，在双方观点未发生交互时，观点演化为 Logistic“S”形曲线，最后稳定于各自数量上限；当双方观点发生交互时，由于普通网民观点对作用主体观点具有吸引作用，作用主体观点对普通网民观点具有同化作用，普通网民观点数量增长减缓，并且在达到峰值之后开始下降；作用主体观点数量增长有所加快，并且与无观点交互时相比观点数量上升，最终普通网民观点数量与作用主体观点数量稳定在平衡点。

下面研究观点交互过程中各种因素的变化对观点交互过程的影响。

（1）作用主体观点数量初值影响程度分析。

按照表 3.10 中设定的参数，作用主体观点数量初值设为 10，现分析作用主体观点数量初值对于整个观点交互过程的影响。故设置作用主体观点数量初值分别为 10，20，30，40，50，研究其对整个观点交互过程的影响程度，如图 3.19 所示。

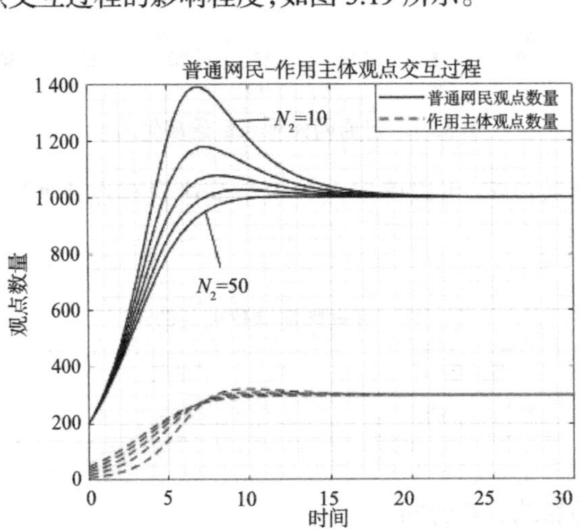

图 3.19　作用主体观点数量初值影响程度

由仿真结果,通过对比不同作用主体观点数量初值情况下的观点交互过程,可知普通网民观点数量在突发事件发生之后于 7 个单位达到高潮值,并且高潮值在 1 000~1 400 之间,其中,随着作用主体观点数量初值的增加,普通网民观点数量高潮值逐渐下降,观点数量稳定值并没有发生变化,当作用主体初值为 50 时,同化作用最明显,普通网民观点数量未出现高潮值。即在其他条件相同的情况下,作用主体观点数量初值越大,对普通网民观点的同化作用越明显,对观点交互影响程度越大,网络观点空间更加有序。

(2)同化率、吸引率影响程度分析。

当观点数量达到平衡时,由以上分析可得,达到稳定时的数值与同化率、吸引率、各自观点数量上限有关,为了更好地对观点交互过程中的影响程度进行量化,将影响程度用 q 来表示,将影响程度 q 定义为(原始观点数量-交互后观点数量)/原始观点数量,数值在 0~1 之间,影响程度数值越大,说明观点交互作用越大;反之越小。

突发事件发生之后,在 $t=0$ 时刻,普通网民观点与作用主体观点交互影响,在同化率为 0.5 的情况下,令吸引率取[2, 6]区间内的不同数值,如图 3.20 所示,可以观察到,当同化率一定时,吸引率越大,普通网民观点数量达到高潮值时间越早,且高潮值越来越小,达到平衡点所需要的时间也越来越短,普通网民观点数量与作用主体观点数量达到稳定状态时的数值也逐渐下降,作用主体观点对普通网民观点的影响程度随着吸引率变大而逐渐变大,作用主体观点对普通网民观点的同化作用随吸引率变大而产生更大的影响。

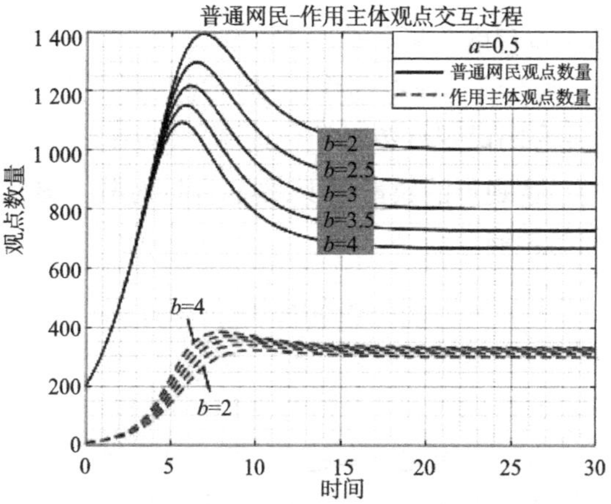

图 3.20 吸引率对观点交互的影响

当吸引率取值为 2 时,令同化率取[0.5, 0.9]区间内的不同数值,如图 3.21 所示,可以观察到,当吸引率一定时,随着同化率不断变大,普通网民观点数量经过 5 个单位以后达到高潮值,普通网民观点数量所达到的高潮值越来越小,普通网民观点数量与作用主体观点数量达到稳定状态时的数值也逐渐下降,作用主体观点对普通网民观点的影响程度随着同化率变大而逐渐变大,普通网民观点对作用主体观点的吸引作用随吸引率变大而增大。

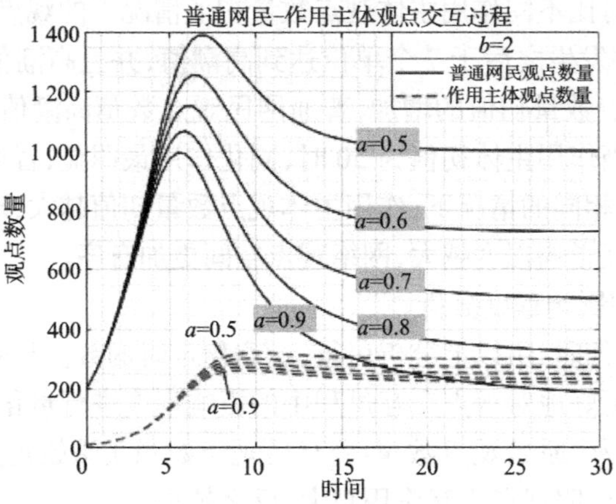

图 3.21 同化率对观点交互影响

由此可以总结出，当同化率变大时，作用主体观点对普通网民观点的影响程度越来越大，同化作用更加明显；当吸引率变大时，随着观点之间不断交互，普通网民观点数量不断增加，普通网民观点吸引作用主体发表观点，在相同时刻下，作用主体观点数量随吸引率变大而增加得更多，相同时刻下作用主体观点数量基数较大，即吸引率大时，作用主体观点反作用于普通网民观点，对普通网民观点的同化作用也更加明显，使得普通网民观点随吸引率变大而下降。

（3）观点演化速率的影响程度分析。

研究不同的普通网民观点演化速率与作用主体观点演化速率对于观点交互过程的影响。根据以上定义，r_1 为普通网民观点数量演化速率，r_2 为作用主体观点数量演化速率，速率的大小表示单位时间内表达观点的数量多少，现研究针对某一突发事件，主体观点演化速率变化对于观点交互过程的影响。

首先 $P_4\left(\frac{(1-a)}{1+ab}N_1,\frac{(1+b)}{1+ab}N_2\right)$ 点的稳定条件为 $a<1$，取 $a=0.5$，$b=2$，其次，根据以上分析，$r_1=r_2$，故在模型仿真时，先令 $r_1=0.5$，r_2 取值区间 [0.5,0.8]，得出仿真图，如图 3.22 所示。可以观察到，作用主体观点演化速率越大，普通网民观点数量高潮值越小，越快达到平衡状态，最快在 7 个单位达到平衡状态，作用主体观点数量也最快达到平衡状态，随着观点演化速率减小，作用主体观点数量逐渐出现高潮值。

作用主体观点演化速率越大，在相同时间作用主体观点数量越多，在同化率与吸引率不变的情况下，作用主体对普通网民的同化作用明显；作用主体观点演化速率越小，即对普通网民同化作用小，在相同时间内普通网民观点数量越大，此时普通网民观点对于作用主体观点的反作用即吸引作用较为明显，可以看到作用主体观点将出现短暂的峰值然后下降。

同样，先令 $r_2=0.5$，r_1 取值区间为[0.5，0.8]，得出仿真图，如图 3.23 所示。可以观察到，普通网民观点演化速率越大，普通网民观点数量高潮值越大，观点数量增长越快，作用主体观点数量也出现高潮值，并且观点数量增长也越快。

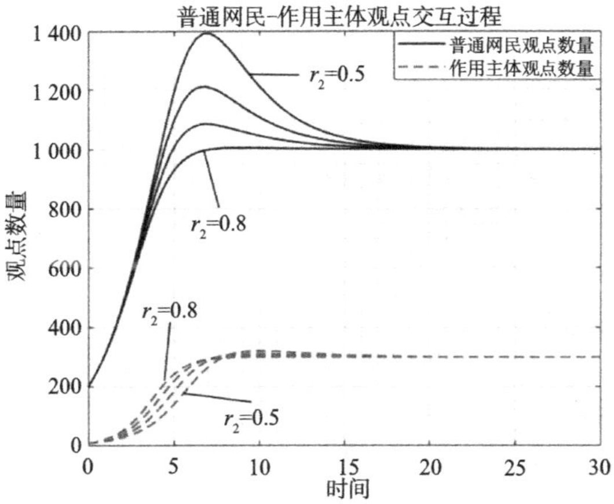

图 3.22　作用主体观点演化速率变化图

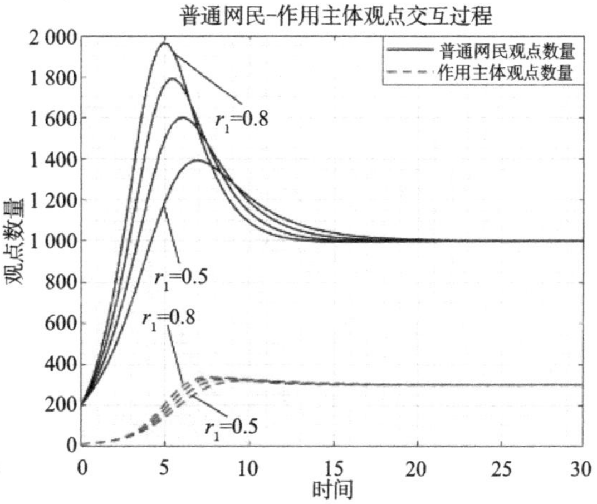

图 3.23　普通网民观点演化速率变化图

普通网民观点演化速率越大，在同一时间之内观点空间中普通网民观点数量越多，普通网民观点数量越多，在吸引率与同化率相同的情况下，对作用主体的吸引作用越明显，即作用主体观点数量增加迅速，在同一时间之内观点数量也越多，对普通网民观点的反作用即同化作用越明显，在普通网民观点达到峰值之后下降速率也相对最大。

综合以上分析，对比两个观点演化过程，表现在观点演化速率不同，观点演化速率大小体现为对不同突发事件的关注程度，即观点演化速率越大，关注程度越大，相同时间内发表观点数量也越多，观点数量都会出现峰值，观点空间中混乱程度越大。普通网民观点演化速率越大，普通网民观点对作用主体观点的吸引作用越明显，作用主体观点反作用于普通网民观点，作用主体对普通网民观点反作用效果也越明显。作用主体观点演化速率越大，在相同时间内的作用主体观点数量越多，在同化率与吸引率不变的情况下，作用主体对普通网民的同化作用越明显，即作用主体观点演化速率越大，在相同时间下，普通网民观点数量越少，并最快达到稳定状态。

（4）不同时期作用主体发言影响程度分析。

根据上文所述，将观点数量演化过程也分为 3 个阶段，潜伏期、扩散期、消退期。研究在吸引率、同化率与观点演化速率一定的条件下，作用主体分别在 3 个时期的不同时间发表观点，与普通网民观点之间发生交互，对观点数量演化的影响。

①潜伏期影响分析。

在观点演化潜伏期，作用主体分别在 $t_0=1,2,3$ 3 个时刻发表观点，参考表 3.10 中的参数设定，绘制观点演化模拟图，如图 3.24 所示。在潜伏期，突发事件发生之后普通网民观点数量迅速增加，吸引作用主体开始发表观点，此时网络空间中普通网民观点与作用主体观点开始交互，可以发现，普通网民观点数量在作用主体发表观点之后 6 个单位达到高潮值， 16 个单位达到稳定状态，普通网民观点数量高潮值由 1 600 逐渐升至 2 000，最终普通网民观点数量逐渐回落，趋于平衡点。

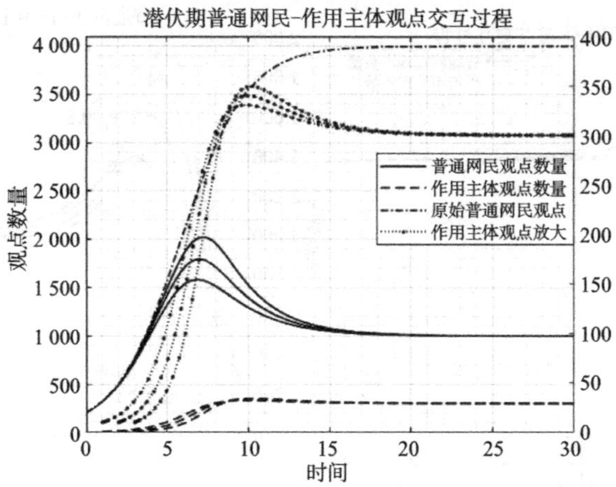

图 3.24　潜伏期作用主体表达观点

②扩散期影响分析。

在观点演化扩散期，作用主体分别在 $t_0=4,5,6,7,8$ 5 个时刻发表观点，参考表 3.10 中的参数设定，绘制扩散期作用主体发表观点之后的观点演化模拟图，如图 3.25 所示。突发事件发生之后，普通网民观点经过潜伏期的演化，随着作用主体发表观点时间的滞后，普通网民观点数量在作用主体发表观点之后 4 个单位达到高潮值，15 个单位达到稳定状态，普通网民观点数量高潮值由 2 300 升至 3 300，最终普通网民观点数量逐渐回落，趋于平衡点。

③消退期影响分析。

在观点演化消退期，作用主体分别在 $t_0=9, 10, 11$ 3 个时刻发表观点，参考表 3.10 中的参数设定，绘制扩散期作用主体发表观点之后的观点演化模拟图，如图 3.26 所示。可以观察到，普通网民观点数量在作用主体发表观点后 1 个单位便达到高潮值，观点数量随即迅速回落，于作用主体表达观点后 14 个单位达到稳定状态，普通网民观点数量高潮值由 3 500 升至 3 800，最终普通网民观点数量迅速回落，趋于平衡点。

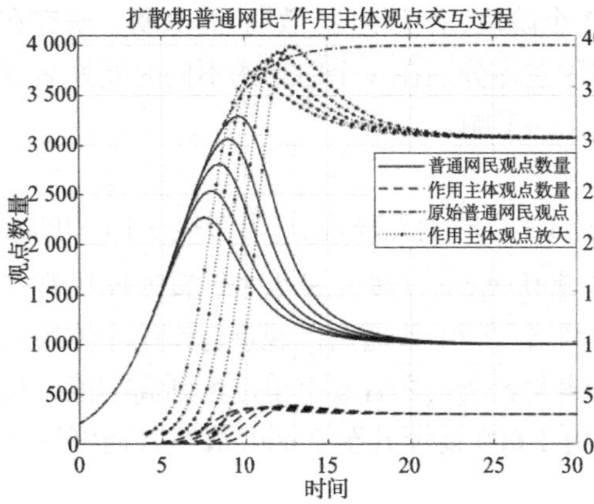

图 3.25　扩散期作用主体表达观点

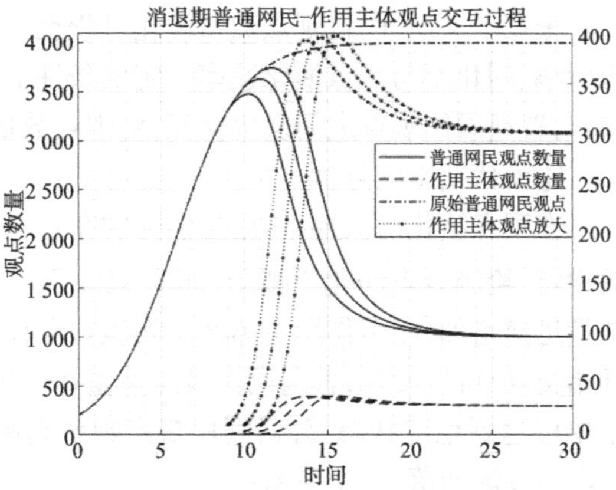

图 3.26　消退期作用主体表达观点

综合以上情况，在 $P_4\left(\frac{(1-a)}{1+ab}N_1,\frac{(1+b)}{1+ab}N_2\right)$ 点稳定的前提下，将3个时期观点演化影响进行对比可以得出：作用主体表达观点时间越滞后，普通网民观点数量高潮值越大，观点数量回落越迅速，从突发事件开始到观点数量达到平衡经过时间越长，观点空间中普通网民观点数量越多，观点空间越混乱，越不利于对于民意演化的导控。

在潜伏期作用主体表达观点与在扩散期、消退期作用主体表达观点相比，对同化网民观点、引导舆论作用更加明显，具体表现为网络观点空间中观点数量相对较少，观点空间更加井然有序。虽然在扩散期作用主体表达观点后普通网民观点数量回落速度比潜伏期更快，但此时观点空间中观点数量大，观点空间混乱，有可能会引发其他衍生事件。

4）仿真结论应对策略

本节通过突发事件观点交互建模以及仿真，研究了作用主体观点初始数量、同化率、观点演化速率以及不同时间表达观点等模型参数在突发事件观点交互过程中发挥的作用，现针对以上研究提出相应对策，以期在突发事件发生之后，作用主体观点能够更好地同化普通网民观点，引导舆论，规范网络观点空间，构建新时代更加清朗的网络空间。

如前文所述，作用主体对于普通网民的同化作用分为正向同化作用与负向同化作用，正向同化作用可以使网络观点空间清新爽朗，因此突发事件发生之后，应该以政府为主导，联合网络媒体、意见领袖等多种社会力量，对网络观点空间进行治理，正向同化普通网民观点，防止网络观点空间出现过于混乱的情况，营造清新爽朗的网络观点空间。

（1）提升作用主体观点数量初值 x_{20}。

提升作用主体观点数量初值，要求加强政府各部门（新闻、工信、公安等部门）之间的联动，在突发事件发生之后，保持各部门之间信息的有效交流，以政府为主导，联合专业领域网络“大V”等，多个作用主体共同表达积极、正面观点，对网民观点进行同化。

（2）增加同化率 b。

提升同化率，要求以政府为主体的作用主体等，要增强自身素质，提升专业水平，提升表达的观点对普通网民的同化作用。突发事件民意引导涉及传播学、心理学、统计学、新闻学、信息科学等学科①，针对突发事件的观点表达在积极向上、符合法律法规的基础上，还需提升专业水平，培养更加专业的人才队伍，并且通过多种作用主体的内部联动和综合研判，保证观点表达的积极有效。

（3）提升作用主体观点演化速率 r_2，降低普通网民观点演化速率 r_1。

提升作用主体发表观点积极性，即提升作用主体观点演化速率 r_2。观点演化速率的大小与单位时间内表达观点的数量有关，提升作用主体观点演化速率表现在突发事件发生之后，作用主体及时表达积极观点，多个类型的作用主体发挥联动作用，提升单位时间观点表达数量，并且持续不间断表达观点，使作用主体观点对普通网民观点的同化作用最大化。

降低普通网民观点演化速率 r_1。在突发事件发生之后，对普通网民观点数量进行监测，对短时间内大量表达观点的普通网民予以限制，限制其继续表达观点，防止观点空间出现过于混乱的情况，净化网络观点空间。

① 兰月新，王芳，张秋波，等. 大数据背景下网络舆情主体交互机理与对策研究[J]. 图书与情报，2016（3）：28-37.

（4）及时监测，尽早发言。

突发事件发生之后，在潜伏期观点数量迅速演化，作用主体在潜伏期发表观点，观点数量高潮值将处于较低水平，可以尽早对网民观点进行同化，以更好引导舆论。因此以政府为主导的作用主体应在突发事件发生之后立即进行研判，表达积极向上观点，对普通网民观点进行同化，并在演化全阶段通过监测系统进行监测，同时在扩散期、消退期等全周期内表达积极观点，有效引导舆论，净化网络观点空间，营造清新爽朗的网络观点空间。

第四节 突发事件负面民意言语行为

突发事件具有突发性的典型特征，同时还具有负面性与高关注度的特征，尤其负面性最易引起大众舆论传播。民意的重要性自古就不言而喻，在《史记》中就有“众口铄金、积毁销骨”之说，互联网时代强化了舆论的社会主导性，放大了民意的影响力并产生了重要的社会影响。突发事件民意有正面积极民意，也有负面消极民意，尤其是负面消极民意，对事件的应对和处置产生了重要影响。

1. 突发事件负面民意言语行为的理论逻辑

言语行为理论认为话语者通过言语表达方式来达成某种目的或意图，完成了某种社会功能，就是在实施言语行为，其核心观点是“话语即行为”。言语行为与意向性关系密切，都具有类似的满足条件和适应指向，作为人类行为的一部分，言语行为是通过意向性来执行的[①]。语言文字只是一种符号，是意识和意向性赋予话语一定意义，这是意向性使然。约翰·赛尔把言语行为和意向性结合起来，对意向性理论的发展作出了很大贡献。

1）约翰·赛尔的意向性理论

随着言语行为理论的深入和发展，语言哲学家开始研究言语行为背后的哲学问题。言语哲学的基础是心理哲学，言语行为的特征是以心理的意向性为基础的[②]。把心灵与世界相联系的正是人类的意向性。所谓意向性是一种心理状态指向，表示心灵能够以各种形式指向、关于、涉及或针对世界上的物体和事态的一般性名称[③]。意向性能将人的心理状态与周围客观环境相联系，这些心理状态或是积极向上的，或是消极悲观的。集体意向性问题是意向性研究的重点，是分析集体性社会行为的重要因素。集体的接受、承认或集体的意向性必须通过言语来表达。

2）意向性理论与言语行为的内在逻辑

约翰·赛尔认为意向性是言语行为的基本特征，是语音哲学和心灵哲学的桥梁。话语者通过话语意向性来执行言语行为，包括言内行为、言外行为和言后行为。所谓言后行为是通过某些话语所实施的行为，或表达某些话语所导致的行为，它是话语所产生的后果或所引起的变化[④]。塞尔认为心灵的意向性和社会实在的构建规则使言语行为的实施成为可能，从心

① 约翰·赛尔. 心灵、语言和哲学[M]. 李步楼，译. 上海：上海译文出版社，2006：5.
② 约翰·赛尔. 王表达与意义：言语行为理论研究[M]. 加为，赵明珠，译. 北京：商务印书馆，2017：30.
③ 约翰·赛尔. 心灵、语言和哲学[M]. 李步楼，译. 上海：上海译文出版社，2006：100.
④ AUSTIN J L. How to Do Things with Words[M]. Oxford：Oxford University Press，1962：201.

灵和社会的维度揭示了人类言语行为的本质。意向性就是心理状态借以指向或涉及在他们本身以外的对象和状态的那种特征,意向状态可能指向一个对象,也可能误指或者根本没有指向①。言语行为理论指出通过某一话语或若干话语来执行一个或若干对应行为,而且这些行为还可能带来某种后果。言语行为的实施必然带有相应的意向状态。意向性是许多心理状态和事件具有的一种性质,通过它指向或关于或涉及世界上的对象和事态,包括信念、害怕、希望、喜爱、憎恨和猜疑等②。作出一种带有命题内容的以言行事的行为时,都表达出一种带有相应命题内容的特定意向性状态③。言语行为体现的是人的情感,人的情感复杂多样,包括正向情感和负向情感,具体指向的是其核心内容,即价值④。

言语行为就是话语者通过言语方式来达成某种目的或意图,完成了某种社会功能,言语这种方式实施了某种特定的行为。网络民意始于网络言语表达,突发事件民意主题的形成就是民众个体意向性的聚集,这种集群行为需要共同信念,这些共同信念并不只是正面的,还有很多消极负面的信念,通过参与和交流的互动,个体的意向性演变为集体意向性。突发事件负面民意言语行为是突发事件发生后民众个体负面意向汇集成集体负面意向的一种言语行为。意向性理论的研究为分析突发事件负面民意言语行为问题提供了理论基础。

2. 突发事件负面民意言语行为的语用环境

任何言语行为的实施都需要相应的语用环境。突发事件民意言语行为的形成是一种刺激反应机制。突发事件发生后,会导致民众社会政治态度的产生,形成突发事件网络民意。文字舆情是互联网上最普遍、影响最广泛的一种舆情形态,民众将自己的观点和态度以文字的形式呈现,其他持有相同观点或不同观点的人们同样使用文字互动,推动舆情的发展⑤。人们在表达民意时是源于内心的动机取向,民意是由特定内在情感引起,欲满足各种需要的特殊心理状态和意愿,是在心理上形成的思维途径及产生的念头。

1)突发事件负面民意形成的内在情感因素

言语行为实现的真诚条件是指执行言语行为应该具备的相应的信念或情感。情感是行为的驱动力⑥。人的情感分积极情感和消极情感,人的行为尤其是民意表达受一定情感的影响,消极的情感会使人低沉甚至自闭。情感具有互动特征,在个体之间还是群体内部之间都具有传染性、暗示性和记忆性。在悲伤情感下对悲伤组词语的反应时间短于愤怒组词语的反应时间,在愤怒的情感下对愤怒组词语的反应时间短于对悲伤组词语的反应时间⑦。民众同质性行为是人的本能和情感互动的结果,是一种社会互动的情绪感染,即一个由他人的情绪在自己身上引起同样情绪的过程,并加剧他人情绪。因此,突发事件发生后,通过互联网,在负面情绪下较多使用负面表达,当个体意向性转化为集体意向性时,全体意向性变为一种受情感控制和引导的非理性,这种负面情感集体效能的聚集容易形成突发事件负面民意言

① 约翰·赛尔. 心灵、语言和哲学[M]. 李步楼,译. 上海:上海译文出版社,2006:94.
② SEARLE J R. Intentionality: An Essay in the Philosophy of Mind [M]. Cambridge: Cambridge University Press,2008:54.
③ SEARLE J R. Intentionality: An Essay in the Philosophy of Mind [M]. Cambridge: Cambridge University Press,2008:98.
④ 小泉保. 言外の言語学日本語語用論[M]. 東京:三省堂,1999:15.
⑤ 姜胜洪. 网络舆情热点的形成与发展、现状及舆论引导[J]. 理论月刊,2008(4):28.
⑥ 孟昭兰. 情绪心理学[M]. 北京:北京大学出版社,2005:25.
⑦ 古斯塔夫·勒庞. 大众心理研究[M]. 冯克利,译. 南宁:广西师范大学出版社,2007:25.

语行为的情感因素。

2)突发事件负面民意形成的外在社会因素

言语行为的实现需要一定的预备条件,所谓预备条件是指在执行某种言语行为时应具备合适的场合和环境。由于社会矛盾和生态危机的加剧,全球已经进入一个“世界风险社会”,危险和潜在威胁的释放达到了一个我们前所未知的程度①。突发事件民意形成的外部环境是指民意主体所处外部环境的刺激因子,包括利益、权利、物质、权力和安全等,这些外部刺激因子能够激起个体的定向行为并能满足某种需要。当前我们面临严峻的国际国内形势以及复杂的周边环境,世界处于大发展、大变革、大调整之中,进入不稳定性、不确定性因素明显增强的动荡变革期。当今中国正处于社会转型期,导致社会结构和价值观念等在不断发生变化,各种社会矛盾长期积累、客观存在,在安全发展过程中面临诸多问题和挑战,这些矛盾伴随着我国经济社会的发展,使民众的社会心理压力增大,容易引发各种负面情绪,各种突发事件进入高发期和凸显期。互联网被称为“第四媒体”,带来了一种全新的舆论传播机制,由于网络的社会化和社会的网络化趋势相互交叠,会导致民众意见的全面快速表达和自组织参与。民众的知情权、参与权和监督权意识越来越强烈,互联网为个人言论的表达提供了便捷渠道,也能更迅捷地体现社情民意。在网络传播中本来就有一种负面传播倾向,某些负面的言论更容易引起大家的关注和转发。负面民意的迅速传播,给突发事件的舆情治理及应对处置提出更高要求。

集体意向性是每个个体意向性的一种互为信念,个体意向性最终汇聚成集体意向性,从而形成了民意。个体内在负面情感、外在社会因素和负面民意言语行为是紧密联系、相互依赖、相互作用的,三者构成了一个三角形的互动模式,如图3.27所示。突发事件民意言语行为的形成是民意主体个体内在情感动机和外部诱因共同作用、相互影响的结果。

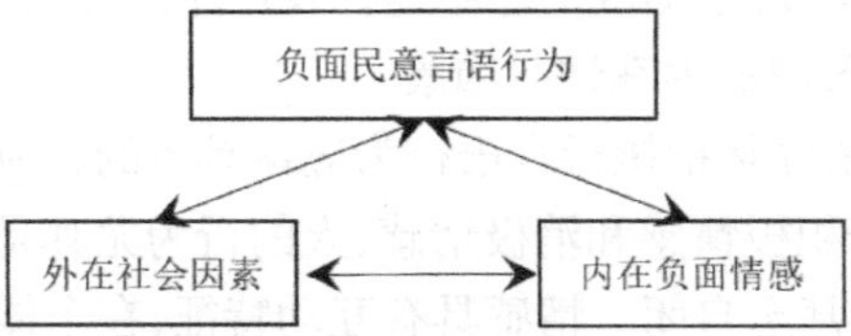

图3.27 个体内在情感、外部环境和民意言语行为之间的交互作用

3.突发事件负面民意言语行为的适应指向

传播话语不是信息或意义的同质流动,是意义的建构、散布、解释和争斗的过程,既遵循语言自身运作规则,又受社会历史情境规约,是与现实的互动的影响②。适应指向最早是由奥斯汀所提出的,意向性的适应指向将意向状态与世界联系起来,揭示了心理、语言和世界的联系。塞尔认为任何语言交际模式都涉及言语性,语言交际的基本单位是言语行为,是一个表达意图的话语,如陈述、请求、命令、感谢、道歉、祝贺、问候、拒绝、赞美、贬损、招呼、告别、指责和歪曲等,反映了人们的态度和评价。随着互联网的飞速发展,民众表达自我、发出自己声音、参与社会管理、监督社会等的热情日益高涨。舆论具有同质化特征,民众对突发

① 乌尔里希·贝克.风险社会——新的现代性之路[M].张文杰,何博闻,译.南京:译林出版社,2018:2.

② 斯蒂文·小约翰.传播理论[M].陈德民,叶晓辉,译.北京:中国社会科学出版社,2007:199.

事件的关注和表达也体现了观点交流性和参与性需求，网民的个人意向具有很强的推动性和互动性。这些意向性的适应指向还应具备一定的满足条件，根据民意主题划分，负面民意表达主要有指向利益诉求、指向情绪宣泄和指向谣言传播等。

1)指向利益诉求表达极端化的负面民意言语行为

突发事件因其具有公共属性，与社会大众利害攸关，容易引起广泛关注[①]。网络成为社会信息传播的重要方式，也是民众利益诉求表达的主要渠道[②]。指向利益诉求表达极端化的负面民意言语行为就是民意表达主体将突发事件当作工具或手段向外界极端化表达自己的利益诉求，希望得到关注和同情并最终实现自身利益的言语行为。随着社会的进步以及民众权益意识的提高，民众的维权意识不断增强。在突发事件中，关乎社会民生和公共安全等影响到个人利益的事件最能引起舆论关注，出现的舆情也最多。民众的利益诉求一旦未满足，就会出现表达极端化、非理性的特征，出现负面民意言语行为。指向利益诉求表达极端化的负面民意言语行为，在公共安全类、公共卫生类突发事件中案例较多。

2)指向情绪宣泄的负面民意言语行为

网络在突发事件中承载了重要的情绪宣泄功能[③]。在很多舆情事件中，民意表达主体并非事件的参与者，但其对关心的事件同样积极地在网上不断表达观点，宣泄情绪。指向发泄情绪的民意言语行为就是民意表达主体将突发事件当作情绪宣泄的渠道，通过这种集群行为发泄自己的仇视、怨恨、愤怒、失望甚至绝望等负面情绪的言语行为。围绕利益诉求而产生的过度情绪化表达，在网络社会中会出现由个人转变为人群集聚并产生过度情绪化。众多“非利益相关”网民容易对不公平事件产生心理共鸣，出现舆论同质化。涉及道德失范的突发事件最容易引起民众的共鸣，对于事件本身负面民意是一边倒，也表明社会转型期社会伦理道德易引发社会反思。

3)指向网络谣言传播的负面民意言语行为

突发事件发生后，在信息传播过程中，会出现非理性表达及行为偏差，尤其是在突发事件扩散后期容易产生谣言，源于个体对事件揣测或对事件处置不满的言语偏颇。古希腊哲学家称“煽动家是流氓的走卒”。在民意表达演化初期，一般是指向利益表达的言语行为，随着集群数量及规模的扩大，出现非利益群体的发泄情绪甚至传播谣言，二者相互之间形成情绪和行为等的传染和趋同。负面民意若引发民众共鸣时便会出现“涟漪式”传播。明代冯梦龙称谣言“小则寓一人之吉凶，大则系国家之兴败”。指向网络谣言的负面民意言语行为严重影响了民众的认知与判断，给社会带来恐慌和损失[④]。在指向谣言传播的负面民意言语行为中政府的应急处置能力水平的提高，将使负面民意大幅度减少。指向谣言传播的负面民意言语行为是网络民意表达的一种失范，网络谣言传播的过程中民意会被歪曲，非理性带来的“群体极化”会产生严重的负面后果。

突发事件主要包括自然灾害、事故灾难、公共卫生事件和社会安全事件等。在自然灾害和事故灾难等自然性突发事件中，网民民意通常是正面积极的，大多是表达祈福和支援的话

① 官建文等. 突发事件公共事件舆情应对研究[M]. 北京：中国社会科学出版社，2016：2.

② 卫睿博. 网络舆论利益诉求表达渠道的法律规制[J]. 经济研究导刊，2012(23)：21.

③ 童兵. 突发公共事件的信息公开与传媒的宣泄功能[J]. 南京社会科学，2009(8)：40.

④ 赵来军等. 谣言传播规律与突发事件应对策略研究[M]. 北京：科学出版社，2016：83.

语，表示网民对事件的关心和关注，如果相关部门信息公开不及时或处理不当也会产生次生舆情，出现大量负面民意。在公共卫生事件和社会安全事件中，网民对事件本身的观点、态度、情感就产生很多负面民意，他们不仅关注事件的发生，更关心事件的处置。对有些突发事件也会经常出现别有用心者和思想言论偏激者的造谣行为。对于突发事件不同主题的负面民意言语行为会出现负面民意表达一种指向或几种指向的相互影响和共同作用。对突发事件负面民意言语行为的适应指向的研究分析，有利于准确客观认识突发事件言语行为，为突发事件的舆论引导和应急管理提供支持。

4. 突发事件负面民意言语行为的治理策略

1）把握突发事件民意言语行为的演化规律

观念的意义因其在传播过程中与认知主体的融合而不断发生变化，于是，观念传播的加速就是意义变化的加速。在哲学中人们总是倾向于集体的意向性可以还原个体意向性，“我们-意向性”总是可以还原为“我-意向性”并最终为“我-意向性”所消除①。在传统媒体时代，形成了传播学、新闻学和舆论学密切相关的社会现实。随着互联网的迅速发展，民众发表言论和参与公共事件讨论的机会越来越多，越来越便捷。舆情更贴近于民意，就要从普通民众中挖掘出意见和声音②。当前，人们更容易把基于互联网的各种民众自生产的内容（报刊、新闻、跟帖、论坛、博客、微博、微信和APP等平台的内容）视为舆情，认为这是对民意的便捷和直接反映。个体心理问题的普遍性会导致社会心态的不平衡，影响个体情绪，形成负面效应，因而非理性的民意表达无法实现理性正确的选择。因此，人类正因为有这种集体意向性能力，社会生活才有建构的可能，集体意向性概念与对社会实在的说明和建构有直接的关联③。

突发事件民意有其自身的演化路径，有一个产生、形成、高涨、消亡的过程，每个演进过程都是内生动力和外源动力共同作用的结果。因此，突发事件的民意言语行为也可以去建构，不断地去影响个体意向性，使民意的各种变量相互作用而发生改变，对突发事件进行舆论引导，改变突发事件的民意演化进程。要高度重视互联网对民意的影响，加强舆情信息收集引导工作，准确把握社会思想动向，敏锐捕捉倾向性、苗头性问题，研究分析民意的发展趋势及社会影响。

2）加强突发事件负面民意言语行为的舆情治理

随着互联网的迅速发展，舆情事件不断增多。网络舆情不仅在较大程度上反映出与突发事件相关事务矛盾由量变到质变的过程，而且已成为突发事件的关联因素，直接影响事件的发展过程④。网络舆情治理已经成为社会治理的重点内容，需要政府、媒体和民众的良性互动。

（1）政府主动出击做好政务舆情工作，回应民众利益诉求。

突发事件处置的实质就是一个非程序化决策问题。加强政务公开、做好政务舆情回应

① 约翰·赛尔. 心灵、语言和哲学[M]. 李步楼，译. 上海：上海译文出版社，2006：18.

② 杨斌艳. 舆情、舆论、民意：词的定义与变迁[J]. 新闻与传播研究，2014（12）12：116.

③ SEARLE J. The Construction of Social Reality[M] .Cambridge：Penguin UK，1996：9.

④ 齐佳音，张一文，等. 突发性公共危机事件与网络舆情作用机制研究[M]. 北京：科学出版社，2017：5.

工作,已纳入政府提升治理能力的重要内容。突发事件沟通理论认为,突发事件沟通的实质是在突发事件管理者、媒体和民众等各方之间建立信任关系。其中,主动的、开放的行为更能建立和保持信任[①]。心理和谐包括自我和谐、人际和谐和人与事的和谐[②]。加强同民众的沟通,引导民众对政府的信任,缓解民众心理上的不满、愤怒、宣泄、怨恨、失望、沮丧等负面消极情绪,通过促进心理和谐来减少对突发事件负面表达的参与意愿。加强集体意向的去极端化,进行集体思维引导。如果突发事件民意处理引导不当,容易激发社会矛盾,诱发次生事件,引发公共危机,不利于事件处置。

突发事件负面民意传播中,要警惕“羊群效应”,注意意见领袖在影响民众态度的过程中扮演的角色,尤其是微博“大 V”的话语行为。民众的情绪指向和民意行为指向与突发事件处置有很大关系,在舆情治理中应及时发现具有明显情绪指向和行为指向的个体,并做好沟通和疏导,提高政府对舆情的疏导水平,保障公共安全和处置突发事件的能力。

(2)媒体发挥好议程设置功能,引导民众理性思维。

媒介具有议程设置功能,通过新闻筛选与编排,会影响民众对当前议题及其重要程度的认知。新闻议题设置是指大众传媒对某些议题的大力强调和这些议题在公众中得到重视的程度构成一种强烈正比关系。传播学者麦克姆斯、唐纳德·肖最早提出议题设置理论,认为大众传播只要对某些问题予以重视,为公众安排议事日程,就能影响公众舆论[③]。议题设置决定和影响新闻报道的态度、角度和语境,影响信息源和对象的选择[④]。议程设置功能,传媒的新闻报道和信息传达活动以赋予各种议题不同程度的显著性的方式,影响着人们对周围世界发生的大事及重要性的判断[⑤]。

在突发事件新闻媒体报道议程设置过程中,既要有大局观念和责任意识,还应关注民意,通过多元报道,做到及时、准确、客观和全面,消除各种谣言和揣测,疏导负面民意,引导民众的理性思维,形成良性互动。

(3)民众树立正确的意识观念,养成良好社会心境。

作为普通民众应该具有法治观念,要有正确的是非观,人们对同一种事物,“忧者见之而忧,喜者见之而喜”。网络民众要匡正社会心态,养成良好的心境,消极不良的心境会使人意志消沉、悲观绝望;应培育健康的心理和积极正面的情感,树立危机意识。网络舆论并非“洪水猛兽”,而是民众网络民意的集中表达。民众要增强法律制度意识,执法部门对传播谣言、凭空捏造和不尊重事实的言语表达必须进行相应的法律追责。

在互联网时代,政府和媒体应持续发挥喉舌作用,做好舆论引导工作,及时引导化解负面民意隔阂。加强对突发事件的舆情治理,研究突发事件的演化规律,做到信息公开,加强舆论监管,对具有负面性的言语行为进行监测、干预和引导。对于突发事件负面言语行为运用综合手段改变舆论走向,将民众非理性的情绪宣泄等负面民意迅速转化为事件本质解决之道的理性思考。作为民意主体的民众要树立正确的意识观念,养成良好社会心境。通过舆情治理,使政府、媒体和民众实现良性互信互动。

① 李雪峰. 突发事件应对案例研究:方法与实践[M]. 北京:国家行政学院出版社,2017:33.

② 吴开松,李华胤,徐晓晨. 群体性事件的社会心理因素研究[M]. 武汉:华中科技大学出版社,2014:128.

③ 张帆. 网络舆情事件的引导与控制探析[J]. 西部广播电视,2015(11):10.

④ 李希光. 新闻报道与议题设置[J]. 新闻与写作,2016(5):85.

⑤ 马克斯韦尔·麦库姆斯. 议题设置——大众媒介与舆论[M]. 郭镇之,徐培喜,译. 北京:北京大学出版社,2018:26.

5. 总结

通过分析突发事件负面民意言语行为，探究了突发事件民意深刻的哲学逻辑，即意向性将心理状态与客观世界相联系。突发事件负面民意言语行为的形成是内在情感因素和外在社会语用因素共同作用的结果。突发事件民意的传播不是信息或意义的同质流动过程，是一种意义建构。突发事件负面民意言语行为具有一定的适应指向，包括利益诉求、情绪发泄和谣言传播等。集体意向性使社会实在得以建构，在突发事件负面民意言语行为的舆情治理中，对突发事件实施舆论引导，推进舆情治理体系和治理能力现代化，实现负面消极民意转化，化解民意风险。本研究有助于提升政府公共安全治理和应急管理水平，构建和谐的舆论语境，为政府部门对突发事件的积极干预和妥善处置提供理论依据和决策参考。

第五节 突发事件民意主题信息异化建模[①]

在舆情大数据环境下，突发事件民意主题信息不仅具有突出的海量特征，并且产生及传播速度快、来源及类型多样化、传播平台及途径多元化，特别是海量多源异构信息之间相互碰撞、相互交织，信息关联程度极大增强，这些均成为信息过载、信息失实、信息重复等信息异化的重要诱因。研究舆情大数据环境下突发事件民意主题信息异化的演化机理，有助于明晰民意主题信息异化程度，进而为政府有针对性地进行信息异化控制，更好地开展突发事件应急管理提供理论依据。

1. 突发事件民意主题信息异化机理

1）突发事件民意主题信息异化现象

目前，对信息异化概念有多种不同的解释，其中主要的观点认为：信息异化是指信息在生产、传播和利用的过程中，由于受到各种因素的干扰导致了信息生产与信息消费之间的矛盾，使主体丧失了控制信息的能力和原有的内涵，并为信息所奴役、支配[②]。信息异化包括信息本身的异化、信息主体的异化、信息与信息主体的异化、信息主体间的异化 4 个方面，本节面向舆情大数据研究民意主题信息异化问题，因此主要研究信息本身的异化现象。

随着移动宽带互联网的普及，突发事件[③]发生后，众多主体通过原创、转发、共享等方式发布大量文字、图片、音视频等信息，分布于不同网络平台，逐步形成一个网络舆情大数据环境（图 3.28）。由于海量多源异构信息之间相互碰撞、相互交织，极易诱发信息异化。如果信息异化程度没有得到有效控制，网络流言、网络谣言以及网络暴力等干扰正常网络秩序的信息传播，将严重破坏网络空间环境。

---

① 夏一雪，兰月新，赵玉敏. 大数据背景下网络舆情信息异化控制模型研究[J]. 现代情报，2018，38(2)：3-11.

② 孙瑞英. 信息异化问题的理性思考[J]. 情报科学，2007(3)：340-344.

③ 根据《突发事件应对法》，突发事件定义为突然发生，造成或可能造成重大人员伤亡、财产损失、生态环境破坏和严重社会危害，危及公共安全的紧急事件，一般而言，包括自然灾害、灾难事故、公共卫生事件、社会安全事件四类。考虑到网络舆情特性，本节突发事件也包括突然发生的事情或事件。

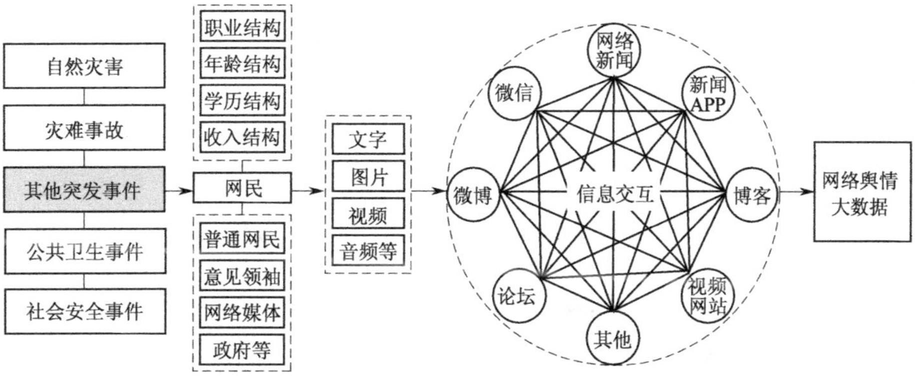

图 3.28　网络舆情大数据环境

（1）民意主体导致的信息异化。

民意主体很多，主要包括普通网民、意见领袖、网络推手、网络媒体、网络水军等，其中普通网民的数量占绝大多数，其他主体数量较少，但是在民意主题传播过程中发挥的作用很大。特别是网络推手、网络水军等出于不同目的对信息传播的误导、极化和操纵，是导致信息异化的主要因素。同时，网民心理多元化，认知程度、情感状态多样化，组成结构中低学历、低龄、低收入群体占比高，上述因素使得网络言论视角纷繁、众声喧哗，也会导致在民意主题传播过程中引发信息异化。

（2）民意主题信息传播过程中导致的信息异化。

在民意主题信息传播过程中，微博、微信、视频网站等网络传播平台通过发布、转发、评论、共享等多种传播方式，对文字、图片、视频等多种格式信息进行广泛快速的传播，极易使得网络空间处于一种信息过载的状态，尤其是真实信息、虚假信息、猜测信息等交织在一起，使得网络信息极易产生异化现象，进而导致网络流言、网络谣言、网络暴力等。

2）突发事件民意主题信息异化机理

（1）民意主题信息传播规律遵循信息生命周期理论。

突发事件民意主题信息是网民通过互联网对某一突发事件进行交流的信息总和。这一和值是随时间单调递增的变量，它和民意主题信息的统计数据是有区别的。统计数据通过累加可以得到和值变量，而和值变量通过累减可以得到统计数据。突发事件民意主题信息是对某一事件进行交流的信息总和，和其他网络信息一样是不断发展变化的，同样具有孕育、产生、发展直至消亡的生命过程，所以可以用信息生命周期理论来理解和研究民意主题信息。在理论层面，按照信息生命周期理论，民意主题传播演化具备周期性①，并且在一个演化周期内可以划分传播阶段②，可以用 Logistic、Gompertz 等描述生命周期理论的“S”形曲线模型研究民意主题信息演化规律（图 3.29）。

① 谢科范，赵湜，陈刚，等. 网络舆情突发事件的生命周期原理及集群决策研究[J]. 武汉理工大学学报（社会科学版），2010（4）:482-486.

② 兰月新，曾润喜. 突发事件网络舆情传播规律与预警阶段研究[J]. 情报杂志，2013（5）:16-19.

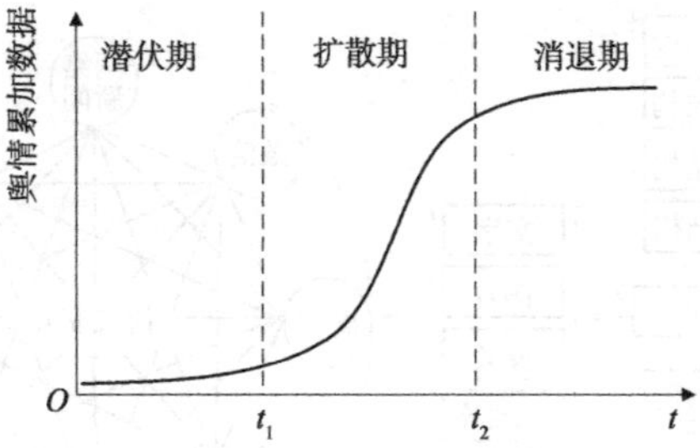

图 3.29 民意主题信息演化规律

（2）民意主题信息异化机理。

假设 $x(t)$ 代表网民针对某一突发事件进行交流而形成民意主题的信息量和值，其初值 $x(0)=x_0$，上限为 K。由于民意主题演化过程中，信息量和值的增长率与民意主题信息量和值以及“剩余空间” $\left(1-\frac{x}{K}\right)$ 呈正比。基于此，民意主题传播演化机理为

$$\begin{cases} \dfrac{dx}{dt}=rx\left(1-\dfrac{x}{K}\right) \\ x(0)=x_0 \end{cases}$$

信息过载、信息失实、信息重复等①是信息异化的主要形式，在民意主题传播过程中，信息异化体现为大量信息在民意传播初期集中爆发，使得民意主题信息传播规律发生改变，研究信息异化后的民意主题信息传播规律有利于控制民意的信息异化程度。信息异化对民意主题传播规律的影响主要体现为民意主题信息量在传播初期集中爆发，使得民意主题演化趋势“左移”（图 3.30），民意主题数据提前达到“饱和”状态，为未来民意演化趋势增加不稳定因素。同时，由于民意主题信息量快速增加，导致内禀增长率 r 随着时间的变化而变化。

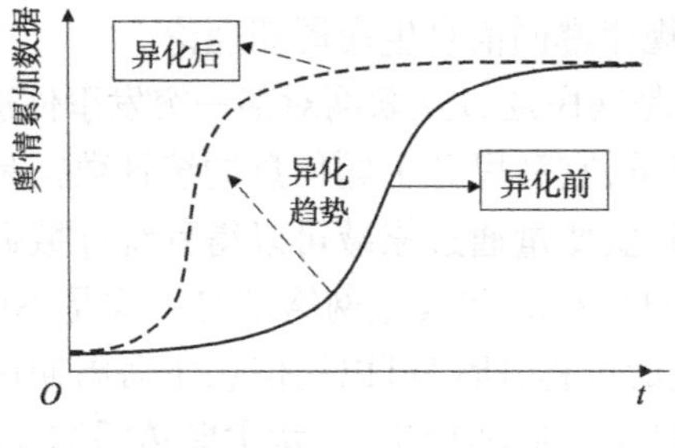

图 3.30 民意主题信息异化机理

2. 突发事件民意主题信息异化控制模型

1）突发事件民意主题信息异化控制机理

突发事件民意主题传播过程中的信息异化导致信息量激增，大量不同形式、不同情感倾向的信息汇聚、碰撞，极易形成网络流言、网络谣言以及网络暴力等，为网络空间环境带来不

① 陆宝益，倪波. 我国有关信息污染研究的进展[J]. 图书与情报，2003（3）：9-14.

稳定因素，如何有效控制民意主题的信息异化程度是政府引导民意的关键。正如前文研究所揭示的那样，信息异化导致民意主题传播机理发生变化，故而需要政府针对信息异化的程度进行控制，所以信息异化情况下的民意主题传播规律是异化过程和控制过程共同作用的结果（图 3.31）。

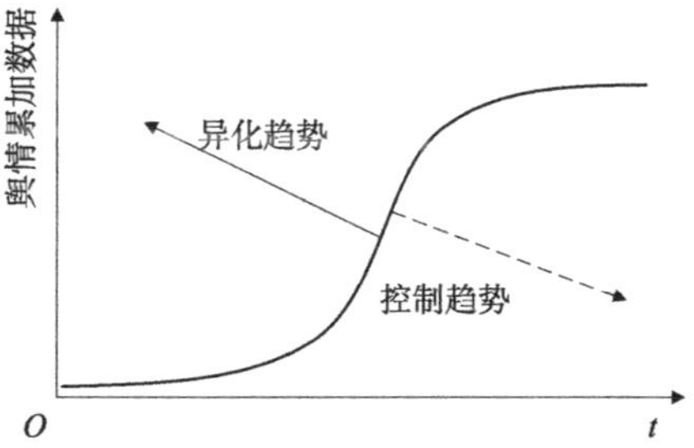

图 3.31　民意主题信息异化趋势和控制趋势

在异化过程和控制过程的综合作用下，当异化过程成为主要过程时，民意主题信息量增长迅速，增长率增量大于零；当控制过程成为主要过程时，民意主题信息量增长缓慢，增长率增量小于零，两个过程的交界点处形成曲线拐点。所以在民意主题传播过程中，如果政府没有对信息异化现象进行持续、有效的控制，则会出现两个过程交替进行的状态，累加数据将会出现多个“S”形曲线结构，而其对应的民意主题统计数据则呈现出多个峰值的波动状态（图 3.32）。以某突发事件按小时统计数据为例，统计数据呈现多个峰值，而累加数据则是由多个“S”形曲线连接而成的（图 3.33）。

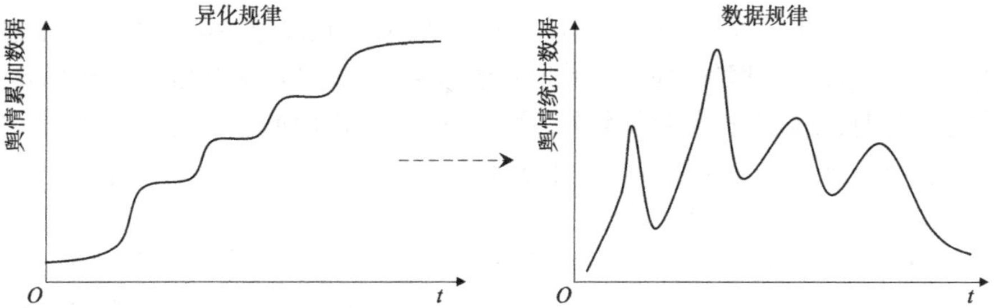

图 3.32　民意主题信息异化规律和数据规律

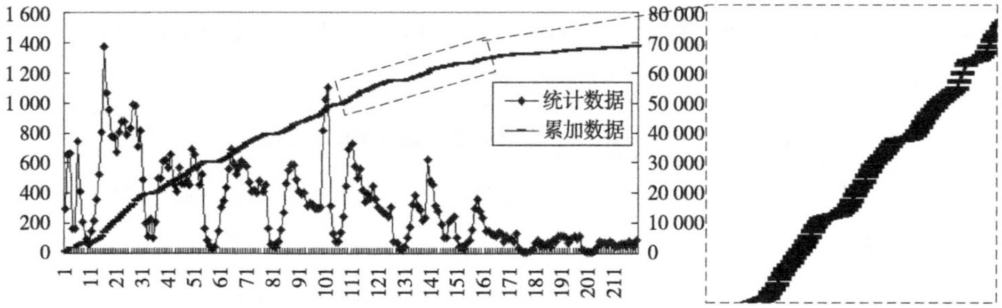

图 3.33　“国乒退赛”舆情数据与累加数据曲线局部图

2)突发事件民意主题信息异化控制建模

信息异化过程导致民意主题信息量快速增加,而控制过程则会使信息量增加变缓,所以在两个过程的共同作用下,民意主题传播演化机理模型的内禀增长率由常数变为关于时间的函数变量,即民意主题传播演化机理由

$$\begin{cases} \dfrac{\mathrm{d}x}{\mathrm{d}t} = rx\left(1-\dfrac{x}{K}\right) \\ x(0)=x_0 \end{cases}$$

变为

$$\begin{cases} \dfrac{\mathrm{d}x}{\mathrm{d}t} = r(t)x\left(1-\dfrac{x}{K}\right) \\ x(0)=x_0 \end{cases}$$

其中,$x(t)$代表民意主题的信息量和值,初值$x(0)=x_0$,上限为K,$r(t)>0$。上式即为突发事件民意主题信息异化控制模型,求解微分方程得到模型解为

$$x(t)=\frac{x_0\exp\left(\int_0^t r(s)\mathrm{d}s\right)}{1+\dfrac{x_0}{K}\int_0^t \exp\left(\int_0^s r(s_1)\mathrm{d}s_1\right)r(s)\mathrm{d}s}$$

由于模型解的结构依赖于内禀增长率$r(t)$的函数表达式,不同的表达式代表不同的民意主题信息异化控制模式,下面将通过开展模拟仿真来研究不同类型的信息异化控制模式。

3)突发事件民意主题信息异化控制模式

民意主题信息异化过程和政府控制过程共同作用,导致民意主题信息量演化过程随之变化。当信息异化过程占据优势时,则政府控制效果较差,民意主题信息量急剧增加;当控制过程占据优势时,则政府控制效果较好,民意主题信息量增加趋势变缓;当两个过程由于竞争均不能主导民意演化时,则民意主题信息量增加趋势变快和变缓交替进行。基于此,根据作用结果将政府控制信息异化的模式分为最差模式、中和模式和最优模式。

(1)最差模式。在最差模式中,政府控制信息异化效果最弱,信息异化过程成为占优过程,民意主题信息量激增,提前达到"饱和"状态,信息异化控制模型的内禀增长率以递增饱和类函数为主(图3.34)。在实际突发事件案例中,如果政府被动应对,则在民意主题传播初期往往出现这类模式,尤其是突发事件发生后,民意主题信息异化概率更高,需要政府短时间内应对,学术界相继提出"黄金24小时""黄金4小时"甚至"黄金1小时"。

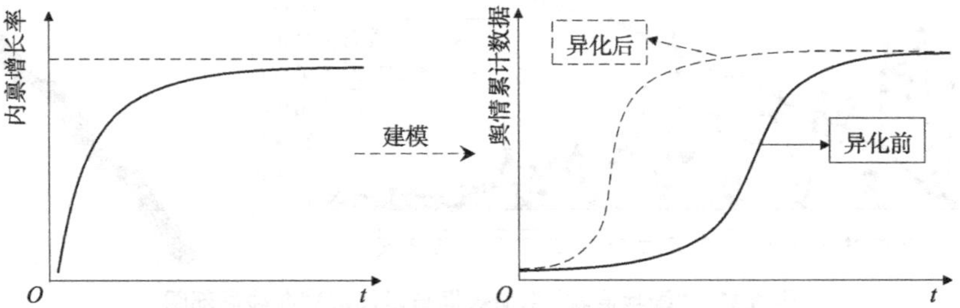

图3.34 民意主题信息异化控制最差模式示意图

(2)中和模式。在中和模式中,信息异化和政府控制共同发挥作用,民意主题信息量时而增长迅速,时而增长缓慢,数据交替达到“饱和”状态,信息异化控制模型的内禀增长率以震荡类函数为主(图 3.35)。在实际突发事件案例中,如果政府应对后,由于缺乏持续、有效的控制措施,民意主题传播往往出现这类模式,民意主题统计数据则出现波动现象。

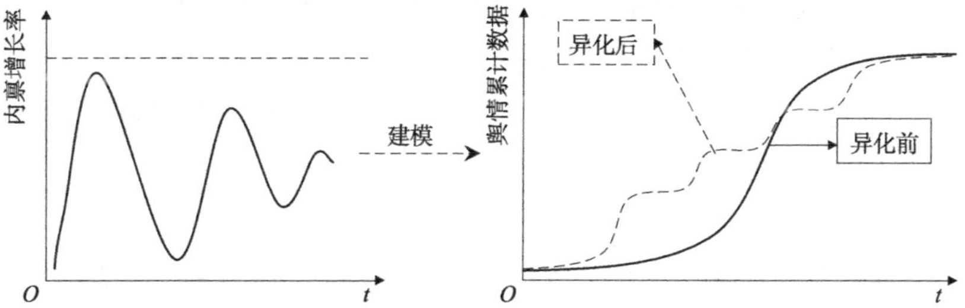

图 3.35　民意主题信息异化控制中和模式示意图

(3)最优模式。在最优模式中,民意主题传播过程中政府控制成为主要过程,民意主题信息量增长缓慢至“饱和”状态,信息异化控制模型的内禀增长率以递减类函数为主(图 3.36)。在实际应对过程中,最优模式需要以大数据为基础和支撑,提前感知信息异化风险,做到主动预防预测预警。

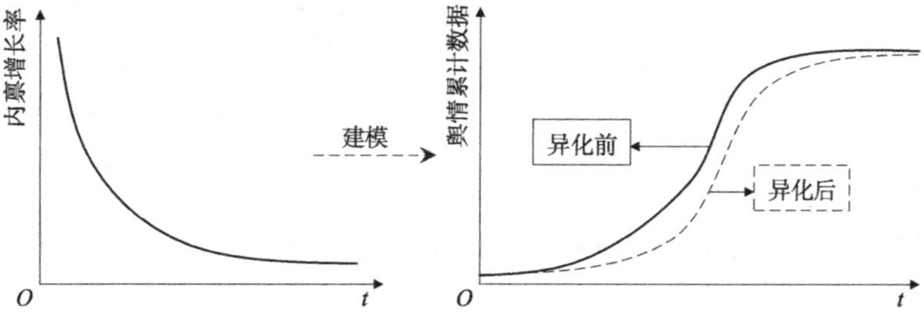

图 3.36　民意主题信息异化控制最优模式示意图

3. 突发事件民意主题信息异化控制仿真

为有效模拟突发事件民意主题信息异化程度及政府控制信息异化的效果,应用 MATLAB 进行数值模拟仿真并绘制图像,研究政府控制信息异化的 3 种模式:最差模式、中和模式和最优模式。信息异化前的参数为上限 $K=100$,初值 $x(0)=10\%K=10$,信息增长率 $r=0.5$,信息异化后信息量上限、初值保持不变,内禀增长率函数 $r(t)$ 的初值 $r(0)=0.5$,具体表达式根据不同模式进行选取。为进一步研究信息异化程度,根据文献[①] 计算民意主题传播阶段为:潜伏期[0,1.76],扩散期[1.76,7.02],消退期[7.02,∞)。

1)最差模式

选取两类递增曲线,修正指数曲线 $r_1(t)$ 和 S 曲线 $r_2(t)$ 作为信息异化时的内禀增长率函数,具体表达式如下

① 兰月新,曾润喜. 突发事件网络舆情传播规律与预警阶段研究[J]. 情报杂志,2013(5):16-19.

$$r_1(t)=2-1.5\cdot 0.8^t\ ,\ r_2(t)=\frac{2}{1+3\exp(-0.2t)}$$

通过 MATLAB 分别绘制信息异化前后民意主题信息量曲线（图 3.37 和图 3.38）。观察图像发现：异化后的曲线在扩散前期就已经达到饱和状态，而且修正指数曲线 $r_1(t)$ 对应图像的信息异化速度更快。在最差模式中，信息异化成为主导过程，异化的民意主题信息量快速增加至"饱和"状态，如果民意主题信息继续异化的话，信息量突破上限 K 的概率大大增加。在实际案例中，当某些突发事件发生后，如果政府没有及时、有效地控制信息异化，则民意主题信息量将迅速激增，为后续应对和治理增加难度。

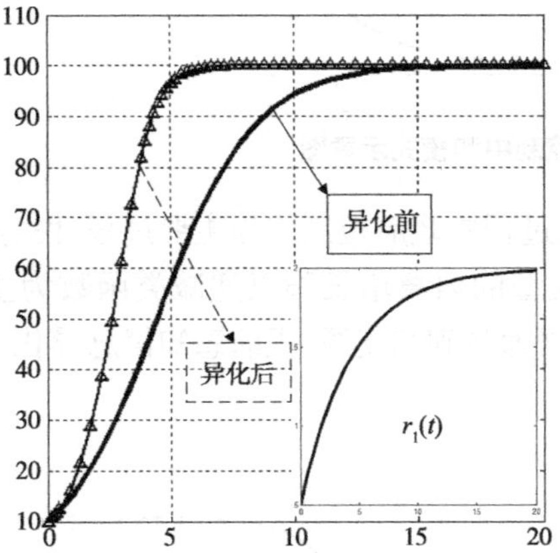

图 3.37　增长率为 $r_1(t)$ 时信息异化前后对比图像

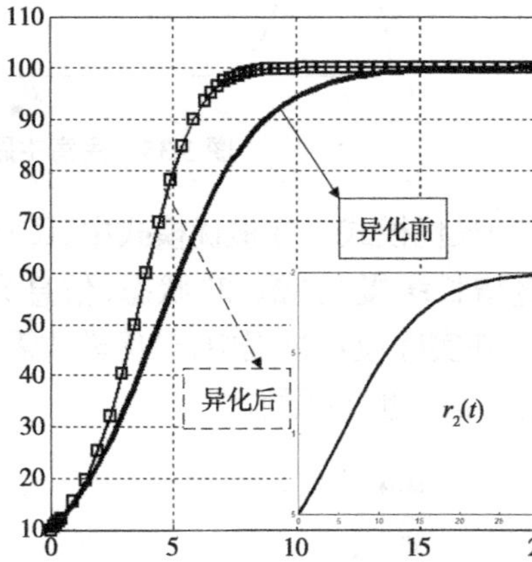

图 3.38　增长率为 $r_2(t)$ 时信息异化前后对比图像

2）中和模式

选取两类震荡曲线，三角函数曲线 $r_3(t)$ 和震荡衰减曲线 $r_4(t)$ 作为信息异化时的内禀增长率函数，具体表达式如下

$$r_3(t)=0.5+0.4\sin\ 2t\ ,\ r_4(t)=0.5+1.5\exp\left(-\frac{t}{2}\right)\sin\ (2t)$$

通过 MATLAB 分别绘制信息异化前后民意主题信息量曲线（图 3.39 和图 3.40）。观察图像发现：异化后的曲线和异化前的曲线几乎同时达到饱和状态，震荡衰减曲线 $r_4(t)$ 对应的异化曲线在初期很短时间内快速增加，但信息量很快便趋于饱和状态而缓慢增加。在中和模式中，信息异化和控制过程共同发挥作用，异化后的民意主题信息量曲线增长缓慢，并且曲线形状是由多个"S"形曲线连接而成的，由于信息异化前后两条线很接近，所以信息异化前后的民意主题传播阶段比较接近，这种模式在实际案例中所占比例是最高的。

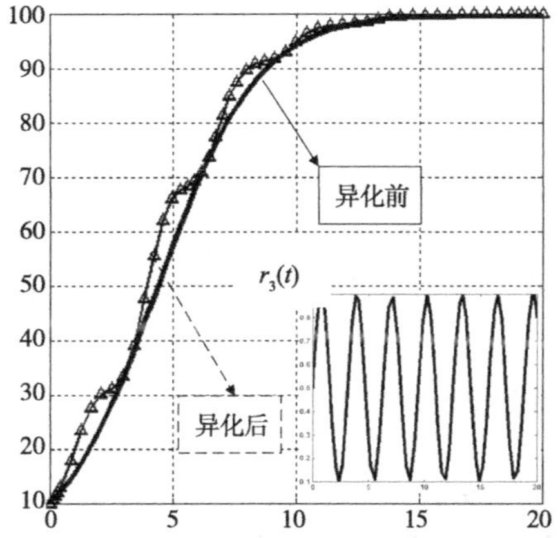

图 3.39　增长率为 $r_3(t)$ 时信息异化前后对比图像

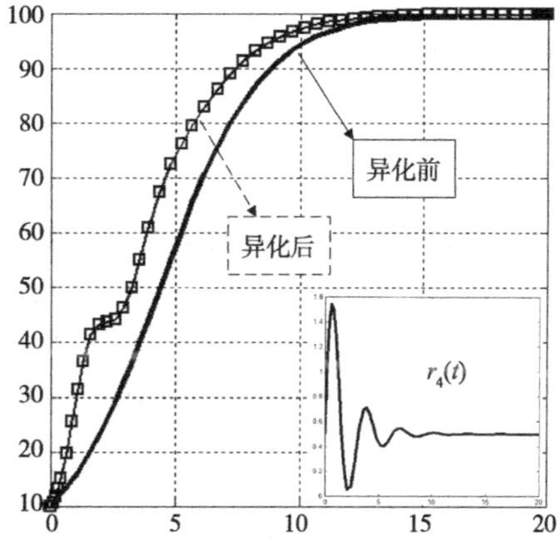

图 3.40　增长率为 $r_4(t)$ 时信息异化前后对比图像

3)最优模式

选取两类递减曲线,反比例曲线 $r_5(t)$ 和反“S”形曲线 $r_6(t)$ 作为信息异化时的内禀增长率函数,具体表达式如下

$$r_5(t)=\frac{0.5}{t+1},\ r_6(t)=0.6-\frac{0.5}{1+4\exp(-0.2t)}$$

通过 MATLAB 分别绘制信息异化前后民意主题信息量曲线(图 3.41 和图 3.42)。观察图像发现:有效的控制措施可以使民意信息增长变缓,延迟达到“饱和”状态,并且反比例曲线的控制效果远超过反“S”形曲线。在最优模式中,控制过程发挥主导作用,有效控制后的民意主题信息量曲线传播阶段全部滞后于信息异化前的曲线,但是最终的饱和值一致,这为政府治理提供了充分的时间。

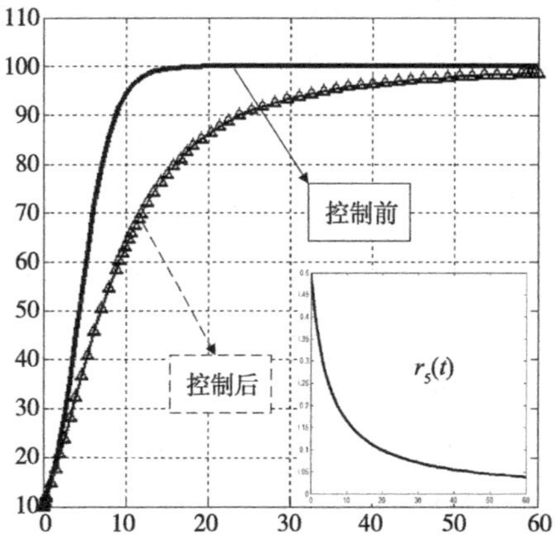

图 3.41　增长率为 $r_5(t)$ 时信息异化前后对比图像

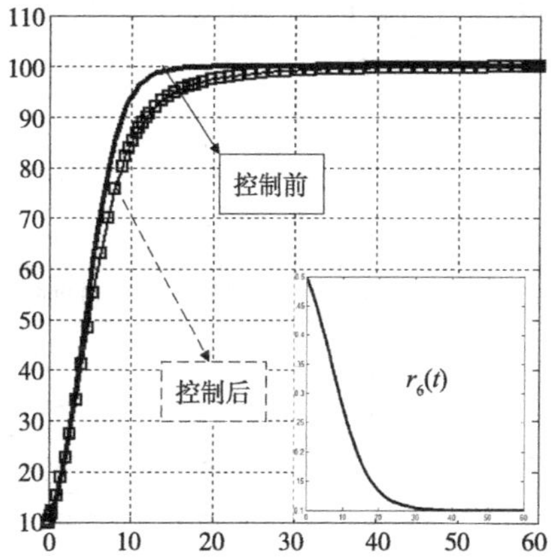

图 3.42　增长率为 $r_6(t)$ 时信息异化前后对比图像

4. 实证研究

1)数据来源

为验证构建的突发事件民意主题信息异化控制模型,通过清博舆情监测软件选取 2017 年 5 月至 2017 年 8 月期间 8 个网络舆情案例作为验证案例,获取网络舆情统计数据(按天进行统计,均为事件发生后 20 天的统计数据)。8 个案例分别为:孙杨世锦赛夺冠、G20 峰会、香港回归 20 周年、京津冀大暴雨、柯洁大战 AlphaGo、“一带一路”高峰论坛、男乒退出比赛、章某颖案嫌犯被诉,案例基本数据如下(表 3.12 和表 3.13)。

表 3.12 验证案例一览表

事件编号	事件名称	监测时间段	数据总量
事件 1	孙杨世锦赛夺冠	2017 年 7 月 24 日至 8 月 12 日	87 106
事件 2	G20 峰会	2017 年 7 月 07 日至 7 月 26 日	65 143
事件 3	香港回归 20 周年	2017 年 6 月 28 日至 7 月 17 日	152 727
事件 4	京津冀大暴雨	2017 年 6 月 21 日至 7 月 10 日	526 896
事件 5	柯洁大战 AlphaGo	2017 年 5 月 23 日至 6 月 11 日	76 921
事件 6	“一带一路”高峰论坛	2017 年 5 月 14 日至 6 月 02 日	422 567
事件 7	男乒退出比赛	2017 年 6 月 23 日至 7 月 12 日	77 839
事件 8	章某颖案嫌犯被诉	2017 年 7 月 13 日至 8 月 01 日	37 463

表 3.13 验证案例舆情统计数据

t/事件	事件 1	事件 2	事件 3	事件 4	事件 5	事件 6	事件 7	事件 8
1	13 557	7 212	6 084	23 675	10 369	6 011	2 874	3 327
2	8 704	7 098	10 434	37 464	7 493	60 855	16 328	4 760
3	14 329	6 473	25 004	34 624	7 942	61 295	11 359	2 969
4	11 501	8 866	41 794	26 720	5 795	42 956	9 482	2 382
5	6 806	5 732	14 064	24 734	15 245	3 1533	8 934	2 078
6	5 609	3 708	12 639	24 276	6 913	27 337	9 320	2 180
7	6 169	2 661	7 254	15 623	3 280	10 677	5 640	1 639
8	5 891	2 568	4 289	12 408	2 241	9 206	3 428	2 413
9	2 607	1 297	3 334	12 692	2 893	22 305	1 682	4 665
10	1 202	950	4 222	17 312	2 111	20 061	1 282	2 312
11	931	2 345	3 664	24 352	1 782	18 646	1 089	1 066
12	1 503	1 980	2 840	32 296	1 294	17 785	904	1 066
13	819	1 985	3 727	41 660	754	18 223	740	934
14	1 381	2 331	2 467	37 121	1 538	13 332	844	875

续表

t/事件	事件 1	事件 2	事件 3	事件 4	事件 5	事件 6	事件 7	事件 8
15	1 548	2 046	2 404	34 331	1 181	5 345	880	754
16	2 445	1 693	1 938	36 713	1 480	5 627	670	1 337
17	1 377	1 090	2 183	32 932	1 775	5 425	657	918
18	250	1 885	1 659	17 260	1 607	13 239	559	544
19	328	1 835	1 170	17 474	608	16 025	646	523
20	149	1 388	1 557	23 229	620	16 684	521	721

2）确定系数的方法

大数据的核心是预测。如何预测民意主题信息异化趋势是舆情大数据环境下突发事件民意引导的关键。在实际工作中，需要确定模型参数，尤其是通过确定内禀增长率函数来确定信息异化模式，为政府引导网络舆论和应急管理提供参考依据。本节构建的民意主题信息异化控制模型为

$$\begin{cases} \dfrac{\mathrm{d}x}{\mathrm{d}t} = r(t)x\left(1-\dfrac{x}{K}\right) \\ x(0) = x_0 \end{cases}$$

其对应差分方程为

$$\Delta x(k) = r(k)x(k)\left(1-\frac{x(k)}{K}\right)$$

其中 $\Delta x(k) = x(k) - x(k-1)$，$k = 1,2,3,\cdots$，$x_1(k), x_1^2(k)$ 为监测数据个数。当通过网络舆情监测软件获取数据后，$\Delta x(k)$，$x(k)$，K 可以通过数据计算或者估计，在此基础上可以估计内禀增长率 $r(t)$ 对应的离散数列 $r(k)$，$k = 1,2,3\cdots$，据此可以通过拟合数据推断得出 $r(t)$ 的具体曲线形状，进而确定信息异化控制模式。

3）模型验证

根据上述方法，通过数据分析方法，推断得出内禀增长率函数对应的图像（表 3.14），据此可以估计民意主题信息异化程度及政府控制信息异化的效果。观察表中图像可以发现，事件 3 和事件 7 的对应模型中的内禀增长率曲线整体为递减趋势，其他事件增长率曲线则起伏趋势较大，所以事件 3 和事件 7 为最优模式，其他事件为中和模式，这也证明了构建的信息异化控制模型符合实际情况。在实际工作中，通过监测数据建模后，得到估计的增长率曲线，然后通过软件拟合数据便可以得到曲线对应的函数表达式，据此可以推断民意主题信息异化程度、预测未来趋势，为政府引导网络舆论和应急管理提供参考依据。

表 3.14　数据分析结果

事件	增长率曲线	控制类型	事件	增长率曲线	控制类型
事件 1	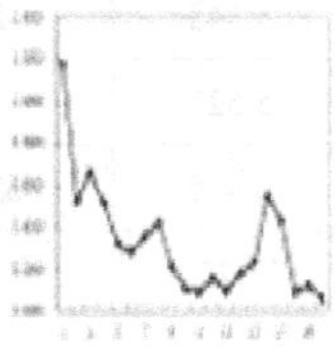	中和模式	事件 5	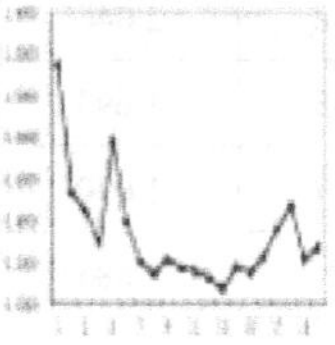	中和模式
事件 2	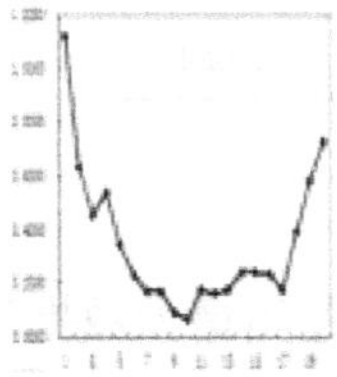	中和模式	事件 6	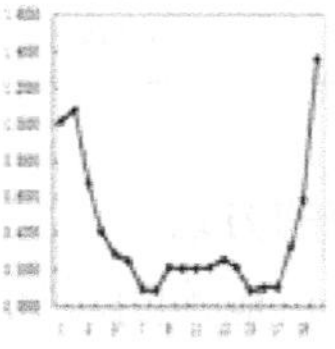	中和模式
事件 3	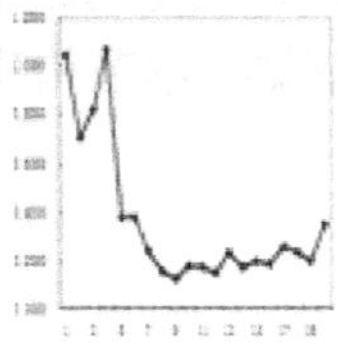	最优模式	事件 7	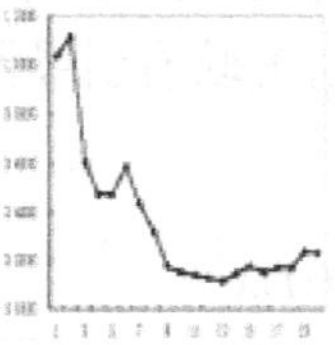	最优模式
事件 4	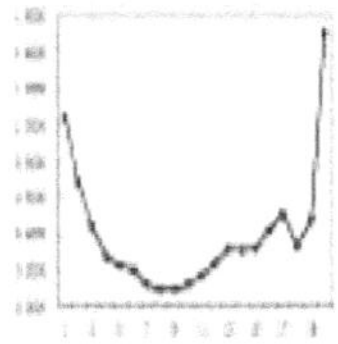	中和模式	事件 8	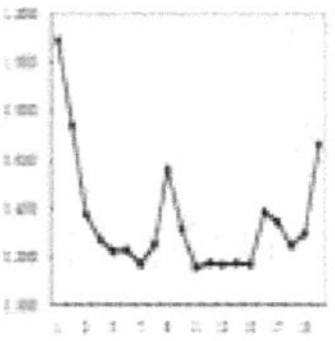	中和模式

第六节　突发事件民意信息和网络谣言的耦合建模

1. 网络谣言对民意信息影响的机理

为研究民意信息和网络谣言相互影响的关系和程度，引入通信工程领域的"耦合"概念来定义两者之间的关系。耦合（Coupling）是指两个或两个以上的电路元件或电网络等的输入与输出之间存在紧密配合与相互影响，并通过相互作用从一侧向另一侧传输能量的现象。民意信息和网络谣言之间亦存在着这种耦合关系，具体而言，在民意信息传播过程中产生网络谣言，网络谣言在极大程度上促使民意信息的数量快速增加，如果政府没有及时采取辟谣等控制措施的话，网络谣言不仅在网络空间造成严重影响，还会引发线下的一系列危机。民意信息和网络谣言之间的耦合现象（图 3.43）主要表现在以下两个方面。

首先，网络谣言会催生更多民意信息。根据奥尔波特（1947 年）提出的谣言公式：谣言=（事件的）重要度 ×（事件的）模糊度，以及胡珏（2000 年）提出的谣言公式：谣言=（事件的）关注度 ×（事件的）模糊度 ×（事件的）反常度①，不难发现：在网络舆情大数据环境中极易

① 胡钰. 大众传播效果[M]. 北京：新华出版社，2000：40-45.

催生网络谣言，并且对民意信息有极大影响。网络谣言产生后，传播谣言的网民不断发布和转发谣言信息，吸引大量网民围观、参与讨论，催生大量与事件相关的信息产生，进而促使民意信息量快速增加。

其次，网络谣言产生后，一方面是谣言传播者传播网络谣言的信息以及被转发的谣言信息，另一方面是政府部门发布阻止谣言扩散的辟谣信息以及被网民转载、转发的辟谣信息，两方面信息的融合，是促使网络谣言信息量发生变化的根本要素。

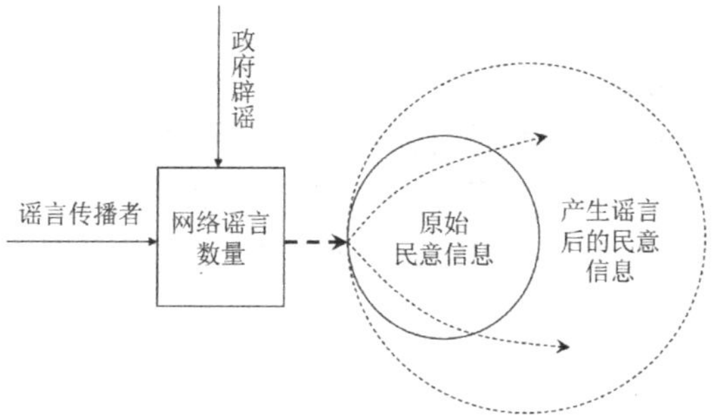

图 3.43　民意信息和网络谣言耦合机理

综合以上两点，在借鉴生态模型建模思想的基础上，结合民意信息和网络谣言的耦合机理，分别研究民意信息和网络谣言信息量变化的规律，通过建立数学模型分析两者之间的耦合程度，为政府辟谣和治理网络谣言提供理论依据。

2. 民意信息和网络谣言耦合模型

1）基础模型

民意信息即网民通过互联网对某一网络话题进行交流的信息总和，这个和值是随时间单调递增的变量，它和民意信息统计数据是有区别的。统计数据通过累加可以得到和值变量，而和值变量通过累减可以得到统计数据（图 3.44）。一般而言，信息量的和值是一个离散型变量，但在研究民意信息演化机理时，因为民意信息量很大，所以往往将和值作为连续型变量而构建连续函数，通过研究连续模型的规律和特性，解决离散数据对应的实际问题。

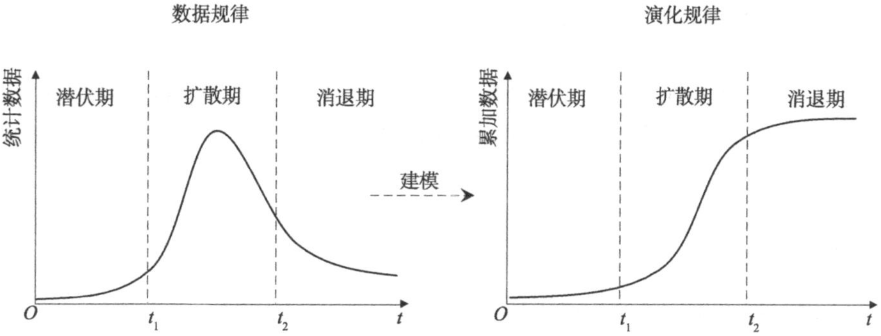

图 3.44　民意信息数据规律和演化规律对比

假设 $x(t)$ 代表网民针对某一网络话题进行交流而形成民意信息的信息量和值，其初值

$x(0)=x_0$，上限为 K。由于在民意信息演化过程中，信息量和值的增长率受信息量和值以及上限 K 的影响，具体而言，民意信息量和值以及“剩余空间” $\left(1-\frac{x}{K}\right)$ 决定了增长率的大小。基于此，民意信息传播演化模型为

$$\begin{cases}\frac{\mathrm{d}x}{\mathrm{d}t}=rx\left(1-\frac{x}{K}\right)\\ x(0)=x_0\end{cases}$$

2）民意信息和网络谣言耦合建模

根据前文研究的民意信息和网络谣言耦合机理，民意信息和网络谣言之间的信息量相互影响。民意信息传播过程中产生网络谣言，假设网络谣言信息量为 $c(t)$，上限为 K_1。

一方面，对于民意信息量而言，网络谣言增加了民意信息的信息量，提升了民意信息量的“剩余空间”，具体而言，网络谣言信息量 $c(t)$ 转化为民意信息的比例为 $\alpha\frac{c}{K_1}$，其中 α 为转化比例（图 3.45，过程①），民意信息量剩余空间由

$$\left(1-\frac{x}{K}\right)$$

转化为

$$\left(1-\frac{x}{K}+\alpha\frac{c}{K_1}\right)$$

则民意信息量变化规律为

$$\frac{\mathrm{d}x}{\mathrm{d}t}=rx\left(1-\frac{x}{K}+\alpha\frac{c}{K_1}\right)$$

经过简化处理得到

$$\frac{\mathrm{d}x}{\mathrm{d}t}=rx\left(1-\frac{x}{K}\right)+r_1cx$$

其中 $r_1=\alpha\frac{r}{K_1}>0$，并称 r_1 为谣言转化率。

另一方面，对于网络谣言而言，谣言传播者持续产生网络谣言信息，而政府亦根据网络谣言信息量发布辟谣信息，数量与 $c(t)$ 呈正比（图 3.45，过程②），则网络谣言信息量变化规律为

$$\frac{\mathrm{d}c}{\mathrm{d}t}=\mu-hc$$

其中 $\mu>0$ 为谣言输入率，$h\geqslant 0$ 为辟谣率。

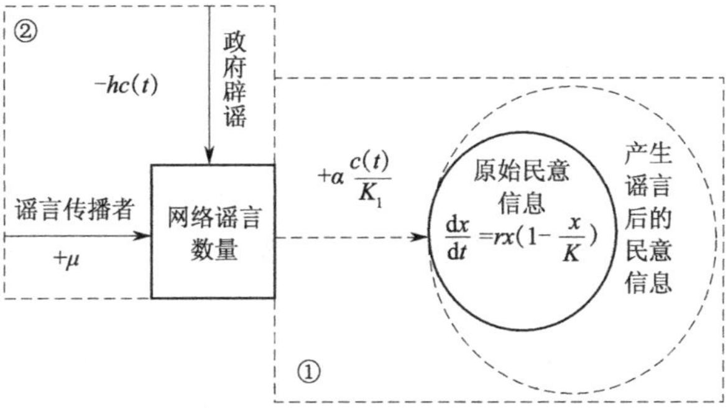

图 3.45 民意信息和网络谣言耦合数量关系

综合以上两点，得出民意信息和网络谣言的耦合模型为

$$\begin{cases}\dfrac{\mathrm{d}x(t)}{\mathrm{d}t}=rx(t)\left(1-\dfrac{x(t)}{K}\right)+r_1c(t)x(t)\\ \dfrac{\mathrm{d}c(t)}{\mathrm{d}t}=\mu-hc(t)\end{cases}$$

初值分别为 $x(0)=x_0$, $c(0)=c_0$ ，方程组没有解析解，但可以通过平衡点及其稳定性研究民意信息和网络谣言耦合趋势。

3)民意信息和网络谣言耦合分析

民意信息和网络谣言的耦合模型中的关键参数是 r_1 , μ 和 h ，三者的变化情况决定着网络谣言的传播模式，进而影响民意信息演化趋势。基于此，可以围绕 3 个参数研究民意信息和网络谣言的耦合关系。

(1)平衡点及其稳定性。

为研究民意信息和网络谣言耦合趋势，即 $t\to\infty$ 时， $x(t),c(t)$ 的趋向，需要研究模型平衡点及其稳定性。令

$$\begin{cases}f(x,c)\equiv rx(t)\left(1-\dfrac{x(t)}{K}\right)+r_1c(t)x(t)=0\\ g(x,c)\equiv\mu-hc(t)=0\end{cases}$$

当 $h>0$ 时，得到模型平衡点

$$P_0\left(0,\frac{\mu}{h}\right),\ P\left(\frac{rh+r_1\mu}{rh}K,\frac{\mu}{h}\right)$$

考虑到民意信息量的单调性，只剩余一个正的平衡点 P ，且是全局稳定的。

(2)民意信息和网络谣言耦合程度。

在没有网络谣言时，民意信息传播趋势上限是 K ，当融入网络谣言信息后，民意信息传播趋势上限发生变化，据此，可以定义网络谣言和民意信息的耦合比 CR (Coupling Ratio)。定义

$$CR\equiv\frac{\dfrac{rh+r_1\mu}{rh}K-K}{K}=\frac{r_1\mu}{rh}$$

这个比值代表网络谣言融入民意信息后，民意信息数量的激增程度，也代表着政府的整体辟谣结果。更进一步研究参数对耦合比的影响，得出以下结论。

①参数 r_1 为谣言转化率，当 r_1 增大时，耦合比变大，民意信息数量增幅大。参数 r_1 大小取决于网络谣言的内容，如果谣言内容是民意中网民关注的热点问题，则 r_1 会非常大。所以，当网民关注的热点问题衍生出网络谣言时，需要第一时间辟谣，降低参数 r_1，进而降低耦合比。

②参数 μ 为谣言输入率，当 μ 增大时，耦合比变大，民意信息数量增幅大，网络谣言数量增多。参数 μ 代表网络空间中持续输入的谣言信息量，它与网络谣言散播至网络平台的个数以及传播谣言的主体威望呈正比。

③参数 h 为政府辟谣率，当 h 增大时，耦合比变小，民意信息数量增幅小，网络谣言数量减少。由于目前网络传播平台较多，一旦产生网络谣言，往往会涉及很多传播平台，及时监测网络谣言的扩散程度并及时“有的放矢”地辟谣是提升辟谣率的重要途径。除此之外，为防止网络谣言对线下行为的影响，还应做到网络和传统媒体持续辟谣。

综合以上几点，可以得出 3 个参数对民意信息和网络谣言耦合的影响，在政府治理网络谣言过程中，需要提前预测这些参数，做到“心里有数”，这样才能在辟谣时“张弛有度”“有的放矢”。

3. 民意信息和网络谣言的耦合趋势预测

如何预测民意信息和网络谣言的耦合趋势是网络谣言治理的关键。然而在实际应用过程中，需要确定模型参数才能确定平衡点，预判耦合趋势。民意信息数据是预测的基础，当突发事件刚刚发生时，需要通过舆情监测数据预测民意信息和网络谣言的耦合趋势，具体预测思路如图 3.46 所示。

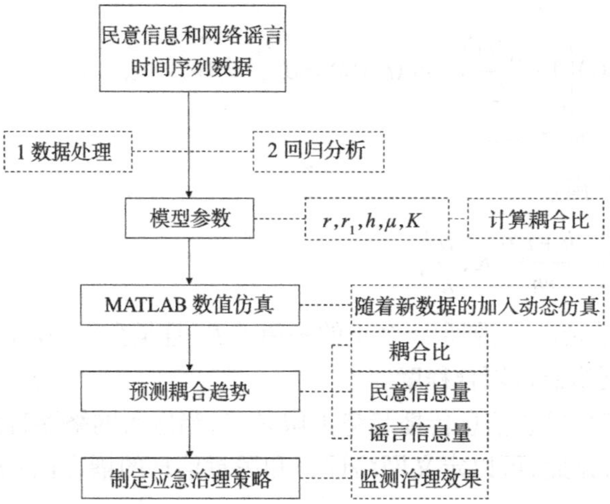

图 3.46　民意信息和网络谣言的耦合趋势预测思路图

1）耦合趋势预测方法

将前文构建的民意信息和网络谣言的耦合模型

$$\begin{cases}\dfrac{\mathrm{d}x(t)}{\mathrm{d}t}=rx(t)\left(1-\dfrac{x(t)}{K}\right)+r_1c(t)x(t)\\\dfrac{\mathrm{d}c(t)}{\mathrm{d}t}=\mu-hc(t)\end{cases}$$

变成其对应的差分方程组

$$\begin{cases}\Delta x(k)=rx(k)\left(1-\dfrac{x(k)}{K}\right)+r_1c(k)x(k)\\\Delta c(k)=\mu-hc(k)\end{cases}$$

其中 $\Delta x(k)=x(k)-x(k-1)$，$\Delta c(k)=c(k)-c(k-1)$，$k=1,2,3\cdots$，$x(k)$、$c(k)$ 分别为民意信息和网络谣言的信息量（可通过舆情监测数据获取），$x_1(k)$、$x_1^2(k)$ 为监测数据个数。

容易发现，在方程组第一个方程中，差分 $\Delta x(k)$ 与

$$x(k), x^2(k), c(k)x(k)$$

呈现三元线性关系，应用三元线性回归分析可以获取回归系数

$$r_1,\frac{r}{K},r_1$$

同理，第二个方程也可应用回归分析得到回归系数

μ 和 h

通过简单计算便可以得到民意信息和网络谣言耦合模型的全部参数

$$r,K,r_1,\mu,h$$

根据这些参数便可以通过 MATLAB 开展数值仿真来预测民意信息和网络谣言的耦合比以及耦合趋势。

2）基于数值仿真的民意信息和网络谣言耦合趋势预测

为预测民意信息和网络谣言耦合趋势，为政府治理网络谣言提供参考依据，在通过舆情监测初期数据获取模型参数后，可以利用 MATLAB 数值仿真预测未来趋势。鉴于此，以政府发布辟谣信息为分界线，将趋势预测分为 2 个部分：政府辟谣前耦合趋势预测和政府辟谣后耦合趋势预测，前者可以辅助评估网络谣言扩散程度，为政府辟谣提供数量参考，后者可以作为政府辟谣效果评估的方法以及为政府进一步采取治理措施提供参考。

（1）政府辟谣前耦合趋势预测。

在辟谣率 $h=0$ 时，设置政府辟谣前耦合趋势预测参数（表 3.15），分别研究常规场景和极端场景 2 种情况，并通过 MATLAB 进行数值仿真绘制民意信息量演化趋势图（图 3.47）。观察图像发现，在常规场景中，网络谣言初值小，输入率低，民意信息量提升较小（提升了约 30%）；在极端场景中，即提升网络谣言初值和输入率之后，民意信息量激增（提升了约 600%）。基于此，政府辟谣前耦合趋势预测可以为网络谣言评估提供参考依据，辟谣的关键部分是应对初值和输入率。大部分学者的研究表明，突发事件民意信息传播一般分为潜伏

期、扩散期及消退期。根据奥尔波特(1947)提出的谣言公式:谣言=(事件的)重要度 ×(事件的)模糊度,容易发现:潜伏期突发事件信息匮乏和模糊,极易形成网络谣言。所以在突发事件发生后,在潜伏期应重点监测网络谣言(尤其是网络谣言的转发信息),及时辟谣,才能极大地控制网络谣言的初值和输入率。

表 3.15 政府辟谣前耦合趋势预测参数表

民意信息		网络谣言			
初值	$x_0=100$	常规场景		极端场景	
上限	$K=10\ 000$	初值	$c_0=1$	初值	$c_0=10$
增长率	$r=0.5$	输入率	$\mu=0.5$	输入率	$\mu=1$
转化率	$r_1=0.05$	辟谣率	$h=0$	辟谣率	$h=0$

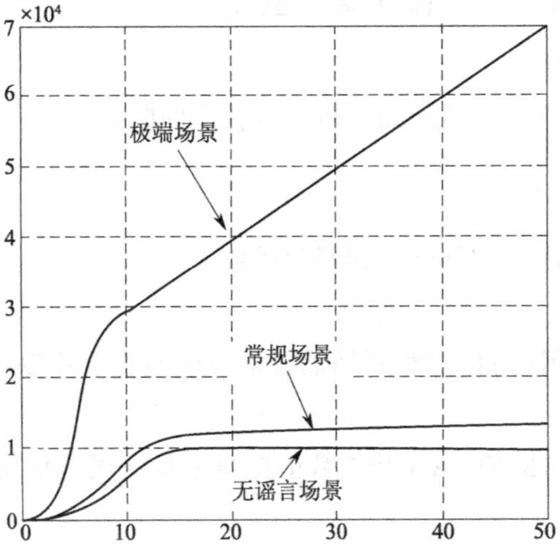

图 3.47 政府辟谣前耦合趋势预测图

(2)政府辟谣后耦合趋势预测。

在辟谣率 $h>0$ 时,设置政府辟谣后的耦合趋势预测参数(表 3.16),分别研究常规场景和极端场景 2 种情况,并通过 MATLAB 进行数值仿真绘制民意信息量演化趋势图(图 3.48)。观察图像发现:在两个常规场景中, A 场景网络谣言初值小,输入率低,民意信息量提升了约 100%,耦合比为 1; B 场景网络谣言初值高,输入率高,民意信息量提升了约 200%,耦合比为 2,但民意信息量增长速度更快,比 A 场景提前达到饱和状态;在极端场景中,初值和输入率和 A 场景一致,但辟谣率由 0.05 变为 0.005,民意信息量提升了约 1 000%,耦合率为 10。在政府辟谣后,可依据耦合趋势预测结果来对辟谣效果进行评估,并且随着新数据融入预测模型,可以实现动态评估,然后政府可根据评估结果调整辟谣策略。因此,需依托大数据技术开展谣言预测,防患于未然,降低网络谣言传播的概率,进而降低输入率。

表 3.16 政府辟谣后耦合趋势预测参数表

民意信息		网络谣言					
初值	$x_0=100$	极端场景		常规场景 A		常规场景 B	
上限	$K=10\ 000$	初值	$c_0=1$	初值	$c_0=1$	初值	$c_0=10$
增长率	$r=0.5$	输入率	$\mu=0.5$	输入率	$\mu=0.5$	输入率	$\mu=1$
转化率	$r_1=0.05$	辟谣率	$h=0.005$	辟谣率	$h=0.05$	辟谣率	$h=0.05$

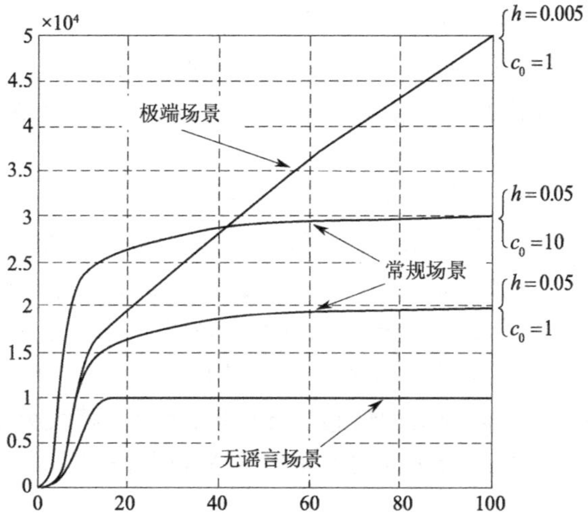

图 3.48 政府辟谣后耦合趋势预测图

第四章 突发事件民意情感分析

舆情大数据环境下民意表达更趋自由、便捷,同时也使其情绪化特征愈加凸显,特别是突发事件具有公共威胁性,围绕突发事件所呈现的民意表达与情绪之间的互动影响更为突出。民意情感是突发事件民意模型的组成要素之一,也是民意的表现形式之一。本章按照"理论分析-常态建模-异常建模"的总体思路,首先,确定突发事件民意情感的影响因素;其次,通过构建突发事件专属情感词典进行民意情感细粒度分类识别,并面向政府决策进行话题-情感关联分析;再次,建模研究民意情感演化和演变的常态规律;最后,针对负面情感,建模研究负面情感引导的"时度效"问题。

本章围绕民意情感展开,取得了以下成果:①基于网络舆情生态,构建民意情感影响因素模型,确定网民认知能力、媒体牵引力、网络谣言信息等对网民情感产生的重要影响;②构建混合情感词典,实现民意情感细粒度分类识别,通过分阶段话题-情感关联分析,为政府决策提供支撑;③建模研究极端场景、失衡场景和共存场景下正中负三类情感的演化规律;④提炼民意情感演变的"聚合-极化"模式和"衰减-转移"模式,以"衰减-转移"为例,建模研究民意情感演变规律;⑤建模研究负面情感引导机理,针对重特大突发事件、一般突发事件场景进行仿真,确定"时度效"综合统筹的负面情感精准引导模式。

本章内容框架如图 4.1 所示。

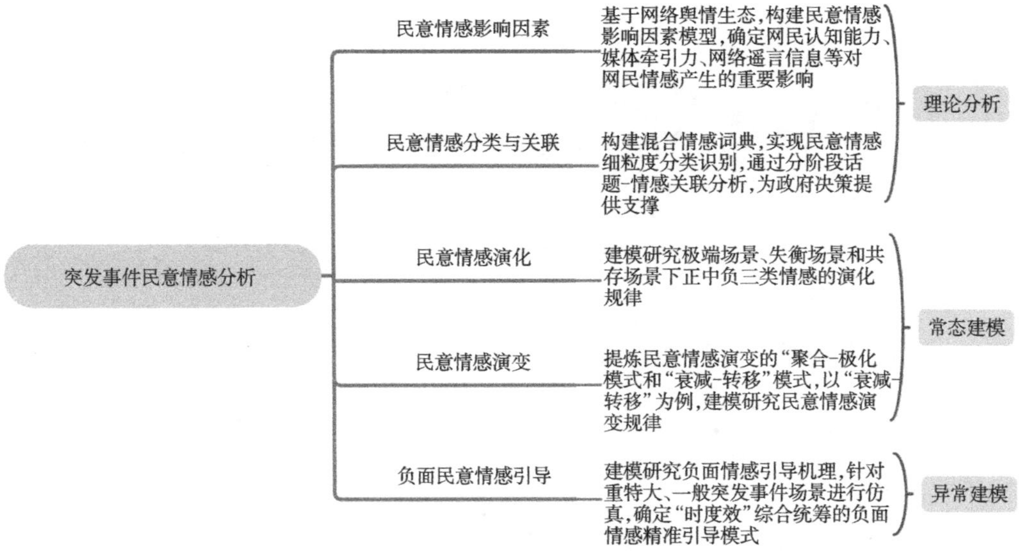

图 4.1 突发事件民意情感分析

第一节　突发事件民意情感影响因素

网民情感是网民对具体事件所表达的态度和倾向的集合,并通过互联网平台相互影响和相互感染。近年来,突发事件频发,民众对突发事件的发生发展保持着密切关注。由于社交网络具有便捷性和匿名性等特点,微博转发、朋友圈点赞、抖音直播等表达方式在互联网平台迅速传播扩散,很容易引发网民的情感反应。网民情感伴随着事件的发展而波动,甚至会决定最终的舆论走向。因此,在突发事件的发展过程中,分析影响网民情感的重要因素是值得研究的问题。

1. 基于舆情生态的民意情感影响因素

根据信息生态学理论,网络舆情生态是指网络舆情信息、网络舆情主体、网络舆情环境3个主要要素相互影响、相互作用的动态空间。三者在不断的运动变化中对网民情感产生重要影响。由此,在舆情大数据环境下,对网民情感影响因素的识别从网络舆情信息要素、主体要素和环境要素3个方面展开。

1)网络舆情信息要素

网络舆情信息是指对舆情事件进行描述、针对舆情事件表达观点和态度的信息总和,通过信息的表达反映舆情本身。在实践中,网络舆情信息是网络舆情生态的核心要素。对于突发事件情境,网络舆情信息主要由2个方面构成。一方面是政府对信息的情绪引导。突发事件发生后,由于信息的碎片性传播,导致网民往往难以掌握事件的全貌,信息的匮乏,会引起网民的心理恐慌,并在群体的沟通中相互感染传递。政府的情绪引导,是在网络平台及时发布事件的相关信息,详细介绍事件的来龙去脉、造成的损伤,说明政府已经采取或将要采取的措施与方案,安抚网民的不安情绪,使网民情感趋于平缓。另一方面是网络谣言信息。谣言从根本上讲就是没有事实根据、凭空捏造的虚假信息,从本质上讲是没有事实与其相互印证①。作为开放性平台,互联网给予每个个体发言的机会,并且以一对多的传播模式对外界发声,这种传播模式极大地放大了个人的声音。网络信息发布、转载、评论等功能的便捷性,使得谣言一经发出,便因其自身的煽动性、互动性、即时性快速吸引网民注意力,并通过网络广泛传播。充斥于网络空间的谣言会产生劣币驱逐良币的效果,混淆视听,误导网民情绪,网民会感到自己为危险所包围,没有安全感,产生焦躁、不安的情绪。

由此提出假设如下。

H1:政府情绪引导信息显著影响网民情感

H2:网络谣言信息显著影响网民情感

2)网络舆情主体要素

网络舆情主体是指参与舆情活动,发布、传播、接受舆情信息的一切个人和社会组织,如政府、媒体、网民以及社会组织等。网络舆情主体是网络舆情生态的主导要素,是推动整个舆情空间不断运动的"上帝之手",在突发事件情境下,从网民、媒体、政府3个方面确立对情感产生影响的主要因素。一是网民认知能力,传播学家勒温认为"人的任何一种行动都

① 刘勇.从谣言传播公式看谣言的生成土壤及遏制机制[J].中州学刊,2012(4):101.

是场的产物，可用公式 $B=f(PE)$表示。”此处 B 表示行为（Behavior），P 表示个人（Person），E 表示心理环境（Environment），f 表示函数（function）[①]。这意味着因受不同的教育水平、社会地位、成长环境等因素的共同影响，对待同一事件，网民会有不同的认知，产生不同的情感。二是媒体牵引力，媒体多渠道的发声途径能够更快地引起民众对事件的关注，突发事件发生后媒体通过在微信、微博、新闻客户端等各种渠道设置议程，网民在积极的参与互动中了解事件相关信息，达到某种情感共鸣。三是政府回应力，由于信息的碎片化传递，网民对事件经过及真实情况会存有诸多疑问，政府如能第一时间给予回应，详细、完整地对事件细节进行公布，会使网民了解事件的真相，使网民疑惑、紧张、恐惧等负面情绪得到缓解，同时增加网民对政府的认同感。

由此提出假设如下。

H3：网民认知能力显著影响网民情感

H4：媒体牵引力显著影响网民情感

H5：政府回应力显著影响网民情感

3）网络舆情环境要素

网络舆情环境是指网络空间中对舆情主体起到直接影响或间接影响的一切要素的综合。网络舆情环境为舆情主体发布、传递、接收舆情信息等活动提供了空间。不同的环境会使主体产生不同的行为，从 2 个方面探讨舆情环境对突发事件网民情感产生的影响。一是政府公信力，政府有很高的公信力，环境中就会形成信任的氛围，网民自身对不实信息的免疫力就会增强，不会轻易受网络上虚假信息的煽动、不会轻易相信网络空间传播的各种“真相”，而会冷静等待政府的官方信息。同时，相信政府会妥善处理好事件造成的损害，减少民众的损失，这种理性的思想会使网民始终维持冷静的状态，情感不会产生较大的波动起伏。二是网络环境，网络自身具备的虚拟性、匿名性、快捷性等特征激发了网民表达真实情感的积极性，但同时也为非理性、煽动性、蛊惑性言论的快速传播创造了条件，不良的环境会使网民产生怀疑的心理，进而影响网民的情感。同时，网络舆情环境会对网络舆情主体产生重要影响，所以本研究认为在突发事件的处置中，政府公信力会影响政府回应力。

由此提出假设如下。

H6：政府公信力显著影响网民情感

H7：网络环境显著影响网民情感

H8：政府公信力显著影响政府回应力

2. 民意情感影响因素模型

借鉴网络舆情生态理论，构建以网络舆情信息、网络舆情主体、网络舆情环境为前因变量，网民情感为结果变量的影响因素模型，具体如图 4.2 所示。

---

① 余秀才. 网络舆论传播的行为与动因[D]. 武汉：华中科技大学，2010.

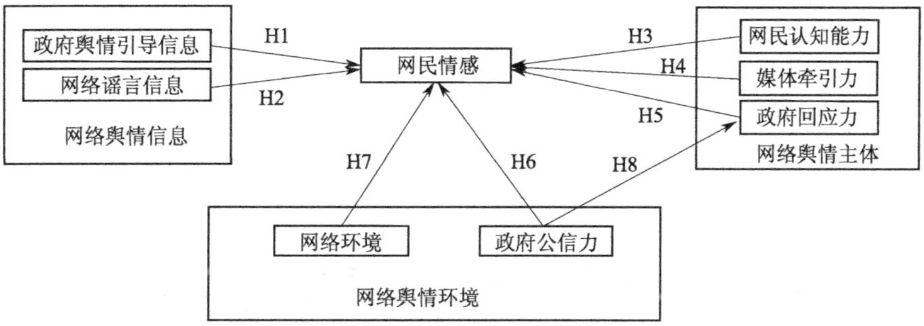

图 4.2　突发事件网民情感影响因素结构方程模型

3. 民意情感影响因素分析

1)培养网民认知能力,提升媒体牵引力

因认知能力的欠缺,网民在对突发事件的态度上往往出现偏差。对此,政府、媒体、个体应相互配合提升网民的认知能力。首先,政府应当积极还原事件的真实情况,并通过网络平台正确引导社会舆论。同时,政府应当多与民众进行互动,通过专业知识的推送,增强网民的判断力,减少虚假信息对网民的误导,在日常沟通交流中输出社会正能量,培养民众的核心价值观。其次,媒体在传播信息时应加大审核力度,减少虚假信息与低俗信息的出现,规范自身行为,加强责任意识,将一切行为建立于事实的基础之上。最后,网民在对突发事件发表看法或传播消息之前应当审视自己的情感倾向、价值取向是否出现偏差,客观冷静地作出评价,而不是盲目跟风,在日常生活中加强心理建设,避免出现异常心理。

媒体的牵引对网民情感产生重要影响,媒体应当不断创新与网民沟通交流的方式方法,增强牵引力和指引力。媒体牵引力对民意情感疏导至关重要。媒体提升牵引力的途径有 2 个:一是各级媒体应创办高效的融媒体中心,将传统新闻的权威性与网络平台传播的高时效性充分结合,创新传播方式、拓宽传播渠道、扩展传播覆盖面,实现融合发展目标。在保证内容真实、准确的同时,更加生动、接地气地与民众进行互动交流。二是要紧跟突发事件,发布事实消息,进一步规范采访编审流程,第一时间对权威专家、专业人员等进行采访,结合有效信息源对事件进行全面解读,发布各种辟谣信息以正视听,用新闻事实增强牵引力。

2)发布辟谣信息,净化网络环境

突发事件发生后,因突发性导致信息匮乏,进而产生一定时间和规模的信息不对称,由此,给虚假信息和网络谣言提供了滋生的空间。网络谣言的传播往往会导致事态的进一步升级、社会秩序的进一步混乱,同时也会对政府形象产生不良影响。谣言传播受事件的重要性、模糊性与民众的批判能力两方面因素共同作用影响[①]。人们传播谣言,多是因为信息的不对称和认知的不平衡。通过对谣言的传播,人们纾解自身的紧张情绪,希望得到别人的证实或反驳,在此过程中获取新的信息,达到对事件的全面认识。为消除谣言传播的需求,政府应重点做好权威信息发布、负面情绪疏导和及时辟谣的工作。首先,政府应选择合适的辟谣主体,在突发事件中,更高层次的政府部门发布的辟谣信息更具权威性,更能为民众所信服。其次,突发性事件一般涉及面较广,单一部门发布的信息往往无法解释事件整体的来龙

① 王灿发. 突发公共事件的谣言传播模式建构及消解[J]. 现代传播,2010(6):45.

去脉，此时需要多部门联动，相互配合发布辟谣信息，让谣言无处遁形。再次，政府应选择适当的辟谣策略，如通过推翻谣言来源可信度、指出谣言不合逻辑的地方、揭露造谣者动机、直接展现事实情况等方式进行辟谣①。最后，政府应选择合适的辟谣方式，辟谣的语言不能太过生硬刻板，太多的理性陈述与官方语言往往不受群众欢迎②，应以群众喜闻乐见的形式呈现出来。

第二节 突发事件民意情感演化建模

1. 突发事件民意情感特征及其演化

在互联网时代，突发事件极易引发规模或大或小的网络舆情，然而民意主体情感状态各有不同，导致舆情大数据环境中包含不同模态的情感信息，并且在多个互联网传播平台上演化（图 4.3）：首先，大数据环境下，突发事件民意情感交互程度加大，导致舆情信息体量巨大、产生速度快、模态多样；其次，网络舆情信息异化导致舆情大数据环境中蕴含的民意情感信息价值密度低下。基于此，如何从舆情大数据中挖掘民意情感、探索民意情感演化规律并预测其趋势已成为政府突发事件舆情治理和应急管理的关键。

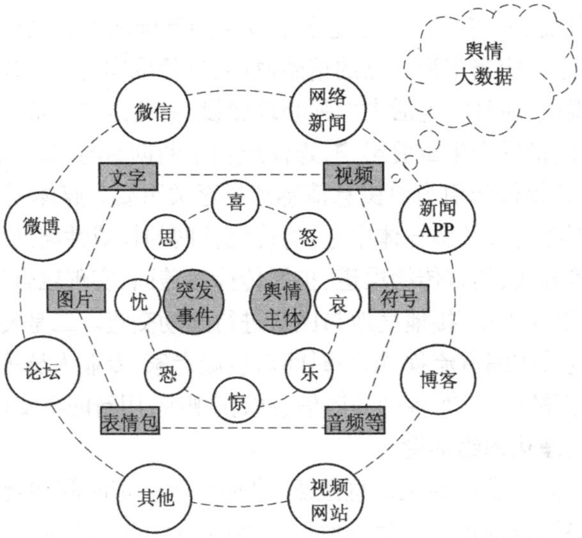

图 4.3 舆情大数据的民意情感

1）突发事件民意情感特征

网民结构特征决定了民意情感特征，导致民意情感状态极化概率较大。通过整理中国互联网络信息中心发布的中国互联网络发展状况统计报告（表 4.1）发现：低年龄、低学历、低收入的网民所占比例高，学生、自由职业者、失业等职业网民比例也很高。我国网民结构复杂，网民针对突发事件发表的观点不同、视角多元，网民心理多元化，娱乐时尚、减压宣泄、

① 孙嘉卿. 微博谣言特征及辟谣策略研究——基于新浪微博的质性研究[J]. 中国出版，2012（10）：19-22.

② 肖珺，庞航宇. 微博自净功能与辟谣模式选择研究[J]. 现代传播，2012，34（8）：138-139.

猎奇探究、彰显个性、渴求新知、跟风从众、追求平等、渴望创新和自我实现成为网民心理的主要特征①,所以,突发事件发生后容易出现偏激、非理性等负面消极言论,导致形成极化的民意情感状态。

表 4.1　中国网民结构数据

网民结构	重点网民结构及数量比例	
年龄结构	10~29 岁	34.7%(20~29 岁,19.9%)
学历结构	高中学历及以下	81.2%(初中学历以下,59.7%)
收入结构	3 000 元以下	54.9%(1 000 元以下,31.5%)
职业结构	学生、自由职业者、失业等	43%(学生,23.7%)

2)突发事件民意情感演化机理

民意情感分类是研究民意情感演化的前提,考虑到本节主要研究突发事件民意情感演化机理,所以将情感分为正面情感、中性性感和负面情感,研究三类情感的演化规律。突发事件发生后,不同情感的网民数量变化反映出民意情感演化趋势,然而网络空间中关注突发事件的网民数量是有上限的,所以民意情感演化机理的实质就是具有不同情感的网民相互竞争网络空间资源的过程(图 4.4),这与生态模型中的种群竞争机理相似。基于此,借鉴 Lotka-Volterra 模型②的建模思路研究突发事件民意情感演化机理。

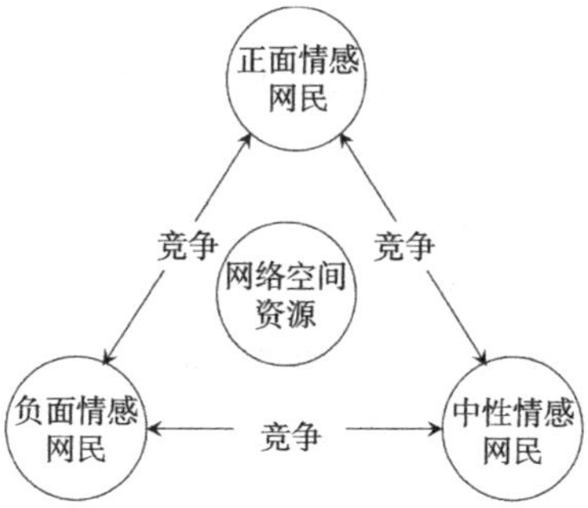

图 4.4　民意情感演化机理示意图

2. 突发事件民意情感演化模型分析

1)基本假设

突发事件发生后,假设 $x_1(t)$, $x_2(t)$, $x_3(t)$ 分别代表具有正面情感、负面情感和中性情感的网民数量,r_1, r_2, r_3 分别代表三类网民的增长率,K_1, K_2, K_3 分别代表三类网民的数量上限,三类网民的初值分别为 x_{10}, x_{20}, x_{30}。当三类情感之间没有竞争关系时,具有某类情感的网民数量变化率与网民数量 x_i、"剩余"空间 $\left(1-\dfrac{x_i}{K_i}\right)$ 成正比,即

① 毕宏音. 网民心理特征分析[J]. 社科纵横,2006,21(9):38-39.

② 姜启源,谢金星,叶俊. 数学模型[M]. 北京:高等教育出版社,2011.

$$\begin{cases}\dfrac{\mathrm{d}x_i(t)}{\mathrm{d}t}=r_i x_i(t)\left(1-\dfrac{x_i(t)}{K_i}\right), i=1,2,3\\ x_i(0)=x_{i0}\end{cases}$$

2)突发事件民意情感演化模型

突发事件发生后,网络空间逐步形成该事件的舆情大数据环境,具有不同情感的网民数量开始发生变化,为描述具有不同类别情感的网民相互影响、竞争的程度,引进描述竞争力的量化指标,即竞争参数 α,β,γ,并构建情感间的竞争模式,如图 4.5 所示。

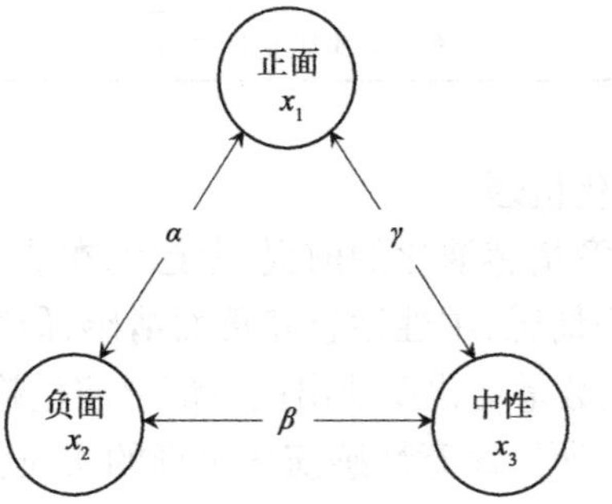

图 4.5 情感竞争模式

由于中性情感和负面情感的竞争作用,导致具有正面情感的网民数量空间发生变化,即由 $\left(1-\dfrac{x_1}{K_1}\right)$ 变为 $\left(1-\dfrac{x_1}{K_1}-\alpha\dfrac{x_2}{K_2}-\gamma\dfrac{x_3}{K_3}\right)$,从而得出具有正面情感的网民数量模型为

$$\frac{\mathrm{d}x_1}{\mathrm{d}t}=r_1x_1\left(1-\frac{x_1}{K_1}-\alpha\frac{x_2}{K_2}-\gamma\frac{x_3}{K_3}\right)$$

同理,由于三者之间的竞争关系,具有负面情感的网民数量模型为

$$\frac{\mathrm{d}x_2}{\mathrm{d}t}=r_2x_2\left(1-\frac{x_2}{K_2}-\alpha\frac{x_1}{K_1}-\beta\frac{x_3}{K_3}\right)$$

具有中性情感的网民数量模型为

$$\frac{\mathrm{d}x_3}{\mathrm{d}t}=r_3x_3\left(1-\frac{x_3}{K_3}-\gamma\frac{x_1}{K_1}-\beta\frac{x_2}{K_2}\right)$$

综合以上得出突发事件民意情感演化机理模型为

$$\begin{cases}\dfrac{\mathrm{d}x_1}{\mathrm{d}t}=r_1x_1\left(1-\dfrac{x_1}{K_1}-\alpha\dfrac{x_2}{K_2}-\gamma\dfrac{x_3}{K_3}\right)\\ \dfrac{\mathrm{d}x_2}{\mathrm{d}t}=r_2x_2\left(1-\dfrac{x_2}{K_2}-\alpha\dfrac{x_1}{K_1}-\beta\dfrac{x_3}{K_3}\right)\\ \dfrac{\mathrm{d}x_3}{\mathrm{d}t}=r_3x_3\left(1-\dfrac{x_3}{K_3}-\gamma\dfrac{x_1}{K_1}-\beta\dfrac{x_2}{K_2}\right)\end{cases}$$

模型初值分别为x_{10}，x_{20}，x_{30}。该方程组没有解析解，所以需要通过研究模型数值解来研究突发事件民意演化规律。

3）突发事件民意情感演化分析

（1）模型平衡点及其稳定性。

当$t \to \infty$时，通过计算突发事件民意情感演化机理模型平衡点及其稳定性，来研究模型解的性质以及三类情感的竞争结局。令

$$\begin{cases} f_1(x_1,x_2,x_3) \equiv r_1 x_1\left(1-\dfrac{x_1}{K_1}-\alpha\dfrac{x_2}{K_2}-\gamma\dfrac{x_3}{K_3}\right)=0 \\ f_2(x_1,x_2,x_3) \equiv r_2 x_2\left(1-\dfrac{x_2}{K_2}-\alpha\dfrac{x_1}{K_1}-\beta\dfrac{x_3}{K_3}\right)=0 \\ f_3(x_1,x_2,x_3) \equiv r_3 x_3\left(1-\dfrac{x_3}{K_3}-\gamma\dfrac{x_1}{K_1}-\beta\dfrac{x_2}{K_2}\right)=0 \end{cases}$$

得到模型非零平衡点

$$P_1(K_1,0,0),\ P_2(0,K_2,0),\ P_3(0,0,K_3)$$

$$P_4\left(0,\frac{K_2}{1+\beta},\frac{K_3}{1+\beta}\right),\ P_5\left(\frac{K_1}{1+\gamma},0,\frac{K_3}{1+\gamma}\right),\ P_6\left(\frac{K_1}{1+\alpha},\frac{K_2}{1+\alpha},0\right)$$

$$P_7\left(\frac{\Delta_1 K_1}{\Delta},\frac{\Delta_2 K_2}{\Delta},\frac{\Delta_3 K_3}{\Delta}\right)$$

其中

$$\Delta = 1+2\alpha\beta\gamma-\alpha^2-\beta^2-\gamma^2$$

$$\Delta_1=(1-\beta)[1+\beta-(\gamma+\alpha)]$$

$$\Delta_2=(1-\gamma)[1+\gamma-(\alpha+\beta)]$$

$$\Delta_3=(1-\alpha)[1+\alpha-(\beta+\gamma)]$$

整理获得模型平衡点及其稳定性条件见表4.2。

表4.2　模型平衡点及其稳定性条件

平衡点	稳定性条件
$P_1(K_1,0,0)$	$\alpha>1,\ \gamma>1$
$P_2(0,K_2,0)$	$\alpha>1,\ \beta>1$
$P_3(0,0,K_3)$	$\gamma>1,\ \beta>1$
$P_4\left(0,\frac{K_2}{1+\beta},\frac{K_3}{1+\beta}\right)$	$0<\beta<1,\ 1+\beta<\alpha+\gamma$
$P_5\left(\frac{K_1}{1+\gamma},0,\frac{K_3}{1+\gamma}\right)$	$0<\gamma<1,\ 1+\gamma<\alpha+\beta$
$P_6\left(\frac{K_1}{1+\alpha},\frac{K_2}{1+\alpha},0\right)$	$0<\alpha<1,\ 1+\alpha<\gamma+\beta$

续表

平衡点	稳定性条件
$P_7\left(\frac{\Delta_1 K_1}{\Delta},\frac{\Delta_2 K_2}{\Delta},\frac{\Delta_3 K_3}{\Delta}\right)$	$0<\alpha,\ \beta,\ \gamma<1$, $1+\alpha>\gamma+\beta$ $1+\beta>\alpha+\gamma$ $1+\gamma>\alpha+\beta$

(2)情感演化分析。

观察民意情感演化模型的 7 个平衡点特征：2 个分量为 0 的平衡点有 3 个，1 个分量为 0 的平衡点有 3 个，分量均不为 0 的平衡点有 1 个。基于此，将民意情感竞争场景定义为极端场景(S1)、失衡场景(S2)和共存场景(S3)，见表 4.3。

表 4.3　模型平衡点与竞争场景

平衡点	竞争场景
$P_1(K_1,0,0)$	S1:极端场景
$P_2(0,K_2,0)$	
$P_3(0,0,K_3)$	
$P_4\left(0,\frac{K_2}{1+\beta},\frac{K_3}{1+\beta}\right)$	S2:失衡场景
$P_5\left(\frac{K_1}{1+\gamma},0,\frac{K_3}{1+\gamma}\right)$	
$P_6\left(\frac{K_1}{1+\alpha},\frac{K_2}{1+\alpha},0\right)$	
$P_7\left(\frac{\Delta_1 K_1}{\Delta},\frac{\Delta_2 K_2}{\Delta},\frac{\Delta_3 K_3}{\Delta}\right)$	S3:共存场景

① S1:极端场景。突发事件发生后，民意情感竞争的结果是只剩某一类情感，并且具有该情感的网民数量趋近于上限，而具有其他情感的网民数量趋近于零，这类场景在实际突发事件网络舆情案例中极为少见。

② S2:失衡场景。突发事件发生后，民意情感竞争的结果是剩余两类情感，且其对应的网民数量趋近于原始上限的一部分，但不改变两者的数量比，而另外一类情感消失，对应的网民数量趋近零。在现实社会中，民意情感竞争结果属于失衡场景的案例较多，负面情感比例极低，中性和正面情感比例较高，近似可以理解为属于失衡场景(表 4.4)。

③ S3:共存场景。突发事件发生后，民意情感竞争的结果是三类情感按照一定的比例共存，即具有不同情感的网民数量呈一定的比例

$$\frac{\Delta_1 K_1}{\Delta}:\frac{\Delta_2 K_2}{\Delta}:\frac{\Delta_3 K_3}{\Delta}=\Delta_1 K_1:\Delta_2 K_2:\Delta_3 K_3$$

在现实社会中，属于共存场景的案例也很多。

表 4.4　舆情案例及其对应场景 [①]

案例编号	舆情名称	信息总量	正面比例(%)	负面比例(%)	中性比例(%)	近似归属类型
1	“一带一路”高峰论坛	1 417 686	86	4	10	S2:失衡场景
2	首个中国品牌日	20 334	89	1	10	S2:失衡场景
3	雄安医疗	91 586	86	4	10	S2:失衡场景
4	2017 年艺考	11 471 873	87	2	11	S2:失衡场景
5	杭州 G20 峰会	5 963 354	67	5	28	S3:共存场景
6	2017 春晚	658 003	65	8	27	S3:共存场景
7	徐某玉电信诈骗案	621 316	20	40	40	S3:共存场景
8	宁波老虎咬人事件	44 132	20	45	35	S3:共存场景

(3)情感演化仿真。

① S1:极端场景。通过平衡点稳定性条件设置模型参数后(表 4.5),绘制民意情感演化仿真图(图 4.6),观察发现:随着突发事件舆情信息的传播,三类情感对应的网民数量趋近于 $P_3(0,0,14\,000)$,其中具有正面和负面情感的网民数量短时间达到较小峰值后很快趋近于 0,而具有中性情感的网民数量增长呈现“S”形,并趋近于 14 000。同理,P_1 和 P_2 2 个平衡点的情况与此相似。

表 4.5　极端场景仿真参数

情感类型	初值	上限	增长率	参数组
正面	$x_{10}=100$	$K_1=10\,000$	$r_1=0.5$	$\alpha=2$ $\beta=1$ $\gamma=3$
负面	$x_{20}=60$	$K_2=6\,000$	$r_2=0.8$	
中性	$x_{30}=140$	$K_3=14\,000$	$r_3=1$	

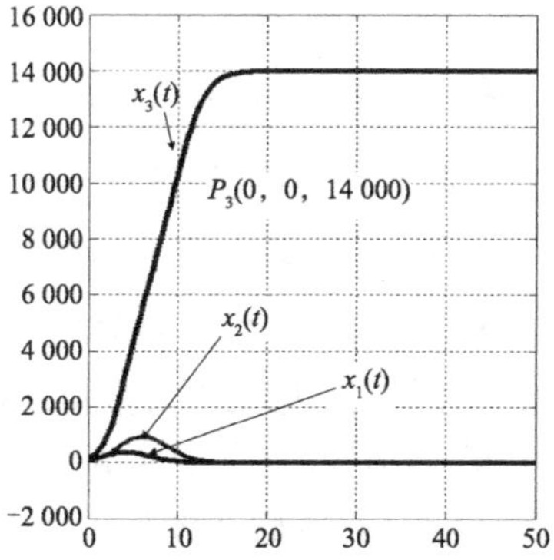

图 4.6　极端场景趋势仿真图

① 由清博舆情监测软件获取。根据《中华人民共和国突发事件应对法》,突发事件定义为突然发生,造成或可能造成重大人员伤亡、财产损失、生态环境破坏和严重社会危害,危及公共安全的紧急事件,一般而言,包括自然灾害、灾难事故、公共卫生事件、社会安全事件 4 类。考虑到网络舆情特性,本节突发事件也包括突然发生的事情或事件。

② S2：失衡场景。研究 P_4、P_5、P_6 3 个平衡点的情况，设置 3 组仿真参数（表 4.6）并绘制民意情感演化趋势仿真图（图 4.7），观察发现：随着突发事件舆情信息的传播，三类情感竞争的结果是对应的网民数量分别趋近于 $P_4(0,4\,000,9\,333)$、$P_5(7\,692,0,10\,769)$ 和 $P_6(9\,091,5\,455,0)$，分别经历 10、20、35 个时间单位后趋于稳定，且稳定时间与参数 $\beta=0.5$，$\gamma=0.3$，$\alpha=0.1$ 有关，即竞争参数越大，对应情感的网民数量趋于稳定的时间越短，反之越长，且情感演化曲线会出现较多波动（第三组）。

表 4.6 失衡场景仿真参数

情感类型	初值	上限	增长率	参数组 1	参数组 2	参数组 3
正面	$x_{10}=100$	$K_1=10\,000$	$r_1=0.5$	$\alpha=1$	$\alpha=1$	$\alpha=0.1$
负面	$x_{20}=60$	$K_2=6\,000$	$r_2=0.8$	$\beta=0.5$	$\beta=2$	$\beta=1$
中性	$x_{30}=140$	$K_3=14\,000$	$r_3=1$	$\gamma=2$	$\gamma=0.3$	$\gamma=2$

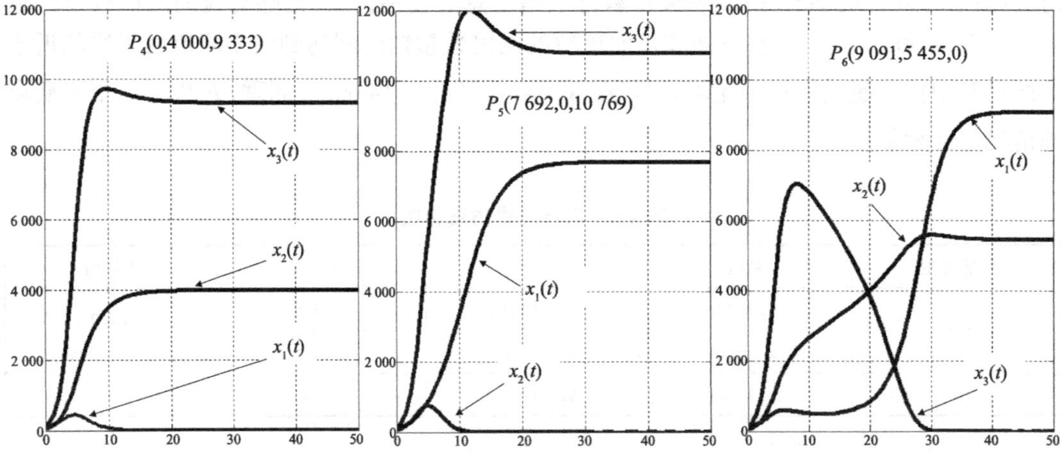

（a）参数组1 （b）参数组2 （c）参数组3

图 4.7 失衡场景趋势仿真图

③ S3：共存场景。研究模型平衡点 P_7 的情况，设置 3 组仿真参数（表 4.7）并绘制民意情感演化趋势仿真图（图 4.8），观察发现：随着突发事件舆情信息的传播，三类情感对应的网民数量趋近于 $P_7(5\,000,3\,375,4\,375)$，其中具有正面情感的网民数量在经历 55 个时间单位后趋于稳定，且整体单调递增；具有负面情感的网民数量递增较快，在经历 15 个时间单位之后稳定，整体单调递增且呈现“S”形结构；具有中性情感的网民数量则在经历 10 个时间单位后快速单调递增至峰值 9 200 左右，然后在经历 55 个时间单位之后单调递减趋于稳定。

表 4.7　共存场景仿真参数

情感类型	初值	上限	增长率	竞争参数
正面	$x_{10}=100$	$K_1=10\ 000$	$r_1=0.5$	$\alpha=0.5$ $\beta=0.6$ $\gamma=0.7$
负面	$x_{20}=60$	$K_2=6\ 000$	$r_2=0.8$	
中性	$x_{30}=140$	$K_3=14\ 000$	$r_3=1$	

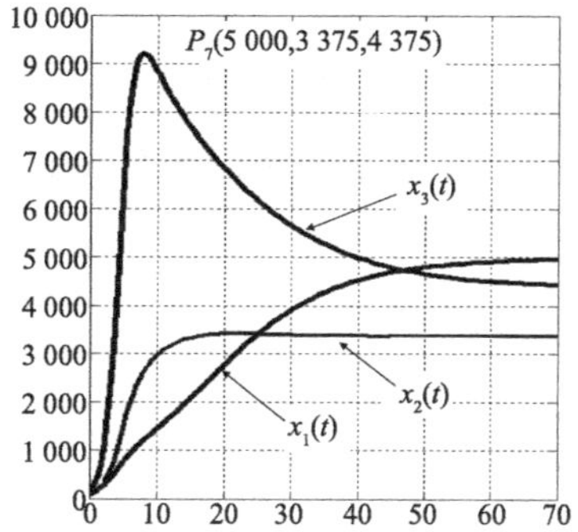

图 4.8　共存场景趋势仿真图

3. 突发事件民意情感演化趋势预测

1）预测思路

在舆情大数据环境中，及时预测民意情感演化趋势是辅助政府进行突发事件决策的关键。基于本节构建的民意情感演化模型预测民意情感演化趋势的重点在于确定模型参数，进而推断平衡点类型。数据是预测的基础，突发事件发生后，没有网络舆情监测数据或者数据量较少时，难以通过数据预测民意情感演化趋势。基于此，突发事件民意情感演化趋势预测分为两类：定性预测和定量预测，预测思路如图 4.9 所示。

（1）定性预测。构建历史突发事件舆情案例库，通过舆情事件属性以及舆情传播数据开展聚类分析，计算每一类中民意情感演化的关键参数。当某个突发事件发生后，应用判别分析确定该事件的归属类别，然后再应用此类参数预测突发事件民意情感演化趋势。

（2）定量预测。在及时获取突发事件初期的网络舆情监测数据后，通过数据建模方法确定模型参数，然后据此通过数值仿真预测突发事件民意情感演化趋势。当动态获取网络舆情监测数据后，需要动态修正预测结果，进而实现民意情感演化的动态预测。本节重点研究根据突发事件网络舆情初期数据预测民意情感演化趋势的数据建模方法。

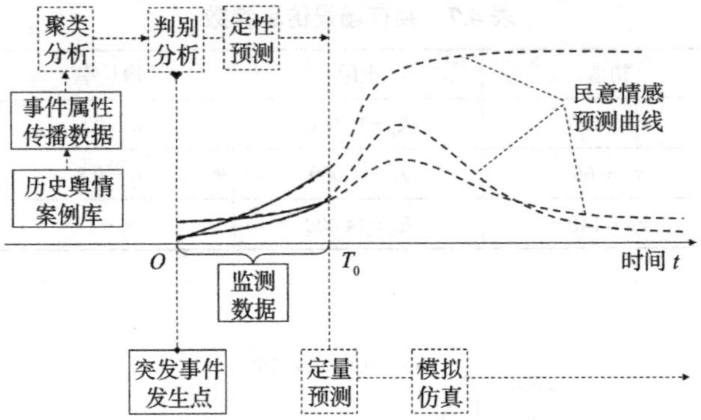

图 4.9　民意情感演化预测思路

2)民意情感演化预测方法

将突发事件民意情感演化模型

$$\begin{cases}\dfrac{\mathrm{d}x_1}{\mathrm{d}t}=r_1x_1\left(1-\dfrac{x_1}{K_1}-\alpha\dfrac{x_2}{K_2}-\gamma\dfrac{x_3}{K_3}\right)\\ \dfrac{\mathrm{d}x_2}{\mathrm{d}t}=r_2x_2\left(1-\dfrac{x_2}{K_2}-\alpha\dfrac{x_1}{K_1}-\beta\dfrac{x_3}{K_3}\right)\\ \dfrac{\mathrm{d}x_3}{\mathrm{d}t}=r_3x_3\left(1-\dfrac{x_3}{K_3}-\gamma\dfrac{x_1}{K_1}-\beta\dfrac{x_2}{K_2}\right)\end{cases}$$

转变为其对应的差分方程组

$$\begin{cases}\Delta x_1(k)=r_1x_1(k)\left(1-\dfrac{x_1(k)}{K_1}-\alpha\dfrac{x_2(k)}{K_2}-\gamma\dfrac{x_3(k)}{K_3}\right)\\ \Delta x_2(k)=r_2x_2(k)\left(1-\dfrac{x_2(k)}{K_2}-\alpha\dfrac{x_1(k)}{K_1}-\beta\dfrac{x_3(k)}{K_3}\right)\\ \Delta x_3(k)=r_3x_3(k)\left(1-\dfrac{x_3(k)}{K_3}-\gamma\dfrac{x_1(k)}{K_1}-\beta\dfrac{x_2(k)}{K_2}\right)\end{cases}$$

其中 $\Delta x_i(k)=x_i(k)-x_i(k-1)$，$i=1,2,3$，⋯，$x_i(k)$ 为具有某类情感的网民数量(可通过网络舆情监测软件动态获取数据)，$x_1(k)$，$x_1^2(k)$ 为监测时间点。观察发现:差分方程组第一个方程中，$\Delta x_1(k)$ 与

$$x_1(k),x_1^2(k),x_1(k)x_2(k),x_1(k)x_3(k)$$

呈现四元线性关系，应用线性回归分析可以计算回归系数

$$r_1,\frac{r_1}{K_1},\frac{r_1\alpha}{K_2},\frac{r_1\gamma}{K_3}$$

同理，另外两个方程也可应用此方法计算得到回归系数

$$r_2,\frac{r_2}{K_2},\frac{r_2\alpha}{K_1},\frac{r_2\beta}{K_3}\text{和}\,r_3,\frac{r_3}{K_3},\frac{r_3\gamma}{K_1},\frac{r_3\beta}{K_2}$$

进而通过计算得到民意情感演化机理模型的关键参数

$$r_i, K_i, \alpha, \beta, \gamma,\ i=1,2,3$$

根据这些参数便可以通过开展数值仿真来预测突发事件民意情感演化趋势。

第三节　突发事件民意情感演变建模

1. 突发事件民意情感演变现象

1)民意情感演化和舆情信息交互

在互联网时代,突发事件发生后,具有不同情感的网民通过互联网平台发布自身观点,进而形成舆情大数据环境,其中蕴含大量民意情报,对突发事件应急管理具有重要的决策价值。突发事件发生后,在舆情大数据环境中,不可见的民意情感和可见的舆情信息相互作用、相互影响,共同推动突发事件的传播。首先,具有不同情感的网民针对突发事件发布的观点信息各有不同,但通过观点信息可以推断民意情感;其次,关注突发事件的网民浏览到反映不同情感倾向的观点信息会影响其情感倾向,导致民意情感演化受到观点信息的影响。基于以上两点,突发事件发生后,基于舆情大数据的信息交互程度,可以推断和感知突发事件民意情感演化的状态和程度(图 4.10)。

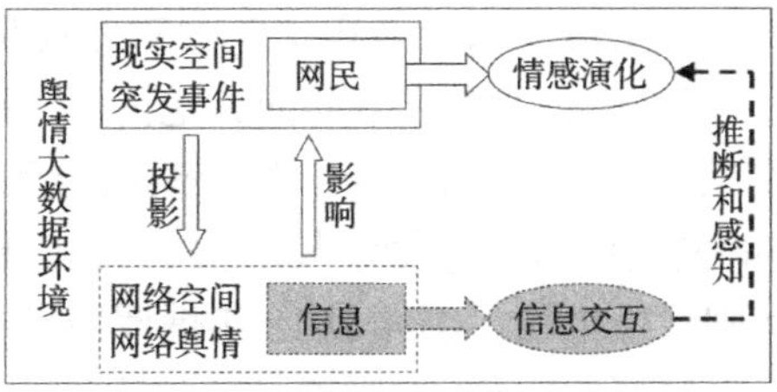

图 4.10　情感演化和信息交互

2)民意情感演变模式

突发事件发生后,一般情况下,民意情感按照常态规律进行演化,然而,在某些特殊环境或者场景下,民意情感演化很容易突破常态规律而发生演变现象:一方面,网络“大 V”、意见领袖等特殊舆情主体对网民影响很大,导致特殊舆情主体的情感直接影响民意情感,导致民意情感失真;另一方面,网络谣言、话题反转、话题衍生等信息异化容易激发网民负面情感,导致民意情感失衡。综合以上两点,研究突发事件民意情感演变规律,对政府治理突发事件网络舆情具有重要的决策价值。根据舆情大数据环境下情感演化与信息交互的关系,基于网络舆情信息变化状态,可以将民意情感演变分为两类模式:“聚合-极化”模式和“衰减-转移”模式(图 4.11)。

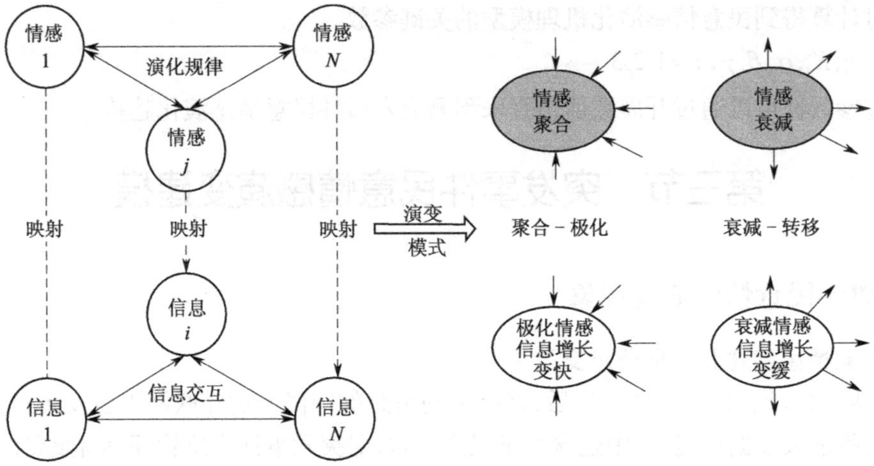

图 4.11 民意情感演变模式

（1）“聚合-极化”模式。突发事件发生后，多类民意情感逐步衰减并向某一情感聚合，导致某一情感发生极化现象，与此相对应，在网络舆情信息层面，多类民意情感对应的网络舆情信息量增长变缓，而极化情感对应的网络舆情信息量增长变快，导致极化情感信息量比例增加，而其他情感对应的网络舆情信息量比例则对应降低。例如 2018 年重庆公交坠江事件，负面情感信息量增长变快，而正面和中性情感信息量则增长变缓，尤其是 11 月 2 日前后，民意情感极化最为明显。（图 4.12（a），清博舆情监测软件获取）

（2）“衰减-转移”模式。某一情感逐渐衰减并向其他情感转移，进而导致某一情感发生衰减现象，与此相对应，在网络舆情信息层面，单一情感衰减导致其对应的网络舆情信息量增长变缓，而其他情感对应的网络舆情信息量增长加快。所以，衰减情感信息量比例减少，而其他情感信息量所占比例则对应增加。例如 2018 年俄罗斯世界杯舆情，正面情感信息量比例逐步减少，而中性和负面情感信息量占比则增长趋势明显，尤其是 6 月 14 日至 6 月 22 日期间，正面情感衰减程度较大。（图 4.12（b），清博舆情监测软件获取）

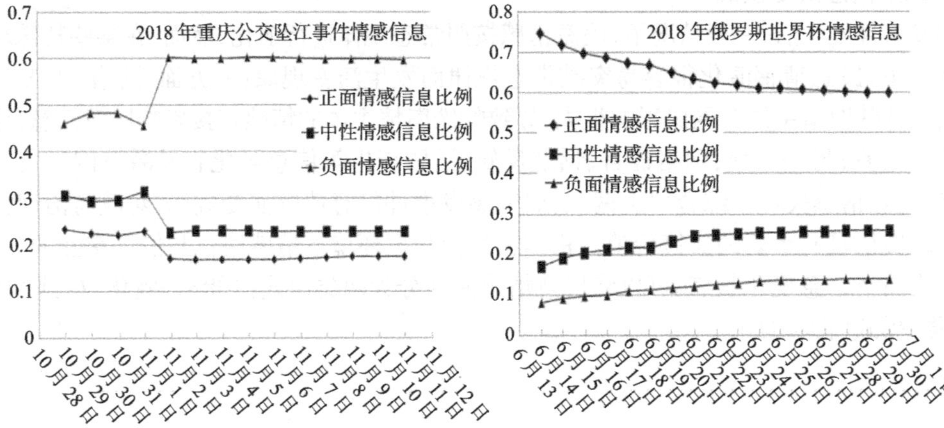

图 4.12 民意情感演变案例

综合以上两点，通过网络舆情信息交互程度可以研究民意情感演化趋势，推断多种情感之间的演变程度，尤其是通过舆情大数据分析和预测突发事件中正面和负面情感的极化或衰减程度，可以为政府治理突发事件网络舆情提供参考依据。

2. 突发事件民意情感演变模型

1）模型假设

假设突发事件某个民意情感对应的网络信息量 x（简称情感信息量）是关于时间 t 的函数，即 $x=x(t)$。结合前文研究结果，网络信息传播规律可以用 Logistic 模型描述，基于此，突发事件民意情感对应的信息演化规律依然使用 Logistic 模型，即

$$\begin{cases}\dfrac{\mathrm{d}x}{\mathrm{d}t}=rx\left(1-\dfrac{x}{K}\right)\\ x(0)=x_0\end{cases}$$

其中 $r>0$ 为情感信息量增长率，初值为 x_0，信息量上限为 K。考虑到"聚合-极化"机理与"衰减-转移"机理的建模相似性，下面重点研究民意情感"衰减-转移"模型。

在突发事件传播过程中，假设存在 $n+1$ 类情感，分别是 X_1，X_2，…，X_n，Y，其对应的信息量分别为 $x_1=x_1(t)$，$x_2=x_2(t)$，…，$x_n=x_n(t)$，$y=y(t)$，初值分别为 x_{10}，x_{20}，…，x_{n0}，y_0，值域上限为 K_1，K_2，…，K_n，K，信息增长率分别为 r_1，r_2，…，r_n，r。

突发事件发生后，假设 Y 情感衰减，并向 X_1，X_2，…，X_n 等情感进行单向转移，且不进行逆向转移，则突发事件民意情感"衰减-转移"过程可以分解为"衰减"子过程和"转移"子过程，具体情感"衰减-转移"演变过程如图 4.13 所示。

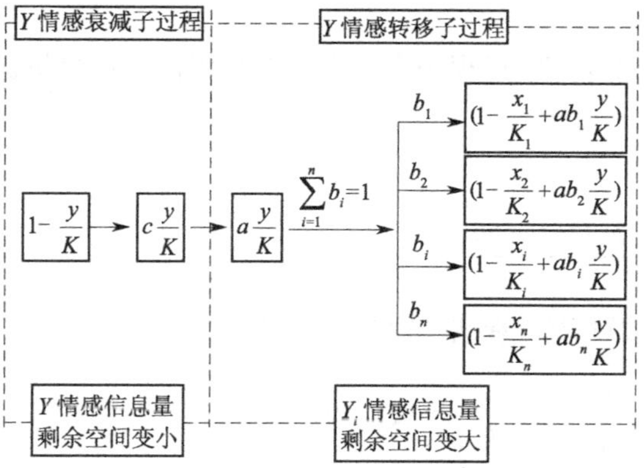

图 4.13　民意情感"衰减-转移"过程

（1）"衰减"子过程。Y 情感衰减导致其信息量增长率降低，信息增长变缓，故衰减情感信息量"剩余增长空间"由 $\left(1-\dfrac{y}{K}\right)$ 降低为 $\left(1-\dfrac{y}{K}-c\dfrac{y}{K}\right)$，其中 c 为衰减系数。

（2）"转移"子过程。Y 情感转移至其他情感 X_i，导致衰减情感信息量 $c\dfrac{y}{K}$ 演变为转移信息量 $a\dfrac{y}{K}$，并以 $ab_i\dfrac{y}{K}$ 转移至情感 X_i 信息量，其中 $a>0$，为转移系数，其中 $0<b_i<1$，为转

移权重且 $\sum_{i=1}^{n} b_i = 1$ 。

基于以上两点，得出基于网络舆情信息量的突发事件民意情感“衰减-转移”模型为

$$\begin{cases} \dfrac{\mathrm{d}x_1}{\mathrm{d}t} = r_1 x_1 \left(1 - \dfrac{x_1}{K_1} + ab_1 \dfrac{y}{K}\right), x_1(0) = x_{10} \\ \dfrac{\mathrm{d}x_2}{\mathrm{d}t} = r_2 x_2 \left(1 - \dfrac{x_2}{K_2} + ab_2 \dfrac{y}{K}\right), x_2(0) = x_{20} \\ \cdots \\ \dfrac{\mathrm{d}x_n}{\mathrm{d}t} = r_n x_n \left(1 - \dfrac{x_n}{K_n} + ab_n \dfrac{y}{K}\right), x_n(0) = x_{n0} \\ \dfrac{\mathrm{d}y}{\mathrm{d}t} = ry \left(1 - \dfrac{y}{K} - c\dfrac{y}{K}\right), y(0) = y_0 \end{cases}$$

令

$$\frac{\mathrm{d}y}{\mathrm{d}t} = \frac{\mathrm{d}x_1}{\mathrm{d}t} = \frac{\mathrm{d}x_2}{\mathrm{d}t} = \cdots = \frac{\mathrm{d}x_n}{\mathrm{d}t} = 0$$

考虑到 x_1，x_2，$\cdots$，x_n，y 单调递增且不为 0，所以模型平衡点之中仅有非零平衡点 $P_0(x_1^0, x_2^0, \cdots, x_n^0, y^0)$ 满足民意情感“衰减-转移”模型，其中

$$\begin{cases} x_i^0 = \left(1 + \dfrac{ab_i}{1+c}\right) K_i, i = 1, 2, \cdots, n \\ y^0 = \dfrac{K}{1+c} \end{cases}$$

如果民意情感“衰减-转移”过程中突发事件网络舆情信息总量保持不变，则

$$K_1 + K_2 + \cdots + K_n + K = x_1^0 + x_2^0 + \cdots + x_n^0 + y^0$$

整理可得

$$c = \frac{ab_1 K_1 + ab_2 K_2 + \cdots + ab_n K_n}{K}$$

进而可以将突发事件民意情感“衰减-转移”模型整理为

$$\begin{cases} \dfrac{\mathrm{d}x_1}{\mathrm{d}t} = r_1 x_1 \left(1 - \dfrac{x_1}{K_1} + ab_1 \dfrac{y}{K}\right), x_1(0) = x_{10} \\ \dfrac{\mathrm{d}x_2}{\mathrm{d}t} = r_2 x_2 \left(1 - \dfrac{x_2}{K_2} + ab_2 \dfrac{y}{K}\right), x_2(0) = x_{20} \\ \cdots \\ \dfrac{\mathrm{d}x_n}{\mathrm{d}t} = r_n x_n \left(1 - \dfrac{x_n}{K_n} + ab_n \dfrac{y}{K}\right), x_n(0) = x_{n0} \\ \dfrac{\mathrm{d}y}{\mathrm{d}t} = ry \left(1 - \left(1 + \dfrac{ab_1 K_1 + ab_2 K_2 + \cdots + ab_n K_n}{K}\right) \dfrac{y}{K}\right), y(0) = y_0 \end{cases}$$

2）模型参数确定方法

突发事件发生后，当网络舆情传播后期获取到较多的网络舆情监测数据时，模型参数可以通过 MATLAB、SPSS 等软件得到；当网络舆情传播初期获取的监测数据较少时，难以通过软件拟合数据获取模型参数，基于此，下面重点研究获取监测数据较少时模型参数的确定方法。将突发事件民意情感"衰减-转移"模型转变为差分方程组

$$\begin{cases} \Delta x_1(k)=r_1x_1(k)-\dfrac{r_1}{K_1}x_1^2(k)+\dfrac{r_1ab_1}{K}x_1(k)y(k) \\ \Delta x_2(k)=r_2x_2(k)-\dfrac{r_2}{K_2}x_2^2(k)+\dfrac{r_2ab_2}{K}x_2(k)y(k) \\ \cdots \\ \Delta x_n(k)=r_nx_n(k)-\dfrac{r_n}{K_n}x_n^2(k)+\dfrac{r_nab_n}{K}x_n(k)y(k) \\ \Delta y(k)=ry(k)-r\left(1+\dfrac{ab_1K_1+ab_2K_2+\cdots+ab_nK_n}{K}\right)\dfrac{y^2(k)}{K} \end{cases}$$

其中 $\Delta x_i(k)=x_i(k)-x_i(k-1),\Delta y(k)=y(k)-y(k-1)$，$k=1,2,3\cdots$，$i=1,2,3,\cdots,n$。观察发现：左侧差分与情感信息量之间呈现多元线性函数关系，所以应用回归分析可以得到模型系数，进而计算民意情感"衰减-转移"模型参数（图 4.14，简称差分回归法）。

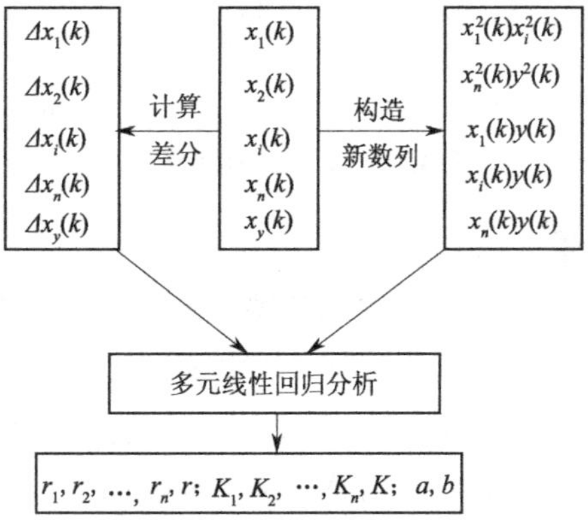

图 4.14　差分回归法思路

3）数值仿真

通过研究大量网络舆情案例和《中国互联网络发展统计报告》发现：我国网民结构复杂，网民心理多元化，导致网民发表网络言论视角众多、态度各异，有时甚至出现偏激言论，所以，突发事件发生后负面情感引导成为治理重点。基于此，数值仿真重点研究突发事件负面情感"衰减-转移"场景，从政府进行民意引导的视角考虑民意情感演变问题。在负面情感治理场景中，负面情感信息量上限高于正面和中性情感对应的上限值，但由于政府治理负面情感导致其信息增长率低于正面和中性情感，具体参数设定见表 4.8。

表 4.8 仿真参数表

信息类别	变量初值	增长率	变量上限
正面情感信息量 x_1	$x_{10}=10\%K_1$	$r_1=1$	$K_1=200$
中性情感信息量 x_2	$x_{20}=10\%K_2$	$r_2=2$	$K_2=300$
负面情感信息量 y	$y_0=10\%K$	$r=0.7$	$K=1000$

（1）$a=0$：初始场景（负面情感无“衰减-转移”情况）。

固定信息量初值、增长率和上限，令负面信息转移系数 $a=0$，则负面情感衰减系数 $c=0$，负面情感与正面、中性情感没有信息交互，所以中性、正面、负面情感信息量以及网络舆情总量曲线均满足 Logistic 方程（图 4.15）。

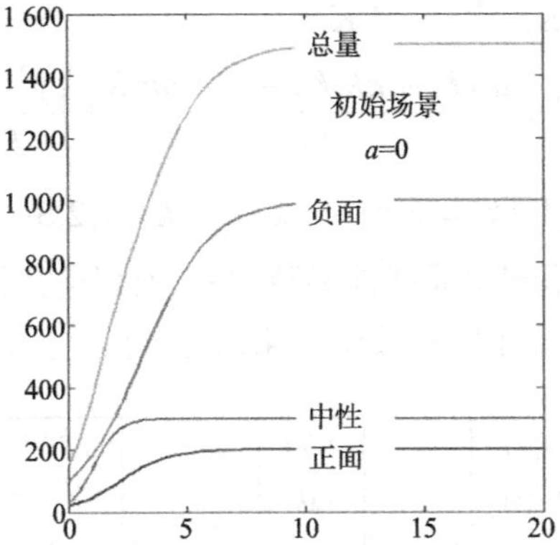

图 4.15 $a=0$：初始场景

（2）$a=4$：情感衰减场景。

固定信息量初值、增长率和上限，令负面情感信息量转移系数 $a=4$，通过改变中性和正面情感转移权重研究情感“衰减-转移”机理。令转移权重 b_2 分别为 0.1，0.2，…，0.9，则 b_1 分别为 0.9，0.8，…，0.1，计算三类情感平衡点（表 4.9）并绘制模型曲线图（图 4.16）。观察发现：①负面情感随着转移系数 a 的增大，情感信息量衰减比例增大，情感衰减趋势明显；②转移权重 b_1 较低时，情感衰减转移至中性情感较多，正面情感信息量增长较为缓慢，导致正面情感信息量占比呈现出先递减再增加（存在极小值）的趋势，但是随着 b_1 的增加，信息增长率逐步增大，正面情感信息量占比则呈现出递增趋势；③中性情感信息量增长率 r_2 较大，导致其信息量快速增加，信息量占比会呈现快速增大的趋势，但由于正面情感信息量比例的增加，导致中性情感信息量占比降低，即中性情感信息量占比会出现先递增再递减的趋势（存在极大值），同时，随着转移权重 b_2 逐步增加，中性情感信息量占比增加的趋势较为明显。

表 4.9 仿真参数表

转移权重		正面情感 平衡点及比例(%)		中性情感 平衡点及比例(%)		负面情感 平衡点及比例(%)		负面情感 衰减比(%)	衰减系数 c
b_1	b_2								
0.9	0.1	591.30	39.42	365.22	24.35	543.48	36.23	45.65	0.84
0.8	0.2	540.43	36.03	427.66	28.51	531.91	35.46	46.81	0.88
0.7	0.3	491.67	32.78	487.50	32.50	520.83	34.72	47.92	0.92
0.6	0.4	444.90	29.66	544.90	36.33	510.20	34.01	48.98	0.96
0.5	0.5	400.00	26.67	600.00	40.00	500.00	33.33	50.00	1.00
0.4	0.6	356.86	23.79	652.94	43.53	490.20	32.68	50.98	1.04
0.3	0.7	315.38	21.03	703.85	46.92	480.77	32.05	51.92	1.08
0.2	0.8	275.47	18.36	752.83	50.19	471.70	31.45	52.83	1.12
0.1	0.9	237.04	15.80	800.00	53.33	462.96	30.86	53.70	1.16

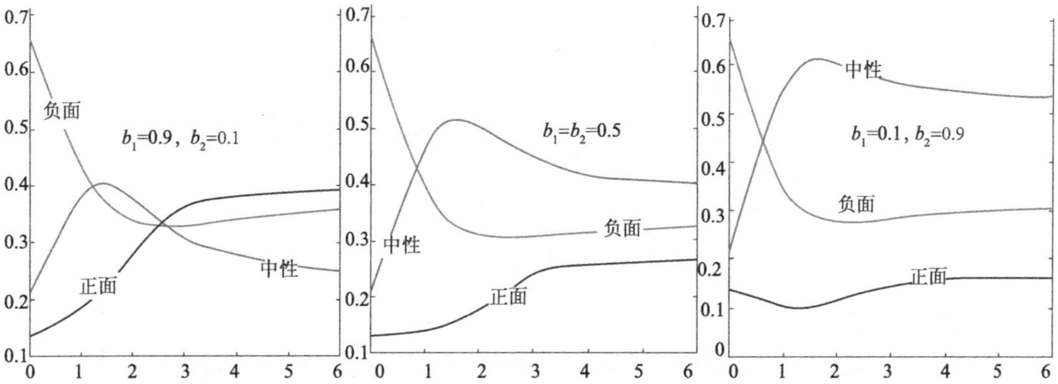

图 4.16 $a=4$："衰减-转移"场景中情感信息比例

3. 实证研究

1）数据来源

2016 年舆论热度最高的百大事件当中，有 13%与焦虑情绪存在密切联系，其中“雾霾问题”高居榜首。尤其是 2016 年 12 月，环境保护部通报，全国多地将出现入秋来最严重雾霾，全国 40 个城市发布相应级别重污染天气预警，加之网民对雾霾进京图、十大雾霾传言、雾霾天在高铁上要不要戴口罩等网络话题的讨论，使得雾霾舆情迅速扩散，其中环境安全焦虑和恐慌的负面情感快速传播。针对此种情况，环境保护部和各地应急办及时公布雾霾预警级别，并采取了机动车单双号限行，中小学、幼儿园停课，企事业单位根据空气重污染情况实行弹性工作制等应急措施，积极引导网上舆论，消除网民的焦虑和恐慌情绪。不难发现，雾霾舆情治理属于典型负面情感化解场景，基于此，针对雾霾舆情数据，研究负面情感的衰减和转移情况，验证和评估模型效果。

在实际工作中，当突发事件发生后，舆情监测软件定期抓取网络舆情信息，并运用自然语言处理等方法自动将舆情信息划分出情感倾向，例如清博舆情监测软件依据正负面情感词库、大量文档语料库及特殊句法分析，通过算法判断舆情信息中每条信息的情感倾向性，分为积极的正面、消极的负面或是纯叙述的中性，并分别赋予分值，情感分值按区间分为正面、负面、中性。本节应用清博舆情监测软件获取“雾霾”的微博舆情数据验证模型，并利用2016年12月25日—2017年1月13日的数据作为建模基础数据，具体数据如图4.17所示。

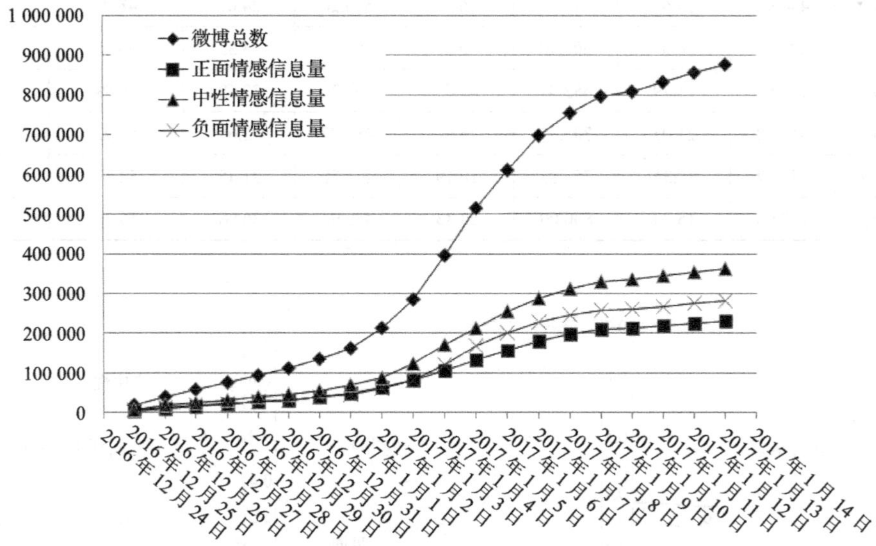

图 4.17 “雾霾”舆情统计数据

2)模型验证研究

通过舆情监测软件获取的网络舆情离散数据，构造x_1，x_2，y对应的差分以及x_1^2，x_2^2，y^2，x_1y，x_2y等新数列，进行多元线性回归分析计算模型参数

$$\begin{cases} r_1 = 0.381\,9，\ K_1 = 68\,702.872\,7，\ R_1^2 = 0.954\,3 \\ r_2 = 0.394\,8，\ K_2 = 331\,565.012\,9，\ R_2^2 = 0.923\,3 \\ r = 0.443\,2，\ K = 515\,689.400\,0，\ R^2 = 0.881\,2 \end{cases}$$

并计算得到“雾霾”舆情中民意情感“衰减-转移”过程的关键参数为

$$a = 4.673\,6, b_1 = 0.943\,1, b_2 = 0.056\,9, c = 0.758\,2$$

根据模型参数绘制模型理论解和实际值对比图(图4.18)，观察发现：①模型解和实际值吻合程度较好，该数据基本能够验证文中建模的合理性；②“雾霾”微博舆情中，负面情感的衰减率为0.758 2，其对应转化率为4.673 6，负面情感衰减信息量约为45.320 3%，而正面和中性情感信息量分别提升了237.121 7%和9.800 2%，负面情感衰减转移至正面情感，这说明政府针对“雾霾”舆情中负面情感的引导措施非常有效。

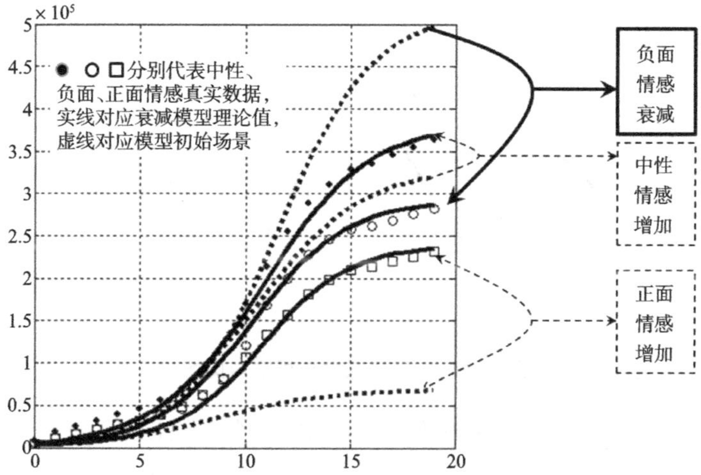

图 4.18　实际值与模型解对比图

第四节　突发事件负面情感引导建模

1. 突发事件负面情感引导问题

随着信息技术的发展和互联网的深度应用，突发事件网络舆情呈现出海量信息、实时更新、多媒体融合、线上线下耦合的大数据环境。一方面，突发事件极易引发惊慌、愤怒、悲伤等负面情感；另一方面，由于异常主体和信息异化等影响，网络舆情大数据环境中容易导致负面情感的极化。如何基于舆情大数据开展突发事件民意情感分析，及时感知负面情感，开展负面情感引导，成为突发事件民意引导的关键问题。

1）突发事件负面情感引导模式

突发事件具有显著的紧急性、危害性、严重性、不确定性等特征，极大考验着政府的应急管理能力，特别是网络舆情已成为突发事件应急管理的“第二现场”，线上舆情引导与线下应急救援相互协同正成为突发事件应急管理新趋势。突发事件通常对民众造成强烈的情感冲击乃至心理创伤，加之异常主体和信息异化的作用，使得突发事件负面情感信息产生快速、蔓延迅速，容易极化而引发线下群体事件。针对突发事件负面情感引导问题，引导模式分为 2 种。①统一引导模式。突发事件发生后，政府对情感引导的时间、内容、范围、途径等实行统一标准管理，强调程序化、规范化、制度化，进而形成以政府应急管理为核心的引导模式。②精准引导模式。突发事件发生后，政府根据舆情大数据开展综合研判，全方位挖掘网民需求，并面向不同网民群体制定有针对性的引导策略，实现引导强度、深度、广度等与网民需求的高度契合，形成以网民需求为导向的引导模式（图 4.19）。

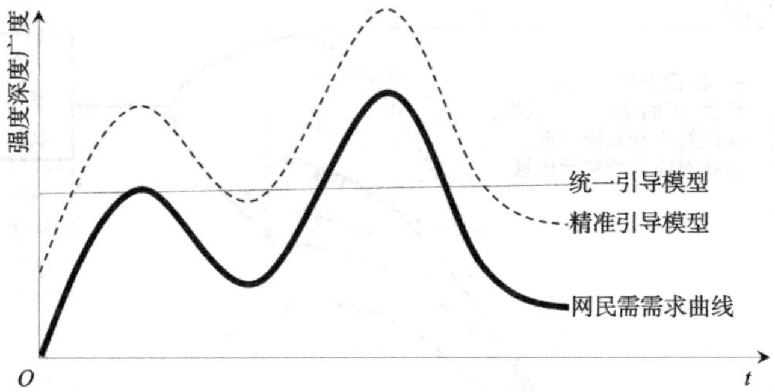

图 4.19 负面情感引导模式对比图

网民需求具有差异性和多样性的特点，并且我国网民群体具有明显的“三低”特征，数据显示，我国网民中高中及以下学历所占比例为 81.2%（低学历），29 岁以下网民所占比例为 38.2%（低年龄），月收入 3 000 元以下所占比例为 55.9%（低收入），这些客观因素使得网民情感的易变性、不稳定性增强，突发事件发生后，政府应及时获取舆情信息，研判舆情环境，并针对不同环境采取不同的引导模式。①异常舆情环境。网络舆情环境中出现大量极端倾向信息、网络谣言信息的场景。此种环境下，网民情感极端化倾向严重，此时应采取统一引导模式引导网络舆情。②常态舆情环境。网络舆情环境中情感演化相对平稳，但突发事件诱发的惊慌、愤怒、悲伤等负面情感相对较多。此种环境下，网民诉求多样化，政府应精准感知民众诉求，采取精准引导模式开展有针对性的情感引导工作，并且实现由被动引导向主动引导、单次引导向持续引导、传统媒体引导向全媒体引导的转变。

2）突发事件负面情感引导的“时度效”

2014 年，习近平总书记提出“把握好网上舆论引导的时、度、效，使网络空间清朗起来”；2016 年，指出舆论引导工作“要抓住时机、把握节奏、讲究策略，从时度效着力，体现时度效要求”。此后，“时度效”成为舆情引导的着力点和衡量标准，例如政务舆情回应时间由 48 小时、24 小时到 5 小时，理论界更是提出了应对网络舆情的黄金 4 小时、2 小时甚至 1 小时。然而，为达到最快的“时”，往往导致网络舆情引导信息的准确性、全面性、科学性降低，使得负面情感引导强度、广度、深度等“度”的指标降低，出现欲速则不达的现象。所以，情感引导是一项系统工程，时、度、效三者之间需统筹考虑、系统规划，特别是突发事件负面情感引导，需要把握正确的引导时机，选择合适的引导力度，方能产生最佳的引导效果。基于此，科学引导民意情感需要将“时度效”作为一个整体进行系统研究：①“时”的问题，即首次引导以及持续引导的关键时间节点问题；②“度”的问题，即引导强度、深度、广度的度量和评估问题；③“效”的问题，即引导效果评估问题以及在保障“效”的前提下，“时”和“度”的选择策略问题。

2. 突发事件负面情感引导模型

1）负面情感演化常态模型

为系统研究负面情感引导机理，重点研究常态舆情环境下的精准引导模式。考虑到民意信息演化经历潜伏期、扩散期、消退期等阶段，信息量变化呈现“S”形曲线特征，所以，在政府未采取措施引导负面情感时，选取 Logistic 模型作为突发事件负面情感演化模型。突发事件发生后，假设 t 时间内负面情感信息量为 $X(t)$，则

$$\frac{\mathrm{d}X}{\mathrm{d}t}=rX\left(1-\frac{X}{K}\right)$$

其中 r 为信息增长率，K 为上限，初值 $X(0)=X_0$，在负面情感演化过程中，$X(t)$ 的本质是历史信息累积量，而 $\left(1-\frac{X}{K}\right)$ 则代表未来信息量增长的剩余空间。

2)负面情感引导模型

突发事件发生后，政府根据负面情感 $\frac{x}{K}$ 有针对性地引导负面情感，即引导措施 α 直接作用于负面情感 $\frac{x}{K}$，得出精准引导信息量为

$$\alpha\frac{x}{K}$$

其中 α 为引导系数。由于政府引导措施只能对未来情感产生影响，而不能对历史情感产生影响，则政府采取精准引导措施使得负面情感信息量增长空间由

$$\left(1-\frac{x}{K}\right)$$

变为

$$\left(1-\frac{x}{K}-\alpha\frac{x}{K}\right)$$

则政府精准引导负面情感时，突发事件负面情感引导模型为

$$\frac{\mathrm{d}x}{\mathrm{d}t}=rx\left(1-(\alpha+1)\frac{x}{K}\right)$$

其中初值 $x(0)=X(t_0)$，t_0 为政府引导负面情感的时间节点，常态模型与引导模型关系如图 4.20 所示。

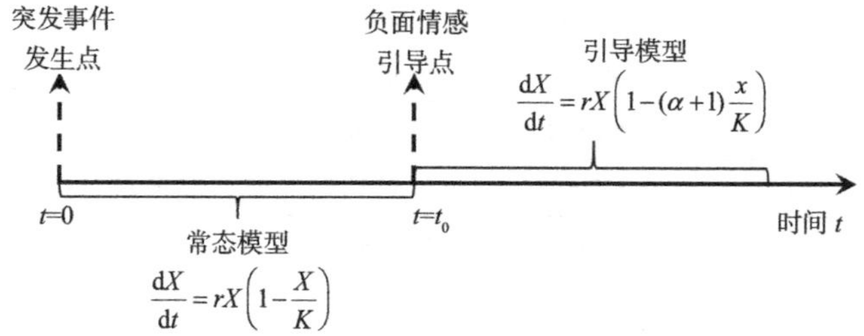

图 4.20　常态模型与引导模型关系图

3)模型分析

(1)时间节点 t_0。

突发事件发生后,负面情感按照常态模型进行演化,引导时间节点 t_0 的选择问题是引导的关键。令

$$X'''(t)=0$$

得

$$t_1=\frac{1}{r}\ln\frac{a}{2+\sqrt{3}},\quad t_2=\frac{1}{r}\ln\frac{a}{2-\sqrt{3}}$$

其中 $a=\frac{K}{X_0}-1$。两个关键时间节点间隔为

$$t_2-t_1=\frac{1}{r}\ln\frac{2+\sqrt{3}}{2-\sqrt{3}}$$

仅仅与负面情感信息增长率 r 有关并且时间节点对应的信息量增量为

$$X(t)|_0^{t_1}=21.13\%K-X_0,\ X(t)|_0^{t_2}=78.87\%K-X_0$$

通过上述计算,突发事件发生后,负面情感自 $t=0$ 开始,处于潜伏期,经过 t_1 后,进入爆发期,t_2 后趋于稳定。

为确定突发事件负面情感的最佳引导时间节点,假设两类突发事件场景开展数值仿真:①一般突发事件场景,初值小(1%K),信息增长率小($r=0.1,0.2,\cdots,0.9$);②重特大突发事件场景,初值大(10%K),信息增长率大($r=1,1.5,2,2.5,3$)。分别计算两种场景下时间节点 t_1,爆发时长 t_2-t_1,情感趋于稳定所需时长(演化至信息量上限95%的时间)以及估计 (t_1,t_1+1) 上信息增量等数据(表4.10)。

表4.10 数值仿真结果

场景	r	t_1	t_2-t_1	95%时长	$[t_1,t_1+1]$ 信息增量估计(%)
一般突发事件场景	0.1	32.781 6	26.339 2	75.395 6	2.19
	0.2	16.390 8	13.169 6	37.697 8	4.38
	0.3	10.927 2	8.779 7	25.131 9	6.58
	0.4	8.195 4	6.584 8	18.848 9	8.77
	0.5	6.556 3	5.267 8	15.079 1	10.96
	0.6	5.463 6	4.389 9	12.565 9	13.15
	0.7	4.683 1	3.762 7	10.770 8	15.35
	0.8	4.097 7	3.292 4	9.424 4	17.54
	0.9	3.642 4	2.926 6	8.377 3	19.73

续表

场景	r	t_1	t_2-t_1	95%时长	$[t_1,t_1+1]$信息增量估计(%)
重特大突发事件场景	1	0.880 3	2.633 9	5.141 7	21.92
	1.5	0.586 8	1.755 9	3.427 8	32.88
	2	0.440 1	1.317 0	2.570 8	43.84
	2.5	0.352 1	1.053 6	2.056 7	54.80
	3	0.293 4	0.878 0	1.713 9	65.77

观察发现：①突发事件发生后（$t=0$），区间$[0,t_1]$上的负面情感信息增量相对较少，而经过t_1之后，负面情感信息量短时间快速激增；②政府在t_1+1时采取引导措施（延迟1个时间单位），则产生了更多的负面情感信息量，这一点不利于政府引导。基于以上两点，负面情感最佳引导时间节点t_0应控制在区间$[0,t_1]$之内。尤其在重特大突发事件场景下，负面情感酝酿时长t_1非常短（重特大突发事件场景的潜伏期不到1天），所以预留给政府引导负面情感的响应时间非常短。根据国务院办公厅《关于全面推进政务公开工作的意见》实施细则：对涉及特别重大、重大突发事件的政务舆情，要快速反应，最迟要在5小时内发布权威信息，在24小时内举行新闻发布会，并根据工作进展情况，持续发布权威信息，有关地方和部门主要负责人要带头主动发声。结合模型仿真结果发现：通过负面情感引导模型确定的最佳引导时间与政府对重特大突发事件的舆情回应时间要求相一致。

（2）引导系数α。

突发事件负面情感引导模型中，系数α决定着引导程度，其取值范围为$(-1,+\infty)$。当$\alpha\in(-1,0)$时，负面情感引导导致相反效果，即引导无效导致负面情感信息量继续增加，例如突发事件中舆情引导的失语、失真、失调、失品现象[①]；当$\alpha\in(0,+\infty)$时，负面情感引导为正向，且α越大，代表引导强度越大。突发事件发生后，精准开展负面情感引导是一个持续过程，然而负面情感最佳引导时间较短，这就要求政府在有限的时间内及时估计引导系数α，为开展引导推演和效果评估提供依据。引导系数α估计步骤为：①及时获取网络舆情数据，并从中提取负面情感信息；②将负面情感统计数据转变为建模变量，并按照模型确定差分变量；③将负面情感常态模型和引导模型变为对应的差分方程，应用多元线性回归分析拟合数据，便可以估计引导系数α（图4.21）。

① 李良荣，仇逸. 不失真、不失语、不失调、不失品——守住主流媒体的底线[J]. 新闻记者，2013（11）：11-15.

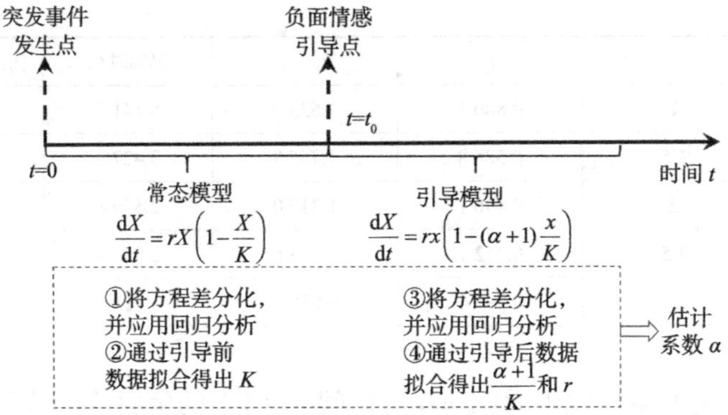

图 4.21　引导系数估计思路图

3. 突发事件负面情感引导“时度效”分析

1）引导“时度效”矩阵模型

首先，最佳引导时间节点 t_0 与模型关键参数 t_1 相对比，会出现引导时间节点在 t_1 右侧或者左侧的情况，基于此，将负面情感引导时间节点出现在 t_1 左侧称为前置引导，出现在 t_1 右侧称为后置引导。其次，负面情感引导系数 α 可为正数，也可为负数，分别对应着负面情感的正向引导和负向引导。基于此，针对“时”和“度”的不同分类情况，构建“时度效”矩阵模型（图 4.22），开展突发事件负面情感引导“时度效”一体化研究，为政府决策提供依据。

时 / 效 / 度	前置	后置
正向	场景 1：最佳引导时间内的正向引导	场景 3：非最佳引导时间内的正向引导
负向	场景 2：最佳引导时间内的负向引导	场景 4：非最佳引导时间内的负向引导

图 4.22　“时度效”矩阵模型

2）引导“时度效”仿真

为相对精细地研究突发事件负面情感引导“时度效”之间的关系，将突发事件分类并通过数值仿真开展分类研究，初始仿真参数见表 4.11。

表 4.11　“时度效”仿真参数

类别	初值	增长率	上限
类别Ⅰ：一般突发事件	10	0.5	1000
类别Ⅱ：重特大突发事件	1 000	1.5	10 000

此外，考虑到政府引导突发事件负面情感的紧迫性，前置和后置引导时间点分别选为

$t_1-0.5$ 和 $t_1+0.5$，根据模型计算得到仿真数据（表 4.12）。

表 4.12 "时度效"仿真数据

类别	计算 t_1	前置时间	引导初值	后置时间	引导初值
类别Ⅰ：一般突发事件	6.556 3	6.056 3	172.648 8	7.056 3	255.979 8
类别Ⅱ：重特大突发事件	0.586 8	0.086 8	1 123.434	1.086 8	3 619.237

（1）类别Ⅰ：一般突发事件。

通过模型计算前置引导时间为 6.056 3，后置引导时间为 7.056 3，令引导系数分别为{正向引导情况：0.5，1，1.5，2}和{负向引导情况：-0.1，-0.2，-0.3，-0.4}，绘制一般突发事件负面情感引导"时度效"仿真对比图（图 4.23）。

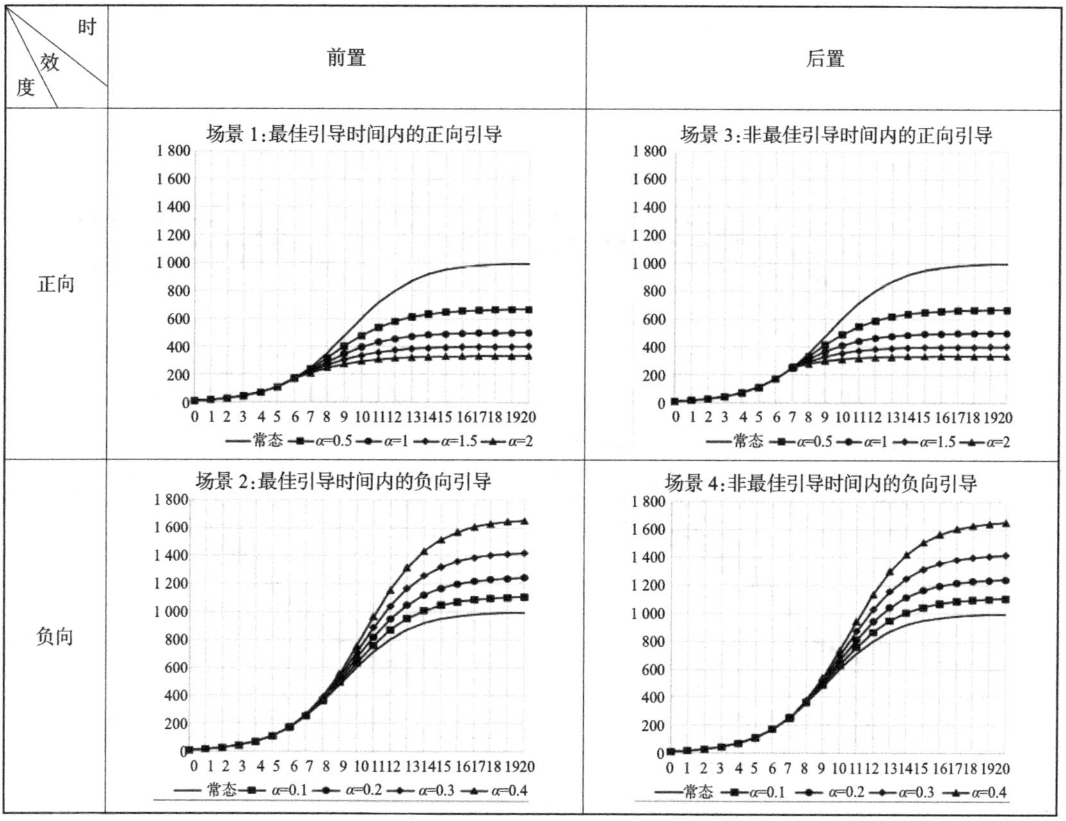

图 4.23 一般突发事件负面情感引导"时度效"仿真对比图

观察结果如下。①突发事件发生后，政府采取积极措施正向引导负面情感时，导致负面情感数量大幅降低，降低程度分别为 33.33%、50%、60%和 66.67%；而政府引导措施无效导致负向引导出现时，负面情感数量大幅提高，提升程度为 11.11%、25%、42.86%和 66.67%。然而，引导负面情感提前或者延后 0.5 个时间单位对负面情感引导影响较小，也就是说，无论是正向引导还是负向引导，前置引导和后置引导效果差距不大。②突发事件发生后，无论政府采用前置引导还是后置引导，两种情况负面情感变化量差距不大，导致引导效果差别较小。综合以上两点，对于一般突发事件而言，负面情感初值较小，增长率较低，负面情感在单位时间内变化不大，政府引导负面情感的引导反应时间较长，所以，在一般突发事件发生后，政府应采取先“度”后“时”的策略，以时间换效能，即政府引导负面情感时要保证引导信息的准确性、全面性和针对性，为保障首次引导效果提供支撑。

（2）类别Ⅱ：重特大突发事件。

通过模型计算前置引导时间为 0.086 8，后置引导时间为 1.086 8，令引导系数分别为{正向引导情况：0.5，1，1.5，2}和{负向引导情况：-0.1，-0.2，-0.3，-0.4}，绘制重特大突发事件“时度效”仿真对比图（图 4.24）。

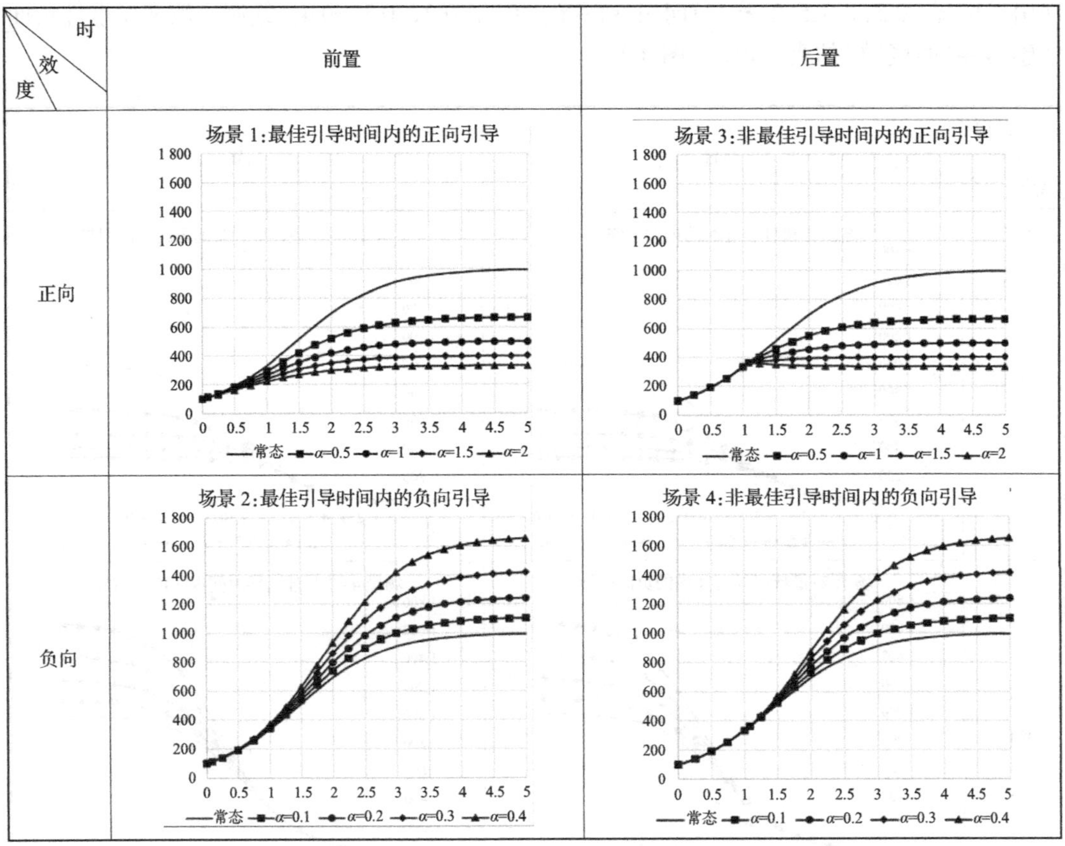

图 4.24 重特大突发事件负面情感引导“时度效”仿真对比图

观察结果如下。①突发事件发生后，政府采取积极措施正向引导负面情感时，前置引导（最佳引导时间内）使得负面情感信息量大幅降低，降低程度分别为 33.33%、50%、60%和 66.67%，而后置引导会导致负面情感信息量出现“先增加后降低且突破了模型上限”的现象，这与模型假设（信息量单调递增）相矛盾，这说明突发事件发生后，出现不确定因素刺激负面情感信息量短时间激增，导致改变其原有演化趋势而突破模型上限。在正向引导前提下，前置引导可以有效降低负面情感信息量，后置引导则可能出现不确定因素，例如负面情感信息量基数过大，容易产生虚假信息和网络谣言，导致衍生舆情或者次生舆情等，这些不确定因素都可能催发更多的负面情感。此外，由于 $t_2 - t_1$ 时间短（1.755 9），前置引导和后置引导（提前或者延后 0.5 个时间单位）对负面情感引导影响显著。②突发事件发生后，当政府负向引导时，前置引导和后置引导差距不大，但是负面情感信息量均有大幅提高，提升程度为 11.11%、25%、42.86%和 66.67%。综合以上两点，对于重特大突发事件而言，初值较大，信息增长率较大，负面情感在单位时间内变化较大，预留给政府引导负面情感的反应时间非常短（往往小于一个时间单位），所以，重特大突发事件发生后，政府应采取先“时”后“度”的策略，即负面情感引导及时性是第一位的，并在此基础上做到持续引导、全面引导等，方能保证负面情感引导效果。

下篇
基于民意分析的突发事件决策支持

在网络社会背景下，突发事件应急管理包括线上舆情引导和线下应急处置这相辅相成、不可分割的2个方面。由此，在上篇进行民意分析的基础上，下篇线上线下相结合进行突发事件决策支持研究。

第五章 基于民意分析的突发事件网络舆情决策支持

在网络大数据环境下，突发事件发生后，网络舆论场已成为应急管理的第二现场，是突发事件在互联网上的投影和延伸，并且随着移动互联网的普及，网络舆情对突发事件发生发展的影响正在日益深入，线上信息工作能力、网络舆情引导能力直接影响着政府应急管理效能。本章按照“分析—评估—治理”的总体思路，首先进行民意态势的总体分析，其次分别进行民意主体交互评估、民意主题热度评估和网络舆情引导效果评估，最后针对网络舆情风险提出治理策略。

本章围绕网络舆情决策支持展开，取得了以下成果：①通过主题提取、情感分析和用户画像方法，从民意主体、主题、情感3个方面进行分阶段的民意态势演化分析和“主体-情感”关联分析；②构建民意主体交互模型研究高级、中级、初级引导主体与网民主体之间的交互机理以及全有效、全无效、部分无效交互模式，通过评估主体数量、交互系数、发文潜力、信息增长率等模型参数在舆情引导过程中发挥的作用，明确政府网络舆情决策的目标；③构建民意主题热度模型和动态预测模型，计算并预测民意主题未来热度，对多平台民意主题进行动态评估，开展民意主题热度预警，为政府舆情引导提供预见性决策支持；④基于舆情大数据构建网络舆情引导效果评估指标体系，确定影响网络舆情引导效果的主要影响因素有引导主体的粉丝数量、关注量，引导信息自身的完备程度、信息模态，引导信息传播属性的点赞数、评论数、负面情感最大认同数，为政府舆情引导提供方向性、指引性决策支持；⑤扎根第一手原始材料进行案例文本分析，识别出突发事件网络舆情主要风险点包括治理能力不足风险、媒介素养欠缺风险、敏感因素集中风险，通过风险分析提出事前、事中、事后3个阶段防御性、主动性、改进性的舆情风险治理策略。

本章内容框架如图5.1所示。

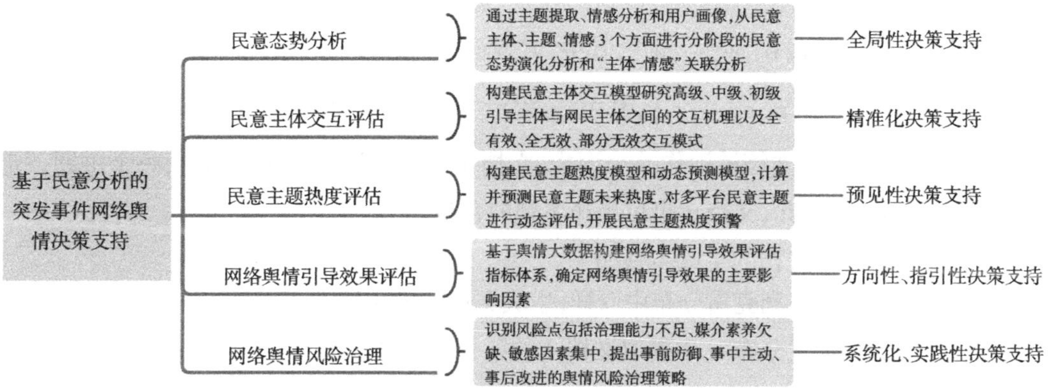

图 5.1　本章内容框架

第一节　突发事件民意态势分析

民意态势演化包括3个方面。第一，民意的主题演化。民意主题是在一定时间段内，民众对突发事件的关注热点。单个民意主题在发展过程中，受不同网民观点表达、官方更新报道、其他相关主题出现等因素的影响，其主题在宏观层面会发生演化，即民众的关注热点会随时间的推移而变化。第二，民意的主体演化。民意主体是指关注并参与到突发事件讨论中的实体，包括了个体用户、媒体用户等，他们一方面在个体特征上表现出差异，如网络影响力的差异、个体地理空间上的差异等；另一方面，在民意发展的不同时间段，表现出了不同的参与度特征。因此，突发事件民意会在主体方面呈现态势的演化。第三，民意的情感演化。参与突发事件讨论的主体，微观个体上的发言会展现出个体的情感倾向，而个体的情感倾向汇总到网络环境后，会在宏观上展现出网络舆论主题的情感倾向，这种情感倾向可以简单表现为正负向情感，也可以进一步细致地表现为情感细粒度上的差别，并且在事实上，随着民意的发展，这种情感倾向会动态、连续地发生演化。本节对民意态势的研究也将从上述3个方面展开。

1. 态势分析方法

为了对民意态势展开主题、情感、主体3个方面的研究，本节主要使用到了主题建模、文本情感分析和用户画像3种研究方法。

1）LDA主题模型

LDA模型是Blei等人提出的一种用于文档主题生成的模型[①]，对给定文档推测其主题的概率分布。LDA模型是在贝叶斯框架下构建以词在主题中的概率分布（主题-词模型）和主题在文档中的概率分布（文档-主题模型）来描述给定文档[②]。LDA模型分为以下3个层

① 刘江华. 一种基于kmeans聚类算法和LDA主题模型的文本检索方法及有效性验证[J]. 情报科学，2017，35（2）：16-21+26.

② 刘红兵，李文坤，张仰森. 基于LDA模型和多层聚类的微博话题检测[J]. 计算机技术与发展，2016，26（6）：25-31，36.

次[①]。

①词语层：$V=\{w_1,w_2,w_3,\cdots,w_i\}$，其中，$V$表示文档中的词语集，$w_i$表示单个词语。

②主题层：$\varphi=\{z_1,z_2,z_3,\cdots,z_j\}$，其中，$\varphi$表示文档中的主题集，$z_j$表示单个主题。

③文档层：每一篇文档被视作一个词袋，文档d_t可当作词的合集。同时，每个主题下定义了词的概率分布，因此，文档d_t也可当作主题的合集。

在 LDA 模型中，文档的生成步骤如下。

①从参数为α的迪利克雷分布中取样，生成文档d_t的主题的概率分布φ_t。

②从主题的多项式分布φ_t中提取文档d_t的第k个词的主题$z_{t,k}$。

③从参数为β的迪利克雷分布中取样，生成主题$z_{t,k}$的词的概率分布$\varphi_{z_{t,k}}$。

④从词的多项式分布$\varphi_{z_{t,k}}$中采样生成词语$w_{t,k}$。

2）文本情感分析

情感分析的目的在于从文本中分析出人们对于实体以及其属性所表达的观点、情感、评价、态度和情绪[②]。目前，情感分析技术主要分为基于情感词典和基于统计的机器学习两大类，最新方向是往基于神经网络的深度学习技术发展[③]。本节采用基于情感词典的方法进行文本情感分析，通过对文本中情感词语的提取并与情感词典中的情感词相匹配的方法，展开细粒度情感分析等研究。

基于情感词典的情感分析研究有赖于构建比较完备的情感词典，并根据实际文本情况对已有词典进行删改或扩展。对情感词典的构建，国外研究起步较早，比较典型的词典有 General Inquirer、IWC 等，国内哈尔滨工业大学、中国知网、大连理工大学等研究机构也对中文情感词典进行了构建，其中，大连理工大学中文情感词汇本体库应用较广[④]，该词典从不同角度描述了中文词汇和短语，对词语的词性种类、情感类别、情感强度、极性等信息进行了比较完备的标注。

3）用户画像

用户画像的概念最早是由 Alan Cooper 提出[⑤]的，用于描述用户的基本信息特征、兴趣偏好、需求信息等。在用于不同领域的研究时，研究者的研究角度也有所不同，例如从动态信息和静态信息两方面进行用户画像[⑥]，将微博用户信息分为用户特征和文本特征[⑦]，将用户画像特征分为人口统计学特征和信息传播行为特征[⑧]等。构建用户画像的方法也不唯一，统计学方法、建立 LDA 模型、机器学习方法、聚类方法[⑨]等都能构建用户画像。

① 裴超，肖诗斌，江敏. 基于改进的 LDA 主题模型的微博用户聚类研究[J]. 情报理论与实践，2016，39(3)：135-139.

② 刘兵. 情感分析：挖掘观点、情感和情绪[M]. 北京：机械工业出版社，2019：1-3.

③ 吴俊，邵丹睿，姜尚，等. 融合语义与情感分析的区块链产业新闻监测研究[J]. 现代情报，2020，40(11)：22-33.

④ 万岩，杜振中. 融合情感词典和语义规则的微博评论细粒度情感分析[J]. 情报探索，2020(11)：34-41.

⑤ 刘海鸥，孙晶晶，张亚明，等. 在线社交活动中的用户画像及其信息传播行为研究[J]. 情报科学，2018，36(12)：17-21.

⑥ 任中杰，张鹏，兰月新，等. 面向突发事件的网络用户画像情感分析——以天津"8·12"事故为例[J]. 情报杂志，2019，38(11)：126-133.

⑦ 安璐，周亦文. 恐怖事件情境下微博信息与评论用户的画像及比较[J]. 情报科学，2020，38(4)：9-16.

⑧ 刘海鸥，孙晶晶，张亚明，等. 在线社交活动中的用户画像及其信息传播行为研究[J]. 情报科学，2018，36(12)：17-21.

⑨ 刘星辰. 基于文本挖掘的用户画像系统的设计与实现[D]. 北京：北京邮电大学，2018.

2. 态势分析思路

采用以时间序列为基础的动态文本数据研究与在某一时间段内文本数据的静态统计特征研究相结合的方式，对特定突发事件，从 2 个维度开展实证研究（图 5.2）。

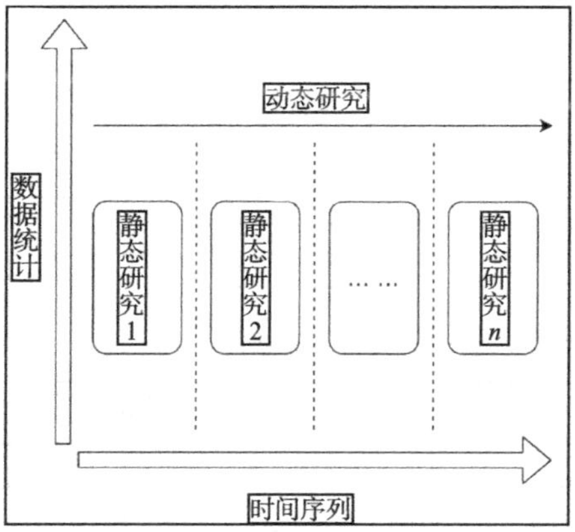

图 5.2 研究思路

在针对民意信息传播规律的研究方面，已有研究通常采用网络信息传播模型①：

$$\frac{\mathrm{d}f}{\mathrm{d}t}=rf\left(1-\frac{f}{K}\right)$$

在求解上述微分方程并求三阶导后②，得出了 2 个关键时间节点，并据此将突发事件传播划分为潜伏期、扩散期、消退期 3 个阶段。参照此模型，以 2020 年杭州女子失踪事件为研究对象，通过百度指数提供的统计数据，将该事件传播发展阶段做了如图 5.3 所示的粗略划分。

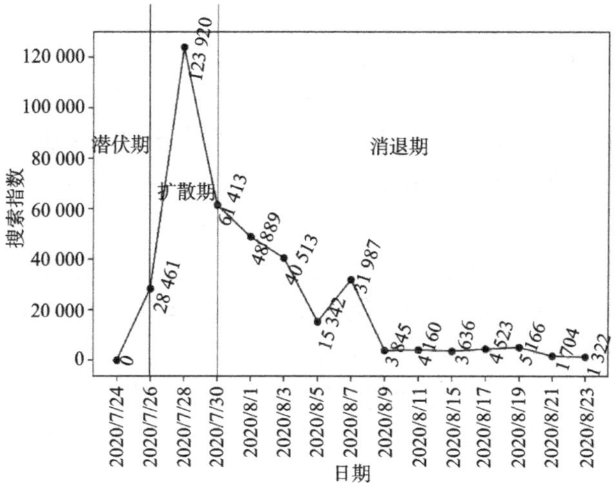

图 5.3 “杭州女子失踪事件”搜索指数统计数据

---

① 兰月新，曾润喜. 突发事件网络舆情传播规律与预警阶段研究[J]. 情报杂志，2013，32（5）：16-19.

② 兰月新，邓新元. 突发事件网络舆情演进规律模型研究[J]. 情报杂志，2011，30（8）：47-50.

在划分阶段后，按照时间节点对微博数据进行数据集的划分，分作 3 个阶段的数据，对每一阶段数据进行主题提取、网民情感分析和微博用户画像，最后汇总 3 个阶段的分析结果，对事件进行整体上的民意演化和关联研究（图 5.4）。

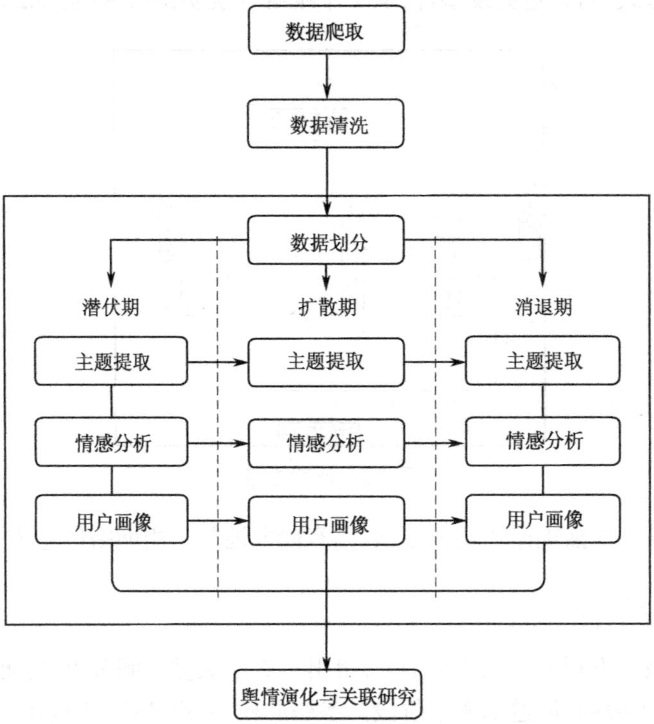

图 5.4 研究框架

在主题提取部分，最终结果以关键词形式表示。通过为某一主题下提取的关键词赋予相当的权重，展现当前主题的内容特征。

文本情感分析基于情感词典展开。通过对每一天的评论数据按照一定评分规则展开情感评分，最终以时间为划分依据，刻画该事件各个阶段内正负向情感以及情感细粒度的统计学特征，以饼图展示各类情感的占比，并以表格形式列举部分评论数据的情感评分。

在用户画像部分，收集了 5 类微博用户的账号数据，从用户影响力、用户地域分布、用户性别分布等方面展开研究，以饼图、网络关系图等展现最终结果。

在最后的民意演化与关联研究中，综合了上述 3 个部分的研究结果，展现了该事件的主题演化、情感演化、用户地域分布、用户性别分布等特征的动态变化，并以特定时间段内的举例展现特定用户对该事件在情感倾向与关注主题上的影响。

上述工作旨在发现在民意各个阶段的主题变化、情感变化以及对民意演变起主导作用的微博用户等特征，据此向政府相关部门提供引导舆情的参考信息，使政府掌握民意发展态势，把握决策主动权。

3. 实证研究

2020年"杭州女子失踪事件"在全网引起了广泛的关注,连续多日登上微博热搜,形成了较大的网络舆情。从7月初,网络上开始出现"杭州女子失踪"等未经官方证实的信息,至7月25日杭州警方通报案情相关情况,再至后续的系列报道,在约2个月的时间段内,网络上对于该事件的关注热度、争论话题以及网民的情感倾向等方面,出现了明显的阶段性的变化。通过对该事件分阶段、分话题爬取微博数据,共获取了约8 000条微博评论数据和213条微博用户信息数据,存储为.csv文件,并利用pandas库进行数据清洗,去除重复数据、填补空值数据。在进行主题提取、网民情感分析和微博用户画像3个方面的研究后,得出了相关结论并做分析。

1)基于LDA的主题提取

(1)文本处理。

简单去重和处理空值后的微博评论数据中,仍存在许多"脏数据",无法直接用于文本分析。基于微博文本的特点,诸如"回复"、"@"、用户ID名、话题名等信息,均属于高频率且无意义的词或短语,需要去除,以提高LDA主题建模的准确性。

采用两级清洗的方法去除无意义词或短语。针对用户ID名、话题名这样具有结构规律(如:话题名总以两个"#"符号作为起始)而在常用停用词库中又不收录的词,采用正则表达式将其从文本中匹配出并予以去除,完成一级清洗。针对具有微博文本特点的"回复"、"@"等高频率而无意义的词,可通过扩展停用词库的方式,在使用jieba分词时予以去除,完成二级清洗。在完成两次数据清洗后,文本数据可用于进一步的文本分析。

(2)主题提取。

本节采用python编程实现对文本的LDA主题建模。在划分文档集时,以微博中出现的话题为基本单位,将相同话题或者相似话题下的微博评论数据划入同一个文档集,在民意发展的不同阶段,由于数据量的不同,对文档集的划分要有不同的综合考虑。在数据量较为充足的情况下(扩散期),可考虑多划分几个文档集,以便后续更精确的主题提取;但在数据量较小的情况下(潜伏期、消退期),则应该以确保每个文档集有足量数据为主要考虑,较少划分文档集。

通过python分词并去除停用词,保留出现频次大于5次的分词。通过gensim库,把每个文档生成对应的字典与bow稀疏向量,在此基础上,建立TF-IDF模型,提取每个文档中分词后词语的TF-IDF统计特征作为建模的参数。每个文档下可能存在多个主题,在调用内置的LdaModel方法时,需要指定对于一个文档下生成的主题数量(调整参数num_topics以形成最佳结果)以及对文档的迭代次数,一般而言,迭代次数越多,模型越准确。最终模型返回在某个主题下的词语的概率分布作为对该主题的描述。

以潜伏期的主题提取为例,由于时间相对较短、数据量少,在该阶段只对一个文档提取一个主题,模型迭代次数为500次。表5.1展示了LDA建模下主题词的概率分布,TF-IDF下各关键词的权重。

表 5.1 主题建模结果及部分原始评论数据

主题	主题词概率分布	关键词的权重
主题 1	0.014*儿子 + 0.013*** + 0.006*可怕+ 0.006*女儿 + 0.006*警察 + 0.005***+ 0.005*警方 + 0.005*继承权 + 0.005*房子 + 0.004*造谣	**, 0.208 儿子, 0.120 **, 0.073 继承权, 0.064 可怕, 0.062 造谣, 0.062

在该事件的潜伏期,由于 7 月 25 日前尚未有官方媒体对相关侦查情况予以官方形式的通报,网络舆论一方面对网络上流传的嫌疑人的残忍作案方式,表现出明显的恐怖情感;另一方面则表现出在没有官方通告的情况下,对该事件的真实性的怀疑。同时,还伴随着对家庭财产继承权的讨论。

2)网民情感分析

(1)情感词典构建。

本研究的情感词典以大连理工大学中文情感词汇本体库①为基础,筛选了该情感词典六大类情感分类下的部分小情感分类,构成了与本研究相适应的情感分类(表 5.2)。

表 5.2 情感词典情感分类

编号	情感大类	情感小类
1	乐	快乐(PA)
2		安心(PE)
3	好	尊敬(PD)
4		赞扬(PH)
5		相信(PG)
8	怒	愤怒(NA)
9	哀	悲伤(NB)
10		失望(NJ)
11	惧	慌(NI)
12		恐惧(NC)
13	恶	憎恶(ND)
14		贬责(NN)
15		怀疑(NL)
16	惊	惊奇(PC)

对于每一个词条,该情感词典规定了词语、词性种类、词义数等 10 种属性,本研究主要使用词语、情感分类、强度 3 个属性(表 5.3)进行情感词分类以及细粒度情感分析,并通过

① 徐琳宏,林鸿飞,潘宇,等.情感词汇本体的构造[J].情报学报,2008,27(2):180-185.

评分方式研究在民意传播的不同阶段下网民的情感倾向。

表 5.3 部分词条属性格式

词语	情感分类	强度
脏乱	NN	7
求索	PH	1
孤单单	NB	5
惶然不安	NC	5
清莹	PH	5

(2)文本情感分析。

在进行用户评论情感分析时,使用了用户评论数据和情感词数据 2 个数据集,分数据准备、数据集处理和情感评分 3 个步骤进行(图 5.5)。

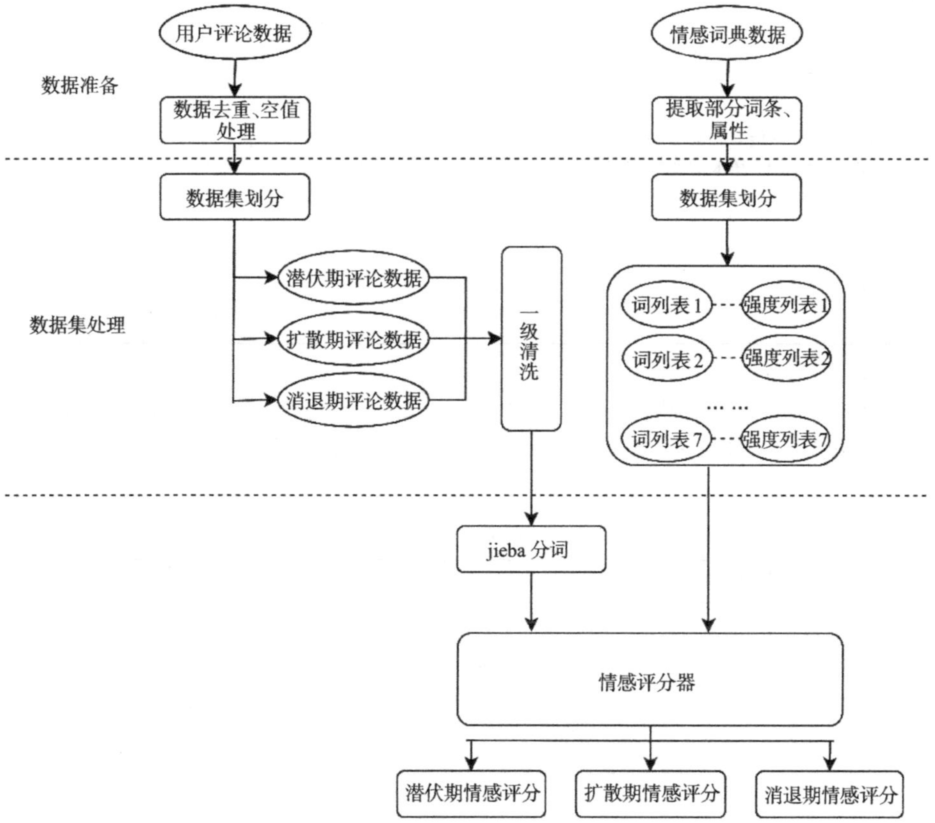

图 5.5 情感分析框架

数据集处理步骤中,对去重和填补空值后的分阶段用户评论数据,仅通过正则表达式去除用户 ID 名与话题名完成一级清洗,而不通过停用词库进行二级清洗。这样做的原因在于，情感分析的关注点在于“情感词”，而这一类词也有可能被收入了停用词库，如果进行二级清洗，部分“情感词”会被从文本中删除，从而降低了文本情感分析的准确性。而“回复”“@”这样的高频无意义词并不在我们的关注范围内，就算在文本中大量存在，依然不影响文本情感分析的准确性。对于情感词典数据，采用 python 中的列表（list）数据结构临时存储，创建了 14 个列表，分别存储七大类情感词（按情感词典中“情感分类”属性进行分类）和每一类情感词中的每个词的“强度”属性，词和“强度”属性通过列表提供的“索引值”一一映射。图 5.5 中，词列表 i（i={1, 2, 3, 4, 5, 6, 7}）依次代表了怒、恶、恐、悲、惊、好、喜 7 类情感词的列表，强度列表 i（i={1,2,3,4,5,6,7}）依次对应了对 7 类情感词的基础评分，取值范围{1,3,5,7,9}，9 表示强度最大，1 表示强度最小。

3 个阶段的评论数据经过 jieba 分词后形成 3 个分词文档，依次输入情感评分器，输出 3 个阶段各自的评分，指标为对 7 类情感的分别评分。情感评分器算法如下。

输入：$D=\{w_1, w_2, w_3, \cdots, w_n\}$，其中，$D$ 为分词集，w_k 为第 k 个分词。

输出：7 个评分 $score_i(i=\{1,2,3,4,5,6,7\})$。

算法如下。

```
Begin
    FOR k from 1 to n:
    FOR i from 1 to 7:
        IF 第 k 个分词 in 第 i 个列表:
            score_i += 0.1 * 第 k 个分词的强度
        ELSE:
            pass
    FOR i from 1 to 7:
    return  score_i
End
```

以潜伏期为例，各类情感评分如下（表 5.4），其中，积极情感评分为惊、好、喜 3 类情感评分之和，消极情感评分为怒、恶、恐、悲 4 类情感评分之和。

表 5.4 潜伏期评论情感评分

情感	评分
怒	1.7
恶	87.6
恐	25.5
悲	13.3
惊	2.4
好	34.2
喜	7.6
积极	44.2
消极	128.1

以各类情感评分为标准进行情感细粒度分析,可大体统计得出该阶段内网民的情感倾向占比(图 5.6)。可分析出,由于在事件传播初期,相关部门未及时说明事件调查进展情况以引导舆论,导致网民中消极情感占比约 3/4,并且一半以上表现出憎恶(ND)、贬责(NN)、怀疑(NL)的情感。

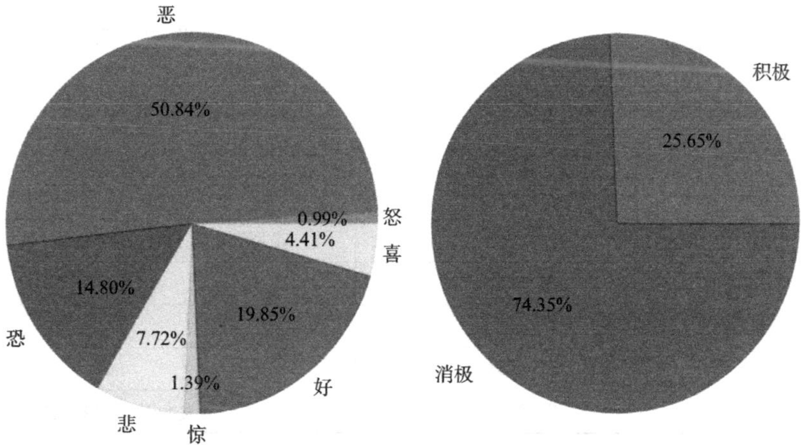

图 5.6 潜伏期网民情感倾向占比

将同一阶段内的各条评论作为输入,传入情感评分器中,通过统计,可得出各评论的情感倾向(表 5.5)。

表 5.5 潜伏期部分评论举例

文本		情感评分						
评论	情感分词	怒	恶	恐	悲	惊	好	喜
******	缺德 造谣 不是 最好	0	1.7	0	0	0	0.9	0
******	谋害 不是 丧失	0	1	0	0.5	0	0	0

3)微博用户画像

(1)数据采集与研究思路。

为开展该事件微博用户画像研究,分阶段采集了共 227 条微博用户数据,每条数据包括了 13 个属性,分为基本属性(9 个)与特殊属性(4 个)。前者是微博用户的基础信息,后者是微博用户参与具体的事件讨论后才展现的信息(表 5.6)。

表 5.6 微博用户信息属性

属性分类	属性	属性取值
基本属性	微博名	str
	性别	{男,女}
	地域	str
	等级	{0,1,2,3,4,5,6,7}
	关注人数	int
	粉丝数	int
	发文数	int
	微博认证	str
	用户身份	{官方媒体,平台媒体,自媒体,“大V”,个人}
特殊属性	被点赞数	int
	被评论数	int
	被转发数	int
	用户类型	{发文用户,评论用户}

利用采集到的微博用户信息,通过构建评价指标,评价了不同身份用户对事件传播的影响程度,为政府相关部门的舆情引导提供参考。同时,通过统计学方法研究了参与事件讨论的微博用户的性别分布和地域分布特征。

(2)微博用户画像构建。

以扩散期数据为例,根据用户的微博认证信息,将微博用户身份分为官方媒体、平台媒体、自媒体、“大V”、个人5类,根据已有研究提供的指标[①],评价了在该事件中,5类用户分别作为发文用户和评论用户时的活跃度(由等级、关注数、发文数决定)、普遍影响力(由粉丝数决定)、事件影响力(由被点赞数、被评论数、被转发数决定)3项指标。指标取值范围(0, 1),取值越大表示越有影响力。在计算指标数值时参与计算数据少于2条的指标项视作不具统计学意义的项,对其做了取null值的处理(表5.7,表5.8)。

表 5.7 发文用户评价结果

用户身份	官方媒体	平台媒体	自媒体	“大V”	个人
活跃度	0.684	0.664	null	null	null
普遍影响力	0.567	0.466	null	null	null
事件影响力	0.655	0.305	null	null	null

① 安璐,周亦文.恐怖事件情境下微博信息与评论用户的画像及比较[J].情报科学,2020,38(4):9-16.

表 5.8　评论用户评价结果

用户身份	官方媒体	平台媒体	自媒体	“大 V”	个人
活跃度	null	null	0.582	0.447	0.425
普遍影响力	null	null	0.209	0.295	0.020
事件影响力	null	null	0.453	0.308	0.098

从表 5.7 和表 5.8 可看出，在影响方式上，官方媒体和平台媒体两类用户对事件传播的影响主要是通过发文的方式，而自媒体、“大 V”、个人三类用户对事件传播的影响主要是通过评论的方式。在事件影响力上，官方媒体类用户的影响力最大，而个人类用户的影响力最小，这也说明了原始博文对事件传播的影响力是普遍高于评论文字对事件传播的影响力的。并且，用户的活跃度和普遍影响力越大，在具体事件上的事件影响力往往也越大，这是由该类用户平时的粉丝数、发文数等决定的。因此，官方媒体的及时发文对事件传播的发展起了主导作用；而对于非政府官方用户的关注，应该重点放在平时粉丝数和发文数较大的微博用户（自媒体、平台媒体、“大 V”）上，而且要特别关注这些用户的原始博文的舆论导向。

为更直观地展现不同类型用户的影响力特征，以 8 月 6 日“嫌疑人被批捕”话题下的发文用户为例，分别统计了“央视新闻（官方媒体）”（左图）和“澎湃新闻（平台媒体）”（右图）博文下，点赞超过 100 的一级评论数以及每一个一级评论下的二级评论数（图 5.7）。图中每一个节点代表了一定的用户数，其中每一个根节点和二级节点分别代表 1 名用户，每一个二级节点代表了 50 名用户。

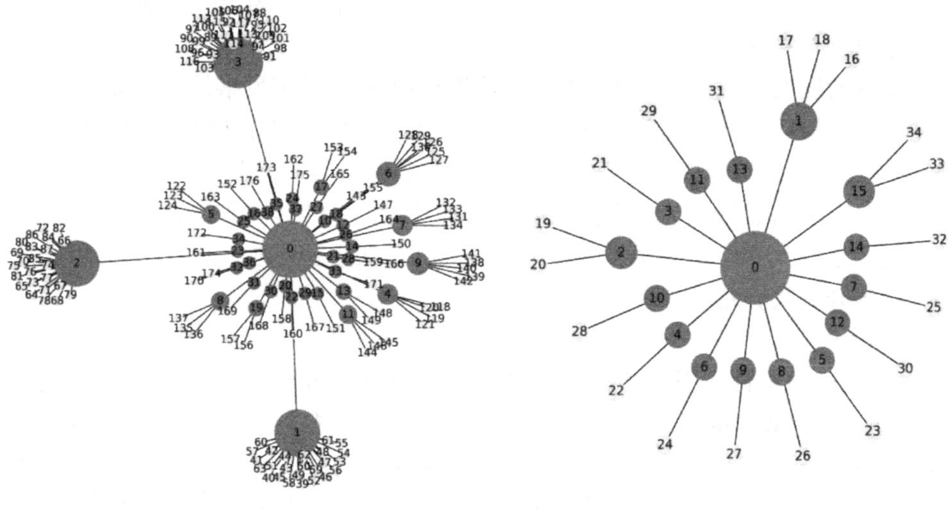

图 5.7　评论用户网络关系图

对于用户的地域信息，去除了地域信息为空值和海外的微博用户，统计了各省份的微博用户人数，并将微博用户人数在 5 人以下的省份合列作“其他省份”一项。在统计了扩散期微博用户的地域和性别信息后，得到了在该时期内微博用户在地域和性别上的数量分布特征（图 5.8）。

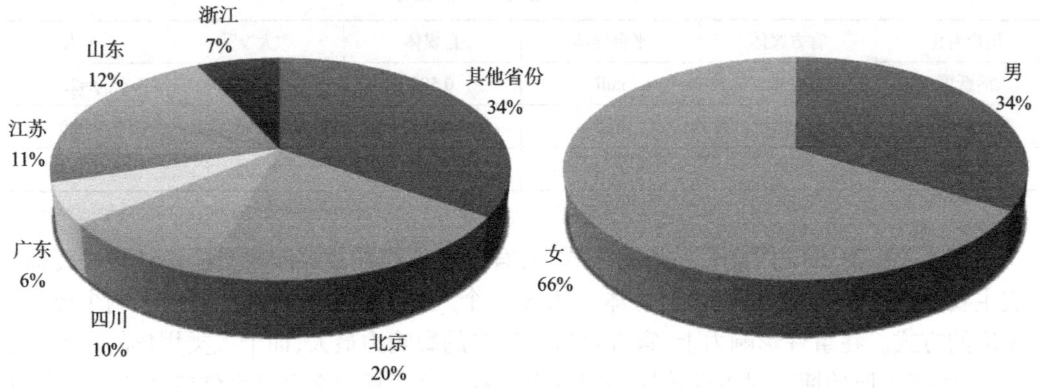

图 5.8 微博用户性别和地域分布

分析图 5.8 可知，该事件中，微博用户较多的地域符合以下特征之一。

①浙江省或者浙江省邻省，如：浙江省、江苏省。

②经济较为发达的地区，如：北京市、广东省。

③人口较多的省份，如：山东省、四川省。

在微博用户的性别数量分布上，由于该事件的受害人为女性，所以在网民中引起了关于"家暴""女权""法律对女性的保护"等话题的讨论。而参与讨论的女性用户数量约为男性用户数量的 2 倍，这一数量分布特征也正好与上述话题相呼应，成为该事件中较为突出的一个数量特征。根据这一特点，相关部门在进行舆论引导的过程中，应该着重关注女性用户在这一事件中的动向，避免由此引发关于"性别不平等"等负面的次生舆论导向。

4）民意演化与关联

随着事件的发展，由于关注热度、参与讨论用户身份、新的突发事件等因素的影响，事件传播在不同的发展阶段往往呈现出不同的特征，具体表现在热点话题与微博用户情感倾向的变化等方面，有必要对此进行事后的研究。同时，意见领袖[①]的发言对舆论导向产生了重要影响，本研究中，将意见领袖视作活跃度、普遍影响力、事件影响力较大的微博用户，他们在一些时间节点的发文产生了明显的舆论效应，对此，从主题提取、用户情感分析和发文用户画像方面展开关联研究。

（1）演化研究。

如上文所述，该事件中用户的地域分布存在一定特征，图 5.9 综合展示了在民意发展的 3 个阶段，网民情感倾向的变化以及用户地域分布、性别分布的变化。在整个事件期间，网民情感的负面倾向一直占据主导，相比于潜伏期负面情绪占比约 75%，经过官方媒体等微博媒体对事件真相的报道以及嫌疑人许某被逮捕，扩散期和消退期的负面情绪占比下降到了约 60%。在用户的地域分布上，3 个时期展现的特点基本符合上文的分析。女性用户占比高于男性用户这一显著数量特征始终保持，进一步说明了在该事件中对女性用户群体给予关注的重要性。

---

① 王国华，张剑，毕帅辉. 突发事件网络舆情演变中意见领袖研究——以药家鑫事件为例[J]. 情报杂志，2011，30(12)：1-5.

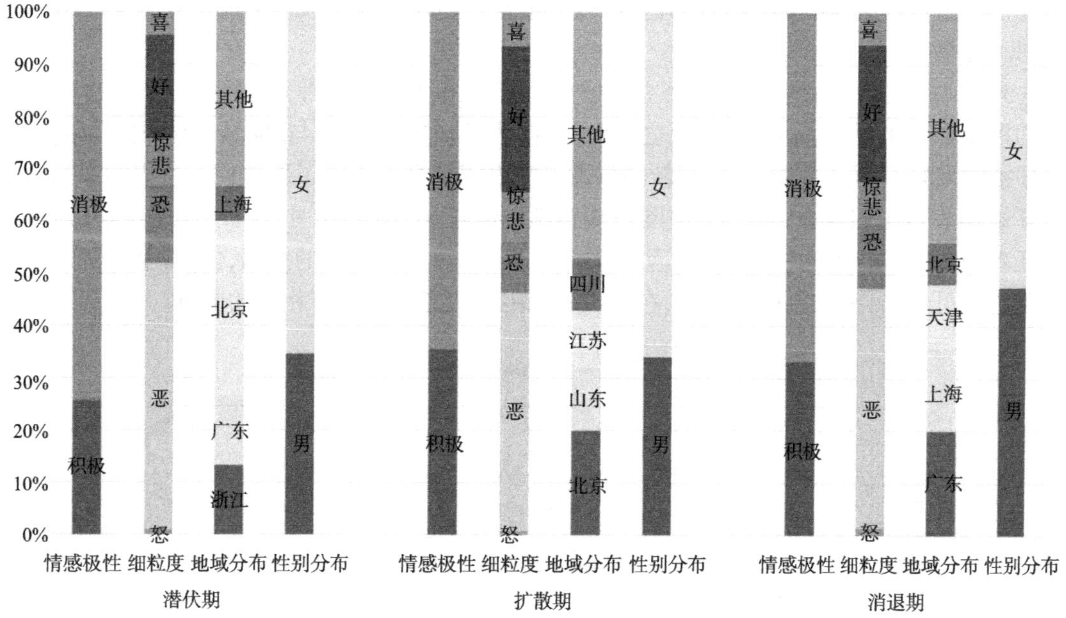

图 5.9 民意发展 3 个阶段情感分析与用户画像对比

(2)关联研究。

以 7 月 23 日至 7 月 27 日的微博评论数据为例,分析说明通过用户画像定义出的意见领袖对微博用户情感及关注点的影响。

数据来源:采集了 7 月 23 日至 7 月 27 日该事件下的热门微博的评论数据,每日采集的数据量约为 300 条评论。

数据处理:①将评论数据按日期分别存储于 5 个文本文档,对每一个文本文档按上文方法做情感评分。并对情感评分算法加以改进,将正向情感分词得分标记为正数,负向情感分词得分标记为负数,具体算法如下。

输入:$D=\{w_1,w_2,w_3,\cdots,w_n\}$,其中,D 为分词集,w_k 为第 k 个分词。

输出:评分 score。

算法如下。

```
Begin
    FOR k from 1 to n:
    FOR i from 1 to 7:
        IF 第 k 个分词 in 第 i 个列表:
            IF i 小于或等于 4:
            score -= 0.1 * 第 k 个分词的强度
        ELSE:
            score += 0.1 * 第 k 个分词的强度
    return score
End
```

②分别对 5 个文本文档作主题分析,并提取每个文档下前 5 个关键词的 TF-IDF 权重,

将 5 个权重值作为 softmax 函数的输入，以 5 个输出值作为每个关键词的最终权重，画出雷达图。分析如下。

5 个文本文档的情感评分以及主题分布如图 5.10 所示。若得分为正，表明该文本文档下的评论数据的情感倾向为正；反之，情感倾向为负。7 月 23 日与 24 日，微博中不存在意见领袖的发言。至 7 月 25 日央视新闻官微以官方媒体身份报道了警方侦查过程的艰辛，热点评论均表达了对警方的称赞，使网民情感倾向向正向发展。7 月 27 日，新京报官微报道了死者小女儿的抚养问题，网友表达出了对此的关切和对小女孩的祝福，使网民情感倾向转为正向。可看出，意见领袖的发文，在一段时间内对民意演化具有相当的影响。

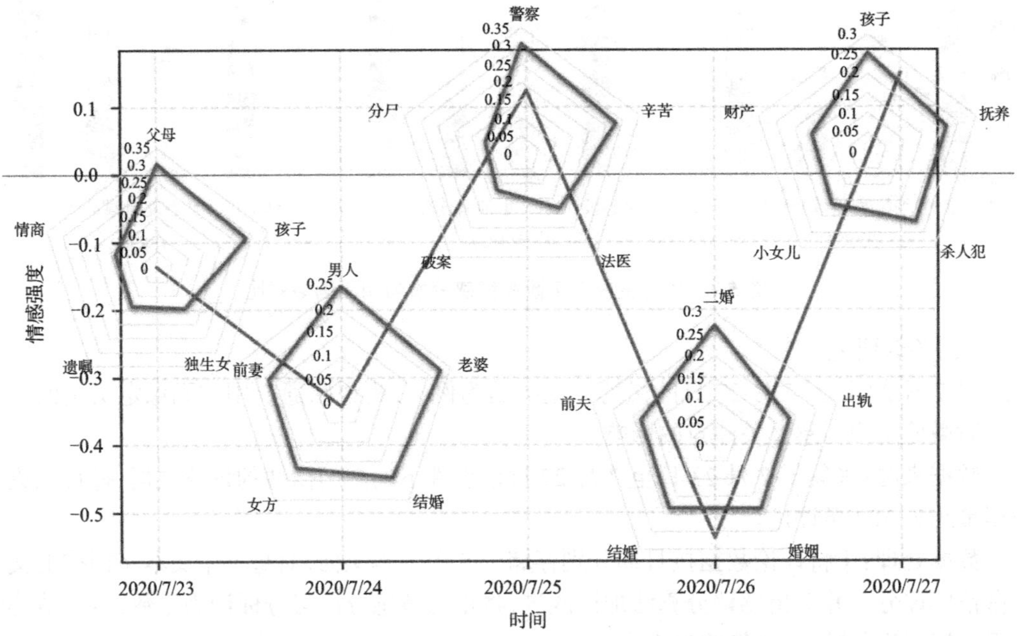

图 5.10 意见领袖对用户情感倾向及主题的影响

4. 总结

本节对微博环境下的民意态势展开研究，通过对事件传播进行分阶段研究，在主题建模的前提下，提取出不同阶段网民对事件的关注点，这些关注点与微博中该时段下的热门话题形成了较好的对应（如：在“潜伏期”，从主题模型中警察、谣言、继承权等词语的概率分布可看出，主题建模较好地反映了“潜伏期”内网民的关注点），有效反映了舆论的中心话题特征。通过文本情感分析，得出了在该事件传播过程中，尽管官方媒体在“扩散期”通过通报等方式进行了舆论的引导，使网民中负向情感的比例有所下降（由约 75%下降到约 65%），但是，在整个民意发展阶段，网民的负向情感始终占据主导，“网民情感消极性”是该事件一大特征。在用户画像方面，本研究得出了官方媒体、网络“大 V”等历史发文量大、粉丝量多的微博用户，对民意的演化过程起到了主导作用的结论，并通过关联研究，显示了其发文对网民整体情感倾向的影响。对用户的基本信息进行统计分析后，得出了该事件中“女性用户占比高于男性用户”的数量特征，为有针对性地管控用户群体提供了参考。

本节的关联研究仅在用户影响力和网民情感倾向之间展开，以后的研究可扩展到针对不同主题分析网民的情感倾向变化。在对每一条微博评论进行情感评分时，通过提取关键情感词与加权求和的方式进行打分，没有考虑整条评论的语义环境，对情感副词、否定词等词汇不敏感，下一步研究可考虑通过训练词向量模型（Word2vec）解决语义问题。

第二节 突发事件民意主体交互评估

1. 突发事件民意主体交互机制

随着移动互联网的普及，各类突发事件发生后，网民针对突发事件热议产生的网络舆情形成一个非常典型的大数据环境，其本质是网民、政府、网络媒体、意见领袖、网络推手等舆情主体针对突发事件发布信息，形成的庞大网络信息场，其中蕴含大量的民意主体交互信息，主要包括以下 2 个方面。①诉求舆情。普通网民针对突发事件发布信息，其中包含网民情绪、情感的表达，体现着网民的社会认知、观点和态度，承载着网民的心理诉求，所以普通网民可称为被诉求主体，其产生的舆情被称为诉求舆情，即普通网民通过发布信息表达自身某种诉求而形成的舆情。②引导舆情。政府、网络媒体、意见领袖、网络推手等面对普通网民发布的信息，往往通过发布信息来回复网民的心理诉求，进而引导舆情，虽然发布信息数量相对较少，但在舆情传播过程中发挥着巨大作用，所以这部分主体可称为引导主体，其产生的舆情称为引导舆情，即引导主体通过发布信息引导网民所形成的舆情（图 5.11）。更进一步地，普通网民发布的信息因数量庞大更接近于信息的自然增长状态，而引导主体发布的信息则是可以调控的，由于两类主体都是以信息为媒介来进行交流的，基于此，在构建民意主体交互模型研究主体交互规律的基础上动态评估主体参与程度，为政府治理网络舆情提供理论依据。

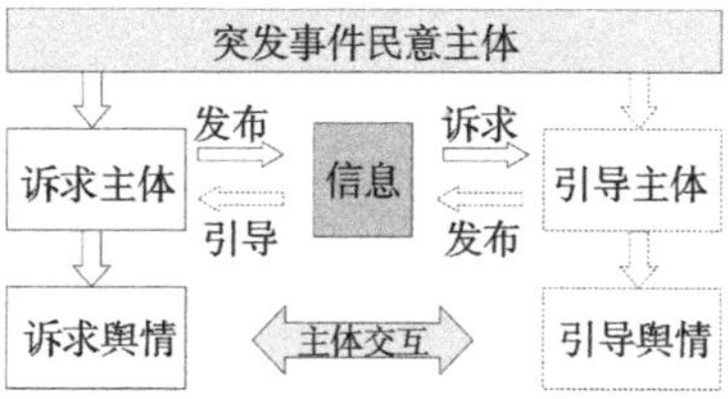

图 5.11 突发事件民意主体交互示意图

2. 突发事件民意主体交互模型

1）主体交互建模

首先，根据突发事件民意主体交互机制，诉求舆情和引导舆情都以信息为载体，民意主体交互的核心变量为两类主体发布信息的数量（下面简称信息量）；其次，根据网络舆情定义，网络舆情即网民通过互联网对某一网络话题进行交流的信息总和。基于以上两点，本节将信息量（发布和被转发信息的和值）作为建模变量来研究突发事件民意主体交互过程。

假设$x(t)$代表诉求主体发布或被转发的舆情信息量（简称诉求信息量），初值$x(0)=x_0$，$y_i(t)$代表第i个引导主体发布或被转发的信息量（简称引导信息量），初值$y_i(0)=y_{i0}$，两者都是随时间变化的连续可微函数，且$x(t)$的上限为N，代表诉求主体的发文潜力，$y_i(t)$的上限为M_i，代表引导主体的发文潜力，$i=1,2,3,\cdots,n$。根据文献研究①，诉求信息量和引导信息量变化规律为

$$\frac{\mathrm{d}x}{\mathrm{d}t}=\lambda x\left(1-\frac{x}{N}\right),\ \frac{\mathrm{d}y_i}{\mathrm{d}t}=\mu_i y_i\left(1-\frac{y_i}{M_i}\right)$$

其中$r,\mu_i>0$，$i=1,2,3,\cdots,n$，分别代表诉求信息量和引导信息量的固有增长率。随着引导主体信息量的增加，诉求信息量变化规律为

$$\frac{\mathrm{d}x}{\mathrm{d}t}=\lambda x\left(1-\frac{x}{N}-\sum_{i=1}^{n}a_i\frac{y_i}{M_i}\right)$$

其中a_i代表第i个引导主体的交互系数（体现引导舆情的能力），$i=1,2,3,\cdots,n$。如果舆情得到有效引导，普通网民的诉求得到回应，则交互系数$a_i>0$，必将导致诉求信息量的“剩余空间”$\left(1-\frac{x}{N}\right)$减少；反之，无效的引导会导致普通网民持续关注该突发事件，进而发布或转发更多诉求信息，则交互系数$a_i\leqslant 0$，导致诉求信息量的“剩余空间”$\left(1-\frac{x}{N}\right)$增加。综上所述，得出突发事件民意主体交互模型为

$$\begin{cases}\dfrac{\mathrm{d}x}{\mathrm{d}t}=\lambda x\left(1-\dfrac{x}{N}-\displaystyle\sum_{i=1}^{n}a_i\dfrac{y_i}{M_i}\right)\\ \dfrac{\mathrm{d}y_1}{\mathrm{d}t}=\mu_1 y_1\left(1-\dfrac{y_1}{M_1}\right)\\ \cdots\\ \dfrac{\mathrm{d}y_i}{\mathrm{d}t}=\mu_i y_i\left(1-\dfrac{y_i}{M_i}\right)\\ \cdots\\ \dfrac{\mathrm{d}y_n}{\mathrm{d}t}=\mu_n y_n\left(1-\dfrac{y_n}{M_n}\right)\end{cases}$$

上述方程的解析解过于庞大，将在下文通过数值模拟研究模型解的特性。

2）主体交互程度评估系数

通过微分方程平衡点及其稳定性理论②不难得出：

①当$t\to+\infty$时，主体信息量$y_i\to M_i$，$i=1,2,3,\cdots,n$；

②当$t\to+\infty$且$h\geqslant 1$时，网民信息量$x\to 0$；

① 兰月新，曾润喜. 突发事件网络舆情传播规律与预警阶段研究[J]. 情报杂志，2013，32（5）：16-19.

② 姜启源，谢金星，叶俊. 数学模型[M]. 北京：高等教育出版社，2011：243-245.

③当 $t\to+\infty$ 且 $h<1$ 时，网民信息量 $x\to(1-h)N$。

其中 $h=\sum_{i=1}^{n}a_i$，为主体交互合力。

在 $t\to+\infty$ 时，定义引导主体信息融入舆情前后信息量的变化值与引导前信息量的比值为交互度（H），用来描述引导主体引导舆情的程度，即

$$H=(N-\text{作用后信息量})/N$$

从而容易得出：

① $h=\sum_{i=1}^{n}a_i\geqslant 1$ 时，交互度 $H=1$；

② $h=\sum_{i=1}^{n}a_i<1$ 时，交互度 $H=\sum_{i=1}^{n}a_i$。

交互度是反映突发事件民意主体交互程度的关键参数，尤其是基于交互规律确定交互度可以动态评估主体交互程度，为明晰突发事件网络舆情演化态势提供参考。

3）数值仿真

首先，根据引导主体的发文潜力和引导舆情的能力，将引导主体分为高级引导主体、中级引导主体和初级引导主体，且数量分别为 1 个、2 个和 3 个，同类主体引导舆情的能力相同，所以数值仿真的引导主体数量 $n=6$；其次，突发事件网络舆情传播周期较长，故初值占发文潜力上限的比例较低，取 $x(0)=10\%N$、$y_i(0)=10\%M_i$；最后，信息增长率与突发事件有关，所以针对某一突发事件而言，诉求信息增长率固定不变，但引导主体的信息增长率会随着引导主体的积极程度而发生变化，所以暂时取 $\mu_i=0.5$。基于此，设置仿真初始参数（表 5.9）开展静态仿真和动态仿真：①静态仿真，基于交互度（H）研究多主体交互程度；②动态仿真，在原有模型基础上，通过新增引导主体或者变动引导主体的积极性来研究交互程度。

表 5.9　仿真初始参数表

舆情主体	发文潜力	初始值	信息增长率
高级引导主体	$M_1=200$	$10\%M_1=20$	$r,\mu_i=0.5$ $i=1,2,3,4,5,6$
中级引导主体	$M_2=110$	$10\%M_2=11$	
	$M_3=90$	$10\%M_3=9$	
初级引导主体	$M_4=60$	$10\%M_4=6$	
	$M_5=50$	$10\%M_5=5$	
	$M_6=40$	$10\%M_6=4$	
网民	$N=2\,000$	$10\%N=200$	

（1）静态仿真。

① $H=1$：全有效（$a_i>0$）交互模式。

突发事件发生后，取引导主体交互合力 h 分别为 1.2、1.4、1.6、1.8，则 $H=1$，绘制多主体

全有效交互程度仿真图(图5.12)。对比原始舆情状态和多主体合力交互的状态发现:多主体全有效交互作用后,网络舆情经过5个时间单位后,快速提升至舆情数量高潮值(420~580之间),然后逐步回落趋近于零(舆情风险消失);主体交互合力h越大,引导舆情效果越好,网络舆情快速回落且舆情高潮值明显降低,所以,多主体全有效交互模式($H=1$)能够很好地引导突发事件网络舆情。

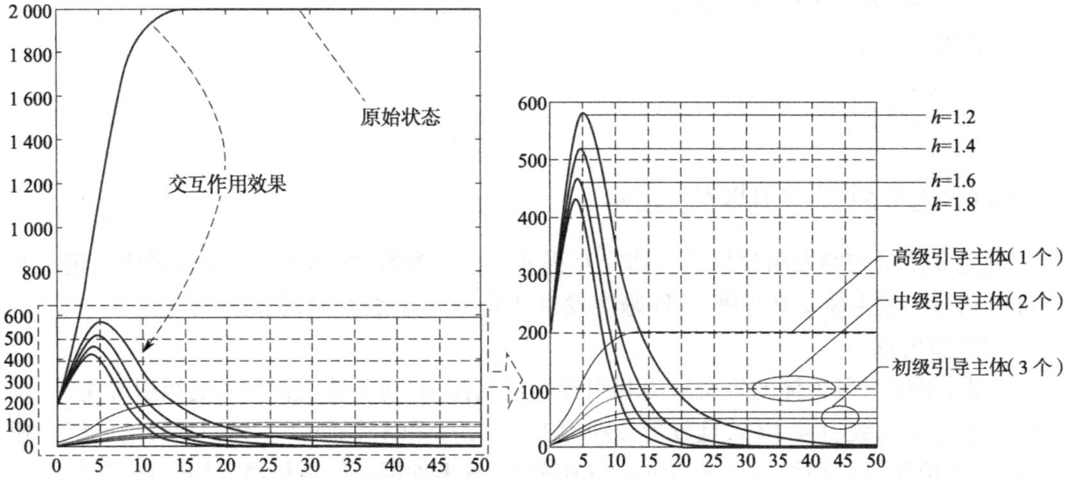

图5.12　全有效交互模式

②$H\leqslant 0$:全无效($a_i\leqslant 0$)交互模式。

突发事件发生后,取主体交互合力h分别为−0.2、−0.4、−0.6、−0.8,则$H\leqslant 0$,绘制多主体全无效($a_i\leqslant 0$)交互程度仿真图(图5.13)。对比原始状态和多主体合力交互后的状态发现:多主体全无效交互作用后,网络舆情经过10个时间单位后,快速提升至舆情数量高潮值(2 400~3 600之间);对比原始状态,交互合力降低0.2,舆情高潮便提升400左右且无回落迹象;虽然最后舆情趋于稳定,但是舆情风险提升了20%~80%,如果触发衍生舆情,极易开启新一轮更为猛烈的舆情危机,所以多主体全无效交互模式($H\leqslant 0$)会使网络舆情风险激增,大大增加政府引导网络舆情的难度。

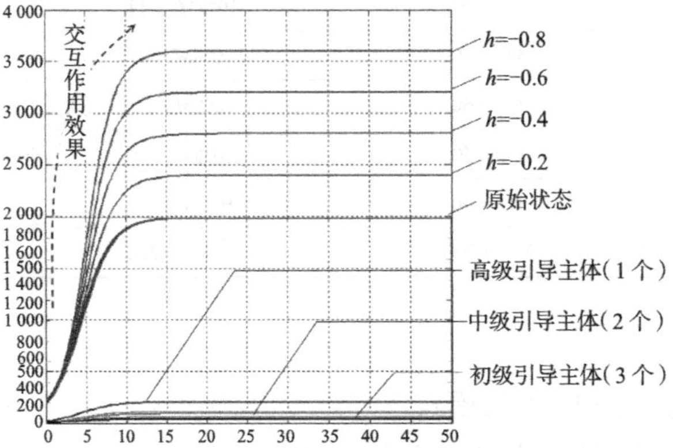

图5.13　全无效交互模式

③$0 < H < 1$：部分无效交互模式。

突发事件发生后，当$0 < H < 1$时，可能存在部分引导主体的引导舆情效果无效的情况，即存在某些$a_i < 0$的情况。取引导主体交互合力h分别为0.2、0.4、0.6、0.8，绘制多主体部分无效交互程度仿真图（图5.14）。对比原始状态和多主体合力交互状态发现：多主体作用于网络舆情后，最终舆情高潮值稳定于400~1 600之间，网络舆情风险降低20%~80%；主体交互合力h越大，引导效果越好，舆情高潮值以及最终稳定值均明显降低，所以多主体部分无效交互模式（$0 < H < 1$）能够很好地降低网络舆情风险，舆情引导效果比较理想，但在舆情传播后期，仍需政府及时监测舆情进展，以防止衍生舆情发生。

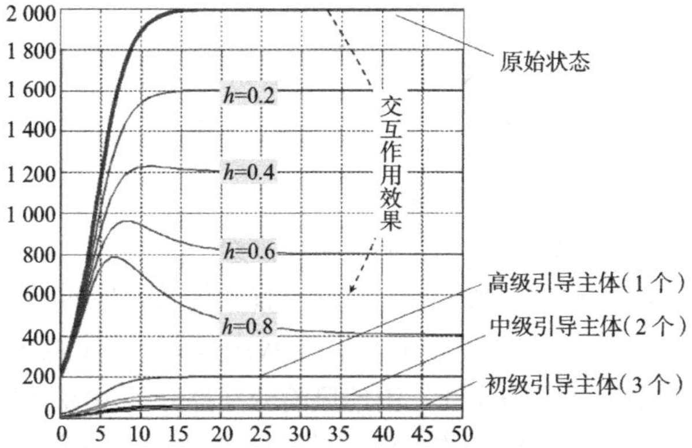

图5.14　部分无效交互模式

（2）动态仿真：新增引导主体。

在$0 \leqslant H < 1$的前提下，固定初始交互状态$h = 0.8$，然后在此基础上新增高级、中级和低级引导主体，研究新增主体后的民意主体交互效果。为了便于区别原始曲线和新增曲线，将新增高级、中级和低级引导主体的信息量上限适当增加，设置为240、120、70，其他参数保持不变。

①良性模式$n+1$：新增正面交互主体。

在突发事件网络舆情传播过程中，新增正面高级、中级和低级引导主体后，交互合力h由0.8变为1、0.95和0.9，绘制民意主体交互程度仿真图（图5.15）。对比原始交互状态（$h = 0.8$）和新增正面引导主体后的状态发现：新增正面引导主体后，多主体交互效果在原有基础上得到较大提升且新增高级主体的引导效果更为明显；新增正面引导主体可降低舆情高潮和舆情稳定值，进而大大降低舆情风险；随着新增正面引导主体的增加，交互度由0.8变为0.9、0.95、1，舆情风险分别降低了10%、15%、20%。由此可见，新增正面引导主体后，交互效果更能趋近于全有效交互模式（$H = 1$）。

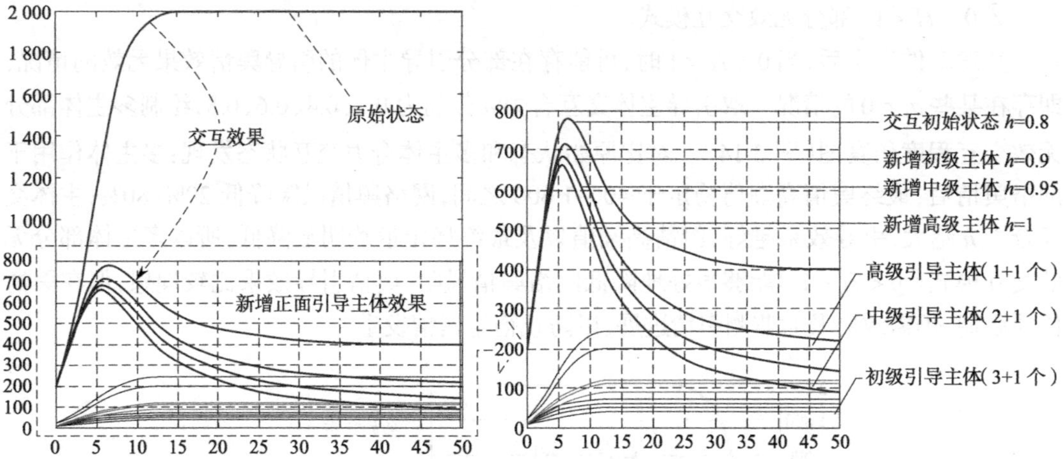

图 5.15　新增正面交互主体

②恶意模式$n+1$:新增负面引导主体。

在突发事件网络舆情传播过程中,在新增负面高级、中级和低级引导主体后,交互合力h由 0.8 下降为 0.6、0.65 和 0.7,绘制民意主体交互程度仿真效果图(图 5.16)。通过对比原始交互状态($h=0.8$)和新增负面引导主体后的状态发现:舆情稳定值由 400 变为 600、700、800,交互度由 0.8 变为 0.6、0.65、0.7,舆情风险分别提升了 10%、15%、20%,随着新增负面引导主体的增加,原有引导效果被“抵消”,舆情风险随着负面主体数量的增加而增加;新增负面引导主体后,舆情高潮值变大但不明显,但舆情稳定值明显增大。

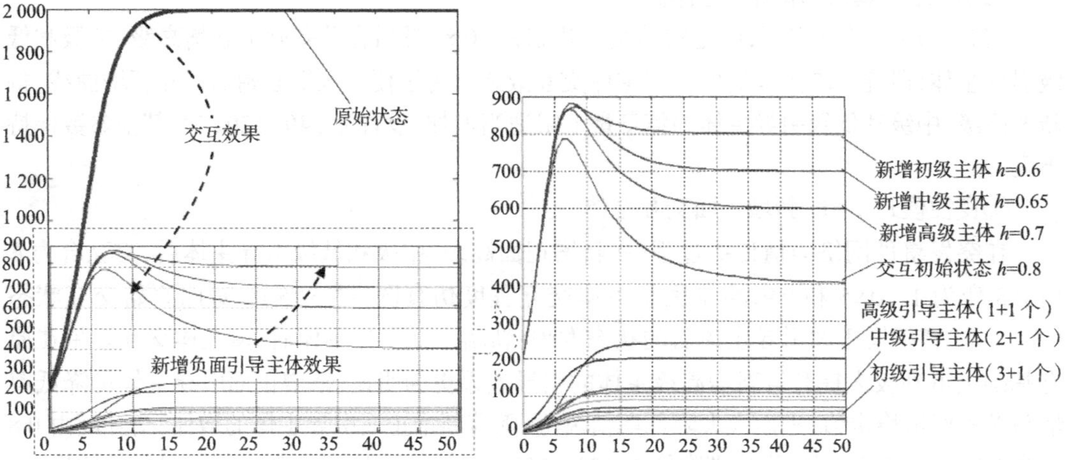

图 5.16　新增负面引导主体

(3)动态仿真:引导主体积极程度仿真。

在突发事件网络舆情传播过程中,引导主体的信息量相对较少,其信息量及其增长率与引导主体的积极程度有关,下面将通过调节引导主体发布的信息量增长率来研究引导主体积极程度与交互效果的关系。

①提升 r :主动模式。

在 $0 \leqslant H < 1$ 的前提下,固定初始作用状态 $h = 0.8$,将高级、中级、低级引导主体的信息增长率 r 由 0.5 分别提升至 0.8,绘制仿真效果图(图 5.17)。通过对比原始交互状态和提升增长率后的状态发现:舆情稳定值不变,均为 400,但舆情高潮值由 790 分别减少至 765、745、730。不难发现:提升引导主体的信息量增长率可以降低舆情高潮值,其降低程度与引导主体的积极程度成正比。此外,由于引导主体发布信息的增长率高于网民信息增长率(0.8>0.5),则引导主体发布信息的扩散期(信息快速增长期)对应的时刻提前于高潮值对应的时刻,即引导主体“发声”提前于网民的“发声”。

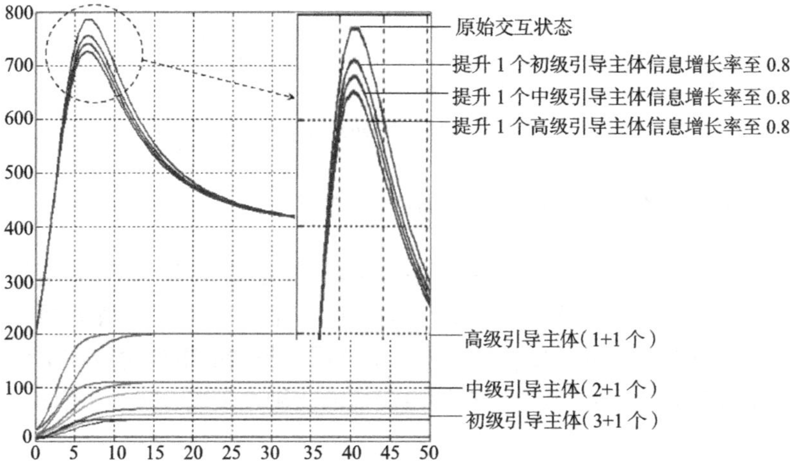

图 5.17　主动模式

②降低 r :被动模式。

在 $0 \leqslant H < 1$ 的前提下,固定初始交互状态 $h = 0.8$,将高级、中级、低级引导主体的信息增长率 r 由 0.5 分别降低至 0.2,绘制仿真效果图(图 5.18)。通过对比原始交互状态和降低增长率后的状态发现:舆情稳定值不变,均为 400,但舆情高潮值由 790 分别增加至 830、880、905。不难发现:与提升信息量增长率后的变化程度相比,降低变化率的变化程度更大,即降低引导主体信息增长率之后,舆情引导效果明显下降,舆情高潮值明显提升,其提升程度与引导主体的积极程度成正比。此外,由于引导主体发布信息的增长率低于网民信息增长率(0.5>0.2),则引导主体发布信息的扩散期对应的时刻晚于高潮值对应的时刻,即引导主体“发声”晚于网民的“发声”。

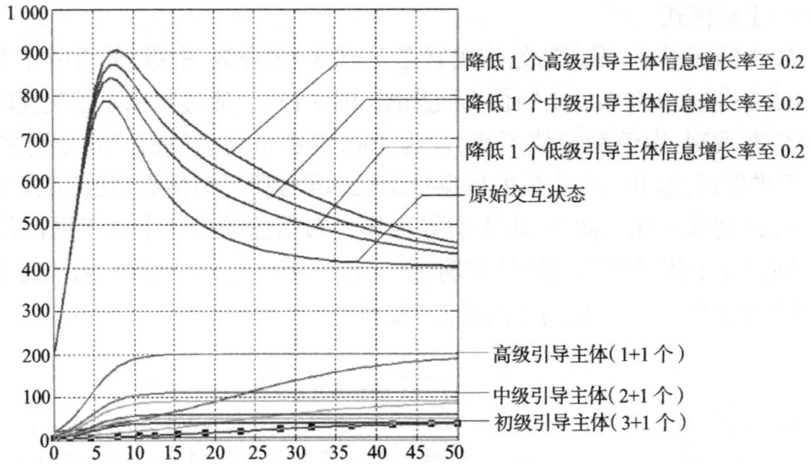

图 5.18　被动模式

3. 基于主体交互评估的突发事件网络舆情对策

通过模型分析及数值仿真，前文研究了主体数量、交互系数、发文潜力、信息增长率等模型参数在舆情引导过程中发挥的作用，容易得出政府应对网络舆情的目标和措施（表 5.10）。基于此，本节将重点研究政府应对突发事件网络舆情的事前对策和事后对策。事前对策即在突发事件没有发生时，政府应对网络舆情的防御性策略；事后对策即在某个突发事件发生后，政府应对网络舆情的应急对策。

表 5.10　政府应对网络舆情目标和措施

编号	参数变动	目标	措施
1	防止 $a_i<0$	保证有效交互模式	提升专业水平、培养网络舆情人才队伍、加强智库建设等
2	$n+1$ 增加正面主体	争取良性交互模式	多主体协同应对、跨区域政府间联动机制等
3	$n-1$ 减少负面主体	避免恶性交互模式	法制建设、舆情监测与管制等
4	提升初值 $y_i(0)$	争取先动优势	内部（公安、网信、新闻等政府部门之间）联动机制等
5	提升发文潜力 M_i	争做高级主体	提升政府应对能力，提升互联网协会、网络媒体、意见领袖（网络“大V”）等参与舆情引导的积极性等
6	提升增长率 r	积极参与舆情引导	持续、针对、及时发布信息，提升公信力、提升粉丝数等

1）事前对策

（1）多主体协同应对网络舆情：增加正面引导主体数量 $n+1$ 。

在大数据环境下，政府应实现从单一主体管理向政府主导、社会多方力量共同参与的多主体协同应对的转变（图 5.19）。构建以政府为主导的多主体协同应对机制，让互联网协会、各行业学会、各类守法的网络意见领袖（网络“大 V”）等社会组织和个人发挥其应有作用。此外，还应构建各地方政府之间的联动机制，事前经常开展跨区域舆情应对模拟演练、举办实践经验交流研讨会等活动，事后才可形成“一方有难、八方支援”的效果。

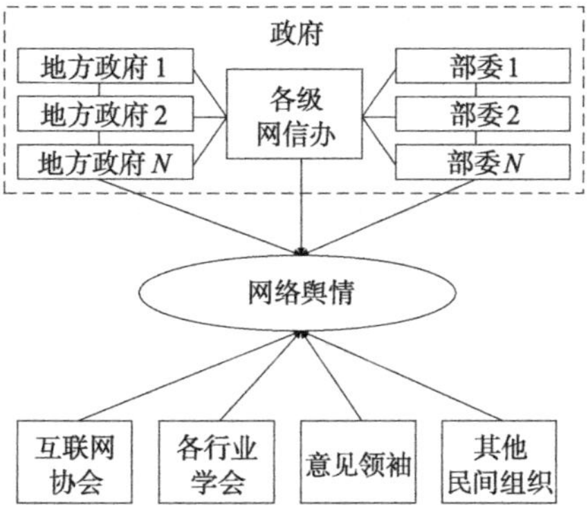

图 5.19 多主体协同应对模式

（2）完善内部联动机制：提升初值$y_i(0)$，争取先动优势。

目前，我国政府应对网络舆情的职能分散在不同的部门，概括起来主要可以分为4类：接入监管部门（工信部门与工商部门），安全管制部门（公安部门与国家安全部门），内容管制部门（网信部门、中央和地方的新闻办公室和对外宣传办公室），其他有关部门（文化部门、新闻出版部门和广电部门）及中国互联网络信息中心（CNNIC）等。基于此，将军事领域的C^4ISR建模思想融入政府网络舆情工作，构建以情报为中心的政府内部联动机制（图5.20），可实现大数据环境下的舆情引导一体化，是政府各部门间的"黏合剂"。

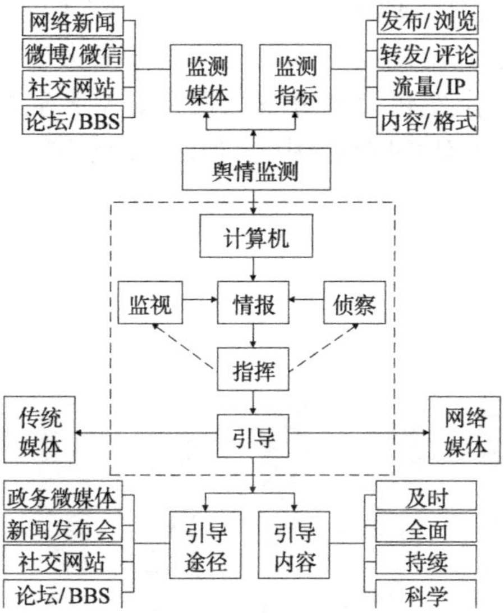

图 5.20 以情报为中心的政府内部联动机制

（3）提升主体交互积极性，转化更多高级引导主体：提升增长率r及发文潜力M_i。

单位时间发布或转发的信息数量直接决定了信息增长率的大小，所以提升增长率r的关键包括两个方面：第一，引导主体及时、持续发布突发事件进展信息；第二，提升粉丝数量，使引导主体发布的信息能够快速被转发，前者是"基数"，后者则是"加速器"。基于此种考虑，以政务微博为例（图5.21），一方面提升政务微博的公信力，可增加直接粉丝数量，保证应对舆情的“基数”快速增长；另一方面，与网络“大 V”互粉并激发其应对舆情的积极性，则可提升间接粉丝数量，政府发布的信息会加速增长。许多地方政府和网信、宣传部门邀请网络“大 V”、知名博主、抖音“大咖”等考察、采风，很好地提升了网络“大 V”参与舆情应对的积极性，如“圳好 40 年，全国网络‘大 V’看深圳”主题采风活动、“70 年看新江苏”网络“大 V”活动等。

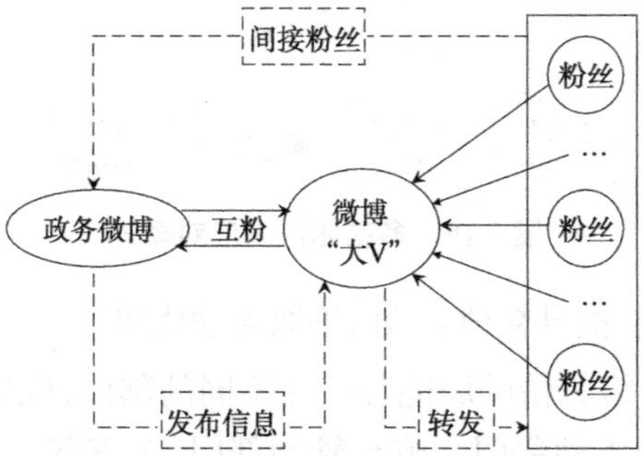

图 5.21　政务微博间接粉丝生成机制

（4）提升自身专业水平，发挥智库作用，保证有效交互模式：防止 $a_i < 0$。

在大数据环境下，网络舆情涉及新闻学、传播学、管理学、统计学、心理学、情报学、信息科学等学科，这就需要大力培养网络舆情人才队伍，提升网络舆情工作人员的专业水平，以保证发布信息科学、有效。此外，根据中国知网“网络舆情”主题的文献检索结果（图 5.22），目前网络舆情研究多集中在高等院校，例如中国人民警察大学（中国人民武装警察部队学院）、吉林大学、华中科技大学、福州大学、中国人民公安大学等高校，因此，政府应积极联系各大高校网络舆情科研团队组建协同创新中心，使之在应对网络舆情时发挥智库作用。

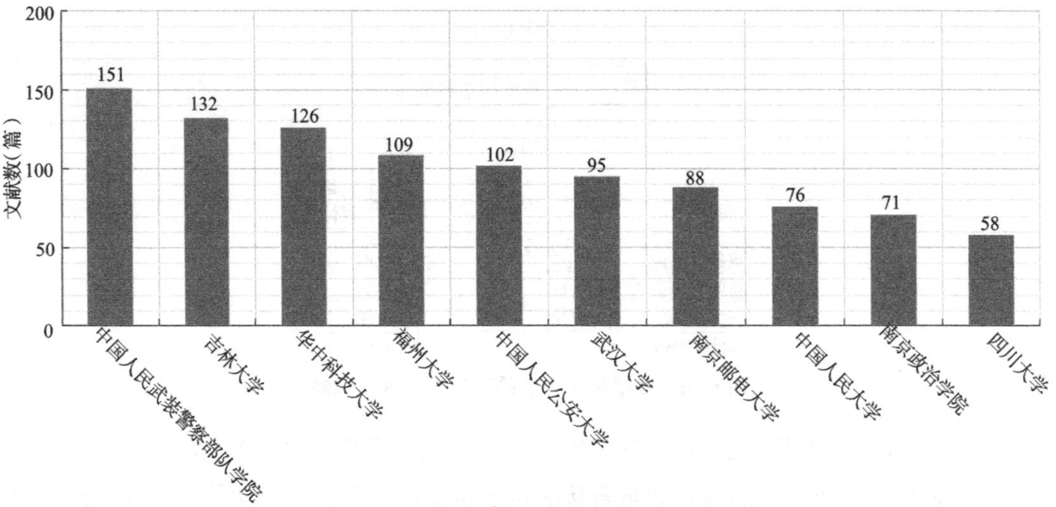

图 5.22　网络舆情主题发文机构 TOP10

2)事后对策

(1)积极主动应对舆情:提升增长率 r 。

引导主体积极主动应对舆情,除了保证发布信息的及时性以外,还应保证持续发布信息。以单主体为例,原始模型为

$$\begin{cases}\dfrac{\mathrm{d}x}{\mathrm{d}t}=\lambda x\left(1-\dfrac{x}{N}-a_1\dfrac{y_1}{M_1},x(0)=200,N=2\,000\right)\\\dfrac{\mathrm{d}y_1}{\mathrm{d}t}=\mu_1 y_1\left(1-\dfrac{y_1}{M_1}\right),y_1(0)=20,M_1=200\end{cases}$$

其中 $a_1=0.4$ 。如果只能保证信息的及时性而没有持续性,则 $\dfrac{\mathrm{d}y_1}{\mathrm{d}t}=0$,故模型变为

$$\begin{cases}\dfrac{\mathrm{d}x}{\mathrm{d}t}=\lambda x\left(1-\dfrac{x}{N}-a_1\dfrac{y_1}{M_1},x(0)=200,N=2\,000\right)\\\dfrac{\mathrm{d}y_1}{\mathrm{d}t}=0,\qquad y_1(0)=K,M_1=200\end{cases}$$

其中 K 为引导主体及时发布的信息量,$K\leqslant 200$ 。令 K 在 20 和 200 之间浮动,绘制仿真对比图(图 5.23),不难发现,持续发布信息引导舆情的效果远超过没有持续性的交互方式。基于以上仿真结果,政府部门除了自身及时、持续发布信息外,一方面应主动联系网络媒体,发布突发事件相关信息,使政府公布的消息成为媒体的信源,网络媒体以此为素材发布信息;另一方面应邀请若干守法的网络"大 V"组建临时专家组,在政府信息共享后,发布事件进展信息,则政府、媒体、网络"大 V"的信息会被逐级转发,可很好地实现持续引导舆情的效果。

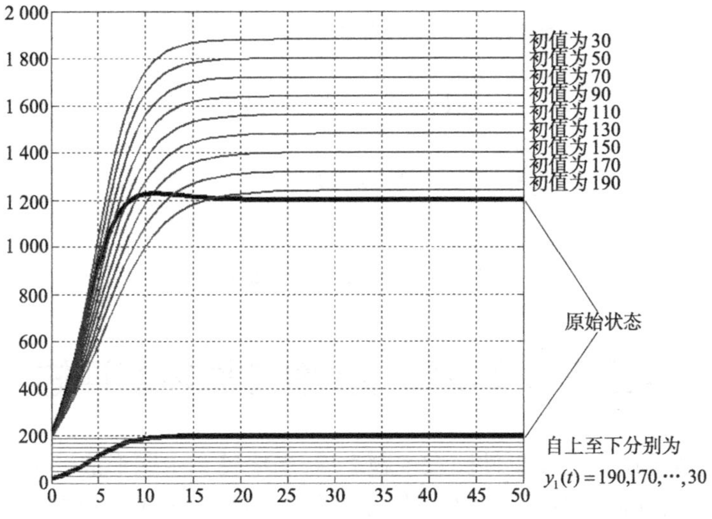

图 5.23　持续性效果对比图

(2)开发面向大数据的监测系统,及时监测负面主体:降低负面主体影响 $n-1$ 。

在大数据环境下,网络舆情监测要多级联动、多家联合,实现信息畅通和资源共享,确保

监控的全天候、全网络,加强对重点人群、重大事件和敏感节点的监测。此外,突发事件发生后,政府应第一时间启动舆情监测,但要改变监测方法。目前,国内网络舆情软件的监测方式主要以信息总量监测为主,这种监测方式的弊病在于发现负面主体时,负面舆情已成规模,难以控制。根据作者以往的研究,监控重点应该是在网络信息总量监测的基础上重点监测信息变化率,及时提取变化率较大的信息进行舆情研判,确定正面或者负面引导主体后,再制定相应的应对对策(图 5.24)。

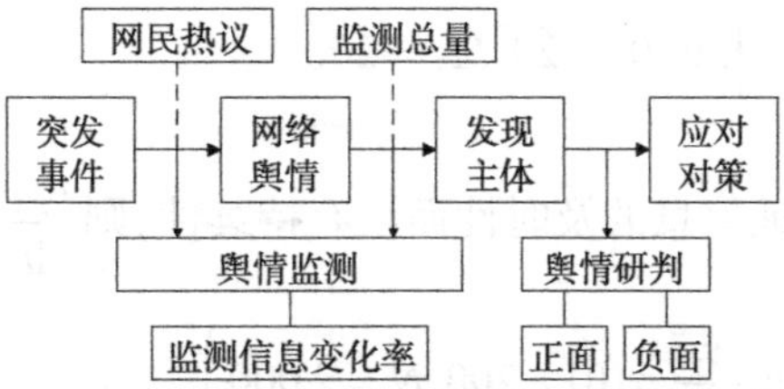

图 5.24 基于信息变化率的网络舆情监测机制

(3)拓宽信息公开途径和渠道,保证有效交互模式:防止 $a_i < 0$。

发布和转发信息除了应做到及时、准确外,还应注重信息的流动渠道。例如某些突发事件发生后,政府往往在政府网站或者“两微一端”上发布信息,但这些信息未必会被转发至其他网络平台上,所以,很多网络平台的网民依旧“信息闭塞”,导致信息不对称,舆情很难实现有效交互效果,从而降低政府应对网络舆情的效果。目前,舆情信息传播渠道很多(图 5.25),政府可以通过面向大数据的舆情监测,充分发挥网络平台的作用,研判各个网络平台上的舆情扩散程度等,优化相应的信息发布渠道。

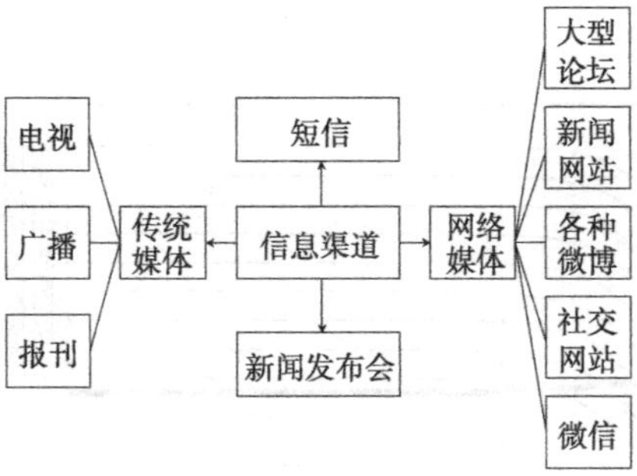

图 5.25 舆情信息传播渠道

第三节 突发事件民意主题热度评估

面向舆情大数据确定突发事件民意主题之后,围绕民意主题形成一个包含大量动态舆情信息的数据集合,如何动态评估突发事件民意主题热度,是辅助政府精准感知突发事件民意的重要环节。

1. 突发事件民意主题热度

突发事件发生后，海量网络舆情信息通过各种网络传播平台快速传播，在此过程中形成一系列民意主题。围绕民意主题，民众表达自身观点，形成一个包含大量动态舆情信息的数据集合，但受民意主体影响力、信息传播力等因素的影响，各个民意主题对应的民意热度差异很大（图 5.26），所以，民意主题热度是大量民意表达者通过多个平台发布信息而动态汇聚形成的。基于此，将突发事件民意主题热度定义为：突发事件发生后，民众针对某个民意主题表达自身观点而产生影响的程度。

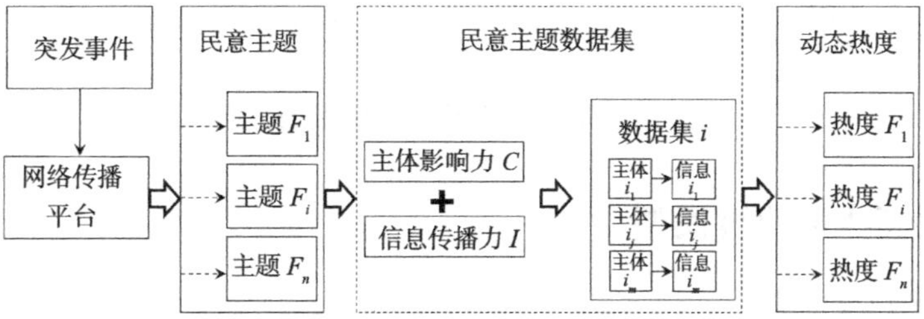

图 5.26　突发事件民意热度形成过程

通过突发事件民意主题热度形成过程和定义，可以得出民意主题热度主要影响要素包括网络传播平台、主体影响力、信息传播力等。

（1）网络传播平台。

随着信息技术的发展，网络信息传播平台越来越多，而且移动化、智能化趋势明显，已经成为民意表达的主要渠道。突发事件发生后，民众通过不同的传播平台表达自身观点，但平台分布差异很大。通过分析近几年突发事件网络舆情案例发现，通过微博、微信发表观点成为常态，这 2 个传播平台承载的网络舆情信息量占比非常大。

（2）主体影响力。

主体影响力是指主体通过发布信息改变他人思想和行动的能力。民意主体是突发事件民意的核心，主体影响力是导致民意热度产生差异的重要因素。首先，我国网民数量庞大，但网民结构分布不平衡，民意表达程度差异很大。第 46 次《中国互联网络发展状况统计报告》显示，在年龄结构方面，29 岁以下网民占比为 38.2%，其中 19 岁以下的网民占比 18.3%；在学历结构方面，初中、高中/中专/技校以下学历的网民占比 81.2%；职业结构方面，学生最多，占比为 23.7%，个体户/自由职业者占比 17.4%；在收入结构方面，月收入 3 000 元以下的占比 55.9%。其次，民意主体的观点对其关注者或者粉丝有深远影响，尤其是拥有大规模关注者或者粉丝的主体直接影响民意表达和民意观点。

（3）信息传播力。

信息传播力是民意主体通过网络传播平台发布信息的传播程度，是导致民意主题热度产生差异的另一重要因素。随着移动宽带互联网的普及，转发信息已经成为提升信息传播力的最主要途径，一般而言，转发量越大，信息传播力越大，民意主题热度越大。

通过突发事件民意主题热度定义和影响要素分析，可以得出突发事件民意主题热度是大量民意表达者在多个平台发布信息而汇聚形成的，进而得出民意热度研究需要解决的关键问题(图 5.27):①多平台民意主题热度定义;②多平台民意主题热度建模;③单平台民意主题趋势预测;④多平台民意主题动态评估。

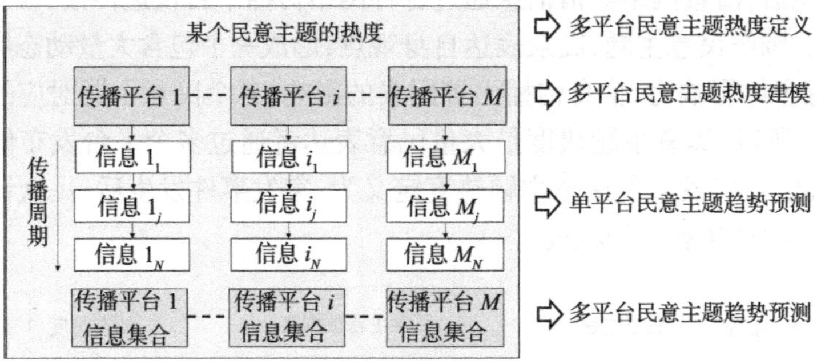

图 5.27 民意主题热度研究关键问题

2. 突发事件民意主题热度模型

1)民意主题热度向量

突发事件发生后,假设民意主体围绕事件讨论形成的主题数量为 m 个,每个主题在 n 个互联网平台传播扩散。民意主体针对第 i 个民意主题在第 j 个互联网平台(网络新闻、论坛、微博、微信等)发布的信息总量为 $x_i(j)$,构建第 i 个民意主题的热度向量

$$X_i = (x_i(1), x_i(2), \cdots, x_i(j), \cdots, x_i(n))$$

其中 $1 \leqslant i \leqslant m$,$1 \leqslant j \leqslant n$。

2)民意主题热度建模

民意主题热度与舆情信息总量呈正比,所以,在某个时间段内分别取 n 个互联网平台传播所有主题的信息数量最大值,构建最大热度向量

$$X_{\max} = (\max_{1 \leqslant i \leqslant m} x_i(1), \max_{1 \leqslant i \leqslant m} x_i(2), \cdots, \max_{1 \leqslant i \leqslant m} x_i(j), \cdots, \max_{1 \leqslant i \leqslant m} x_i(n))$$

然后计算每个民意主题热度向量与最大热度向量的"距离",进而定义每个民意主题的热度。根据灰色关联度[①]定义,计算第 k 个民意主题的热度向量与最大热度向量的关联系数为

$$\eta_k(j) = \frac{\min_j \min_k \left| \max_{1 \leqslant i \leqslant m} x_i(j) - X_k(j) \right| + \rho \max_j \max_k \left| \max_{1 \leqslant i \leqslant m} x_i(j) - X_k(j) \right|}{\left| \max_{1 \leqslant i \leqslant m} x_i(j) - X_k(j) \right| + \rho \max_j \max_k \left| \max_{1 \leqslant i \leqslant m} x_i(j) - X_k(j) \right|}$$

其中 $1 \leqslant k \leqslant m$,$\rho \in (0, +\infty)$ 称为分辨率,一般取 $\rho = 0.5$。进而计算第 k 个民意主题的热度向量与最大热度向量的关联度为

$$r_k = \frac{1}{n} \sum_{j=1}^{n} \eta_k(j)$$

不难发现,$0 < r_k < 1$。基于此,将第 k 个民意主题的热度定义为第 k 个民意主题的热度向量与最大热度向量的关联度。

① 宁宣熙,刘思峰. 管理预测与决策方法[M]. 北京:科学出版社,2008.

3. 突发事件民意主题热度预测模型

1）基本预测模型

突发事件民意主题热度与舆情信息总量呈正比，根据上文研究，突发事件民意主题演化规律具有“S”形曲线特征，故可以用 Logistic、Gompertz 等生态科学模型开展研究。以“雾霾”主题微博数据为例，观察发现：对数据进行累加后，“S”形曲线特征明显（图 5.28）。基于此，选取 Logistic 作为基本模型来开展动态预测。

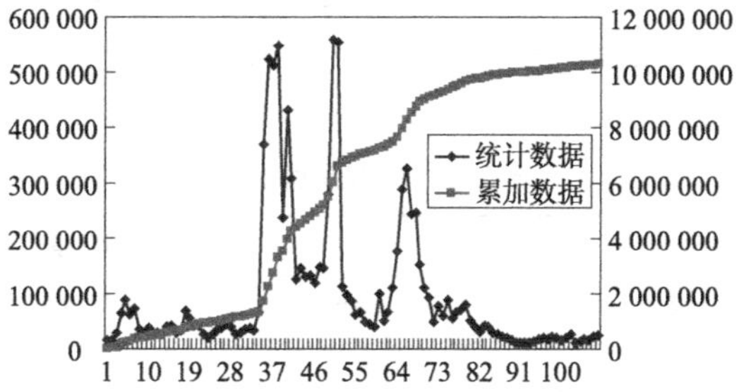

图 5.28　“雾霾”微博舆情统计数据与累加数据对比图（2016-11-01—2017-02-16）

Logistic 模型

$$\frac{\mathrm{d}x}{\mathrm{d}t}=rx\left(1-\frac{x}{K}\right)$$

对应的差分方程为

$$\Delta x_k=rx_k\left(1-\frac{x_k}{K}\right)=rx_k-\frac{r}{K}x_k^2$$

其中 x 代表某个民意主题的累计信息量，r 代表增长率，K 为累计信息量上限，$\Delta x_k=x_k-x_{k-1}$，$k=1,2,\cdots,T$。不难看出，Δx_k 是关于 x_k 和 x_k^2 的二元线性函数，应用回归分析可得出回归系数 r 和 $\frac{r}{K}$，从而得到参数 K 和 r。

2）民意主题热度动态预测模型

假设第 i 个民意主题在 t 时刻的热度向量为

$$X_i^t=(x_i^t(1),x_i^t(2),\cdots,x_i^t(n)),$$

其中时间变量 $t=1,2,\cdots,T$，T 为民意主题演化时长。构建第 i 个民意主题在 n 个互联网平台的动态预测模型为

$$\begin{cases}\dfrac{\mathrm{d}x_i^t(1)}{\mathrm{d}t}=rx_i^t(1)\left(1-\dfrac{x_i^t(1)}{K}\right)\\ \dfrac{\mathrm{d}x_i^t(2)}{\mathrm{d}t}=rx_i^t(2)\left(1-\dfrac{x_i^t(2)}{K}\right)\\ \qquad\cdots\\ \dfrac{\mathrm{d}x_i^t(n)}{\mathrm{d}t}=rx_i^t(n)\left(1-\dfrac{x_i^t(n)}{K}\right)\end{cases}$$

突发事件发生后，民意主体针对事件开展交流从而形成若干个民意主题，通过主题聚类确定民意主题分布，然后根据即时性舆情监测数据动态预测每个民意主题在各个互联网平台的传播趋势，然后应用主题热度模型，计算并预测民意主题的未来热度，对多平台民意主题进行动态评估。

3）民意主题热度预警

突发事件发生后，根据民意主题热度动态评估结果可以开展民意主题热度预警，进而辅助政府网络舆情决策。一般而言，主题热度预警阈值确定步骤为：首先，根据大量历史案例确定最热虚拟案例；其次，分别计算历史案例热度，确定热度范围(a,b)；最后，根据历史案例热度值分布程度结合决策需求制定预警阈值x, y, z等（表 5.11）。

表 5.11 热度预警级别

预警级别	Ⅰ级（蓝色）	Ⅱ级（黄色）	Ⅲ级（橙色）	Ⅳ级（红色）
	轻度级	警示级	严重级	危险级
热度评估	a-x	x-y	y-z	z-b

4. 实证研究

1）热度模型验证

（1）数据来源。

近些年，很多舆情研究机构定期发布网络舆情分析报告，对一定时间范围内发生的舆情事件进行热度排序。这些机构进行热度评估的一般做法是构建网络舆情热度评价指标体系，运用德尔菲法和层次分析法，针对舆情事件的互联网平台数据开展评估。不同研究机构的舆情事件热度计算方法均是对不同的互联网平台赋予权重，然后对各个互联网平台数据进行加权求和得到最终热度值，这种方法受主观影响程度较大，导致热度排名存在差异。以人民网[①]、新华网、清博研究院发布的 2016 年舆情分析报告为例，得到排名前 20 的舆情事件（表 5.12）。对比舆情事件热度排名发现：3 个报告的舆情热度排名，差距较大，例如“和颐酒店女子遇袭事件”排名分别为 16、14 和 1。

表 5.12 三类报告热度排名对比

热度排名	人民网舆情全年报告	新华网舆情全年报告	清博舆情上半年报告
1	杭州 G20 峰会	全面放开落户限制	和颐酒店女子遇袭事件
2	南海仲裁事件	哈尔滨天价鱼	魏某西事件
3	雷某事件	山东问题疫苗事件	2016 全国两会
4	2016 美国大选	常州外国语学校毒地事件	山东问题疫苗事件
5	王某强离婚事件	魏某西事件	雷某事件
6	魏某西事件	雷某事件	帝吧出征

① 李培林，陈光金，张翼. 社会蓝皮书：2017 年中国社会形势分析与预测[M]. 北京：社会科学文献出版社，2016.

续表

热度排名	人民网舆情全年报告	新华网舆情全年报告	清博舆情上半年报告
7	女排奥运夺冠	河北大贤村洪灾事件	广东弑医案
8	网络直播带动网红	网约车新规出台	全面开放“二孩”政策
9	A 股熔断机制	王某强离婚事件	高考减招风波
10	南方洪灾	徐某玉电信诈骗案	常州外国语学校毒地事件
11	山东问题疫苗事件	罗某涉嫌诈捐舆情风波	哈尔滨天价鱼
12	网约车新规出台	东北女孩怒斥广安门医院号贩子	快播案
13	校园毒跑道	河南女孩王某娜被顶替上大学事件	A 股熔断机制
14	杨某兰案	和颐酒店女子遇袭事件	血友病百度贴吧经营权卖出
15	赵某新片引风波	安徽男子“右肾失踪”风波	任某强微博被关闭
16	和颐酒店女子遇袭事件	湖北仙桃民众抗议垃圾焚烧项目	—
17	朴某惠闺蜜门	不影响执法前提下警察不得干涉拍摄	—
18	高考减招风波	南方洪灾	—
19	帝吧表情包大战	中关村二小疑似“校园欺凌”事件	—
20	连云港反核群体性事件	取消 61 项职业资格认证	—

下面以人民网发布的《2016 年中国互联网舆情分析报告》舆情数据（表 5.13），按照文中构建的热度模型进行计算，并与人民网评估结果开展对比研究。

表 5.13 2016 年热点舆情事件统计数据（单位：千篇）

编号:事件	报刊	新闻	论坛	博客	微博	微信	APP	热度排名
1:杭州 G20 峰会	36.1	602.6	59.5	47.2	80	327.3	28.9	1
2:南海仲裁事件	18.4	411.6	170	65.3	307.6	240	37.7	2
3:雷某事件	16.2	237.5	66.6	43.4	67.5	292.1	19.3	3
4:2016 美国大选	9.5	443.5	20.3	57.4	54.6	158.3	18.1	4
5:王某强离婚事件	4.2	220.7	55.7	24.5	328.5	175.3	18.6	5
6:魏某西事件	10.2	169.1	40.3	40	104.1	195.8	10.6	6
7:女排奥运夺冠	9.4	127.6	20.2	11.2	67.3	118.9	17.9	7
8:网络直播带动网红	5.7	240.8	22	21	5.6	122.9	13.6	8
9:A 股熔断机制	7.3	203.3	44.8	45.3	18.2	52.9	5.1	9
10:多省份暴雨洪灾	8.7	126.2	13.6	10.4	13.2	67.4	4.3	10
11:山东问题疫苗事件	5.3	117	15.6	9.3	16.8	94.6	2.5	11
12:网约车新规出台	2.9	100.4	7.9	6.5	15.7	56.4	4.6	12
13:校园毒跑道	2.4	42.4	9.3	6.4	26.4	20.7	6.1	13
14:杨某兰案	2.3	49.6	11	8.9	7.9	59.5	1.7	14

续表

编号:事件	报刊	新闻	论坛	博客	微博	微信	APP	热度排名
15:赵某新片引风波	0.5	33	10.5	4.7	121.4	45.2	5.3	15
16:和颐酒店女子遇袭事件	1.2	29.4	4	2.5	57.1	14.7	1.2	16
17:朴某惠闺蜜门	1.3	31.6	17	1.2	16	4.6	1	17
18:高考减招风波	0.8	17.1	5.3	13.1	11	16.1	0.7	18
19:帝吧表情包大战	0.4	21.3	4.9	2	9.9	29.1	1.5	19
20:连云港反核群体性事件	0.5	12.9	4.1	2.6	13.7	11.9	0.5	20

(2)基于灰色关联度的热度计算。

根据表5.13的数据,构建最大热度向量

(36.1,602.6,170,65.3,328.5,327.3,37.7)

选取分别率$\rho = 0.5$,计算20个热点事件与最大热度向量的灰色关联系数(表5.14)。

表5.14 关联系数表

编号	报刊	新闻	论坛	博客	微博	微信	APP
1	1.000 0	1.000 0	0.727 4	0.942 2	0.542 7	1.000 0	0.971 0
2	0.943 4	0.606 9	1.000 0	1.000 0	0.933 8	0.771 6	1.000 0
3	0.936 8	0.446 8	0.740 4	0.930 9	0.530 4	0.893 3	0.941 3
4	0.917 3	0.649 5	0.663 3	0.973 9	0.518 4	0.635 7	0.937 7
5	0.902 4	0.435 7	0.720 6	0.878 4	1.000 0	0.659 8	0.939 2
6	0.919 3	0.404 8	0.694 5	0.921 0	0.567 8	0.691 6	0.915 8
7	0.917 0	0.383 0	0.663 1	0.845 0	0.530 3	0.585 9	0.937 1
8	0.906 5	0.449 0	0.665 8	0.869 4	0.477 3	0.590 6	0.924 4
9	0.911 0	0.424 8	0.701 9	0.936 5	0.487 2	0.518 0	0.900 4
10	0.915 0	0.382 3	0.653 4	0.843 0	0.483 2	0.531 5	0.898 2
11	0.905 4	0.377 8	0.656 3	0.840 4	0.486 1	0.558 9	0.893 3
12	0.898 8	0.369 9	0.645 3	0.833 7	0.485 2	0.521 2	0.899 1
13	0.897 4	0.344 8	0.647 2	0.833 5	0.493 9	0.490 2	0.903 2
14	0.897 2	0.347 8	0.649 7	0.839 4	0.479 1	0.524 0	0.891 2
15	0.892 3	0.341 1	0.648 9	0.829 5	0.587 4	0.511 0	0.901 0
16	0.894 2	0.339 7	0.639 8	0.824 4	0.520 7	0.485 4	0.889 8
17	0.894 4	0.340 5	0.658 4	0.821 4	0.485 5	0.477 5	0.889 3
18	0.893 1	0.334 9	0.641 6	0.849 6	0.481 5	0.486 5	0.888 5
19	0.892 0	0.336 5	0.641 0	0.823 3	0.480 6	0.497 2	0.890 7
20	0.892 3	0.333 3	0.6399	0.824 6	0.483 6	0.483 2	0.887 7

通过灰色关联系数计算关联度，确定20个事件的热度值并进行热度排序（表5.15）。与人民网热度排名进行对比发现：排名差值大于或等于2的有5个事件，排名差值为1的有10个事件，剩余5个排名相同。相对于依靠专家打分、赋值权重的德尔菲法和层次分析法，本节构建的热度模型根据客观数据定义热度，在一定程度上去除了主观影响，并可以动态调整计算范围和平台数量，具有客观性、便捷性、灵活性等优势。

表5.15 关联度与热度排名

编号:事件	热度	热度排名	报告排名	排名差值
1:杭州G20峰会	0.883 3	2	1	1
2:南海仲裁事件	0.893 7	1	2	-1
3:雷某事件	0.774 3	4	3	1
4:2016美国大选	0.756 5	5	4	1
5:王某强离婚事件	0.790 9	3	5	-2
6:魏某西事件	0.730 7	6	6	0
7:女排奥运夺冠	0.694 5	9	7	2
8:网络直播带动网红	0.697 6	7	8	-1
9:A股熔断机制	0.697 1	8	9	-1
10:多省份暴雨洪灾	0.672 4	12	10	2
11:山东问题疫苗事件	0.674 0	10	11	-1
12:网约车新规出台	0.664 7	13	12	1
13:校园毒跑道	0.658 6	15	13	2
14:杨某兰案	0.661 2	14	14	0
15:赵某新片引风波	0.673 0	11	15	-4
16:和颐酒店女子遇袭事件	0.656 3	16	16	0
17:朴某惠闺蜜门	0.652 4	18	17	1
18:高考减招风波	0.653 7	17	18	-1
19:帝吧表情包大战	0.651 6	19	19	0
20:连云港反核群体性事件	0.649 2	20	20	0

2）突发事件民意主题热度动态评估案例

（1）数据来源。

2016年11月21日，京昆高速发生多车相撞交通事故。通过清博舆情监测软件[①]及时获取网络舆情数据（图5.29），数据采集时段为2016年11月21日9:00—2016年11月23日9:00，采集平台包括网络报刊、网络新闻、论坛、微博、微信、APP。以人民网发布的《2016年中国互联网舆情分析报告》中20个热点舆情事件数据（表5.13数据）为基本数据库，计算京昆高速交通事故的主题热度。

① 清博舆情监测软件:yuqing.gsdata.cn

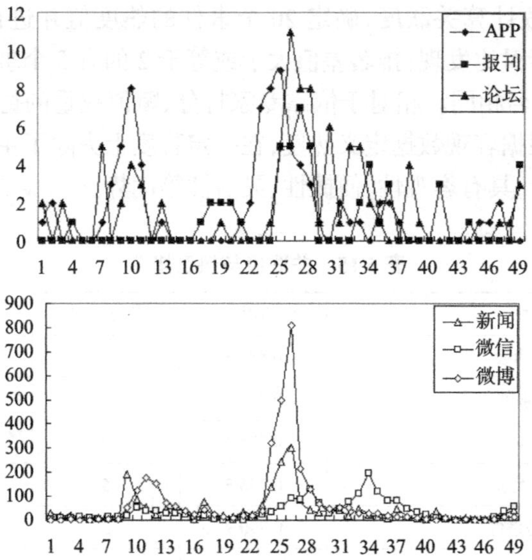

图 5.29 京昆高速交通事故舆情统计数据(单位:条数)

(2)热度动态预测。

分别选取 6 类互联网平台的分组数据(24 组、30 组、36 组、42 组、48 组),通过本节构建的热度动态预测模型预测该事件在 6 个互联网平台上的传播趋势并计算热度(图 5.30)。通过与实际热度对比发现:随着舆情监测数据量的增多,事件热度预测结果与实际情况越愈发接近,这说明文中构建的突发事件主题热度预测模型与动态评估方法是可行的。

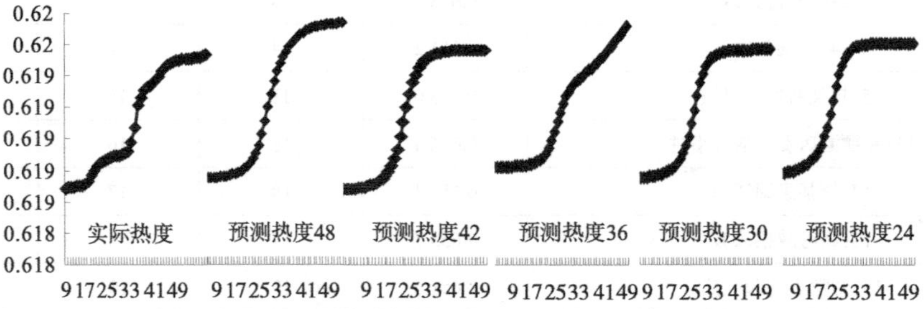

图 5.30 京昆高速交通事故热度动态预测

第四节 突发事件网络舆情引导效果评估

当前突发事件日益高发、多发、频发,呈现多类型、高频次、强关联、衍生性等特点。突发事件发生后,网络中产生相应的网络舆情。在负面舆论和负面情感的作用下,容易诱发过激行为,引发线下群体性事件,加剧突发事件的负面影响。因此,政府需要对突发事件网络舆情进行引导和治理。诸多案例表明,正确引导网络舆情能够顺利化解突发事件舆情危机,而掩盖、回避的引导方式会进一步激化网络舆情的异常演化。政府如何对网络舆情作出正确引导是缓解舆情危机、把握舆情态势的关键。本节对近年来政府引导突发事件网络舆情效果进行评估,一是探究突发事件舆情的影响因素,有利于政府了解阻碍网络舆情引导发挥作用的原因,帮助政府作出科学的引导决策;二是研究突发事件网络舆情引导效果评价体系,对政府舆情引导工作作出科学、客观的评价,为政府网络舆情治理提供绩效反馈。

国内对于突发事件网络舆情引导的研究主要是从网络舆情传播规律、特点、影响等视角出发,针对目前突发事件网络舆情引导机制存在的问题提出建议;在突发事件网络舆情评估领域研究文献较少,并且已有研究大多是通过构建评估模型,对突发事件网络舆情的某个方面进行评估,较少进行系统性评估体系的构建。综上所述,国内少有突发事件网络舆情引导效果评估研究。因此,本节基于舆情大数据,探究如何评估突发事件网络舆情引导的效果,分析影响舆情引导效果的因素,进行提出正确引导网络舆情的对策。

1. 突发事件网络舆情引导效果评估指标体系

1)设计思路

基于对已有研究成果和微博信息样态的研究,提出假设:引导主体自身属性、引导信息自身属性、引导信息传播属性对网络舆情引导效果产生影响,从以上 3 个角度出发建立网络舆情引导效果的评价指标,构建网络舆情引导效果评估指标体系。从新浪微博平台中收集突发事件案例信息,以网络舆情引导效果指标为导向挖掘微博数据,对原始数据进行相应的统计和处理;采用 SPSS 对突发事件网络舆情相关数据进行 Logistic 回归分析,反复进行实证研究,验证评价指标的合理性,并检验模型结果是否符合原假设。具体研究思路如图 5.31 所示。

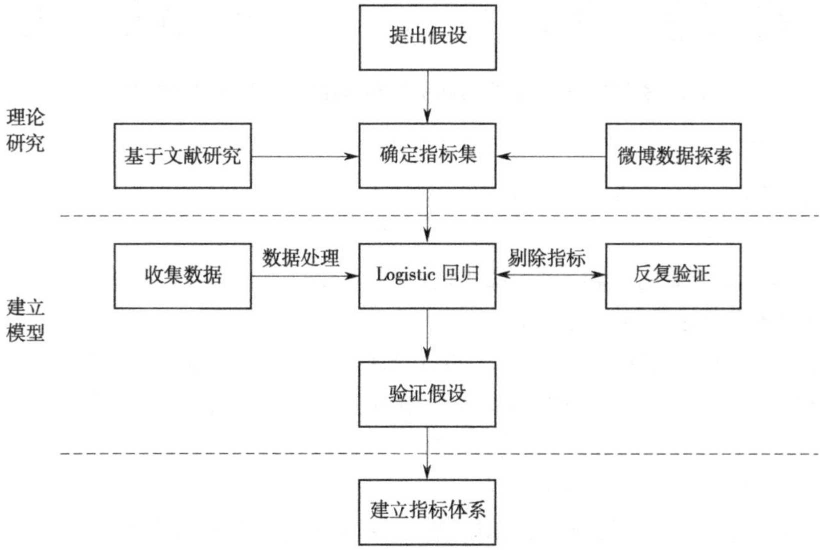

图 5.31　网络舆情引导效果评价指标体系研究思路

2)提出假设

在网络舆情引导过程中,与网络舆情引导直接产生联系的因素划分为 3 类,分别为引导主体、引导行为(引导主体作出的回应)、引导客体(被引导的网络舆情)。三者自政府对网络舆情进行引导时,便与舆情事件的发展产生紧密的联系:引导主体(微博用户)针对突发事件在网络平台上发表与事件有关的动态(引导主体的引导行为:例如公安机关发布突发事件的调查进展情况),引起网络舆情产生变化。从一般的评价体系来看,评价网络舆情引导效果需要从引导主体、引导行为和引导客体3个维度,探寻能够反映三者属性的具体标准。对引导主体、引导行为和引导客体在网络舆情中的体现形式进行深入分析,发现能够通过文字、图片等信息和微博数据展现它们的属性,故而选取能够展现三者属性特征的信息和数据作为评价指标。引导主体、引导行为和引导客体在网络舆情中的体现形式如图5.32所示。

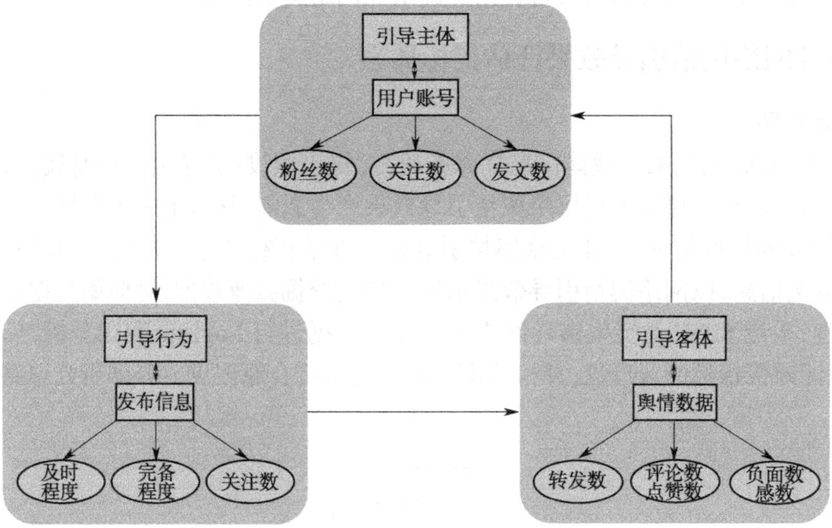

图5.32 引导主体、引导行为和引导客体在网络舆情中的体现形式

据此,提出假设如下。

H1 引导主体的自身属性影响网络舆情引导的效果;

H2 引导信息的自身属性影响网络舆情引导的效果;

H3 引导信息的传播属性影响网络舆情引导的效果。

3)网络舆情引导效果评价指标集

根据引导主体的自身属性、引导信息的自身属性、引导信息的传播属性建立突发事件网络舆情引导效果评价指标集。与舆情引导效果有关的因素有许多,考虑到一些关联性较弱的因素对模型意义不大,因此只列举关联性较强的指标,形成指标集。

(1)引导主体:引导主体自身的属性。

引导主体即引导信息的发布者,引导主体使用其网络平台账号发布引导信息,不同账户在网络中的影响力不同,例如像《人民日报》等拥有上亿粉丝的账号与拥有几千粉丝的账号相比,显然拥有粉丝数量更多的账号网络影响能力更强。能体现网络账户影响力的不仅有粉丝数量,还有关注数量、日均发文量等因素。

引导主体的粉丝数量。引导主体作为网络舆情引导行为的发起者,其自身在网络平台中的角色和属性对网络舆情的传播和消散产生影响。获得网络平台官方实名认证的主体，在网络平台中拥有庞大的粉丝群体，具有高度的权威和声望；反之，未获得网络平台官方实名认证的主体，粉丝数量相对较少，信息内容有待证实，网民认可度较低。粉丝数量基数更大的引导主体引领关注事件的人数更多，民众也主动追随粉丝数量更多的用户主体。引导主体的粉丝数量既是网友判断引导主体网络影响力的标准之一，也是影响民众选择和判断信息真实性的原因之一。

引导主体关注量。关注更多的微博用户数量，意味着接触的领域越丰富，获取信息的来源与种类更多。引导主体增加关注数量就是在扩大其在网络中的活跃范围，提升其网络存在感和感染力。

引导主体日均发文量。引导主体的日均发文量表明引导主体的线上活跃程度。引导主体的活跃程度与引导主体的网络影响力紧密相关。日均发表动态越频繁，其在微博平台可见度越大，传播的范围越广、速度越快，影响力越强，网民接收到引导主体信息的可能性越大，影响的网民数量越多。被动更新动态的用户，在微博的可见度相对较小，传播的范围有限，网民接收到引导主体的信息的可能性较小，影响的网民数量较少。

（2）引导行为：引导信息的自身属性。

突发事件发生后，必然引起大量网民讨论相关事件，相关部门对相关事件作出回应时，引导信息不仅传达本文的文字内容，也传达出涉事主体对事件的态度、处事风格、重视程度以及进展程度等其他方面的信息，对事件舆情产生影响。

及时程度。近年来，“时度效”成为舆情引导的着力点和衡量标准。在“时度效”标准中，时间往往最受关注，如对于政务舆情回应的时间要求不断细化和前置，由 48 小时缩减至 24 小时或 5 小时，理论界更是提出了黄金 4 小时、2 小时、1 小时的说法。

完备程度。引导信息包含事件的要素内容的全面性是划分信息完备程度的依据，包括事件时间、地点、人物、起因、发展经过、处置结果。结合事件材料，将引导完备程度分为 5 个级别：①时间、地点；②时间、地点、人物；③时间、地点、人物、起因；④时间、地点、人物、起因、处置结果；⑤时间、地点、人物、起因、发展经过、处置结果。

信息模态。信息模态依据信息发布的形式分为 5 类：①纯文字；②文字结合图片；③图片；④视频；⑤文字结合视频。

（3）引导客体：引导信息的传播属性。

转发数、点赞数、评论数。在微博平台中，舆情参与方式有 3 种：发文、转发、点赞，转发是微博信息扩散最主要的方式。转发次数越多，信息传播的次数越多，影响的民众越多。不管是微信、微博，还是新闻客户端，平台都提供了评论和点赞的服务，网民可以随时随地在某条信息评论区表达自己的观点和态度，与发文主体、其他网民相互交流讨论。部分网友通过点赞并不留言的方式直接表达自己对事件的态度，所以点赞数可以直接表明赞同微博动态的次数和人数。转发数、评论数、点赞数是网民对于信息所承载的内容以不同的方式作出的回应。

负面情感最大数。研究发现，舆情事件中的负面情感在网络舆情中作用显著，负面情感的数量、传播速度、影响范围、极化程度推动事件舆情的演化。通过对微博数据进行探析发现，民众的负面情感从以下两个方面体现：一是网友的消极评论，二是消极评论信息的点赞数。两者此次皆纳入负面情感范畴，难以避免民众既评论又点赞这一现象带来的数据重复计算问题，故而选取消极评论最多点赞次数作为负面情感的采纳指标，以保证评价指标量化数据的可靠性和客观性。

4）建立突发事件网络舆情引导效果评估指标体系

自变量：引导主体自身属性（=粉丝数量+关注量+日均发文量）、引导信息自身属性（=及时程度+完备程度+信息模态）、引导信息自身属性（=转载数+评论数+点赞数+负面情感最大数）。突发事件网络舆情引导效果评估指标体系见表5.16。

表5.16 突发事件网络舆情引导效果评估指标体系

总目标	一级指标	二级指标
突发事件网络舆情引导效果评估	A_1 引导主体自身属性	C_1 粉丝数量
		C_2 关注量
		C_3 日均发文量
	A_2 引导信息自身属性	C_4 及时程度
		C_5 完备程度
		C_6 信息模态
	A_3 引导信息传播数量属性	C_7 转发数
		C_8 点赞数
		C_9 评论数
		C_{10} 负面情感最大数

因变量：负面情感比重。推动网络舆情的形成和扩散的关键并不是言语集合，而是言语传达的力量，负面言语传达负面力量，负面力量通过负面情感进行传递。负面情感占比代表拥有负面情感人数在所有参与者中的占比。引导前后负面情感占比的变化代表拥有负面情感人数的变化。例如，引导后负面情感占比大幅下降，说明负面情感经过舆情引导转化为中性或正面情感，持负面情感的人数大幅减少，舆情引导效果显著；但引导后负面情感占比变化并不明显或有上升的趋向，则说明不断有负面情感继续产生，引导行为未起到疏导民众情绪的作用。因此，以负面情感占比作为因变量进行研究，在易于量化的同时保证了指标的科学性和代表性。

5）量化标准

（1）自变量量化标准。

引导主体自身属性：粉丝数量、关注量从微博平台中直接获取，日均发文量选取每月发文量的平均数。

引导信息自身属性：及时程度为事发后回应的时间长短，以小时为单位计算；完备程度按照事件的六何要素，即以何间、何地、何人、何因、何果、何情为度量标准；信息模态以引导信息的呈现形式（文字、图片、视频）为度量标准。

引导信息传播属性：转发数、评论数、点赞数、负面情感最大数在微博平台中统计获得。

（2）因变量量化标准。

引导效果分级：以负面情感占比代表引导效果的好坏，负面情感占比的取值范围为0~1，以0.25为梯度，将负面情感比重划分为4个等级：0~0.25（包含0.25）好、0.25~0.50（包含0.50）较好、0.50~0.75（包含0.75）较差、0.75~1（包含1）差，代表引导效果的4个等级，见表5.17。突发事件网络舆情引导效果评估指标的数据类型见表5.18。

表5.17　突发事件网络舆情引导效果等级划分

负面情感比重[0~1]	[0,0.25]	（0.25,0.25]	（0.50,0.75]	（0.75,1]
引导效果	好	较好	较差	差
引导效果级别	Ⅰ	Ⅱ	Ⅲ	Ⅳ

表5.18　突发事件网络舆情引导效果评估指标数据类型

一级指标	二级指标	数据类型
A_1 引导主体自身属性	C_1 粉丝数量	数值
	C_2 关注量	数值
	C_3 日均发文量	数值
A_2 引导信息自身属性	C_4 及时程度	数值
	C_5 完备程度	分类
	C_6 信息模态	分类
A_3 引导信息传播数量属性	C_7 转发数	数值
	C_8 点赞数	数值
	C_9 评论数	数值
	C_{10} 负面情感最大数	数值

2. 突发事件网络舆情引导效果评估建模

1）研究方法

Logistic回归作为概率型非线性回归模型，是研究观察结果（y）与其影响因素（x）之间关系的一种多变量分析方法①。以事件发生，即进行引导后事件舆情出现好转达到的程度（$y=1/2/3/4$）的概率（p）做应变量，建立应变量p和影响因素x_i的函数关系$y=p_{(y=1/2/3/4)}=f(x_i)$。Logistic回归模型的一般表达式为：

$$P(y=1/x_i)=\frac{\exp(b_0+b_1x_1+b_2x_2+\cdots+b_kx_k)}{1+\exp(b_0+b_1x_1+b_2x_2+\cdots+b_kx_k)}$$

做Logit变换

① 高倩，安英博，吴凤祥. 基于Logistic回归的落叶松毛虫预测模型研究[J]. 河北农业大学学报，2011，34（6）：108-110.

$$\text{logit } P = \ln\frac{p}{1-p} = b_0 + b_1x_1 + b_2x_2 + \cdots + b_kx_k$$

在对引导主体自身属性、引导信息自身属性、引导信息传播属性3个一级指标所对应的二级指标进行数据挖掘和量化之后，运用 Logistic 回归模型计算出所得各项参数。具体应用流程如图5.33所示。

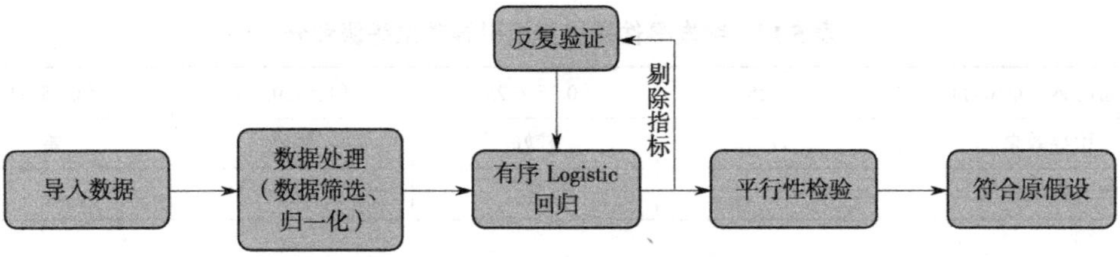

图 5.33　有序 Logistic 回归流程图

2）选取事件

从2019—2020年发生的突发事件中，选取50起突发事件，以舆情事件第一条引导信息为研究对象，在微博平台中收集原始数据，进行实证研究。

3）数据处理

突发事件所涉及的地域不同，事件性质不同，主体类型不同，舆情热度不同，因此数据之间存在较大差异。为了更客观地反映自变量与因变量的关系，需要对收集的数据作出以下处理。①剔除舆情数据量远远超过和远远小于其他事件舆情数据量的事件，剔除之后，余下40起突发事件参与研究。②采用 Min-max normalization 将原始数据进行转化。Min-max normalization，即离差标准化，是对原始数据的线性变换，使结果落在[0,1]区间。转换函数如下

$$X^* = \frac{x - \min}{\max - \min}$$

其中 max 为样本数据的最大值，min 为样本数据的最小值。

4）实验结果

采用有序 Logistic 回归建立模型。为了研究因变量与自变量的关系，建立了 Logistic 回归分析模型，在 SPSS 中进行，以 $y = 4$（引导效果为差）作为对照组，将10个自变量纳入模型之中，模型拟合信息见表5.19。由表5.19可知：①将“自变量纳入模型”中，−2对数似然数值降低为“只引入常数项”时的1/2，说明将自变量纳入模型对模型起到了改善作用；②模型的显著性 $0.00 < 0.05$，模型具有统计学意义。

表 5.19　模型拟合信息

模型	−2 对数似然	卡方	自由度	显著性
仅截距	110.503	—	—	—
最终	66.388	44.115	13	.000

模型是以 $y=4$ 的数据组作为参照，各自变量参数估计值见表 5.20，结果表明 x_3、x_4、x_7 三个变量显著性检验概率值远大于 0.05，超出可接受错误的边界水平 0.05，拒绝原假设，应剔除模型。x_5、x_6 是分类变量，两个变量中均有一部分类别的显著性检验概率值小于 0.05 或接近 0.05，由于样本容量有限，舆情数据一直处于变化之中，难以避免事件数据的偶然性，故而先将 x_5、x_6 两个变量留在模型中，观察其在剔除其他变量研究中的变化。其他变量的显著性检验概率值均小于 0.05，具有统计学意义，纳入模型。

将拒绝原假设的三个自变量逐个移出模型，观察整个模型和模型中的其余指标各项参数的变化发现，当 x_3、x_4、x_7 全都移出模型时，x_5、x_6 变量中，都有一个变量显著性大于 0.05，其余变量级别的显著性检验概率值均小于 0.05，具有统计学意义。当将 x_5、x_6 移出模型时，模型拟合效果并未得到优化，考虑到样本容量与数据的局限性会带来此类问题，故而将 x_5、x_6 变量保留在模型中，各项参数值见表 5.20。总而言之，模型整体检验结果与原假设相符。最终建立网络舆情引导效果 Logistic 回归模型，方程如下。另外，将不符合要求的自变量剔除模型之后，为了清晰展示本书前后逻辑，以下内容中自变量仍然使用初始自变量的排列序号，不再进行重新排序。

网络舆情引导效果的级别为Ⅰ（好）时，模型方程为

$$\begin{aligned}\text{Logit}\,P_{y=1} = &-5.740-3.416x_1-4.411x_2+4.717x_{5=1}+2.136x_{5=2}+3.374x_{5=3}+\\&0.639x_{5=4}-2.564x_{6=1}-1.727x_{6=2}-2.118x_{6=3}-2.112x_{6=4}-182.196x_8+\\&135.590x_9+49.472x_{10}\end{aligned}$$

网络舆情引导效果的级别为Ⅱ（较好）时，模型方程为

$$\begin{aligned}\text{Logit}\,P_{y=2} = &-3.643-3.416x_1-4.411x_2+4.717x_{5=1}+2.136x_{5=2}+3.374x_{5=3}+\\&0.639x_{5=4}-2.564x_{6=1}-1.727x_{6=2}-2.118x_{6=3}-2.112x_{6=4}-182.196x_8+\\&135.590x_9+49.472x_{10}\end{aligned}$$

网络舆情引导效果的级别为Ⅲ（较差）时，模型方程为

$$\begin{aligned}\text{Logit}\,P_{y=3} = &-1.713-3.416x_1-4.411x_2+4.717x_{5=1}+2.136x_{5=2}+3.374x_{5=3}+\\&0.639x_{5=4}-2.564x_{6=1}-1.727x_{6=2}-2.118x_{6=3}-2.112x_{6=4}-182.196x_8+\\&135.590x_9+49.472x_{10}\end{aligned}$$

表 5.20　参数估算值

		估算	标准误差	瓦尔德	显著性	*OR* 值	95%置信区间	
							下限	上限
阈值	[y=1]	−5.740	1.861	9.518	.002	0.003	0.000	0.123
	[y=2]	−3.643	1.648	4.887	.027	0.026	0.001	0.662
	[y=3]	−1.713	1.545	1.230	.047	0.180	0.009	3.725

续表

		估算	标准误差	瓦尔德	显著性	*OR* 值	95%置信区间	
							下限	上限
位置	x_1	−3.416	1.972	3.000	.023	0.033	0.001	1.567
	x_2	−4.411	1.608	7.524	.006	0.012	0.001	0.284
	x_8	−182.196	82.973	4.822	.028	0.000	0.000	0.000
	x_9	135.590	60.365	5.045	.025	7.691 11E+58	31 896 281.705	1.854 5E+110
	x_{10}	49.472	23.948	4.268	.039	3.057 85E+21	12.616 430 85	7.411 34E+41
	[x_5=1]	4.717	3.40	1.994	.058	111.832 252 2	0.160	77 885.883 32
	[x_5=2]	2.136	1.737	1.513	.019	8.466	0.282	254.678
	[x_5=3]	3.374	1.299	6.749	.003	29.195	2.289	372.039
	[x_5=4]	.639	.965	.438	.504	1.895	0.286	12.554
	[x_5=5]	0	—	—	—	1.000	1.000	1.000
	[x_6=1]	−2.564	1.739	2.175	.163	0.077	1.000	2.326
	[x_6=2]	−1.727	1.736	.990	.021	0.178	0.006	5.344
	[x_6=3]	−2.118	1.455	2.118	.089	0.120	0.007	2.083
	[x_6=4]	−2.112	1.672	1.596	.025	0.121	0.005	3.206
	[x_6=5]	0	—	—	—	1.000	1.000	1.000

如表 5.20 所示,有两个异常之处:① x_8 的 *OR* 值(比数比)无穷小;② x_9、x_{10} 的 *OR* 值异常大,但 x_8、x_9、x_{10} 的显著性均小于 0.05，3 个自变量具有统计学意义。对数据进行交叉、共线性等分析后,发现造成这两个异常之处的原因:一是样本容量有限,突发事件网络舆情数据总量从千至百万,跨度较大;二是单个自变量中,数据值域存在从百位跨至十万的现象,尽管已经排除数据量巨多的突发事件,但不同突发事件网络舆情数据量之间的差异仍然较大。为了避免以上问题,如果只挑选百位、千位、万位这样的突发事件进行研究,那么可研究突发事件局限在某一类的事件舆情中,研究数量较少,研究的事件也不具有代表性,结果只能反映某一类的突发事件。本研究的目的是探究影响网络舆情引导效果的因素有哪些,并构建突发事件网络舆情效果评估指标体系。以上研究虽有瑕疵,但能够证明这 3 个变量影响网络舆情引导效果,故而将这 3 个自变量留在模型中。

5)平行性检验

对有序 Logistic 的模型使用条件进行检验:检验自变量偏回归系数 β_i 是否一致。可知模型中显著性 1.000 > 0.05,认为回归方程相互平行,可使用有序 Logistic 回归进行分析。见表 5.21。

表 5.21 平行性检验

模型	−2 对数似然	卡方	自由度	显著性
原假设	66.388	—	—	—
常规	61.747	4.641	26	1.000

3. 突发事件网络舆情引导效果影响因素分析

Logistic 回归在检验突发事件网络舆情引导效果指标的同时，也探析了影响网络舆情引导效果的主要因素：引导主体的粉丝数量、关注量，引导信息自身的完备程度、信息模态，引导信息传播属性的点赞数、评论数、负面情感最大认同数。

1）引导主体自身属性

（1）粉丝数量。

引导主体粉丝数量在回归模型中的回归系数为-3.416，与因变量舆情引导效果等级呈负相关关系，引导主体粉丝数量每增加一个单位，舆情引导效果由Ⅰ好—Ⅱ较好—Ⅲ较差—Ⅳ差的可能性减小，即随着粉丝数量的增加，网络舆情引导的级别随之降低。当选择粉丝数量更多的引导主体进行舆情引导时，舆情引导的效果更好。

拥有庞大粉丝数量的引导主体具有以下 3 个特征：①经过官方权威认定，具有高度的民众认同感；②粉丝数量众多，影响范围更广；③具有权威代表性，信息更真实可靠。这些特征既顺应了网络传播的趋势，也抓住了民众的心理，故而其作为引导主体能够在网络舆情中吸引民众的目光，抚慰民众的极端情绪，引导负面情感转化为正面情感或中性情感，以达到期望的引导效果。

（2）关注数量。

关注数量在回归模型中的回归系数为-4.411，与因变量舆情引导效果等级呈负相关关系，引导主体关注数量每增加一个单位，舆情引导效果由Ⅰ好—Ⅱ较好—Ⅲ较差—Ⅳ差的可能性减小，随着关注数量的增加，网络舆情引导的级别是逐渐降低的。引导主体关注的微博用户数量越多，舆情引导的效果越好。关注更多的微博用户不仅代表主体关注其他个体的数量，也代表着主体在此网络平台的接受消息广度；关注的领域越多，主体接受的消息种类越多，无形之中帮助引导主体收获了更大的粉丝群体，为粉丝群体带来更加多元化的信息，从而扩大自身网络的活跃范围，增强引导主体在网络平台中的影响力。

2）引导信息自身属性

（1）完备程度。

引导信息的完备程度在回归模型中与因变量呈负相关关系。由模型模拟结果可知，引导信息的完备程度每上升一个级别，舆情引导效果由Ⅰ好—Ⅱ较好—Ⅲ较差—Ⅳ差的可能性减小，随着引导信息内容的完善，网络舆情引导的级别在下降。简言之，引导信息所包含的要素内容越充分，网络舆情引导的效果越佳；反之，引导信息所包含的事件要素越少，引导效果越差。

在收集舆情大数据的过程中发现，自 2019 年以来，引导主体第一时间作出引导回应已成为应对舆情的共识。但由于了解、调查、处理事件需要消耗一定的时间，往往并不能在第一时间对舆情事件作出详细、全面的报告，第一时间作出引导回应的同时很难兼顾引导信息内容的完备程度、针对性、语言精确等特点。一味地追求回应速度而忽视引导信息的质量并不能达到引导方预期的引导效果，故而引导主体在追求将第一时间响应舆情事件为目标时，也要兼顾引导信息的准确性、全面性、针对性。

(2)信息模态。

信息模态在此次回归模型中的回归系数与因变量呈正相关。信息发布的形式从纯文字、到图文结合、视频文字结合,信息展示方式依次丰富,舆情引导效果由Ⅰ好—Ⅱ较好—Ⅲ较差—Ⅳ差的可能性依次递增,也就是说,网络舆情引导的效果越差。

引导主体普遍认为图片、视频更具说服力,但模型结果表明事实并非如此。相反,信息呈现的方式越复杂,网络舆情的引导效果级别越高。通过收集大量资料以及反复调查发现,首次引导信息回应时间虽然较早,但往往发布一些事发当时的图片与视频,这些图片、视频与事件调查解决过程、处理结果无关,而是通过这些图片、视频展现事件发生的激烈程度和危害程度,以此吸引民众的关注。也就是说,形式多样的信息模态不能起到降低网络舆情热度的作用。因此,在对舆情事件作出首次回应时,应尽量避免展现过度冲击网民情感的图片与视频,要通过恰当的描述语言展现对此事的重视程度,以此回应高涨的舆论态势。

3)引导信息传播属性

(1)点赞数。

点赞数在回归模型中的回归系数为-182.196,与因变量呈负相关,微博点赞数每增加一个单位,舆情引导效果由Ⅰ好—Ⅱ较好—Ⅲ较差—Ⅳ差的可能性减小,即随着关注数量的增加,网络舆情引导效果逐渐好转。民众的点赞行为即表示认同此微博所表达的内容,赞同引导主体的网络舆情引导措施。点赞数量越多,表示赞同相关部门应对突发事件处置的人数越多,给网络舆情带来更积极的作用。

(2)评论数。

评论数在回归模型中的回归系数为135.590,与因变量呈正相关关系,评论数量每增加一个单位,舆情引导效果由Ⅰ好—Ⅱ较好—Ⅲ较差—Ⅳ差的可能性增加,即随着评论数量的增加,网络舆情愈演愈烈。评论是民众表达观点、宣泄情感的手段。评论数越多,说明民众对此微博的讨论越热烈,对于事件话题存在分歧。当引导信息不能被民众信服时,民众心中会产生众多疑虑和不满,评论区自然成为舆论的战场。因此,需要涉事主体或监管部门及时公布事件信息,答疑解难,以疏导网络舆论。

(3)负面情感最大数。

负面情感最大数在回归模型中的回归系数为49.472,与因变量呈正相关关系,表明负面情感最大数每增加一个单位,舆情引导效果由Ⅰ好—Ⅱ较好—Ⅲ较差—Ⅳ差的可能性增加,即随着负面情绪的增多,网络舆情不断被激化。负面情感最大数代表着负面情绪的人数,它是民众自发形成的一个能够反映情感的数据,具有代表性、认可性的特点。

负面情感最大数越大,认同此负面情感的人越多,舆情引导级别越高,效果越差。造成这一现象的原因有以下两点:一是微博评论区具有点赞排序的功能,评论点赞数越高的评论位置越靠前、显示度越高;二是点赞排序的功能无形之中容易使民众受到从众心理的影响,同化其他民众,使此负面情感不断扩大影响范围,一定程度上在评论区形成巨大的负面引导力,影响民众对引导信息的独立判断能力。

4. 突发事件网络舆情的引导对策

基于此次研究过程中凸显的网络舆情引导效果主要影响因素,对舆情引导提出以下建议,如图 5.34 所示。

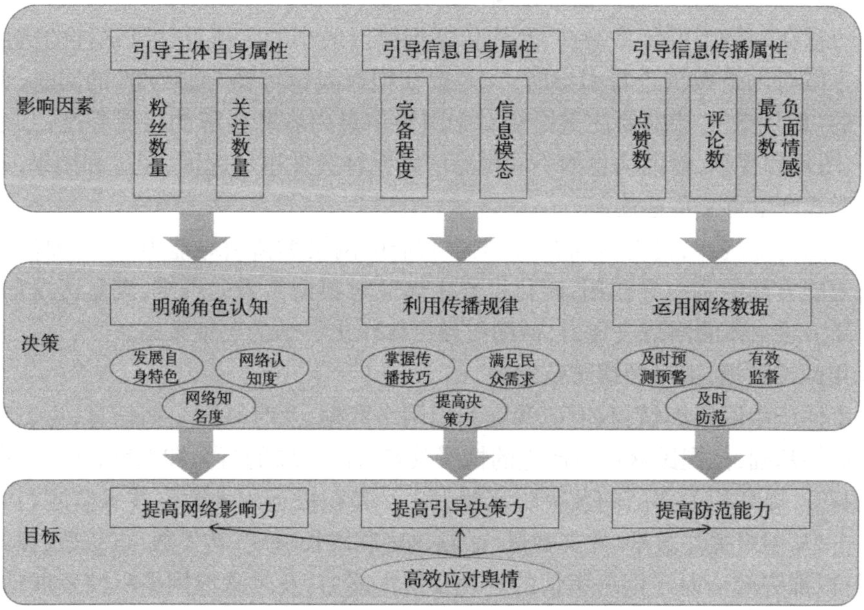

图 5.34　基于影响因素的引导能力提高策略

1)明确角色认知,提高网络影响力

为提高政府在网络平台的影响力,首先,需要解决政府在管理过程中出现的一些角色冲突与偏差问题。造成这一问题的原因是由于政府角色转换不彻底,在网络管理中产生角色冲突与角色错位的现象①。要解决这一问题,需要政府明确自身的角色定位,即政府官方账号是民众通过网络表达诉求的第一接受者,是政府在网络中的对外窗口和办公平台,是社会的监督者、仲裁者,是政务信息的发布者。政府明确自身角色就是明确自身职责,只有明确了自身角色和职责,才能对整个网络环境进行有效、有力、有度的监督与管理。

其次,平时政府的网络团队应着力打造一个深入人心、张弛有度、具有自身特色的用户形象。对全国不同地区的政务微博进行观察和了解发现,有 70%的用户主体网络活跃度较低,日均微博更新动态小于 5 次; 80%的用户主体与民众没有互动交流。以上数据说明大部分引导用户忽视了引导主体自身的属性对自身网络影响力的重要性。通过上文的研究发现,引导主体的自身属性与舆情引导效果密切相关,因此政府应重视引导主体在网络中的影响力,吸引更多的粉丝和关注更广泛的微博用户,以扩大引导主体的传播范围和关注领域,从而提升引导主体在网络中的号召力和影响力。

政府自我角色的明确与完善,就是明确自身在网络管理领域的职责,只有这样才能更好地扮演管理者、监督者、引导者、协调者、推动者的角色,管理网络信息,守护网络环境。

2)利用传播规律,提高引导决策力

从报纸、广播、电视等传统媒体到微博、微信等新媒体的更迭,媒体方式的转变改变了社会信息传播的方式,但政府媒体并没有紧跟媒体更新的步伐。因此,当媒体引领民众步入网

① 余秀才. 重大突发公共事件中的微博舆论传播与引导[M]. 北京:社会科学文献出版社,2017.

络开放时代时，政府媒体一是缺少网络影响力，二是忽视网络舆情的影响力，采用遮掩、回避等方式应对网络舆情，往往造成言行失范，陷入舆情风波之中①。

了解信息在网络中的传播规律，利用传播规律以最小的工作量达到最佳的舆情引导效果。引导主体对网络舆情进行引导时，一是要在把握舆情传播“时效度”的同时，也要把握舆情引导的“时度效”，特别要注重民众对于引导信息内容和措辞的接受程度；二是要有机结合文字、图片和视频，借助信息的不同模态清晰阐释突发事件起因、经过和结果，避免片段式的信息形式产生意义传达偏差。

利用信息传播规律，借助传播技巧，加强政府的网络舆情引导能力，一是要注重新兴媒体在传播效能方面的强引导作用，转化引导主体应对舆情传播的思维，满足民众信息需求；二是要提高引导主体的网络表现力，帮助引导主体作出科学的决策策略。

3）运用网络数据，提高预警防范能力

突发事件产生网络舆情，政府应深度利用网络数据，及时掌握全面信息，为态势预估和情景预判提供基础，把握民众可能产生的情绪及其可能采取的行为和态度，从而掌握舆情引导的主动权②，提高相关部门的预警防范能力。一是积极运用大数据技术监测与突发事件相关的点击率、用户关注数量、发文数量、话题热度和增长速度、转发数、点赞数、评论数等舆情大数据，以加强政府对于网络舆情的发现及搜集能力，及时掌握网络舆情发展动态，做到及时发现、及时识别、及时预警、及时应对网络舆情。二是建立科学的网络舆情防范与引导体系，充分利用舆情大数据和技术手段联动多个部门协同作战，共同防范和化解网络舆情危机，维护网络环境安定和谐。

面对巨大的舆论压力，政府部门必须针对事件舆情采取舆情引导措施，一方面是缓解和疏导民众的负面情绪，减小网络舆情对突发事件的冲击；另一方面是预测网络舆情的演化趋势，第一时间对网络舆情演化趋势作出判断，采取相应的引导、预警和防范措施，防范网络舆情引发线下群体性事件，降低网络舆情对社会局势的负面影响，预防和制止潜在社会危机。

5. 总结

本节基于舆情大数据建立突发事件网络舆情引导效果评估指标体系，一方面将舆情引导效果评估这个复杂的问题数值化，能够简便评估政府舆情引导工作的成效；另一方面分析影响舆情引导效果的因素，并有针对性地提出提升舆情引导能力的对策建议，有利于政府有效应对突发事件网络舆情，有助于健全网络舆情监督引导机制。

本节研究尚存在一些不足：一是样本容量不够充足，小部分自变量可能与因变量存在关系，但在此次样本中并不显著，在实证研究过程中难免产生误差；二是突发事件舆情数据差异较大，会对模型的拟合效果产生影响。在未来研究中，应当改进以上不足之处，对舆情引导效果评估作出更加深入的研究。

① 余秀才. 重大突发公共事件中的微博舆论传播与引导[M]. 北京：社会科学文献出版社，2017.

② 杨阳，王杰. 情绪因素影响下的突发事件网络舆情演化研究[J]. 情报科学，2020，38(3)：35-41，169.

第六章　基于民意分析的突发事件应急管理决策支持

在网络大数据环境下，突发事件应急决策需要从决策思路和决策类型 2 个方面实现创新，一是基于民意分析，形成“全民智库”，辅助科学决策。目前的决策支持方式，以专家辅助决策为主，是自上而下的决策思路。面向舆情大数据，通过民意分析来把握民意倾向，决策将更多地集聚民意和民智，是自下而上、数据驱动的决策思路。二是通过民意分析，实现快速精确的突发事件应急决策。由于突发事件具有公共威胁性，因此通过民意分析，可以使决策者对事件发生原因、发展趋势以及相应的民意倾向等具有较为全面准确、实时动态的掌握，实现应急状态下由经验决策向分析决策的转型。本章旨在为突发事件应急决策提供基于民意分析的新模式，通过自下而上的“多元汇聚式”决策模式，与自上而下的“金字塔式”决策模式融合应用，为突发事件应急管理提供更科学高效的决策支持。

在智能网络社会背景下，应急管理的创新路径是预见性、精准化、智能化。本章围绕应急管理决策支持展开，取得了以下成果：①通过提前识别民众对于突发事件的诉求，进行预见性的应急管理；②通过民意主题聚类确定突发事件特征，开展事件细分类识别，第一时间确定细分类型，进行精准化的应急管理；③通过民众满意度评估，确定满意度影响因素，为应急管理优化提供方向性、指引性的决策支持；④通过构建适应智能网络社会的应急管理体系和平台，为应急管理优化提供系统化、实践性的决策支持。

本章内容框架如图 6.1 所示。

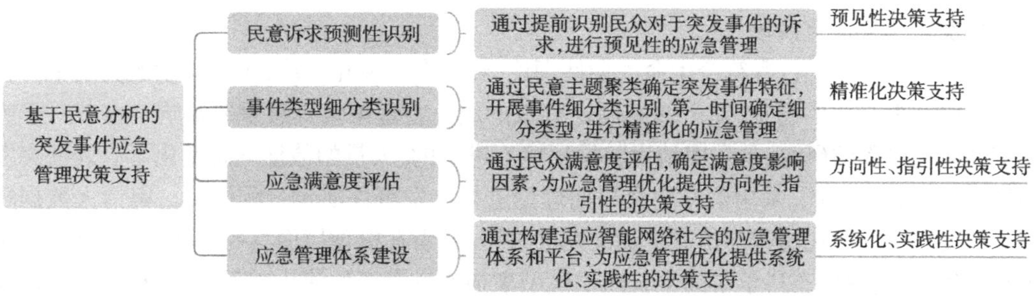

图 6.1　本章内容框架

第一节　突发事件民意诉求预测性识别

当下互联网技术不断发展，随着“web2.0”和新媒体时代的到来，人工智能与大数据技术逐步兴起，在人类生活、工作中，例如医疗、教育、政务、工业、交通等领域开始发挥重要作用。人们逐渐习惯了通过微信、微博、各类网站等网络平台来获取信息、发表观点、表达情绪。同时，我国政府也推出了各类网络问政途径，及时获取民意诉求，解决民众诉求。数据显示，截至2020年6月，我国在线政务服务用户规模达7.73亿人，占网民整体的82.2%。网络拓宽了民意诉求的表达渠道，政府网站问政专栏、微博、微信等平台成为政府了解民众诉求的重要桥梁。同时，由于网络匿名的特点，民众在网络上可以放下“后顾之忧”，切实表达真正的诉求，民意诉求表达在网络中呈现多样化特征。

第二节　突发事件类型细分类识别

近年来，随着经济发展和社会转型，社会格局的改变、利益分配的调整导致各种突发事件日益多发频发，给人民生命财产安全、政府公信力以及社会和谐稳定带来诸多不利影响。互联网的普及以及网络技术的快速发展使我国网民规模逐渐扩大，突发事件通过社交平台形成网络镜像和大数据环境，其线上传播速度呈指数型增长，并进而反馈到线下，对突发事件应急管理产生重要影响。本节基于舆情大数据，在已有案例基础上，通过民意主题聚类提炼突发事件类型特征，进行突发事件分类识别，第一时间判断细分类型，有助于政府提前做好应对准备。

在已有突发事件研究中，突发事件的分类识别和事件演化的影响因素往往根据大量的定性理论分析，定量方法的研究成果有限。在舆情大数据环境下，本节根据突发事件的基本特征，分析突发事件的演化阶段，基于LDA主题模型和K-means聚类算法，对突发事件中的群体性事件进行细分类识别，根据分类识别的结果去验证群体性事件分类的准确性，证明了LDA主题模型与K-means算法相结合进行突发事件细分类识别的可行性，并根据各类群体性事件的特点为政府制定有效的应对策略。

1. 突发事件演化阶段及类型特征

1）突发事件演化阶段

突发事件的演化过程符合生命周期性理论，经历多个演化阶段，不同类型的突发事件在各个阶段有着自己的特征，对于政府制定有效的应急管理策略具有重要影响。本节对于突发事件演化过程的研究，是在舆情大数据环境下进行的，大量的数据动态变化可以表征突发事件演化过程。因此，采用信息生命周期理论进行突发事件演化过程研究。舆情大数据环境下的突发事件演化过程与信息生命周期性过程，两者在机理层面具有一致性。由此，基于机理一致性，选取生态科学中的生长曲线模型来描述突发事件演化过程，Logistic模型是典型的生长曲线模型，用来描述种群增长规律，种群的增长也经历了“形成期”“增长期”“稳定期”等时期，曲线大致呈“S”形。

2）突发事件类型特征

《中华人民共和国突发事件应对法》中将突发事件按照影响类型分为公共卫生事件、社会安全事件、自然灾害和事故灾难4类，见表6.1。突发事件往往会对社会造成极大的破坏，使经济遭受巨大损失，环境污染，人员伤亡，有些事件甚至会危害国家的政治安全、金融安全等，并且突发事件具有产生的瞬间性、爆发的偶然性、发展趋势的危机性和对社会的危害性等特征[①]。对突发事件的类型、诱因、定义以及代表性案例进行准确的研判，将有助于在文本聚类后提取各类突发事件特征，制定应对突发事件的处置策略。

表 6.1　突发事件类型表

事件类型	事件诱因	事件定义
公共卫生事件	预防不当	突然发生，造成或者可能造成社会公众健康严重损害的重大传染病疫情、群体性不明原因疾病、重大食物和职业中毒以及其他严重影响公众健康的事件
社会安全事件	管控不严	一般是重大刑事案件、重特大火灾事件、恐怖袭击事件、规模较大的群体性事件、民族宗教突发群体事件、学校安全事件以及其他社会影响严重的突发性社会安全事件的统称
自然灾害	环境破坏	自然环境中对人类生命安全和财产构成危害的自然变异和极端事件
事故灾难	管理混乱	由于事故的行为人出于故意或过失的行为，违反治安管理法规和有关安全管理的规章制度，造成物质损失或者人员伤亡，并在一定程度上对社会或内部单位，或居民社区的治安秩序和公共安全造成危害的事故

2. 基于舆情大数据的突发事件细分类识别

1）突发事件细分类识别方法

LDA 模型是一种能够提取文档隐含主题的非监督学习模型，用于实现文本聚类。K-means 算法是一种迭代求解的聚类分析算法，属于无监督学习的聚类方法，是 10 大经典数据挖掘算法之一。该算法适合大数据量文本，在进行文本多特征聚类时可以保证较好的伸缩性和高效率，适合突发事件这种多特征文本的聚类。由于传统的 K-means 聚类算法初始聚类中心选择的随机性，直接运用可能导致迭代次数增加、陷入局部最优和聚类结果不稳定等现象，本研究提出先基于 LDA 主题模型选择初始聚类中心，选择蕴含在突发事件文档集中影响程度最大的前 Z 个主题，并在这 Z 个主题所在的维度上对突发事件文档集进行初步聚类，从而找到聚类中心，然后以这些聚类中心为初始聚类中心对突发事件文档集进行所有维度上的聚类，以减少聚类迭代次数，使聚类结果更准确。

2）新闻抽样

我国社会各个领域每天都会发生一些突发事件，慧科新闻数据库搜集汇总了大量有价值突发事件的新闻，涵盖了自 1998 年至今我国 870 多种平面媒体和 3 000 余种网站的新闻，包括各省区市党报，各地市州党报，各城市都市报，各国家级行业、产业报及重要门户网站、行业部门网站等。但是根据慧科新闻数据库中新闻报道和网络信息的内容，无法准确判断该新闻或信息是否与突发事件有关。

在舆情大数据环境下，为了验证 LDA 主题模型和 K-mean 聚类算法相结合进行分类识别的可行性，对突发事件进行精确化分类识别，基于事件分类特征帮助政府制定相应的事件处置策略。本节选取突发事件中的群体性事件作为实证对象，运用慧科新闻数据库搜集大量关于群体性事件的新闻文本数据，构建群体性事件的细分类识别模型，主要包括 4 个环节，如图 6.1 所示：一是新闻抽样，基于慧科新闻数据库，根据时间、地区、诱因，搜集具有代

① 朱力. 突发事件的概念、要素与类型[J]. 社会学研究，2007(11)：81-88.

表性的群体性事件的文本数据；二是最佳主题选取，首先对文本数据进行清洗，然后通过LDA主题模型，以困惑度作为评价指标，通过Gibbs抽样，确定最佳主题数；三是文本聚类，根据确定的最佳主题，基于K-means聚类算法，对于搜集的典型群体性事件进行非监督的文本聚类分析，验证本研究进行的群体性事件分类的准确性，得到最佳文本聚类结果；四是细分类识别，文本分类属于监督学习，根据典型群体性事件文本聚类的概率分布，结合群体性事件的特征，人工标注构建群体性事件语料库，划分训练集和测试集，基于支持向量机模型对未来更多的群体性事件进行分类预测。

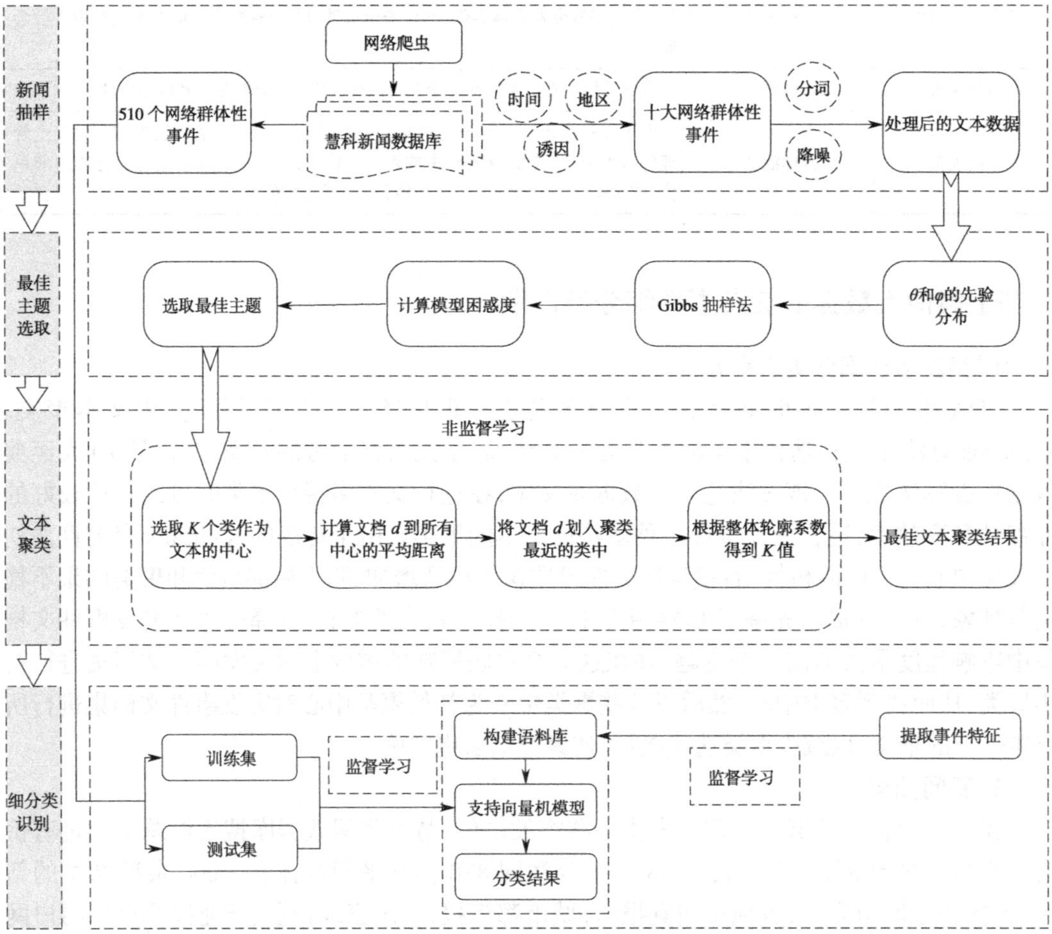

图6.1 突发事件分类识别模型

群体性事件作为突发事件中社会安全事件中的一个分支，对突发事件分类识别研究而言具有一定的代表性。群体性事件是一种可能引发危害社会治安的非法集体活动，缘于某些利益要求相同或相近的民众个体或团体、组织，在利益受损或不能得到满足并受到策动后，采取非法方式集体围攻冲击党政机关、重点建设工程和其他要害部位，集体阻断交通，集体械斗甚至集体打、砸、烧、杀、抢。学术界对于群体性事件的分类有着大量的研究成果，主要有以下3个部分：一是从公民个人或集体(群体)与政府之间矛盾的角度进行分类，将群体性事件分为“乡村群体性事件”“城市群体性事件”“城乡结合部群体性事件”①；二是从冲突视角出发，综合冲突（行动）的主体及冲突（行动）指向的对象两个维度，将群体性事件划分为“纵向利益性冲突”“横向利益性冲突”“纵向价值性冲突”“横向价值性冲突”4种基本类型②；三是按照对于政府、警察的对抗程度，将其分为低对抗性、中度对抗性和高对抗性3类群体性事件，这种研究有利于公安部门选择最佳的战术控制群体性事件的发展③。以上研究是依据特别的研究视角进行分类，没有体现群体性事件的演化规律，也没有体现群体性事件发生的诱因，通过文献研读，提炼出5个引发群体性事件的诱因：经济纠纷、社会管理、文化冲突、民族矛盾、环境污染④。本研究根据群体性事件发生的诱因来划分，将群体性事件分为经济型群体性事件、社会型群体性事件、文化型群体性事件、民族型群体性事件和环境型群体性事件5种类型。具体的事件特征见表6.2。

表6.2　群体性事件类型表

事件类型	事件诱因	事件特征
经济型群体性事件	经济纠纷	经济型群体性事件与经济活动和经济利益直接相关，是指事件主体为满足一定的经济利益而引发的事件
社会型群体性事件	社会管理	社会型群体性事件的主体主要针对某些社会问题，如失业、教育、食品卫生与安全、社会保障等与生活密切相关的问题，为引起相关管理部门以及社会各界的重视而发起
文化型群体性事件	文化冲突	文化型群体性事件指由传统观念、封建残余思想、宗教风俗习惯等文化因素所引发的群体性事件
民族型群体性事件	民族矛盾	民族型群体性事件是指涉及少数民族和信教群众的，具有一定规模的事件
环境型群体性事件	环境污染	环境型群体性事件由环境问题引发，该类群体性事件一般经过一个长期积累、从量变到质变的过程

通过对重大群体性事件的搜集，根据时间、地区、诱因3个因素抽取10个群体性事件的新闻，在时间上选取2000—2003年、2004—2007年、2008—2011年、2012—2015年、2016—2019年这5个时间段；在地区上选取10个不同的省份；在诱因上选取文化冲突、社会管理、经济纠纷、民族矛盾和环境污染5个因素，使抽样的数据有较大的实验价值，减少影响实验结果的无关因素，提高可信度。

3）最佳主题选取

本实验使用python和jieba组件对群体性事件的文本数据进行分词处理，为了获得高质量的群体性事件主题描述，进行了自定义修改词典，去掉一些特定的停用词并进行分词处理，对于数据文本进行降噪。将“群体性事件”“因素”“冲突”“政府”等高频词作为停用词，并生成停用词表；将“诉求”“矛盾”等词项作为自定义词汇，在处理过程中不做分词处理。对群体性事件文本数据进行处理后，引入评价指标衡量最佳主题数，在统计学中，常用困惑

① 胡建.对群体性事件概念及分类的思考[J].法制与社会，2016（1）：187-188.
② 郝其宏.文化冲突视角下的群体性事件分析[J].中国人民大学学报，2015（1）：126-132.
③ 范小军.我国群体性事件的分类及特征[J].法制与社会，2012（10）：174-175.
④ 郝其宏.群体性事件的生成、演化及处置研究[D].江苏：中国矿业大学，2015.

度来评价 LDA 模型的性能优劣①,依据公式

$$\text{Perplexity} = e^{\left[-\left(\frac{\sum \log(p(w))}{N}\right)\right]} \tag{1}$$

公式(1)中,$p(w)$是指群体性事件文本集中出现的每一个词的概率,N 则是群体性事件文本集中出现的所有词。困惑度为群体性事件文档集中包含的各隐含主题相似性几何均值的倒数,随主题相似度的增加而逐步递减。困惑度 Perplexity 表示预测文本数据时的不确定度,它的取值越小,表示 LDA 模型性能越好。

采用 LDA 主题模型,模型服从 Dirichlet 分布,从主题到词项也服从多项式分布,LDA 主题模型中的"文档-主题"和"主题-词项"的概率分布,即 θ 和 φ 的值,首先得到 θ 和 φ 的先验分布,θ 和 φ 分别有一个 Dirichlet 的先验分布,其超参数分别为 α 和 β

$$\theta \sim \text{Dirichlet}(\alpha)$$

$$\varphi \sim \text{Dirichlet}(\beta)$$

其次采用 Gibbs 抽样法②进行推断,推断出 θ 分布,最后用 LDA 主题模型中的"文档-主题"的概率分布 θ 作为每篇群体性事件文档的向量,建立向量空间。

LDA 主题模型求解过程如下。

(1)以 α 为先验超参数,对每个文档初始化"文档-主题"的概率分布 θ。

(2)以 β 为先验超参数,对每个主题初始化"主题-词项"的概率分布 φ。

(3)群体性事件文档 d 中的每个词项,从该群体性事件文档的 θ 分布中抽取一个主题;再从该主题的 φ 分布中抽取一个词项。经过 Nd(Nd 表示群体性事件文档 d 中的总词项数)的重复抽取,就得到了群体性事件文档 d。

采用 python 编写 LDA 困惑度程序,评价 LDA 主题模型的性能,计算最佳主题数,LDA 模型涉及的参数含义见表 6.3。在 Gibbs 抽样算法中,对主题数进行选择,超参数 $\alpha = 50/T$(T 为最佳主题数),超参数 β 值设定为 0.01 时,抽样迭代次数(n)为 2 000 次,实验过程中利用不同的主题数进行多次的聚类实验。具体结果如图 6.3 所示。

表 6.3 LDA 模型涉及参数的含义

序号	参数名称	含义
1	θ	LDA 模型中"文档-主题"的概率分布值
2	φ	LDA 模型中"主题-词项"的概率分布值
3	α	"文档-主题"的分布对应的先验超参数
4	β	"主题-词项"的分布对应的先验超参数
5	n	得到最佳主题数的重复计算次数

图 6.3 显示了以困惑度作为评价指标,进行最佳主题数选取的曲线,通过 Python 实验可

① SINDHWANI V, GHOTING A, TING E, et al. Extracting insights from social media with large scale matrix approximation[J]. IBM Journal of Research and Development, 2011, 55(5): 1-9, 13.

② 黄波. 基于向量空间模型和 LDA 模型相结合的微博客话题发现算法研究[D]. 成都:西南交通大学,2012.

知，最佳主题数选择在曲线的最低拐点附近可以取得较好的主题抽取，最终选取的最佳主题数 $T=180$。采用 LDA 主题模型进行最佳主题数的求解，模型的参数选择见表 6.4。

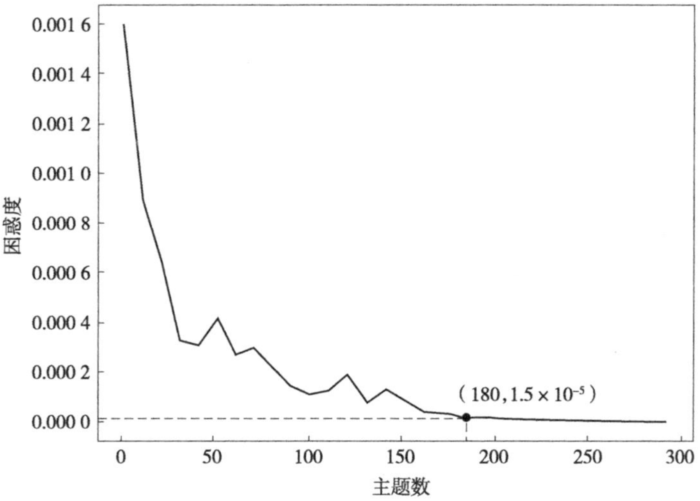

图 6.3　最佳主题数选取

表 6.4　LDA 主题模型的参数选择

变量	最佳主题数 T	超参数 α	超参数 β	抽样的迭代次数 n
取值	180	50/180	0.01	2 000

4）文本聚类

采用的聚类算法为 K-means。在计算聚类轮廓的时候，将 K 值从 2~10 之间遍历计算。同时在实际计算过程中考虑 K-means 具有一定随机性，并不是每次都收敛到全局最小，所以针对每一个 K 值，重复执行 30 次，取并计算轮廓系数，最终取平均值作为最终评价标准。计算获得的聚类轮廓系数如图 6.4 所示，K 值在取 5 的时候达到最大，说明该群体性事件分成 5 类可以得到最佳的效果。

对于群体性事件聚类标签的提取，首先获取每个主题针对各个聚类中心的距离信息，将距离聚类中心最近的主题作为每个类别所对应的最佳主题，最后抽取该最佳主题的特征词项作为类别标签，每个类别取排名前 5 的标签列表观察。具体标签描述见表 6.5。

从表 6.5 可以看出，A 标签中排在前列的"讨薪""财物""工资"等标签精确描述了经济型群体性事件的特点，具有良好的代表性；B 标签中排在前列的"政策""执法""工作"等标签精确描述了社会型群体性事件的特点，标签与其他类别没有出现交集；C 标签中排在前列的"知识""教师""罢课"等标签精确描述了文化型群体性事件的特点，表现出在文化型群体性事件里，主要围绕教师、授课等为中心暴发冲突，是该事件的"暴风眼"；D 标签中排在前列的"习俗""宗教""分裂"等标签精确描述了民族型群体性事件的特点，该事件具有明显的民族性质，与其他类别具有较好的区分性；F 标签中排在前列的"污染""自然""排放"

等标签精确描述了环境型群体性事件的特点，标签的独立性较好，没有与其他类别有交叉。总体来说标签都能明显体现相应的群体性事件的类别，各类别之间基本没有标签交叉，聚类效果比较好。

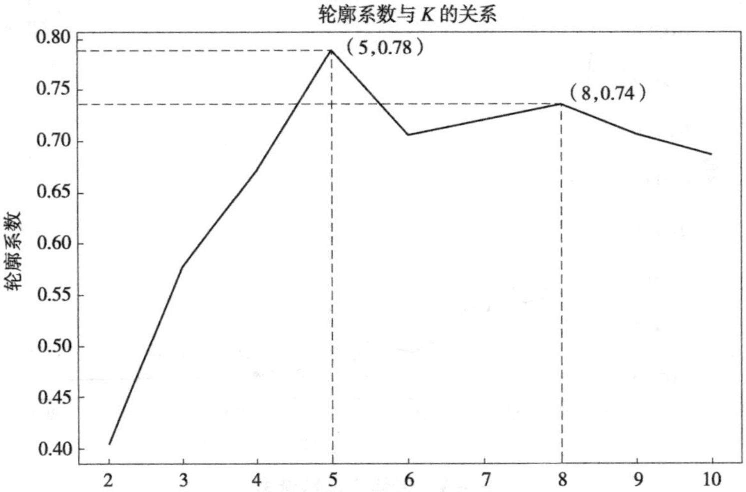

图 6.4 群体性事件聚类的轮廓图

表 6.5 聚类数为 5 时群体性事件的聚类标签

A 标签		B 标签		C 标签		D 标签		F 标签	
讨薪	0.070	政策	0.097	知识	0.032	习俗	0.086	污染	0.063
财务	0.046	执法	0.047	教师	0.026	宗教	0.061	自然	0.053
工资	0.042	工作	0.043	罢课	0.025	分裂	0.036	排放	0.023
罢工	0.045	领导	0.024	诉求	0.022	矛盾	0.033	废弃物	0.025
游行	0.051	聚集	0.027	工作	0.021	边疆	0.033	检测	0.022

为了证明 K 值取 5 时，群体性事件聚类取得最佳效果，另外加入 K 值取 8 时（除 $K=5$ 外轮廓系数最高），构建群体性事件的聚类标签分布，见表 6.6。

从表 6.6 可以看出，$K=8$ 时将群体性事件聚成 8 类，此时虽然每个类别的标签有较好的相似性，尤其是每个类别标签的前三行，但是后面两行与前面三行的相关性不强，F1 标签中的“能源”，G1 标签中的“救治”“流血”与前面相似度不高，H1 标签中整体聚类效果不好；并且有的类别的标签相互之间有着一定的交叉，例如 G1 标签和 H1 标签中的“污染”“自然”“废弃物”应归属环境型群体性事件，却分成了两类，A1 标签和 D1 标签中的“习俗”“宗教”“分裂”“边疆”应同属于民族型群体性事件，却分成了两类。

以上证明将有关群体性事件聚成 5 类时聚类效果最好，分别将群体性事件的类别描述为经济型、社会型、文化型、民族型和环境型。

表 6.6 聚类数为 8 时群体性事件的聚类标签

A1 标签		B1 标签		C1 标签		D1 标签	
习俗	0.086	政策	0.097	知识	0.032	分裂	0.036
宗教	0.061	执法	0.047	教师	0.026	边疆	0.033
游行	0.051	矛盾	0.033	罢课	0.025	检测	0.022
防暴	0.021	武警	0.016	游行者	0.017	民警	0.015
善后	0.019	指挥	0.012	抗议	0.011	处罚	0.012
E1 标签		F1 标签		G1 标签		H1 标签	
讨薪	0.070	罢工	0.045	污染	0.063	废弃物	0.025
财务	0.046	工作	0.043	自然	0.053	领导	0.024
学校	0.021	工资	0.042	排放	0.023	诉求	0.022
调查	0.015	利益	0.022	救治	0.021	聚集	0.027
拘留	0.011	能源	0.014	流血	0.013	激愤	0.021

群体性事件聚类后，为了进行群体性事件的细分类识别，基于分类识别结果帮助政府在各个演化阶段制定行之有效的应对策略，对各类群体性事件文本进行观察研究，提取各类群体性事件在各个演化阶段的特征(强=1，弱=0)，见表 6.7。

表 6.7 各类群体性事件在不同演化阶段的特征

演化阶段	事件特征	经济型	社会型	文化型	民族型	环境型
萌芽期	频发性	1	1	0	0	1
	识别性	1	1	0	1	1
	可控性	1	1	0	0	0
	交互性	0	1	1	1	0
潜伏期	传染性	0	1	1	1	1
	组织性	0	1	1	1	0
	刺激性	1	1	0	1	1
爆发期	关注度	1	1	1	0	0
	对抗性	0	1	0	1	0
	破坏力	1	1	1	1	1
	影响力	0	1	1	1	0
缓解期	规模性	0	1	0	0	0
	动态性	1	0	0	0	0
	化解性	1	0	0	0	1
饱和期	衍生性	0	1	1	1	1
	规律性	0	1	1	1	1
	反复性	0	0	1	1	0

5)细分类识别

(1)基于支持向量机算法的事件分类。

上文运用LDA模型和K-means算法对10大群体性事件的文本聚类分析，得到了5类群体性事件和180个最佳主题中的特征词，提取各类型群体性事件的特征。接下来基于慧科新闻数据库，随机搜集了在2014—2019年间不同地区的510件群体性事件，基于文本聚类提取的事件特征进行人工标注，将其中的150件作为训练集，360件作为测试集，分别经过分词和降噪处理后，运用文本分类算法中的支持向量机算法进行分类，进而确定事件类别。

支持向量机具体算法过程如下。

输入训练样本向量$(X_i, y_i)(i=1,2,\cdots,N)$。$X_i$为$n$维样本数据，$y_i$为样本标签；根据二次规划方法求解目标函数式的最优解，得到最优Lagrange乘子a_i；引入核函数$k(X_i, y_i)$；利用样本库中的一个支持向量代入判别函数式①：

$$f(X)=\operatorname{sign}\left(\sum y_i a_i k(X_i, X)+b\right)$$

左值$f(X)$为其判别值，可得到偏差值b；获取测试样本Z，根据训练好的Lagrange乘子a_i、偏差值b和核函数k，再根据最优判别函数公式求解判别函数$f(Z)$，判断类别。

输入：训练样本向量和测试样本向量；

输出：支持向量机分类器分类结果。

①获取训练样本；

②指定核函数类型；

③利用二次规划方法求解目标函数式的最优解，得到最优Lagrange乘子；

④利用样本库中的一个支持向量X，代入判别函数式，左值$f(X)$为其判别值，可得到偏差值；

⑤获取测试样本；

⑥根据训练好的Lagrange乘子、偏差值和核函数，根据最优判别函数公式求解判别函数$f(Z)$；

⑦根据$f(Z)$的值，输出类别。

(2)评价指标及结果分析。

运用支持向量机算法对510个群体性事件进行分类，验证事件分类结果的准确性，文本分类算法的评价指标，主要有2种，分别是准确率P、召回率R。其公式为

$$P=\frac{S_r}{S_a}$$

$$R=\frac{S_r}{S_0}$$

其中S_r是指分类正确的文本数量，S_a是指实际分类的文本数量，S_0是指属于该类别的文本数量。

① 姚全珠，宋志理，彭程. 基于LDA模型的文本分类研究[J]. 计算机工程与应用，2011，47(13)：150-153.

分类结果的评价指数如表 6.8、图 6.5（a）和图 6.5（b）所示，五个类别的群体性事件的准确率和召回率都在 0.8 以上，说明将群体性事件分成五类是合理的，由于环境型群体性事件和民族型群体性事件描述文本的词语特征比较明显，所包含的特征词与其他类别的群体性事件没有交叉，所以准确率和召回率都比其他三类要高，其中准确率都在 0.9 以上。

表 6.8　群体性事件分类评价指数

评价指标	经济型	社会型	文化型	民族型	环境型
准确率	0.881	0.895	0.857	0.912	0.914
召回率	0.809	0.826	0.802	0.853	0.866

对 510 个群体性事件的分类结果进行频率和百分比的统计，见表 6.9，经济型群体性事件频率为 138，占比 27.1%；社会型群体性事件频率为 91，占比 17.8%；文化型群体性事件频率为 78，占比 15.3%；民族型群体性事件频率为 88，占比 17.3%；环境型群体性事件频率为 115，占比 22.5%。综上所示，经济型群体性事件和环境型群体性事件的发生数量最多，文化型群体性事件发生数量最少。等比类推在现实生活中暴发的群体性事件中，随着现代社会的快速进步，经济的飞速发展，社会财富和资源分配不够均衡，导致部分民众心理失衡，容易暴发经济型群体性事件；同时，部分地区经济发展以环境作为代价，进而导致了生态环境的日益恶化，降低了民众的生活质量，甚至使得依赖大自然生存的部分农村群众失去生活依仗，进而引发环境型群体性事件；而教育水平的提高，高素质人才培养力度的不断加大，抑制了文化型群体性事件的产生，降低其发生概率。

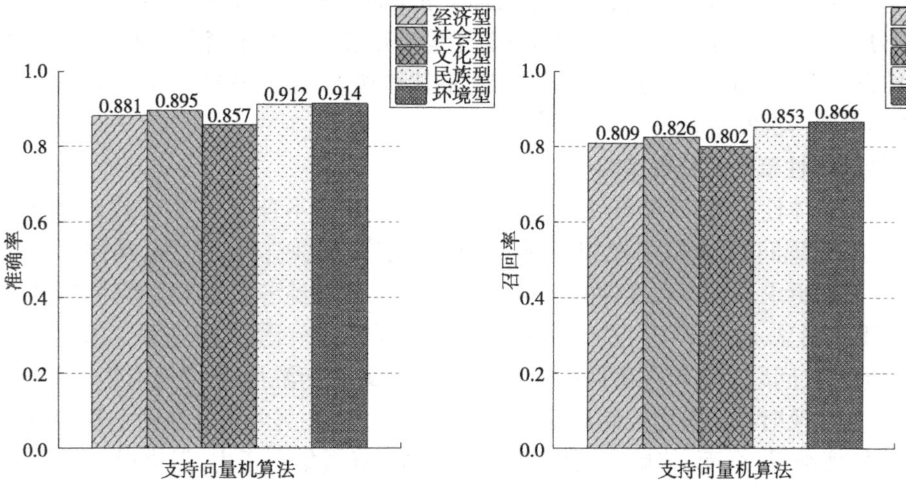

（a） 网络群体性事件分类的准确率　　（b） 网络群体性事件分类的召回率

图 6.5　网络群体性事件分类统计

表 6.9 群体性事件类别频率统计表

事件类别	频率	累加频率	百分比(%)	累加百分比(%)
经济型群体性事件	138	138	27.1	27.1
社会型群体性事件	91	229	17.8	44.9
文化型群体性事件	78	307	15.3	60.2
民族型群体性事件	88	395	17.3	77.5
环境型群体性事件	115	510	22.5	100.0

3. 基于群体性事件识别的应急处置策略

随着社会的高速发展,社会矛盾复杂性不断增强,群体性事件存在高发、多发、频发趋势,当事件发生后,基于上文的群体性事件识别和提取的事件特征,政府部门可以迅速确定事件的细分类型,根据不同的事件特征制定各个演化阶段的高效处置措施,防止事态扩大蔓延。

1)经济型群体性事件的处置策略

对于经济型群体性事件,由于该类事件具有利益诉求特定明确、以理性维权为主、以经济方式化解相对容易等特征,在该类事件的萌芽期和潜伏期,相关舆情信息开始在网上出现时,政府部门应及时识别事件类型,分析事件诱因,以经济方式迅速解决事件。在该类事件的暴发期,网上舆论热度较高,相关政府部门需针对事件核心矛盾及时应对,在网下,劝说参与者以合理合法的方式表达利益诉求;在网上,政府部门应对事件的基本信息和处理措施进行公布,与平台媒体、意见领袖等合作,引导民意发展方向,使网上网下形成良性互动,降低事件的破坏力。在该类事件的缓解期和饱和期,尽量满足参与者的正当利益诉求,总结经验教训,完善导致事件暴发的不合理政策,制定相应的法律法规,完善民意监测机制,防止类似经济型群体性事件再次发生。

2)社会型群体性事件的处置策略

对于社会型群体性事件,该类事件往往因为政府相关政策不合理,集中于教育、医疗、就业等领域的社会管理问题,能够引发相关利益群体间的广泛共鸣,组织性强,往往以先上访后对抗的方式表达诉求。在该类事件的萌芽期和潜伏期,相对经济型群体性事件,涉及利益人群更多,组织性明显,政府部门应及时识别事件类型,分析事件诱因,迅速派工作人员实地考察,尽量就地解决问题。在该类事件的暴发期,往往出现上街游行、静坐等有组织的行为,政府部门一方面应及时派出警力控制局面,防止出现伤亡事件;另一方面在网上及时通报信息,根据事件处理结果,全面、权威、快速回应民众诉求,舒缓集群压力,促进民意倾向积极化。在该类事件的缓解期和饱和期,应当完善不合理政策,加强法治建设,规范网络表达,完善权力监督制度,从根源上解决引发该类事件的社会问题。

3)文化型群体性事件的处置策略

对于文化型群体性事件,和其他群体性事件不同,该类事件往往因为文化、观念上的差异而引起冲突,在该类事件的萌芽期和潜伏期,往往在网上会出现对于某一社会现象的激烈讨论,政府部门应及时监测识别,针对较为极端的话题,迅速启动民意引导工作,营造冷静客观的网络环境。在该类事件的暴发期,与其他群体性事件不同,主要冲突战场在网络社交平台,官方媒体应当及时以正能量话题主导网民讨论,对于造谣抹黑他人、公开他人隐私的网民,应当严肃处理。在该类事件的缓解期和饱和期,应当对讨论的话题给出官方的评价,定性定调,宣传主流文化,并限制个别意图通过炒作赚取流量的媒体,防止不良风气的传播。

4)环境型群体性事件的处置策略

对于环境型群体性事件,该类事件通常是由于长期污染环境,进而影响部分民众的生活质量引发的冲突。在该类事件的萌芽期和潜伏期,政府部门应及时发现造成污染的源头,责令涉事组织或者个人改正,停止污染环境。在该类事件的暴发期,及时解决相应的污染问题,对于渎职人员严肃处理,对于污染环境的组织或者个人依法惩处,公开处理结果。在该类事件的缓解期和饱和期,加强宣传教育,更新相应政策,提高污染环境的违法成本,加大处罚力度和监管力度,防止衍生事件出现。

4. 总结

当前各类型突发事件仍呈现持续增长趋势,对社会发展、社会秩序造成不同程度的影响,对经济发展、社会治理、文化教育、民族关系、环境保护等方面工作也提出了新的挑战。本节研究突发事件的演化阶段和突发事件的类型特征,在舆情大数据环境下,搜集最具有代表性的群体性事件文本数据进行实证分析,运用 LDA 主题模型和 K-means 聚类算法将群体性事件分成了 5 类:经济型、社会型、文化型、民族型、环境型,并验证了分类的准确性,有助于未来群体性事件发生后的类型识别,使政府部门根据识别结果,科学合理应对,精准解决事件核心矛盾,快速平息群体性事件。

在研究中,为了提高群体性事件细分类识别结果的准确性,一方面在进行 K-means 聚类前,使用 LDA 主题模型,得到最佳主题,基于此找到初始聚类中心后进行事件聚类,这种方法减少了迭代次数,使群体性事件聚类结果更加准确;另一方面采用支持向量机算法,在人工标注后构建群体性事件细分类识别模型,以此实现未来群体性事件的自动化、预测性识别。但是研究过程中运用的支持向量机算法一般适用二分类,对于多分类的精度还有待提高,未来将结合其他算法进行群体性事件的分类识别,以提高分类准确性;而且运用慧科新闻数据库仅搜集到 2014 年到 2019 年群体性事件的文本数据,文本数据范围有限,分类结果不能反映 2014 年之前事件的特征,在今后的研究中拟进一步扩大分类文本数据库,使分类结果更加符合实际情况。

第三节　突发事件应急满意度评估

当前,对突发事件进行科学合理应对成为提升政府治理能力的迫切需要。由于相关制度不健全、应急处理不当,一些突发事件没有得到有效应对,反映出应急管理过程中存在的不足,同时也提示需要制定一个标准,来衡量应急管理工作的成效,充分发挥应急管理的作用。应急管理体系是一个复杂的系统,各方力量正在积极探索,力求对应急管理体系作出全面、系统、客观、科学的评估。评估体系一般从两个方面进行:一是组织内部的评估,是由组织内部专家对应急管理的人员、制度、机制等方面进行评估；二是组织外部评估，是由第三方评估机构对应急管理工作的完成情况进行评价。

本节基于网络舆情大数据，从民众满意度角度评估突发事件应急管理工作，一是能够以最直接、最有效的方式了解突发事件应急管理工作作用于社会、民众的真实情况，了解民众对于突发事件应急处置的反响，二是探究影响突发事件应急满意度的原因。具体而言，从民众角度出发，以舆情大数据作为数据来源和支撑，以民众满意度为研究对象，制定应急满意度评估指标，建立评估体系，并运用 Logistic 回归建立数学模型，对应急管理评估指标体系进行实证研究。

1. 基于 SERVQUAL 理论的突发事件应急满意度模型

SERVQUAL 理论是 20 世纪 80 年代由美国市场营销学家 A.Parasuraman、Zeithaml 和 Berry 依据 TQM（Total Quality Management）理论在服务行业中提出的一种新的服务质量评估体系。该体系从有形性、可靠性、响应性、保证性、移情性 5 个方面评估顾客所接受的不同服务的质量。近年来，该模型被管理者和学者广泛接受和使用，SERVQUAL 适用于测量信息系统服务质量，也是一个评估服务质量、客户满意度的有效方法。

借鉴 SERVQUAL 服务质量模型，从响应性、可靠性、组织性、移情性和有形性 5 个维度探究民众对政府应急管理工作的情感倾向和建议导向。响应性维度是考察民众对于突发事件发生后，应急主体能够及时辨别事件的类型和级别，并根据现有的应急预案及时作出相应对策的能力[①]；可靠性维度是考察应急主体能够为民众提供可靠、准确的应急服务的能力；组织性维度是考察应急主体有序组织、协调应急部门和动员社会力量的能力；移情性维度考察应急主体对民众情感转移和负面情感的预测管控的能力；有形性维度考察应急主体发布应急管理信息的媒体表现能力，包括信息公示数量，信息内容的针对性、真实性和形式等方面。

2. 突发事件应急满意度指标体系

构建突发事件应急满意度指标体系是一个从具体到抽象再到具体的辩证逻辑思维过程，是人们对突发事件应急能力的认识逐渐深化、逐渐精确、逐渐完善和逐渐系统化的过程。目前通常通过细化服务质量的 5 个方面，以调查问卷的方式，让用户对每个问题进行评分，综合计算得出服务质量满意度的分数。而以舆情大数据为基础的评估方法，与调查问卷有很大的不同：①舆情大数据的数据来源于网络信息平台，收集亿万用户参与的信息，而调查问卷面向的对象数量是有限的；②基于舆情大数据的评估方法可以由评估方一方和机器完成，不需要过多的人力直接参与，节省时间、财力和物力；③基于舆情大数据的评估方法由大量网民的行为数据作为支撑，具有可溯源、数据可视、客观等优势。舆情大数据和应急满意度之间的映射关系如图 6.6 所示。

突发事件应急满意度评估指标体系建立分为理论基础、评估初步设定、指标体系修改完善以及实证分析 4 个环节，具体如图 6.7 所示。

---

① 张克勇，吕美琳，姚建明，等. 物流外包满意度提升路径——基于模糊集定性比较[J]. 山东大学学报（理学版），2019，54（3）：119-126.

1)构建原则

建立一套系统、科学、合理、全面的突发事件应急满意度评估指标体系是准确获取民众满意程度的基础,也是准确评估突发事件应急现状和能力的保障,既能够全面、客观地反映政府突发事件应急管理的现状,也可以直接影响政府突发事件应急管理工作。根据应急管理体系特点和评估指标的要求,建立突发事件应急满意度评估指标体系应当遵循科学性原则、代表性原则、系统性原则、可操作性原则、定性与定量相结合原则、稳定性与动态性相结合的原则[①]。

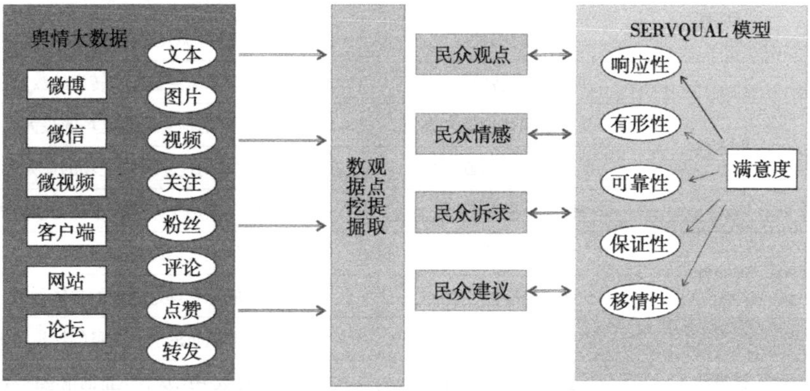

图 6.6　舆情大数据与应急满意度映射关系

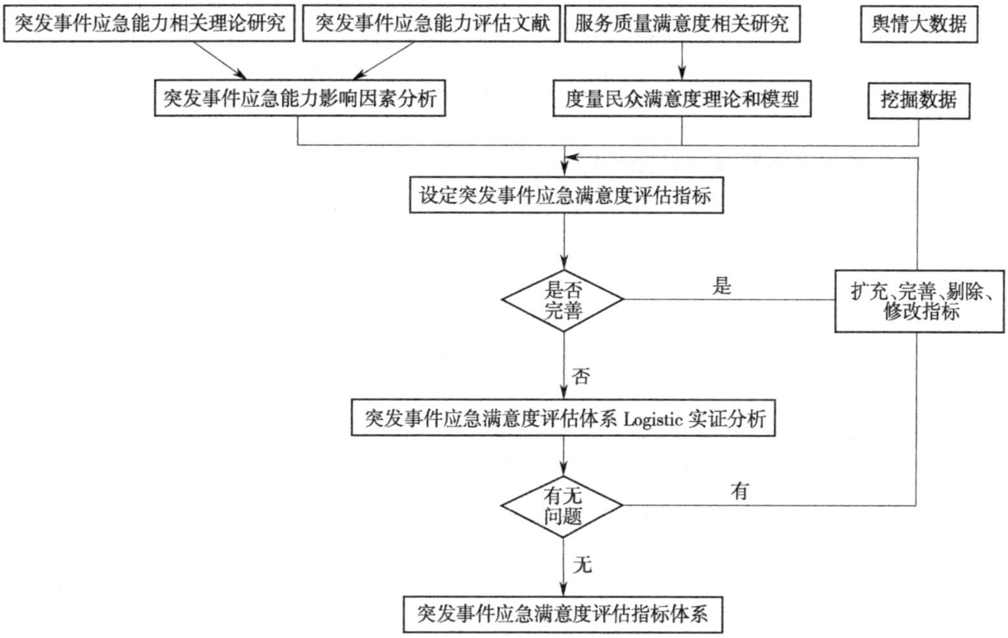

图 6.7　突发事件应急满意度评估指标体系构建流程

① 人民网舆情监测室. 网络舆情分析教程[M]. 北京:人民日报出版社,2015.

2)突发事件应急满意度评估指标

在突发事件应急满意度评估指标体系构建原则的指导下,初步建立突发事件应急满意度评级指标,该指标由总目标(评估突发事件应急满意度)、一级指标(5 个:响应性、可靠性、组织性、有形性、移情性)、二级指标(14 个)组成。具体指标及释义见表 6.10。

表 6.10 突发事件应急满意度指标

总目标	一级指标	二级指标	释义
民众满意度	响应性	应对及时程度	政府应对突发事件的速度
		应对时间长度	处理突发事件的时间长度
	可靠性	应急信息转发数量	应急信息被公众转发的数量
		支持立场评论最大数	支持政府应急管理立场的最大人数
		反对立场评论最大数	反对政府应急管理立场的最大人数
		评论表达诉求数量	评论中表达个人或对事件诉求的数量
	组织性	发起话题数(#)	针对事件或者话题热点发起的微博话题数
		联动响应数(@)	参与应急管理过程中的主体种类数量
	移情性	评论数量	政府发布的应急信息的评论数量
		正面情感评论数	评论数中民众表达正面情感的数量
		负面情感评论数	评论数中民众表达负面情感的数量
	有形性	基本信息完整度	突发事件基本信息公示的完整程度
		信息模态完备度	突发事件信息公示的形式(文字、图片、视频、音频等)
		发布事件信息数量	针对此突发事件发布的信息数量

3)突发事件应急满意度评估指标体系

根据 SERVQUAL 模型的 5 个层次和表 6.10 突发事件应急满意度指标,对突发事件应急满意度评估指标各层次进行整合与细化,最终确定突发事件应急满意度评估指标体系,如图 6.8 所示。

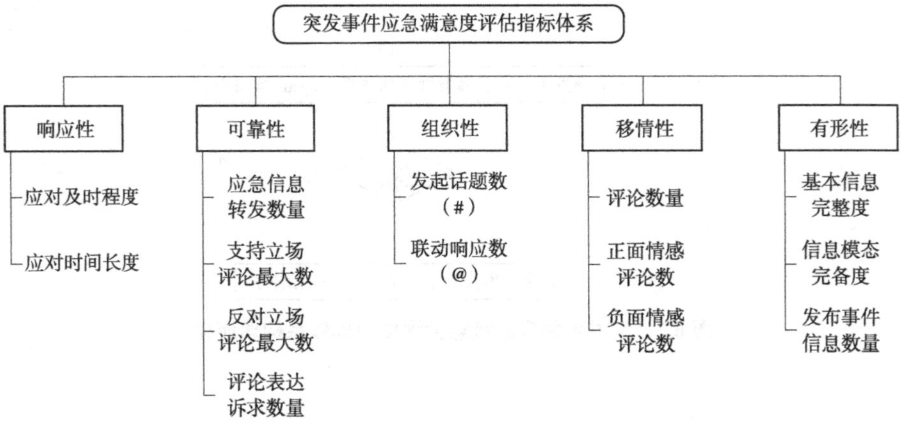

图 6.8 突发事件应急满意度评估指标指标

3. 基于舆情大数据的突发事件应急满意度评估

1)研究方法

实证分析采用 Logistic 回归模型，Logistic 是研究二分类或者多分类观察结果(因变量)与影响因素(自变量)之间关系的一种多变量分析方法 ①。以突发事件发生后，应急满意度非常不满意、一般不满意、一般满意、非常满意($y=1/2/3/4$)的概率(p)做应变量，建立应变量 p 和影响因素 x_i 的函数关系 $y=p_{(y=1/2/3/4)}=f(x_i)$。Logistic 回归模型的一般表达式为

$$P(y=1/x_i)=\frac{\exp(b_0+b_1x_1+b_2x_2+\cdots+b_kx_k)}{1+\exp(b_0+b_1x_1+b_2x_2+\cdots+b_kx_k)}$$

做 Logit 变换：

$$\text{Logit}\,P=\ln\frac{p}{1-p}=b_0+b_1x_1+b_2x_2+\cdots+b_kx_k$$

2)数据来源

在微博数据收集平台，收集 2019—2020 年的突发事件及其应急相关舆情数据信息。

3)数据处理

(1)事件筛选。

由于突发事件和相应话题的影响力不同，突发事件的等级、数据信息存在形态和数量均不同，本着可操作性的原则，实证研究的样本容量是有限的。为了在有限的时间内获得尽可能科学、准确的实证结果，需要对样本中的个别差异较大事件进行筛选。依据初步的数据整理结果，个别事件在网络中影响范围较大，数据量庞大，远超过其他事件的数据数量，故而将这三起事件从本次实证研究中剔除。

(2)数据标准化处理。

为了更客观地反映自变量与因变量的关系，采用 Min-max normalization 将原始数据进行转化。Min-max normalization，即离差标准化，是对原始数据的线性变换，使结果落在[0，1]区间，转换函数如下

$$X^*=\frac{x-\min}{\max-\min}$$

其中 max 为样本数据的最大值，min 为样本数据的最小值。

4)建立模型

(1)模型自变量与因变量。

将处理好的数据导入到 SPSS 软件中，运用 SPSS 有序 Logistic 回归分析，建立突发事件应急满意度评估模型。

自变量：模型的自变量为 x_1 应对及时程度、x_2 应对时间长度、x_3 应急信息转发数量、x_4 支持立场评论数最大数、x_5 反对立场评论数最大数、x_6 评论表达诉求数量、x_7 发起话题数

① 崔亮，张继权，刘兴朋，等. 基于 Logistic 回归模型的呼伦贝尔草原火险预测研究[J]. 安全与环境学报，2010，10(1)：173-177.

(#)、x_8 联动响应数(@)、x_9 评论数量、x_{10} 正面情感评论数量、x_{11} 负面情感评论数量、x_{12} 基本信息完整度、x_{13} 信息模态完备度、x_{14} 发布事件信息数量。

因变量:因变量为民众满意等级。依据突发事件的应急信息的点赞率,将民众满意度划分为 4 个等级,见表 6.11。

表 6.11　突发事件应急满意度等级

点赞率[0~1]	[0,0.25]	(0.25,0.50]	(0.50,0.75]	(0.75,1]
满意等级	Ⅰ	Ⅱ	Ⅲ	Ⅳ
满意程度	非常不满意	一般不满意	一般满意	非常满意

(2)建立 Logistic 回归模型。

建立 Logistic 回归分析模型,以 $y=4$(满意度效果为非常满意)作为对照组,将 14 个自变量纳入模型之中。

结果表明,x_2、x_6、x_8、x_{13} 4 个变量的显著性检验概率值远大于 0.05,超出可接受错误的边界水平 0.05,拒绝原假设。x_5 的显著性检验概率值为 0.057,接近 0.05;$x_{12=3}$ 小于 0.05,$x_{12=1/2}$ 时,略大于 0.05,由于样本容量并不足够大,难以避免事件数据的偶然性,故而先将 x_5、x_{12} 留在模型中,观察其在接下来的研究中的参数变化;其他变量的显著性检验概率值均小于 0.05,具有统计学意义。

将拒绝原假设的 4 个自变量逐个移出模型,观察整个模型和模型中的其余指标各项参数的变化:当 x_2、x_6、x_8、x_{13} 全都移出模型时,x_5 显著性检验概率值降低至 0.052。当将 x_5、x_{12} 变量也从模型中剔除时,模型拟合效果并不能达到最优,考虑到可能是由于样本的有限性和偶然性所致,因此将 x_5、x_{12} 纳入模型中,模型达到最优效果,与原假设相符。模型各参数值见表 6.12。

表 6.12　参数估算值

		估算	标准误差	瓦尔德	显著性	*OR* 值	95%置信区间	
							下限	上限
阈值	y=1	-10.528	4.332	5.905	.015	0.000 03*	0.000 1*	0.131
	y=2	-4.610	3.663	1.584	.018	0.009	0.167	13.066
	y=3	6.265	3.738	2.810	.014	525.841	0.346	798 907.142
位置	x_1	-11.888	6.248	3.621	.48	0.000 01*	0.118	1.429
	x_3	9.397	6.646	1.999	.047	12 052.169	0.027	54 72 492 408
	x_4	14.091	7.314	3.712	0.034	1 317 175.198	0.000	1.278
	x_5	-2.228	8.821	3.583	0.052	0.107	0.002	237.936
	x_7	-15.665	5.860	7.145	0.008	0.000 000 1*	0.000	0.015
	x_9	-51.336	28.762	3.186	0.024	0.000	0.000	154.007

续表

		估算	标准误差	瓦尔德	显著性	OR 值	95%置信区间	
							下限	上限
位置	x_{10}	52.974	26.894	3.880	0.049	1.014 65E+23	1.229	7.914 3E+45
	x_{11}	−8.710	7.102	1.504	0.020	1.014 65E+23	0.005	13.859
	x_{14}	8.639	4.096	4.449	0.035	0.000 16	1.844	17 296 245.279
	x_{12}=1	−7.797	4.207	3.434	0.064	5 647.679	0.002	1.567
	x_{12}=2	−7.184	4.164	2.976	0.44	0.000 4*	0.005	2.659
	x_{12}=3	−2.575	4.572	7.565	0.006	0.000 7*	0.215	0.027
	x_{12}=4	1.775	5.038	.124	0.025	0.076	0.003	5.212
	x_{12}=5	5.009	3.581	1.956	.162	149.754	0.134	167 376.325
	x_{12}=6	0	—	—	—	1.000	1.000	1.000

如表 6.12 所示,有两个异常之处:①x_{10}、x_{11} *OR* 值无穷大;②x_7、x_9 的 *OR* 值异常小,但四者的显著性均小于 0.05,具有统计学意义。对数据进行交叉、共线性等分析后,发现造成这两个异常之处的原因是:一是样本容量有限,突发事件网络舆情数据总量从千至百万,跨度较大;二是单个自变量中,数据值域存在从百跨至十万的现象,尽管已经排除数据量庞多的突发事件,但突发事件网络舆情数据量之间的差异仍然较大。为了避免以上问题,如果只挑选百位、千位、万位这样的突发事件进行研究,那么可研究突发事件局限在了某一类的事件舆情中,研究数量较少,研究的事件也不具有代表性,结果只能反映某一类的突发事件。本研究的目的是探究影响应急满意度的因素有哪些,并构建突发事件应急满意度评估指标体系,以上研究虽有瑕疵,但能够证明这 4 个变量影响应急满意度,故而将这 4 个自变量留在模型中。

(3)实证结果。

由实证结果可知,有一些指标不能够有效地度量民众满意度,需要剔除相关指标,再次添加、完善相关指标,进行验证。最终,经过反复试验,得到能够模拟出最优效果的突发事件应急满意度评估指标,建立突发事件应急满意度评估指标体系。

由此建立的突发事件应急满意度 Logistic 回归模型如下。

民众满意度为非常不满意时,即 $y=1$ 时:

$$\begin{aligned}\text{Logit } P_{(Y=1)} = &-10.528-11.888x_1+9.397x_3+14.091x_4-2.228x_5-15.665x_7-\\&51.336x_9+52.974x_{10}-8.710x_{11}+8.639x_{14}-7.797x_{12-1}-7.184x_{12-2}-\\&2.575x_{12-3}+1.775x_{12-4}+5.009x_{12-5}\end{aligned}$$

民众满意度为不满意时,即 $y=2$ 时:

$$\begin{aligned}\text{Logit } P_{(Y=2)} = &-4.610-11.888x_1+9.397x_3+14.091x_4-2.228x_5-15.665x_7-\\&51.336x_9+52.974x_{10}-8.710x_{11}+8.639x_{14}-7.797x_{12-1}-7.184x_{12-2}-\\&2.575x_{12-3}+1.775x_{12-4}+5.009x_{12-5}\end{aligned}$$

民众满意度为满意时，即 $y=3$ 时：

$$\begin{aligned}\text{Logit}\,P_{(Y=3)} = {} & 6.265-11.888x_1+9.397x_3+14.091x_4-2.228x_5-15.665x_7- \\ & 51.336x_9+52.974x_{10}-8.710x_{11}+8.639x_{14}-7.797x_{12-1}-7.184x_{12-2}- \\ & 2.575x_{12-3}+1.775x_{12-4}+5.009x_{12-5}\end{aligned}$$

4. 突发事件应急满意度影响因素分析

目前我国应对突发事件的应急管理能力正在逐步提高，突发事件应急管理体系正在逐步完善，但是目前尚未有统一的科学评估指标体系。通过从民众的视角对突发事件应急工作的满意程度作出评估，丰富了国内应急管理理论研究。本节研究的主要成果是：借鉴SERVQUAL模型得到关于应急满意度的5个主要层次：响应性、可靠性、组织性、移情性、有形性5个维度以及10个指标。相关评估指标是通过舆情大数据提炼而出的，在一定程度上减少了参与者的主观影响，增加了指标体系的客观性。

通过Logistic回归模型，检验了初步建立的突发事件应急满意度评估指标，筛选出与民众满意度无关或者影响极其微小的指标。在应急管理方面，能够对民众满意度产生较大影响的因素具体影响如下所述。

x_1 应对及时程度：政府对于突发事件应对的速度越快，民众的满意程度就越高。经调查，政府对于突发事件的响应速度是民众衡量政府应急工作的首要标准。如今互联网增加了信息的传播速度，政府第一时间发布消息，将最大程度减小不实信息的网络空间。

x_3 应急信息转发数量：应急信息的转发次数越多，民众满意度越高。应急信息的转发数量的多少代表了民众对于此信息的认可程度，转发次数越多，认同信息的人数越多，认可的程度也越高。

x_4 支持立场评论最大数：支持立场评论数的最大数越大，民众的满意度级别越高。评论数中持支持态度的人数越多，说明网民中持支持立场的人数越多，在这一正向影响下，带动支持政府措施的人数越来越多。

x_5 反对立场评论最大数：反对立场评论数的最大数越大，民众的满意度越低。评论数中持反对态度的人数越多，说明网民中持反对立场的人数越多。俗话说“好事不出门，坏事传千里”，事实证明负面信息更容易被人所牢记。一旦有人表达了自己的负面情绪，尽管可能只是小部分人群，但随着时间的流逝，如果没有正面声音介入，将会有更多的人受到负面情绪的带动，加入到反对的队伍之中。

x_7 发起话题数(#)：发起的话题数越多，民众的满意度就越低。说明关于此事件或此热点的微博话题越多，网络谈论热度越高，事件持续未得到良好的解决，民众的诉求就越多，满意度越低。

x_9 评论数量：评论数量越多，民众的满意度就越低。事件评论数量越多，说明事件的信息或者处置措施并没有完全符合民众的期望或要求，民众内心有强烈表达诉求的愿望，纷纷参与讨论。因此，评论的数量越多，民众满意度就越低。

x_{10} 正面情感评论数量：正面情感数量越多，民众满意度越高。评论中正面情感的数量越多,代表具有正面情感的人数越多,正面情感的占比越大。

x_{11} 负面情感评论数量:负面情感数量越多,民众满意度越低。评论中负面情感的数量越多,代表具有负面情感的人数越多,负面情感的占比越大,民众的满意就越低。

x_{12} 基本信息完整度:公布事件的基本信息内容越完整、详细,事件的信息透明度越高,民众越满意。事件基本信息包括时间、地点、人物、事情、起因、结果。近年来应对突发事件的信息内容越来越全面,为了更好地探究基本信息完整度,本研究将事发经过这一要素增加至基本信息要素中。

x_{14} 发布事件信息数量:发布事件信息的数量越多,民众满意度越高。发布事件信息的数量代表了政府对此事件的新闻宣传力度,即重视程度,信息的数量越多,民众越认为政府关注此事件。

5. 突发事件应急满意度提升策略

通过对突发事件应急满意度的研究,探讨了影响民众应急满意度的影响因素,其中对民众的满意度影响作用最大的前 6 个因素分别是: x_{10} 正面情感数量、x_9 评论数量、x_4 支持立场评论最大数、x_1 应对及时程度、x_3 应急信息转发数量、x_{11} 负面情感数量。基于影响因素的应急满意度提高策略如图 6.8 所示。

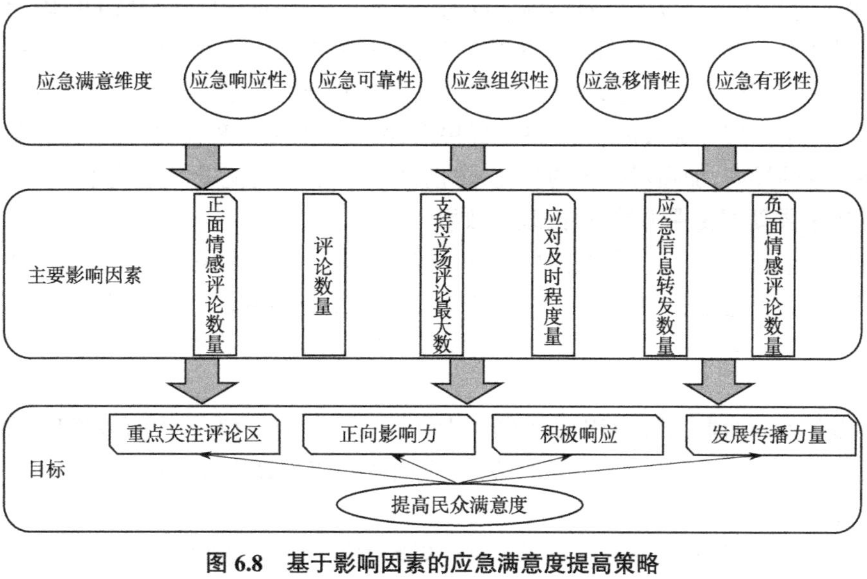

图 6.8　基于影响因素的应急满意度提高策略

1)重点关注评论信息,把握民众情感倾向

微博评论区是民众诉求表达的聚集地,是民众直接参与国家政务、社会各项活动的重要场所。因此,通过评论区一是可以及时了解广大民众普遍的思想观念、利益诉求、情感态度,二是可以获取民众对于具体事件的观点、情感、诉求和建议,三是评论区能够具体地体现网络民意的发展态势。评论区的这些优势有利于政府捕捉民意、感知民情。

突发事件发生后,政府及相关部门要重点关注政务信息评论区,通过整合与分析,获取有价值的信息:①计算正面、负面情感占比,比较两者的占比大小,分析民众的情感趋势;②及时预警与政务有关的评论主题,做好防范措施,避免衍生政治性话题的网络舆情;③及时发现“网络灌水”“网络推手”等现象,采取措施减弱网络舆情带给突发事件的负面冲击;④掌握全面信息,保持理性态度应对突发事件。

2)扩大正面力量的影响力,树立良好风气

前文研究证明正面情感评论数量对民众应急满意度的影响最强,说明正面情感影响民众对于事件的意向和判断。因此,政府在应对突发事件时,需要扩大正面情感的影响,做强正面力量的宣传工作。首先,积极树立正能量、挖掘正能量、传播正能量,让正能量深深刻在民众心中,成为维护社会环境的共同动力;其次,积极引导负面情感转化为正面情感,一旦发现负面情绪具有蔓延的趋势,需要立即采取引导措施,秉持严肃对待、积极处理的态度,做好情绪疏导工作,将负面情绪控制在一定的强度内[①];再次,重视对负面力量的信息收集工作,加强预警防范工作;最后,坚定扭转“以骂为主流,反主流成瘾”的社会风气,防止民众情绪极端化,营造团结奋进、积极向上的社会主流意识形态。

3)积极应对突发事件,防范网络舆情危机

突发事件一旦发生,必须第一时间采取高效、迅捷的紧急对抗政策,以消除紧急危险、控制影响范围,尽快恢复正常社会秩序为首要选择。因此,要全方位提高政府应急管理的态势评估能力、指挥协调能力、应急救援能力和信息传递能力,快速、精准分析并预判事件未来发展趋势,第一时间作出高效的应对措施。同时,在线上,应当重视网络舆情的影响力,不仅要注重线下的事件处置,也要做好线上的应急管理新闻宣传工作,成为网络平台信息的先导者。包括:①满足民众对于突发事件信息的知情权,做到不隐瞒、不欺瞒、不推脱、不搪塞;②积极应对网络谣言等虚假消息,正确引导民众,减少不必要的恐慌,防止事态恶化;③及时把控网络舆论的导向,加强对媒体的管理,防止媒体博眼球、博流量、恶意炒作。

4)蓬勃发展新闻传播力量,讲好政府故事

突发事件暴发初期,事件的突然性、紧迫性和危害性,易引发民众恐慌情绪,此时民众对于政府应急行为和应急信息的需求是非常迫切的。在这种情况下,首先政府应当及时对突发事件作出应对,其次要抓住时机解释、宣讲政府针对突发事件的应急行动,获取民众的信任。

突发事件发展时期,其负面影响不断扩大。在这一时期,政府一方面需要及时预测民众的情绪波动;另一方面要持续关注事件发展,及时跟进事件动态,展现政府积极应对突发事件的决心和诚意。

突发事件恢复时期,一是要注重对于事件后续进展的关注和监督;二是及时普及相关科普知识,提高防范意识;三是要总结此次事件暴露出的社会问题,例如网络谣言的处理,相关法律法规的解释、完善等。

简言之,要利用网络平台和媒体增强政府应急工作的传播速度和传播质量,努力做到在民众关心的问题上有态度,在民众渴望真相的新闻上有声音,包括:一是借助媒体在社会中的媒介角色,发挥其沟通各方力量、安抚社会情绪、缓解社会紧张状态等方面的强大作用;二是通过不断融合现代化信息技术手段,打造一个专业、权威的新闻窗口,在做好突发事件专

① 杨阳,王杰. 情绪因素影响下的突发事件网络舆情演化研究[J]. 情报科学,2020,38(3):35-41,69.

业行动者的同时,也要做好政府故事的讲述者。

5)以应急满意度为导向,完善应急管理机制

通过对突发事件应急满意度的研究,探讨了影响民众应急满意度的影响因素,暴露出目前应急管理工作中存在的不足,例如,应急信息沟通不畅、极端情绪显著、应急决策不当等问题。针对这些不足之处,可以通过以下几个方面完善应急管理机制:①加强与民众的信息交流,动员社会各界力量,协同应对突发事件;②及时化解极端情绪和网络暴力,防止网民情感的群体极化,引导民众进行真实有意义的评论[①];③提高应急决策力,提升应急决策人员准确运用政策法规、果断决策、组织协调、灵活应变等能力,在短时间和高度不确定压力下作出科学决策[②]。

6. 总结

本节借鉴 SERVQUAL 模型建立了突发事件应急满意度评估指标体系,通过 Logistic 回归模型建模对评估体系进行实证研究,对评估指标进行删选、完善,并通过反复验证,最终建立了突发事件应急满意度评估指标体系。但应急管理是一个复杂的体系,此次研究只选取了 5 个维度,对应急管理的概括力有待提升。同时,突发事件案例样本库有待扩充,并需要进一步探索基于舆情大数据平台获取更准确、更全面的数据资源。

第四节 突发事件应急管理体系建设

网络社会、智慧社会是人类正在经历的新的社会形态,它既体现为社会形态在现实层面的网络化、智能化,也是社会形态的一种虚拟化投影和延伸,现实与虚拟并行、交互的混合式社会形态日益深入发展。在这一社会背景下,伴随智能网络与实体网络的整合交融,突发事件应急管理的要素和形式发生着变化。首先,应急管理的主体,借助信息网络技术构成了超越时空限制、广泛互联的组织;其次,应急管理的客体,其发生发展规律具有突出的线上线下一体化、网络舆论场成为第二现场等特征,各种网络安全、信息安全、伦理安全等风险在公共安全领域愈加凸显;最后,应急管理的过程,受益于网络化、智能化带来的高效、便捷,例如观点、态度、行为、社会关系等各类事件的要素信息均可量化分析,进行可视化、场景化以及发展态势的预测和推演,同时又面临信息异化、媒介审判、数据独裁带来的干扰。原有风险复合时代挑战,因而智能网络社会背景下的突发事件应急管理需要体系化的创新。

本节以社会安全事件为例,在明确价值引领、进行含义廓清的基础上,从过程和要素两个视角,进行社会安全事件应急管理体系建设研究,同时充分融入预测、预警、预防思想,构建面向大数据的社会安全事件应急管理平台。

在应急管理领域,社会安全是新风险最为集中和敏感的领域,社会发展态势的日趋复杂和快速更迭,使得社会安全问题愈加纷繁多样和层出不穷。如何从新的视角去考察社会安全事件的含义,并提出对当前社会态势具有充分适应性并对未来社会态势具有适度前瞻性的社会安全事件应急管理体系,是完善优化国家应急管理体系的重要内容。

---

① 郑典江,孙瑞英,王逸涵. 网络舆情负面效应的反思与引导研究——以“雪莉”事件为例[J]. 情报探索,2020(7):86-89.

② 刘菲. 应急指挥决策机制再思考[J]. 决策与信息,2020(12):47-53.

目前国内学术界在社会安全事件领域主要有 3 个研究方向。一是社会安全事件的特点、规律等事件本体研究，例如对社会安全事件发生机理 ①、关联规则 ② 的研究；二是社会安全事件应急管理研究，包括治理路径 ③、预警机制 ④、系统防控 ⑤ 以及应对社会安全事件的政府绩效评估 ⑥ 等；三是社会安全事件网络舆情研究，包括演化规律 ⑦、舆论引导 ⑧ 等。相关研究的关键词时区图如图 6.9 所示。

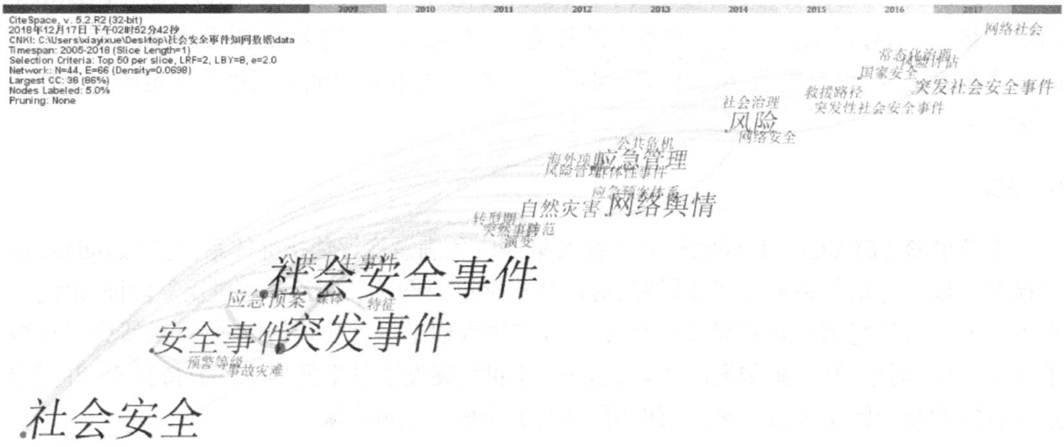

图 6.9　国内社会安全事件研究的关键词时区图

从图中的关键词可以看到这一研究领域的演进脉络：①社会安全事件最初是突发事件（2008）的一类，之后风险管理（2012）、应急管理（2013）、社会治理（2014）、国家安全（2016）逐渐引入，显示出研究视域的不断拓展；②从媒体（2009）、网络舆情（2012）、网络安全（2014）、网络社会（2017）的关键词演进，可以发现社会安全事件因其公共性、安全威胁性等，始终处于公众聚焦之下，网络社会环境下的社会安全事件已成为研究前沿。对于已有研究的回顾，为更深入地理解社会安全事件应急管理的新内涵提供了启发，如何在国家安全视域下统筹社会安全事件应急管理，如何根据网络社会的新态势来优化社会安全事件应急管理，是构建社会安全事件应急管理体系过程中亟须回答的重要问题。

---

① 朱正威，胡永涛，郭雪松. 基于尖点突变模型的社会安全事件发生机理分析[J]. 西安交通大学学报（社会科学版），2011，31（3）：51-55.

② 孙越恒，王文俊，迟晓彤，等. 基于多维时间序列模型的社会安全事件关联关系挖掘与预测[J]. 天津大学学报（社会科学版），2016，18（2）：97-102.

③ 刘玉雁，刘冲. 社会安全事件常态化治理的路径选择——基于政府合作治理的视域[J]. 北京警察学院学报，2016（4）：54-58.

④ 吴新叶. 大都市社会安全预警建设的机理及其利用——以国家-社会二分法为视角[J]. 上海行政学院学报，2014，15（3）：11-19.

⑤ 高雪静. 信息化主导下社会安全事件系统防控研究——以新疆维吾尔自治区为例[J]. 北京警察学院学报，2013（1）：36-39.

⑥ 翁列恩，李娇娜. 应对重大社会安全事件政府绩效评估的理论基础和模型设计[J]. 中国行政管理，2013（4）：109-112.

⑦ 陈璟浩，李纲. 突发社会安全事件网络舆情演化的生存分析——基于 70 起重大社会安全事件的分析[J]. 情报杂志，2016，35（4）：70-74.

⑧ 宫承波，黄晓云. 重大社会安全事件中的网络舆论及其引导[J]. 山东社会科学，2011（12）：34-38.

1. 社会安全事件应急管理

随着社会的发展，人们对社会安全事件的认识也处于动态变化之中，丰富和深化社会安全事件应急管理的含义，是构建社会安全事件应急管理体系的基础。本节从总体国家安全观的价值引领出发，阐释定义社会安全事件应急管理的理论和现实基础，廓清社会安全事件应急管理的含义。

1)价值引领

总体国家安全观是指导新时代国家安全工作的强大思想武器，对于完善国家安全体制机制，加强国家安全能力建设，有效维护国家安全，具有十分重要的意义。针对社会安全事件应急管理所面临的各类新型安全问题复杂交织、非常规事件多发频发的严峻形势，亟须坚持全面、整体、系统的国家安全思维，在国家安全的总体视域下，探索社会安全事件应急管理的理论框架。

(1)一体化理念。

秉持总体国家安全观在国家安全构成要素上的全面性、整体性思维，要求将不同领域、不同层面的社会安全问题统合为一个整体来分析。从总体国家安全的视角考察，社会安全作为国家安全的重要组成部分，有其独立特征和范畴，但同时，政治安全、经济安全、文化安全等其他安全领域均会在社会安全领域有所投射；同理，从突发事件的视角考察，社会安全事件是突发事件的一类，但同时，自然灾害、事故灾难、公共卫生事件的影响会向社会安全领域辐射，构成事件链。在社会安全领域内亦是如此。这体现了现实中社会安全构成要素间不可分割的关系，从而要求社会安全事件应急管理在战略上具有国内与国际统筹、线上与线下并行、常规与非常规兼顾的一体化思维，在战术上重视不同领域、不同层面安全风险的溢出、叠加、耦合等，进行多元社会安全风险的综合治理。

(2)系统性理念。

总体国家安全观在安全与发展、自身安全与共同安全的辩证关系论述中体现的系统性思维，要求在社会安全事件应急管理中以开放互动形式，将国内外多元主体纳入协同合作的系统中。这体现了社会安全保障策略、措施间不可分割的关系。主要包括两个层面：一是统筹安全与发展，在应急管理策略上综合运用公共政策、社会治理、文化整合、市场调节、技术改革、信息分析、国际合作等措施；二是促进多元主体协同，推动基于群众基础的多元共治、打造命运共同体和共同安全的国际支援与国际联动等。通过应急管理工具、应急管理资源的融合，对社会安全风险和危机事态进行系统治理。

2)含义廓清

鉴于总体国家安全观的价值引领以及社会发展的网络化、智能化态势，对社会安全事件的含义理解，可以从广义和狭义两个层面展开。

(1)广义层面的社会安全事件。

在广义上，社会安全事件是指给社会组成要素、系统运行的安全状态带来威胁，并产生实质危害和社会影响的事件。从这一层面出发，社会安全事件的范围是广泛的。首先，总体国家安全中的各领域安全、突发事件中的各灾种事件等，均因其公共性而可能引发社会安全事件，例如科技、生态、资源等领域的安全事件会与社会安全相耦合，从而在类型上拓展社会安全事件的范围;其次,在社会进程中历史与现实、个体与整体、发展与安全等不同观照视角下,长期积累的社会矛盾、个体利益与整体利益的冲突、转型期快速发展的社会阵痛等等,也会对社会安全产生影响,包括长时间酝酿聚积而导致的社会安全事件以及突发性的社会安全事件,从而在事态紧急性上拓展了社会安全事件的范围;最后,现实与虚拟交融的混合式社会形态,也使得社会思潮、社会意识、舆情民意等精神层面的社会风险,经由网络放大渲染和线上线下交互激荡,而演化为社会安全事件,从而在空间上拓展社会安全事件的范围。

(2)狭义层面的社会安全事件。

在狭义上,社会安全事件是指造成或者可能造成严重社会危害,并且威胁或破坏公共安全和社会稳定的突发事件。主要包括重大刑事案件、恐怖袭击事件、群体性事件、涉外突发事件、经济安全事件等。社会安全事件是一类突发事件的总称,这类突发事件主要由社会个体或群体的主动行为引发,其危害性体现为威胁或破坏公共安全和社会稳定。

以社会安全事件为客体进行的应急管理过程,即社会安全事件应急管理。随着在安全问题上全面、系统、整体思维的日益加强,以及社会发展的开放互联融合趋势不断凸显,在社会安全事件应急管理体系的构建中,应在战略层面秉持广义的社会安全事件含义,架构一体化、系统化的治理框架,而在战术层面秉持狭义的社会安全事件含义,重点针对特定类型事件构建科学可行的治理机制。限于篇幅,本节在狭义社会安全事件含义下,探索应急管理体系的创新路径。

2."过程"视角下社会安全事件应急管理体系

"过程"视角下的应急管理包含宏观和微观两个层面。宏观层面的过程治理,基于应急管理向前延伸为风险管理、向后延伸为危机管理的分析模型,注重一头一尾的风险治理和危机治理能力,如强化战略风险研判、系统风险评估能力,强化事前风险防控、事后弹性恢复能力等,由专注于应急处置,进一步向识别、控制并化解风险和提供多样性、精确性的应急服务转移,提升应急管理的可预见性、可持续性,进行主动型、学习型的社会安全事件应急管理。微观层面的过程治理,基于应急管理生命周期理论,以社会安全事件为分界线,分为事前、事初、事中、事后 4 个阶段,有针对性地完善优化预防准备、监测预警、响应处置、善后恢复、调查评估等应急管理工作机制。

综合上述两个层面,提出"无事先防—事初防起—事中防变—事后防复"的建构理念,分别构建社会安全事件的源头化解体系、防控预警体系、响应处置体系和恢复评估体系。

1)"无事先防"——社会安全事件源头化解体系

社会安全事件源头化解体系的本质是无事先防,即做好事前预防工作,这一阶段的主要工作机制包括:

①以共建共治共享构建社会治理共同体;

②用情用心用力做好群众工作;

③跨部门、跨领域、跨区域的协调合作;

④多类型、多灾种的社会安全风险联合监测;

⑤适任、在职、科普等多途径社会安全培训;

⑥多学科协同创新与技术支持;

⑦多场景、无预案、联合、对抗演练；

⑧人力、物资、信息、技术等资源共享。

其中，多类型、多灾种的社会安全风险联合监测是“无事先防”阶段的核心工作机制。通过引导群众、组织群众，整合各方力量、科学配置资源，前瞻识别潜在风险，防范由小到大、由单一到复合、由局部到全局的风险演化，防范各类风险的溢出、叠加、耦合等连锁联动效应，把社会安全风险化解在源头。

2）“事初防起”——社会安全事件防控预警体系

社会安全事件防控预警体系的本质是事初防起，即做好事初预警工作，这一阶段的主要工作机制包括：

①人、事、物、时、地、情等社会安全事件核心要素预测；

②基于核心要素预测的动态巡查；

③事件原因调查与风险源控制；

④事件发展态势预测与动态推演；

⑤线上线下数据融合分析与情报预警。

其中，基于人、事、物、时、地、情等社会安全事件核心要素预测，进行动态巡查，是“事初防起”阶段的核心工作机制。通过线上线下等多种来源数据的融合关联，进行社会安全事件的风险感知、态势预测和情报预警，确定高危风险区域，开展针对性、预见性的动态巡查并控制风险源，将事件抑制在萌芽酝酿阶段，实现社会安全事件的预警预控。

3）“事中防变”——社会安全事件响应处置体系

社会安全事件响应处置体系的本质是事中防变，即做好事中应急处置工作，这一阶段的主要工作机制包括：

①基于博弈推演的动态预案输出；

②跨部门、跨领域、跨区域的联动响应；

③交互式同步决策指挥；

④人力、物资、信息、技术等资源配置方案的动态输出；

⑤预备资源配置方案的动态输出；

⑥处置效果实时评估与预案动态调整；

⑦随行专家与在线专家咨询；

⑧国内外舆情态势预测与预警；

⑨全媒体、交互式信息服务与舆情引导；

⑩次生危害、衍生事件等连锁效应预测与预警。

其中，基于社会安全事件发展态势预测与推演，动态调整预案，实现交互式同步决策指挥，是“事中防变”阶段的核心工作机制。基于多网多构多维大数据开展的态势推演，能够动态适应社会安全事件发展演化趋势，并与事件情景进行实时交互，从而保证决策指挥的针对性、科学性和有效性，防止社会安全事件的暴发式演化，以及国内外网络舆情危机等次生衍生事件。

4）“事过防复”——社会安全事件恢复评估体系

社会安全事件恢复评估体系的本质是事过防复，即做好事后改进工作，这一阶段的主要

工作机制包括:

①全过程、全要素处置效果评估;

②同类事件复发预测与预警;

③消除可预见危害与控制已暴露风险;

④补足处置能力和应急资源短板;

⑤更新经验案例、风险源、应急资源、预案数据库。

其中,同类事件复发预测与预警,是“事过防复”阶段的核心工作机制。社会安全事件具有显著的线上线下、国际国内、多领域耦合特征,极易引发不同地域、不同领域之间的风险传递,因而应通过全面评估,改进应急管理过程,优化应急管理措施,防止类似事件再次发生。

3.“要素”视角下社会安全事件应急管理体系

在明确“过程”视角下应急管理各阶段工作机制的基础上,从“要素”视角形成工作机制之间的整合联动,其核心思想是多元要素的一体化、系统化整合联动,其中多元要素包括3个方面:①政府、社会、市场等多元主体;②多灾种、多类型事件风险源;③人力、物资、信息、技术等多元资源。

1)主体要素

主体要素包括政府、军队、社会组织、企业、公民等应急管理主体。主体要素的多元联动体现为2个层面。首先,依据多元主体对社会安全事件应急管理的利益相关性,明确多元应急主体的职责职权,实现权责明晰,以此为基础,形成社会安全事件的公共治理结构,促进多元主体之间的有序衔接和协同一致。其次,针对公民主体而言,其社会安全需求具有整体性,因此在应急管理工作机制层面需涵盖教育培训、技术救援、医疗救护、心理救助、物质补偿、恢复帮助等各方面应急服务,同时在社会安全应急队伍建设上,突出专业化基础上的综合性,建立一体化的社会安全保护体系。

2)风险源要素

风险源要素包括涉黑涉恶、涉恐涉暴、涉稳涉外等社会安全领域风险,以及政治、经济、生态、资源等社会安全密切相关领域风险。风险源要素的多元联动体现为对多元社会安全风险进行一体化统筹和系统治理。首先,需要以总体安全思维对社会综合治理、反恐维稳以及各类突发事件应急管理进行统筹规划,特别是在基层,需以综合、简练、高效为目标,对各类社会安全事件应急管理职能进行整合落实,强化属地管理原则。其次,依托多元主体的公共治理结构,通过区域联动中心、区域合作平台等方式,开展风险联合监测、预测、预警,同时完善不同安全领域的风险沟通机制和协同化解机制,通过区域间、领域间的动态联动,促进多元风险源的系统治理。

3)资源要素

资源要素包括人力、物力、财力、信息、技术等应急管理资源。在智能网络社会背景下,社会安全事件应急管理的工作机制需以数据信息为中心,突出数据驱动。首先,在应急管理过程中产生的数据信息依据具体事务的不同进行分析应用,而不受部门职责范围的限制,围绕数据信息的搜集、分析、应用等流动过程,将网络式分布的人员、机构、物资、装备等多元资源有效连接和整合。其次，推进资源配置由分割、闭锁、凝滞向融合、共享、流动转变，采取数据信息要素主导的资源配置方式，统筹各领域、各类型应急资源，建立一体化应急管理资源体系，促进应急过程的有序衔接、应急资源的快速获取和高效利用。

4. 面向大数据的社会安全事件应急管理平台

按照社会安全事件应急管理工作机制的任务需求，将应急管理工作中所必需的各项任务划分为 4 个模块，分别是资源模块、保障模块、演练模块和实战模块。其中，资源模块和保障模块是基础模块，以此为基础，实施演练模块和实战模块。4 个模块集成整合为社会安全事件应急管理大数据平台。如图 6.10 所示。

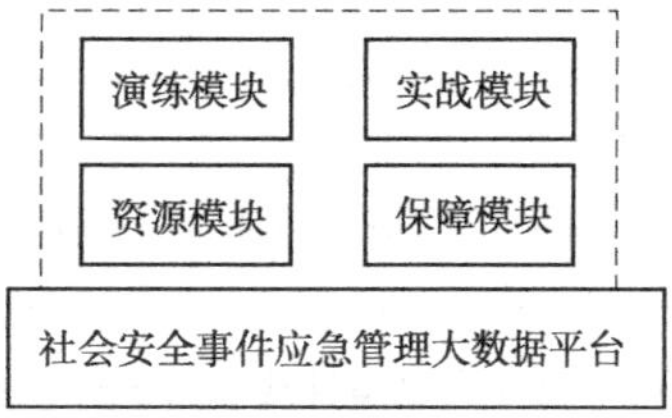

图 6.10　社会安全事件应急管理任务模块

1）资源模块

在大数据环境下，资源模块是指社会安全事件应急管理中所需的人力、物资、信息、技术等各类资源的整合系统。包括三类子模块，其中，物质资源主要是应急管理物资、装备等各类常备和储备资源。人力资源主要是专家组和应急管理力量，其中应急管理力量包括各级政府部门和军队、武警力量，其他参与应急管理工作的企事业单位、社会团体、个人等。信息资源主要是案例数据库等历史资源，信息网络、信息系统等实时动态资源。

基于上述资源子模块，整合架构社会安全事件应急管理大数据平台，包括集成化、一体化的全息风险系统，事件预测仿真系统，智能推演系统，调度指挥系统，舆情监测系统，信息播发预警系统，通信系统等。如图 6.11 所示。

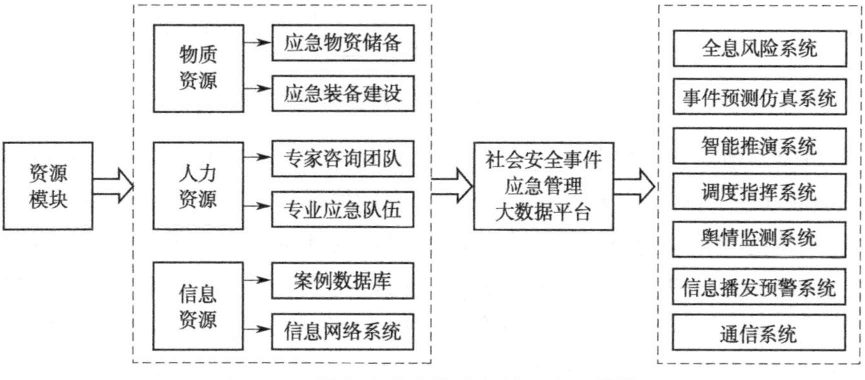

图 6.11　社会安全事件应急管理资源模块

2）保障模块

在大数据环境下，保障模块是指社会安全事件应急管理中所需的法律、技术、人才、经验等各类保障措施的整合系统。通常而言，应急管理所需的保障措施还包括医疗、交通、通信、治安、保险等。在此，主要面向大数据环境，服务于前瞻性、智能化的应急管理任务需求，重点建立了法律、技术、人才和经验4类子模块。各自对应的模块功能分别是交涉协商、协同创新、培训进修和评估改进。如图6.12所示。

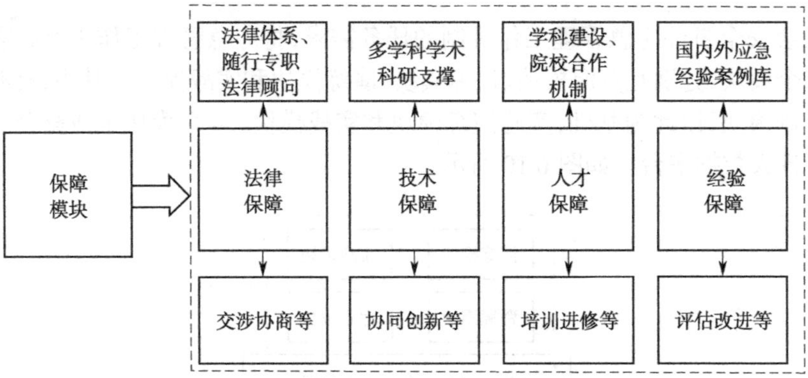

图6.12 社会安全事件应急管理保障模块

3)演练模块

在大数据环境下，演练模块是指社会安全事件应急管理中所需的虚拟仿真和模拟演练的整合系统。其中虚拟仿真系统主要是利用计算机仿真、虚拟现实、桌面推演等技术方法，实现应急管理场景仿真、人与虚拟环境的实时感知交互、应急管理态势演化博弈等。模拟演练系统主要用于进行多场景、跨区域、跨部门的演练，无预案演练，对抗演练等不同类型的模拟演练。如图6.13所示。

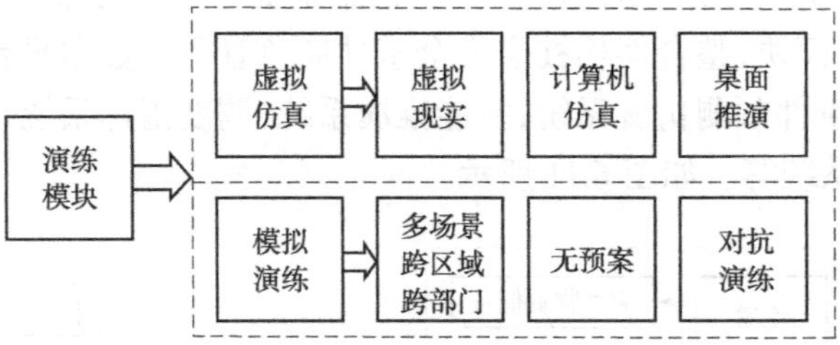

图6.14 社会安全事件应急管理演练模块

在此模块应实现基于大数据的全要素模拟对抗，在多元融合场景下模拟实战，开展数据对抗。其中，重点是全方位模拟网上网下数据融合的协同作战场景。由此，基于C^4ISR军事指挥自动化系统的建模思想，构建全要素模拟场景。C^4ISR的核心思想是多元要素的自动化、智能化整合联动，其中多元要素共包括4个方面：①人、事、物、时、地等多元数据资源；②多类型事件风险源；③生产者、传播者、组织者、使用者等多元数据主体；④监测防控、预测预警、响应处置、评估改进等应急管理流程不同阶段。

基于大数据的全要素模拟对抗，其本质是数据对抗，进而实现从海量数据中辨识风险、定位主体，进而挖掘情报的过程，由此，需构建以情报为中心的全要素模拟对抗场景，实现数据、监测、情报、预测、指挥、处置、评估一体化，如图6.15所示。

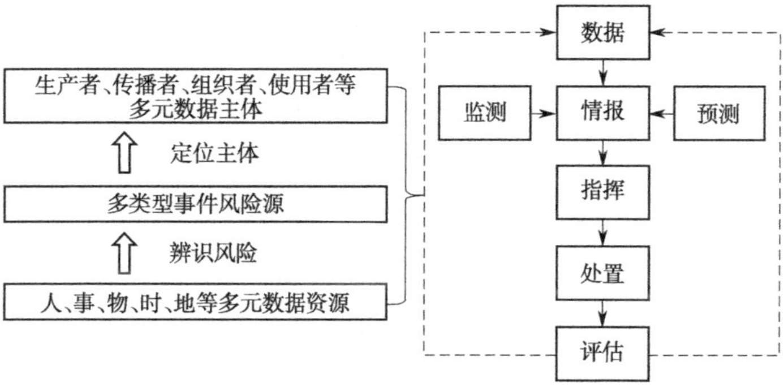

图 6.15　基于 C^4ISR 的全要素模拟对抗场景

4)实战模块

在大数据环境下,实战模块是指社会安全事件应急管理中所需的监测→预测→预警→决策的一体化系统。监测系统包括网上网下监测,重点是网上网下互动的耦合风险监测;预测系统包括宏观与微观预测,重点是社会安全事件的时间、地点、类型、演化态势等核心要素预测;预警系统包括宏观与微观预警,重点是基于预测的动态巡查和基于博弈推演的动态预案输出;决策系统主要是进行自动化、智能决策。如图 6.16 所示。

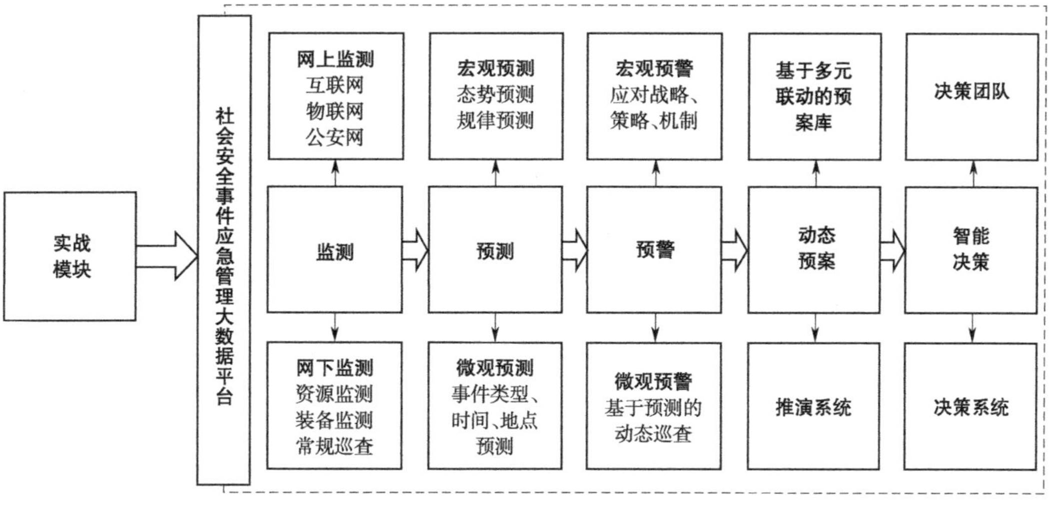

图 6.16　社会安全事件应急管理实战模块

5. 总结

随着社会安全事件演化速度越来越快,规模日趋庞大,复杂程度日益加深,亟须从更宏观、更前瞻的视角,完善优化社会安全事件应急管理体系,强化社会安全风险的一体统筹、系统治理,强化社会安全事件的预测预控、协同应对。本节从已有研究出发,秉持总体国家安全观的哲学思维,适应智能网络社会带来的时代变化,从广义和狭义两个层面廓清社会安全事件的含义。在此基础上,从横向“过程”视角和纵向“要素”视角,搭建社会安全事件应急管理体系,探索纵横交汇视野下的创新路径;突出大数据环境下的预测、预警、预防,构建社会安全事件应急管理大数据平台，包括资源、保障、演练、实战 4 个的模块，提出构建“监测→预测→预警→决策”一体化实战系统，以期为社会安全事件应急管理提供可资借鉴的理论建议，为实现前瞻性、预见性、智能化的社会安全事件应急管理，提供实施路径。

结　语

1. 突出特色

（1）充分发挥舆情大数据的资源价值，开展基于舆情大数据的民意研究。

在网络大数据环境下，面对民意研究向数据驱动拓展的新趋势，从战略层面确立面向舆情大数据进行民意感知的宏观决策思路，从战术层面确立基于舆情大数据的民意量化研究方法。发挥舆情大数据分析快速精确、实时呈现、动态反馈、多维度多视角等优势，通过提炼民意、汇聚民智的“多元汇聚式”决策模式，为突发事件应急管理提供更科学高效的决策支持。

（2）针对突发事件民意分析的特殊性，构建专属语料库和词典，为该领域提供基础研究资源和工具。

突发事件民意作为民意的特殊形态，具有暴发性、多变性、差异性和风险性等特征，为保证研究的针对性，在构建突发事件网络舆情案例库的基础上，提炼突发事件民意文本特征，构建突发事件民意语料库、民意情感词典、民意诉求词典，弥补相关研究空白，为该领域提供基础研究资源和工具。

（3）采用定性与定量相结合的方法，开展交叉科学研究，有效提升研究质量。

为更好地揭示民意的科学规律，提供合理高效的应急决策支持，针对不同研究对象，采用多样研究方法。

对于探究机理、规律等问题，主要采用数学建模、系统动力学等建模仿真方法，更简练地描述机理，更准确地刻画规律，更细微地模拟不同场景下的变化规律。

对于探究影响因素等问题，主要采用结构方程模型、Logistic 回归、层次分析法等分析评估方法，基于数据分析识别关键影响因素，评估影响程度。

对于探究文本特征等问题，主要采用扎根原始语句的质性分析方法，以及基于大数据的机器学习、自然语言处理等方法，面向海量舆情大数据进行文本特征提取，开展民意主题聚类、情感分类和识别预测等研究。

对于探究概念、类型、机制、策略等问题，主要采用文献研究法，以及传播学、语言学、管理学相关理论研究方法。

2. 存在的不足和尚需深入研究的问题

（1）在舆情大数据研究中，更多采用文本数据和网民行为数据，对于图片、音视频数据较少涉及，在未来的研究中，需进一步拓展至基于图片、音视频数据的民意分析研究。

（2）在民意分析和决策支持研究过程中，提出多个策略集，但是尚未针对策略集进行决策匹配。因此，在未来的研究中，需将这一智能决策思路应用至全部策略集，将策略集升级为自动匹配的决策库，整合构建突发事件应急决策系统，进一步提升决策的智能化水平。

参考文献

[1] 新华通讯社课题组. 习近平新闻舆论思想要论[M]. 北京:新华出版社,2017.
[2] 刘建明. 社会舆论原理[M]. 北京:华夏出版社,2002.
[3] 陈力丹. 舆论学:舆论导向研究[M]. 上海:上海交通大学出版社,2012.
[4] 周蔚华,徐发波. 网络舆情概论[M]. 北京:中国人民大学出版社,2016.
[5] 张志安. 新媒体与舆论:十二个关键问题[M]. 北京:中国传媒大学出版社,2016.
[6] 彭兰. 网络传播概论[M]. 北京:中国人民大学出版社,2017.
[7] 邹振东. 弱传播:舆论世界的哲学[M]. 北京:国家行政学院出版社,2018.
[8] 李彪. 舆论学教程[M]. 北京:中国人民大学出版社,2020.
[9] 王兰成. 网络舆情分析技术[M]. 北京:国防工业出版社,2014.
[10] 杨明刚. 大数据时代的网络舆情[M]. 深圳:海天出版社,2017.
[11] 王光辉. 社会舆论传播、演化和引导——网络建模与仿真视角[M]. 北京:科学出版社,2018.
[12] 刘怡君,李倩倩,马宁,等. 社会舆情的网络分析方法与建模仿真[M]. 北京:科学出版社,2019.
[13] 武装,王革. 网络舆情的演化机制与应对策略研究[M]. 北京:科学技术文献出版社,2019.
[14] 任贤良. 中国崛起之舆论战[M]. 北京:人民日报出版社,2020.
[15] 中璋. 效应:舆论传播的 100 个定律[M]. 北京:中信出版社,2020.
[16] 殷复莲. 网络信息传播动力学建模与分析[M]. 北京:中国传媒大学出版社,2020.
[17] 陈卫. 大数据网络传播模型和算法[M]. 北京:人民邮电出版社,2020.
[18] 禹卫华. 社交媒体舆论[M]. 上海:上海交通大学出版社,2021.
[19] 芦珊. 网络舆情监测与研判[M]. 北京:人民邮电出版社,2021.
[20] 中璋. 操纵:大数据时代的全球舆论战[M]. 北京:中信出版社,2021.
[21] 齐佳音,张一文. 突发性公共危机事件与网络舆情作用机制研究[M]. 北京:科学出版社,2016.
[22] 王治莹. 突发公共事件情境下舆情成长及其决策问题研究[M]. 北京:经济管理出版社,2018.
[23] 傅昌波. 重大突发事件社会舆情演化规律及应对策略研究[M]. 北京:经济科学出版社,2023.
[24] 李普曼. 舆论[M]. 北京:北京大学出版社,2018.
[25] 马克斯韦尔·麦库姆斯. 议程设置:大众媒介与舆论[M]. 北京:北京大学出版社,2017.
[26] 伊丽莎白·诺尔·诺依曼. 沉默的螺旋:舆论——我们的社会皮肤[M]. 北京:北京大学出版社,2013.
[27] 克劳斯·布鲁恩·延森. 媒介融合:网络传播、大众传播和人际传播的三重维度[M]. 上海:复旦大学出版社,2012.

后　记

本著是作者在网络舆情和突发事件应急管理领域的融合之作。在面向社会现实不断总结科学问题、开展学术研究的过程中，作者经过了从应急管理向网络社会应急管理聚焦，再到面向网络舆情开展社会治理的探索之路。研究方向的确立是一个内外交融、碰撞汇聚的过程。作者博士毕业后，有感于学术报国的价值追求，投身应急管理研究，但却深感积淀不足、创新乏力，研究很快遇到瓶颈。恰逢此时，网络兴起，每每突发事件应急管理需同时面对网上网下两个现场，由此突发事件网络舆情进入研究视野。接触到这样一个与时俱进的新领域后，作者倍感兴奋，一则这是一个具有很强现实需求和实践价值的研究领域，可以更好地践行“经世致用”的治学追求；二则这个领域与作者本科直至博士十年间的专业背景高度契合，专业所学旨在“浸润人心”，而舆情研究正在于倾听民意、感知民情，进而凝聚民心，研究目标一致，所需感性认识和理性认知也具有相通之处。由此内外汇聚，进而确立了富有价值、内心热爱、能力满足这样三者俱备的研究领域——网络舆情治理。

在网络舆情治理研究的道路上，既有志同道合的学术战友，也有聪敏好学的学术小伙伴们。本著由夏一雪进行全书的研究设计、框架搭建、主体撰写和审阅定稿，主要撰写章节包括绪论第一节、第一章第一节第二节、第二章第一节至第四节、第三章第一节第二节第三节第五节第六节、第四章第二节至第四节、第五章第二节第三节、第六章第四节、结语。窦云莲（绪论第二节）、袁圣鹤（第三章第四节）、叶琼元（第一章第五节）、王丽华和杨露露（第五章第四节，第六章第三节）、李金泽（第一章第三节，第六章第二节）、邹仪（第一章第六节，第二章第五节）、杜硕硕（第一章第四节，第四章第一节）、白沛沅（第六章第一节）、温志韬（第五章第一节）等老师和同学们参与了本著的撰写，感谢他们的学术智慧和技术支持。感谢为本著作序的专家学者，感谢参考文献的著作者，感谢为本著出版提供支持的领导和同事，感谢天津大学出版社的各位编辑。本著是国家社会科学基金项目（17CXW015）的研究成果，感谢基金项目的资助。同时在长期开展一系列研究的过程中，也获得公安理论及软科学研究计划重点项目（2018LLYJWJXY006）、河北省科技计划项目（18 215 601）的支持。

本著作为中国人民警察大学网络舆情治理研究中心系列学术著作之一，是持续深耕网络舆情治理领域的阶段成果总结，亦是研究团队凝心聚力、勇攀高峰的见证。

是以为记。

作者

2023 年 5 月 11 日

后记